KB212879

완벽한 인간

완벽한 인간

2019년 3월 20일 초판 1쇄 인쇄
2019년 3월 20일 초판 1쇄 발행

지은이   박지명, 구인회
펴낸이   정창진
펴낸곳   도서출판 여래
출판등록   제2011-81호
주소   서울시 관악구 행운2길 52 칠성빌딩 5층
전화번호   (02)871-0213
전송   (02)885-6803

ISBN   979-11-86189-89-4 03220
Email   yoerai@hanmail.net
blog   naver.com/yoerai

값은 뒤표지에 있습니다.

Perfect human program 1

般若心經 : महा प्रज्ञा पारमित हृदय सूत्र *Maha Prjñā Pāramitā Hṛdaya Sūtra*

古典의 繼承, 위대한 스승의 가르침!

완벽한 인간

박지명, 구인회 지음

Wis F,M

여래

불교의 대표적인 경전 중의 하나인 '반야심경'의 본래 이름은 인도의 고전어인 산스크리트어로 '마하 프라갸 파라미타 흐리다야 수트라'(Maha Prjñā Pāramitā Hṛdaya Sutra)라고 한다. 중국에서는 한자어로 '마하반야바라밀다심경'(摩訶般若波羅蜜多心經)으로 번역되었다. 한자어로 번역된 그 후로부터 '마하반야바라밀다심경'은 '반야심경'(般若心經)이라는 약식 명칭으로 통용되고 있다. 오랜 역사를 가진 '반야심경'은 불교에 대해서 잘 알지 못하는 사람들에게까지도, 그 이름이 잘 알려진 매우 대중적인 경전이 되었다. '반야심경'은 불교의 다른 많은 경전들과 마찬가지로 '석가 세존'이라는 부처님께서 열반하신 후에 결집되어 구성된 것이다.

반야심경의 위대함은, 그 어떤 글귀와 문장으로도 넘어설 수 없는 완성된 지혜의 표현이라고 할 수가 있다. 인간 의식의 궁극의 경지를 표현하는 '색즉시공 공즉시색' '공즉시색 색즉시공'이라는 대표적인 진언과 함께, 반야심경에 깃들어 있는 그 지혜의 언어들이야말로, 인간 의식의 발달과 진화에 있어서 최종적인 단계를 표현한 언어들인 것이다. 이처럼 반야심경은 최종적이며 궁극의 인간 의식이 표현된 것이기에, 자기자신이라는 존재에 대해서 생각하고 사유하고자 하는 사람들에게는, 그 어느 누구에게라도 생생하게 진리를 전하는 가르침으로써 조금의 부족함도 없는 것이다. 또한 그뿐만 아니라 짧고 단순한 문장들로 구성되었다고 하더라도, 생각하여 알고 깨우치는 인간이라는 존재의 마음속에서 일어나고 있는 의식과 자각과 사유의 과정에 대한 결과와 결론를 가지고 있는 대표적인 경전이 되는 것이다.

반야심경은 불교의 역사에 있어서 '석가 세존'이라는 부처님의 말씀을 생생하게 기록한 불교 초기에 구성된 여러 경전들과 그 후로 진리적으로 더욱 축적된 의도로 구성된 경전들인 대승경전들 중에 매우 중요한 위치를 차지하고 있는 경전이다. 오랫동안 인도철학과 산스크리트 원전을 공부하며서 수행해 온 필자의 입장에서도, 반야심경은 언제나 인도의 정신세계를 총체적으로 망라하는 대표적인 경전들인 '바가바드 기타'(Bhagavad Gita)와 '요가 수트라'(Yoga Sutra), 그리고 '브라흐마 수트라'(Brahma Sutra) 등과 같은 경전들과 함께 인도철학의 중요한 위치를 차지하면서 부처님의 향기를 내뿜고 있다.

현재 우리나라에서 통용되고 널리 알려진 대부분의 반야심경은 불교가 중국을 거쳐 우리나라에 들어왔으므로, 중국에서 한문으로 번역되어 우리나라에 전해진 것이라고 할 수 있을 것이다. 지금 우리가 알고 있는 '마하반야바라밀다시'로 시작되는 반야심경은 중국으로 불교가 전파되면서, 중국 오호십육국 시대의 인도 승려인 구마라습(Gumārajiva, 鳩摩羅什)의 한역과 함께 당나라 시대의 현장(玄奘)스님이 인도를 다녀오면서 들여와 한어로 번역한 것이라고 볼 수 있을 것이다. 이와 같은 번역을 거치게 된 반야심경은, 산스크리트(Sanskrit)어의 변형인 실담어(悉曇語, Siddham)가 원전이며 그 실담어 원전을 번역한 한역본이 대부분으로 우리나라의 불교문화를 형성하는데 지대한 역할을 해오게 된 것이다. 그 외에도 반야심경은 한역본과 티베트어나 일본어 등으로도 탁월하게 해석되어서, 그 나라의 독특한 불교문화를 이루는 바탕이 되어왔을 뿐만 아니라, 에드워즈 콘즈의 영역본은 시대를 넘어서 살아있는 반야심경의 숨결을 느낄 수 있도록 한다.

반야심경은 불교만의 경전을 넘어서, 여러 사람들의 마음을 지탱하여 주는 위대한 지침이 되어 왔다. 필자도 젊은 시절부터 반야심경이라는 귀한 경전의 뜻과 의미는 모두 기억되었고 내면에서 맴돌았다. 반야심경은 때로는 인생의 지표가 되기도 하였고, 때때로 반야심경의 귀중한 내용으로부터 적지 않은 영향을 받은 것이 사실이다. 그러나 한자로 된 반야심경이 현장법사의 탁월하고 눈부신 작품인 것만은 틀림없지만, 산스크리트어로 된 반야심경을 우리말로 바로 옮긴 것보다는 더 직접적이고, 가까이 하기에 용이하다고 말하기는 어렵다는 것이 필자들의 견해이다.

산스크리트어로 된 불교의 경전들 중에는 반야심경 외에도 '아함경'(Agama Sutra, 阿含經)과 '금강경'(Prjñā Pāramitā Sutra, 金剛經) 등이 있으며, 산스크리트어의 방언인 팔리(Pali)어로 구성되고 이루어진 부처님 시대의 초기 경전들에는 '다마파다'(*Dhammapada, 法句經*)와 '숫다니파다'(*SuttaNipāta*)가 있다. 그러한 경전들 중에서도 반야심경은 매우 단순하게 구성되었다. 반야심경은 인도철학의 핵심인 여섯 가지 수행철학 체계인 '사드 다르사나'(*Sad Darśana*)의 견지에서 보았을 때에도 매우 탁월한 경전이기에, 이를 보고 어떤 학자들은 무궁무진한 인간 정신을 표현한 인도철학의 갈래 중에 당연히 불교철학도 포함된다고 말하는 것이다.

불교와 인도사상의 수행적인 입장은 다르지만, 가는 길과 맥락은 다르다고 볼 수 없으며, 이 짧고 단순한 문장들 안에 함축된 반야심경의 내용은 사실상 우리 한국 문화의 산물이라고도 말할 수 있다. 산스크리트어의 "사 순야타 야 순야타 타드 루팜 이밤 이바"(*sā śūnyatā ya śūnyatā tad rūpam evam eva*)와 한문의 "색즉시공 공즉시색"(色卽是空 空卽是色)과 우리 한국어의 "존재하는 물질은 곧 텅 비어서 없는 것이며, 또한 그러하기에 텅 비어서 아무것도 없는 것도 존재하는 물질과 다름이 없는 같은 것이다." 라는 번역은 매우 탁월한 것일 뿐만 아니라, 그 의미는 오랜 역사를 간직한 우리 한민족에게도 체득되었고 자기화되어 온 것이다.

지금 우리가 여기에서 제시할 수 있는 바와 같이 근본적인 의미가 왜곡되지 않도록 반야심경의 산스크리트 원전은 엄연히 존재하고 있다. 인도의 핵심적인 철학인 상키야(*Samkya*)철학과 베단타(*Vedanta*) 철학의 입장에서뿐만 아니라, 불교철학의 입장에서 보더라도 반야심경은 붓다가 깨달은 후에 설파한 핵심적인 경전이기 때문에 반야심경을 주제로 다양한 인간 의식에 대한 해석은 필요하다고 여겨진다. 그런 의미에서 이번에 출간되는 이 책을 통하여 필자들은 원래 불교적인 입장에서만이 아닌 다른 일반인의 입장과 견해를 제시해 보고자 한다. 또한 부처님 시대에도 존재하였고 부처님이 실제로 깨달음을 위해 공부하였던, 인도철학을 공부한 사람으로서의 입장과 견해에서 용감하게 이 경전을 번역하고 해석하여 보았다.

이 경전을 해석하고자 할 때 중요하게 생각한 것은, 불교사상이나 인도철학에 대해서 전문적이고 학문적으로 공부하지 않은 일반인들이 쉽게 읽고 이해할 수 있도록 하고자 한 것이다. 특정한 사람들만을 위한 해석이 아니므로, 불교사상과 인도철학에 포함된 언어적 해석이 아닐 수도 있는 것이다. 그렇기 때문에 일반인들이 사용하는 일반적인 언어해석의 사용을 빈번하게 함으로써, 보통의 사람들 그 어느 누구라도 쉽게 읽고 쉽게 이해할 수 있도록 구성하고자 많은 노력을 하게 되었다.

그러므로 불교의 정수와 핵심 내용을 수행하고 공부하고자 하는 분들이나 또한 불교와는 전혀 관계없는 일반인들이 반야심경이라는 오래된 경전에 대해서, 불교적인 사상을 떠나서 보편적이고 객관적으로 진리를 바라보고자 하는 필자들의 견해를 심도있게 들여다 보는 계기가 되었으면 한다. 절대적인 진리라고 하는 것이 있다면 그것은 특정한 몇몇 사람들을 위한 것이 아닐 것이다. 절대적 진리는 모든 사람들에게 공통적으로 통용되는 것이라야만 보편적이고 합리적인 것이 될 것이다.

절대적인 올바름이며 절대적인 진리라는 것이 있다고 한다면, 그것은 여러 사람들이 다양한 관점으로 바라보고 또한 다양한 견해가 투사 되었을 때 더욱 매력적이지 않을까 생각한다. 그런 것이야말로 부처님의 보편적인 가르침이자 반야심경의 진정한 가르침일 것이라고 생각되기에, 그 어느 누구더라도 이 책으로 말미암아 모든 인류가 공통적으로 도달해야할 궁극의 경지에 도달하기를 바라고, 인류에게 주어진 무궁무진한 가능성이며 최상이자 최고의 지혜인 '마하반야바라밀다'의 진정한 의미를 확고하게 알게 되는 계기가 되기를 간절하고 또 간절하게 바랄 뿐이다.

가테 가테 파라가테 파라삼가테 보디 스바하~!
gate gate pāragate pārasamgate bodhi svāhā~!

박지명, 구인회 합장

| 목차 |

산스크리트 표기법

산스크리트(Sanskrit)어란?

산스크리트어는 삼스크르탐(Samskrtam)으로 불리우며 삼(Sam)은 같다는 뜻이며 크르타(Krta)는 행위하다, 행동하다는 뜻이다. 산스크리트라는 전체 뜻은 문명, 문화, 배양하다는 뜻이 있다.

모음

글자	표기
अ	A
आ	$\bar{A}$ (길게)
इ	I
ई	$\bar{I}$ (길게)
उ	U
ऊ	$\bar{U}$ (길게)
ऋ	$Ṛi$
ॠ	$Ṛ\bar{\imath}$ (길게)
ऌ	$Ḷi$
ए	E
ऐ	AI
ओ	O
औ	AU
अं	AM (주로 ㅁ 또는 ㄴ 받침)
अः	AH

자음

1. 후음   कka खkha गga घgha ङ$\dot{n}a$
2. 구개음   चcha छ$chha$ जja झjha ञ$\tilde{n}a$ यya श$śa$
3. 반설음   ट$ṭa$ ठ$ṭha$ ड$ḍa$ ढ$ḍha$ रra षsha
4. 치음   तta थtha दda धdha नna लla सsa
5. 순음   पpa फpha बba भbha मma वva
6. 기음   हha

〈참고〉

이 책에 발음된 산스크리트어에서 '모음'은 *A*와 *Ā*는 모두 '아'로, *I*와 *Ī*는 모두 '이'로, *U*와 *Ū*는 모두 '우'로, *Ri*와 *Rī*는 모두 '리'로 표기하였으며,

'자음'은 *ka*와 *kha* 발음은 모두 '카'로 표기하였으며, *ga*와 *gha* 발음은 모두 '가'로,

*ja*와 *jha* 발음은 모두 '자'로, *ta*와 *tha*, *ṭa*와 *ṭha* 발음은 모두 '타'로,

*cha*와 *chha* 발음은 모두 '차'로, *da*와 *dha*, *ḍa*와 *ḍha* 발음은 모두 '다'로,

*pa*와 *pha* 발음은 모두 '파'로, *ba*와 *bha*와 *va* 발음은 모두 '바'로,

*s*와 *śa* 발음은 모두 '사'로, *sha* 발음은 '샤'로 표기하였다.

그리고 *Na*와 *ña* 발음은 모두 '나'로, *ṅa* 발음은 주로 'ㅇ' 받침으로 표기하였다.

摩訶般若波羅蜜多心經

반야심경 개요

　여기 반야심경의 내용은, 우리 인간에게 주어진 지혜 중의 지혜, 최상의 지혜이며 최고의 지혜, 더없이 크고 넓고 깊고 위대한 지혜, 더이상의 그 어떤 무엇으로도 능가할 수 없는 완전하고 완벽한 지혜를 표현한 것이다. 더없이 크고 넓고 깊고 위대하며, 더이상의 그 어떤 무엇으로도 능가할 수 없이 완전하고 완벽한 지혜라는 것은, 우리 인간들의 정신과 마음과 생각을 표현함에 있어서, 여기 반야심경의 내용을 능가할 수 있는 더이상의 표현이 없다는 것이다. 더이상의 표현이 없다는 것은, 반야심경이라는 경전 이외에는 더이상의 완전하고 완벽한 표현이 없다는 것이기도 하다. 그러므로 여기 반야심경이라는 경전의 내용을 알고, 이해하고, 느끼는 사람이라면 역시 더없이 크고 넓고 깊고 위대한 지혜를 지닌 사람이 되는 것이다. 반야심경의 진정한 의미를 알고, 이해하고, 느끼는 사람이라면 그 어떤 무엇으로라도 능가할 수 없는 완전하고 완벽한 인간이 된다는 뜻이기도 한 것이다.

이 반야심경이라는 경전의 의미를 제대로 알고, 이해하고, 느낄 수 있다는 것은, 이제껏 생명으로 태어나고 죽음을 거듭한, 특별한 존재인 어떤 한 사람의 몫이고 운명이다. 많은 사람들이 이 반야 심경의 내용을 제대로 잘 알고, 이해하고, 느껴서 좀 더 건강하고 행복한 삶을 영위해 나가기를 바라는 것이야말로 이 경전이 기록된 목적이며, 부처님의 바람일 것이다. '천상천하 유아독존'은 부처님의 말씀 중 하나이다. 이 반야심경의 핵심적인 의미는 '천상천하 유아독존'이라는 말처럼 그 어느 누구라도, 그 어느 무엇과도 비교되지 않는 독립적이고 주체적인 자기자신이 되기를 바라는 것이다. 또한 더없이 위대한 지혜를 증득한 부처님이 되기를 바라는 것이고, 스스로 홀로 서서, 지고의 경지에 도달한 사람이 되기를 바라는 것이다.

'마하반야 바라밀다'는 그 어떤 무엇으로라도 능가할 수 없는 지혜이며, 더없이 위대한 지혜를 증득하여 궁극의 경지에 도달한 완벽한 사람의 모습이며 진언이다. "색불이공 공불이색 색즉시공 공즉시색"은 모든 차등을 넘어 선 마음이다. 일체의 모든 존재가 한치의 차이도 차별도 없이 동등하고 대등한 절대적인 존재들임을 깨달아서, 일체의 모든 존재들의 절대적 평등성을 선언하는 불멸의 진언인 것이다. '가테 가테 파라가테 파라삼가테 보디 스바하'는 모든 불행을 극복하고 넘어서서 더없이 건강하고 행복하고 자유롭고 평화로운 사람이 되기를 바라는 것이고, 인간 의식의 궁극적 경지에 도달하기를 열망하는 간절한 염원인 것이며, 그 어떤 무엇으로도 능가할 수 없는 위대한 지혜를 증득하여서 더없이 이상적인 사람이 되기를 바라고, 더없이 완벽한 존재가 되기 위한 결심이자 바람이 되는 것이다.

　반야심경은 불교가 생겨난 이래로, 오래도록 전해지고 연구되고 체계화 되었던 석가 세존이라고 하는 부처님의 가르침 중에서, 많은 사람들에 의해서 가장 중요하고 핵심적인 가르침이라고 전해지고 있다. 왜냐하면 반야심경의 내용은 불교적인 모든 진리가 함축되어 기록된 경전이라고 할 수가 있기 때문이다. 이러한 반야심경은 인도의 고전어인 산스크리트어로는 180단어일 뿐이고, 중국의 한자로는 260자밖에 되지 않는 짧은 경전이지만, 인간의 마음에 담겨진 고차원적인 의식과 각성을 표현하는 불교 진리의 핵심적인 사상이 간략한 언어로 간추려져서, 그 속에 모두 포함되어 있으며 인류의 정신문화에 커다란 한 축으로 자리잡고 있는 것이다.

　2천여 년 전에 지금의 인도라는 나라에서 생존하였던 석가 세존이라는 부처님의 가르침은 그가 입멸한 후에 오래도록 정립되고 체계화 되어서, 여러가지 경전으로 기록되어 전해지게 되었다. 그렇게 오래도록 정립되고 체계화 되어서 이어져 내려온 경전들 중에서 핵심적인 경전이라고 전해지고 있는 반야심경의 역사에 대해서 살펴보는 것은, 반야심경을 이해하는 데 있어서 필요한 것이 된다. 반야심경의 원래 이름은 '마하 프라갸 파라미타 흐리다야 수트라'인데, 그 옛날, 이 반야심경의 산스크리트 원본은 중국어, 일본어, 서장어, 영어, 몽고어 등 여러 언어로 번역 되었는데, 그 중 가장 오래된 것은 서기 8세기경의 일본의 '법륭사본'(法隆寺本)이라고 전해지고 있다. 반야심경 한문역본으로는 중국의 후진(後秦)시대에 인도의 승려였던 구마라습(鳩摩羅什)이 번역한 '마하반야바라밀대명주경'(摩訶般若波羅蜜大明呪經)과 역시 중국의 당나라 시대의 현장(玄奘)스님이 번역한 '반야심경역본'(般若心經譯本)과, 법월스님이 번역한 '보편지장반야바라밀다심경'(普遍智藏般若波羅蜜多心經)이 있으며, 중국의 송나라 시대의 시호(施護)가 번역한 '불설성불모반야바라밀다경'(佛說聖佛母般若波羅密多經) 등이 있다고 전해지며, 그 중에서도 구마라습과 현장이 번역한 반야심경의 내용은 '오온'(五蘊)을 '오음'(五陰)으로, '사리자'를 '사리불(舍利弗)'로 번역하는 것 외에 크게 다르지 않으며, 그 중에서 현장스님이 번역한 반야심경이 가장 많이 알려져 있고, 가장 많이 독송되고 있는 실정이다. '보편지장반야바라밀다심경'은 광본 반야심경에 해당되는데, 이 경전은 다른 번역본과는 달리 "선정에 들어서 삼매의 힘으로 반야바라밀을 수행한다"는 것이 독특하다고 한다. '불설성불모반야바라밀다경'은 현장 번역본에 의해서 살펴보자면 부처님께서는 반야바라밀다주를 설한 뒤에, 삼매에서 깨어나서 관자재보살을 찬탄했으며 그 찬탄을 대중들이 받들어 행했다는 내용이 첨가되어 있다고 전해지고 있다.

반야심경의 주석서로는, 역사적으로 중요하게 알려지고 전해지는 바로는, 중국의 당나라 시대 규기(窺基)스님이 편찬한 '반야바라밀다심경유찬'(般若波羅密多心經幽纂)과 법장(法藏)스님의 '반야바라밀다심경약소'(般若波羅蜜多心經略疏)가 있으며, 우리나라의 원효(元曉)스님이 편찬한 '반야심경소'(般若心經所)와 원측(圓測)스님이 편찬한 '반야바라밀다심경찬'(般若波羅密多心經贊) 등이 있다고 전해진다.

반야심경의 산스크리트어 원본은 두 종류가 있다고 하는데, 그 하나는 다른 경전들에서처럼, 경전의 시작이 "이와 같이 나는 들었다"(如是我聞)로 시작되는 서분(序分)과 "기뻐하며 받들어 행하였다(歡喜奉行)"로 끝을 맺게 되는 유통분(流通分)이 있는 광본(廣本)이 있으며, 또다른 하나는 서분(序分)과 유통분(流通分)이 없이 본문인 정종분(正宗分)만 있는 약본(略本)이 있다고 한다. 광본이라는 것은 서분과 정종분, 그리고 유통분의 형식을 모두 갖춘 것을 말하는 것이며, 약본은 통상 쓰이는 반야심경처럼, 서분과 유통분이 생략된 채 정종분만 갖춘 것을 말하는 것이다. 여기에서의 반야심경은 약본으로, 붓다께서 제자인 사리푸트라에게 관자재보살을 예로 들어서 반야사상을 설하는 형식으로 구성되어 있는 것이다. 광본은 붓다가 왕사성인 라자그리하의 영취산에서 삼매에 든 후에, 그러한 삼매 속에서 관자재보살이 반야바라밀다를 수행하는 모습이 나타나는 것이고, 사리푸트라가 붓다의 힘을 빌어서 관자재보살에게 보살이 행해야할 바를 묻는다는 형식이다. 이때 관자재보살은 붓다가 삼매 속에서 약본의 내용을 그대로 설하시는 것으로 되어 있다.

반야심경은 붓다가 사리프트라에게 위대한 지혜를 가르치는 내용이라고 할 수 있으며, 짧은 경전이지만 굳이 나누어 보면 네 부분으로 나뉘어져 있다고 할 수 있겠다.

첫째는 먼저 반야바라밀이라는 지혜를 언급하는 부분이다. 붓다가 사리푸트라에게 "성스러운 관자재 보살이 심오한 반야바라밀다의 지혜를 행하면서 깊이 살펴 보았는데, 다섯 가지인 그들의 고유한 성질이 비어 있음을 보시었다."고 하시면서 반야바라밀이라는 지혜가 있음을 언급하시고 구체적으로 설명을 시작하려고 한 부분이다.

　둘째는 반야바라밀을 각론적으로 표현한 부분이다. 이 부분은
반야바라밀이라는 지혜에 대해서 보다 구체적으로 설명하고 있는
부분이다. 먼저 5가지인 오온(五蘊)과 12처(處), 18계(界), 12인연(因
緣), 4성제(聖諦)가 다 비어 있다는 것과 다섯 가지의 성질인 오온
(五蘊), 즉 물질적인 요소인 색(色), 정신적인 요소인 수(受), 상(想),
행(行), 식(識)이 비어 있다는 것을 설하였고, 그 다음으로는 오온(五
蘊)을 색온(色蘊), 수온(受蘊), 상온(想蘊), 행온(行蘊), 식온(識蘊)으로서
인식하는 과정을 5단계로 나누어 설명하였다. 그 다음 십이처(十二
處)의 육내입처(六內入處)인 육근(六根)은 안이비설신의(眼耳鼻舌身意)
로서 인식작용을 일으키는 감각기관을 기능별로 나누어 놓은 것이
고, 육외입처(六外入處)인 육경(六境)은 색성향미촉법(色聲香味觸法)으
로서 인식을 일으키는 감각기관에 드러나는 대상들을 분류한 것
이다. 십팔계(十八界)는 육근(六根), 육경(六境), 육식(六識)을 합한 것
으로, 즉 눈, 귀, 코, 혀, 피부, 마음이라는 6종 감각기관인 육근과
그 대상인 물질(色), 소리(聲), 냄새(香), 맛(味), 촉감(觸), 현상(法)이라
는 6경, 그리고 이러한 6근과 6경을 인연(因緣)으로 하여 생기는 6
가지 마음의 활동인 안식(眼識), 이식(耳識), 비식(鼻識), 설식(舌識), 신
식(身識), 의식(意識) 등의 6식을 설명하고 있는 것이다. 12인연이란
무명(無明), 행(行), 식(識), 명색(名色), 육처(六處), 촉(觸), 수(受), 애(愛),
취(取), 유(有), 생(生), 노사(老死)이며, 4성제는 네 가지 진리인 고
(苦), 집(集), 멸(滅), 도(道)가 되는 것이다.

　셋째는 마하반야바라밀의 지혜의 공덕에 대해 설명한 부분이다.

모든 보살은 마하반야바라밀에 의지해서 구경의 열반을 얻으며, 삼세(三世)의 모든 부처님들도 이러한 지혜에 의지하여 최고의 깨달음인 '아뇩다라삼먁삼보리'를 얻는다는 부분이다.

넷째는 반야바라밀이 만트라 또는 진언이라는 부분이다. "반야바라밀다는 위대한 진언이고, 크게 신령스러운 진언이며, 위없는 만트라 또는 진언이고, 그것과 동등한 것이 없는 진언이며, 모든 괴로움을 평정하며, 거짓됨이 없기 때문에 진실하다."고 하며, "가자! 가자! 저 넘어! 완전히 저 너머로! 깨달음을 위하여 귀의한다!"고 하면서 "이로써 반야바라밀다심경의 핵심이 완성되었다."고 하는 부분인 것이다.

반야심경에 대한 이해를 좀 더 잘하기 위해서 전통적으로 계승되어 전해져 내려오는 불교적인 가르침의 역사에 대해서, 전체적이지만 대략적으로 살펴보고자 한다. 그 가르침의 역사를 대략적으로 보자면, 붓다 입멸 이후에 붓다의 가르침은, 역사 속의 여러 인물들에 의해서 단계적으로 체계화되었고 계승되었다고 할 수 있겠다.

그렇게 체계화되고 계승되는 과정 속에서 중국 수나라 시대에 천태종이라는 종파가 설립되었는데, 천태종의 중요한 인물이 되는 천태대사(天台大師) 지의(智顗)스님은, 붓다의 가르침을 오시팔교(五時八敎), 즉 오시교(五時敎)와 팔교(八敎)를 통해 가르쳤다고 전해진다. 천태대사 지의(智顗) 스님이 체계화한 오시교(五時敎)와 팔교(八敎) 중에서 먼저 팔교(八敎)에 대해서 살펴보자면, 팔교(八敎)는 화의사교(化儀四敎)와 화법사교(化法四敎)라는 두 가지의 가르침으로 나누어 진다고 한다.

화의사교(化儀四敎)의 가르침에 의하면, 붓다께서 '중생'을 가르치고 제도하신 형식에 따라서 4가지로 나뉘어진다고 하는데, 그 첫째는 직접 붓다께서 깨달음에 대해서 가르침을 주는 돈교(頓敎)이다. 그 다음으로 화의사교(化儀四敎)의 둘째는 점교(漸敎)인데 첫째의 돈교가 대중들이 이해하는데 어려움이 있어서, 그 내용을 알 수 없는 사람들에게 얕은 단계에서부터 점차 깊은 단계로 점진적인 가르침을 주는 것이 점교(漸敎)가 된다는 것이다. 화의사교(化儀四敎)의 셋째는 굳이 깨달음에 대한 가르침이 개방되지 않고 스승과 제자 상호 간에 비밀스러운 소통을 통한 적당한 가르침을 취하는 비밀교(祕密敎)라는 것이 있고, 그 다음 화의사교(化儀四敎)의 넷째는 가르침의 형식은 일정하지 않으나 듣는 사람의 능력에 따라서 차별적으로 가르침을 체득하게 되는 부정교(不定敎)라는 가르침이 있다는 것이다.

그 다음으로 화법사교(化法四敎)라는 가르침이 있으며, 화법사교(化法四敎)의 첫 번째 내용으로는 소승의 가르침인 삼장교(三藏敎)가 있으며, 화법사교(化法四敎)의 두 번째 내용으로는 방등, 반야, 법화 열반시 등과 통하고, 성문(聲聞)과 연각(緣覺), 보살의 삼승(三乘)과도 통하는 대승의 가르침인 통교(通敎)가 있다고 한다. 화법사교(化法四敎)의 세 번째 내용으로는 성문과 연각에서의 보살만을 위한 가르침인 3교와는 달리, 일체의 모든 것을 차별하는 측면에서 조망하는 별교(別敎)이다. 화법사교(化法四敎)의 네 번째 내용으로는 붓다의 깨달음 그대로를 설한 가르침으로써 일체의 모든 차별을 넘어서서 깨달음도 미혹도 본질적으로는 구별이 없는 것이며, 일체의 모든 것들이 서로 융합하여 완전하다는 원교(圓敎)의 가르침이 있다는 것이다. 팔교(八教)에 속한 화의사교(化儀四教)와 화법사교(化法四教)는 위와 같이, 붓다의 가르침이란 여덟 가지의 가르침으로 구분되어 있다고 전하고 있는 것이다.

그리고 팔교(八教)라는 가르침과 함께, 또다른 개념으로 오시교(五時教)라는 가르침이 있다. 붓다께서 깨달음을 모두 이루고 나서 그 깨달음의 내용을 대중들을 위해서 가르치기 시작한 기간을, 내용적으로 나누어서 다섯 시기로 분리할 수 있고, 그렇게 다섯 시기로 나눈 오시교(五時教)라는 가르침인 것이며, 이런 오시교(五時教)라는 가르침과 관련해서는 삼종(三宗)과 삼관(三觀)이라는 내용이 포함되어 있다고 전해지고 있다. '중생'들의 세 가지 근기에 맞추어서 가르쳤다고 하는 가르침의 내용인 삼종(三宗)은, 보는 관점에 따라서 삼관(三觀)이 되기도 한다는 것이다.

불교의 역사가 태동되는 시점 즉, 붓다라는 인물이 깨달음을 얻고 나서 중생들을 교화하기 위해서 활동하게 되는 시기적인 관점에서 볼 때, 붓다께서는 깨달음을 이룬 다음 49년 동안 각처를 돌아다니며 가르침을 펼쳤으며, 그 가르침이 역사적으로 전해져 내려와 오늘날 우리에게까지 이어지고 있는 것이 오시교(五時教)라는 다섯 시기로 나누어지는 가르침이라고 전해지는 것이다. 그 오시교(五時教)의 모든 내용이 바로 모든 사람들이 들어봄직한 팔만대장경이고, 그 팔만대장경은 붓다께서 깨달음을 이루신 후에 49년간 가르친 내용을 모두 집대성한 것이다. 그 모든 내용을 시간의 흐름에 따라 5단계로 분류하고 있는데, 그것을 바로 오시교(五時教)라고 하는 것이다. 그러한 오시교(五時教)의 그 첫 번째는 화엄시(華嚴時)이며, 부처님이 득도한 후에, 최초의 21일 동안 화엄경(華嚴經, Avatamasaka sūtra)을 가르친 시기를 말한다. 이 시기에 부처님께서는 가장 높은 차원으로 가르침을 전하였다고 한다. 두 번째는 아함시(阿含時)인데, 아함시는 화엄시의 높은 차원의 가르침이 대중들에게는 어렵게 느껴질 수가 있어서, 좀 더 대중들이 이해할 수 있도록 가르침을 전한 20년간이며, 아함경을 설한 시기를 말한다. 이 시기의 가르침은 객관적인 물질계에 대한 가변성과 욕망의 절제 등에 대한 가르침인 것이다. 세 번째는 방등시(方等時)이며, 석가 세존께서 아함시 다음의 8년에 걸친 가르침의 시기라고 한다. 방등시의 주된 경전은 유마경(維摩經, Vimalakīrti-nirdeśa-sūtra)과 금광명경(金光明經, Vajraśekhara-sūtra)이 주된 경전으로 전해지고 있으며, 또한 더불어서 능가경(楞伽經, Lauhāvatāra-sūtra), 승만경(勝鬘經, Sri-maladevi-simhanada-sūtra), 무량수경(無量壽經, Amitābha-vyūha) 등이 방등부의 경전들이 되는 것이다. 이 시기에는 주로 연기의 법칙과 주관에 대한 부정을 언급하였다고 전해지고 있다. 네 번째의 시기는 반야시(般若時)이며, 방등시 다음의 21년 동안 반야부의 여러 경을 설한 시기를 말한다. 이 시기의 가르침의 핵심이 반야심경이 되는 것이며, 반야시에는 주로 부정(否定)의 부정을 통하여 '순야타'인 '공'(空)의 의미를 밝힌 것이다. 21년이라는 가장 긴 시기이기에 반야부 계통의 경전은 무려 600여 부에 해당되었고, 그 600여 부 중에서 반야심경은 반야부의 핵심만을 간추린 경전이다. 반야시는 가르침의 기간도 가장 길었으며, 반야부의 경전들을 통하여 붓다의 깨달음의 진수를 드러내던 시기였다. 불교의 경전 중에 가장 방대한 부분을 차지하고 있는 반야부 경전은 교리적인 면에서도 가장 중심에 있다고 할 수 있을 것이다. 반야부 경전의 중심 내용인 공(空)사상과 반야(般若)사상은 대승불교의 바탕이 되는 핵심적인 사상이 되는 것이며, 근본불교와 소승불교에서는 부족했던 점을 보완하였고, 그 기반 하에서 대승불교도 활성화되었다고 할 수 있을 것이다. 다섯 번째는 법화열반시(法華涅槃時)로서, 붓다께서 입멸하시기 전의 마지막 8년 동안 법화경과 열반경을 가르친 시기를 말한다. 이 시기에는 부정(否定)의 부정을 거쳐서 다시 대긍정(大肯定)의 세계를 가르쳤다고 전해지고 있다. 이렇듯 오시교(五時敎)의 붓다의 가르침에 대한 시기적인 분류를 내용면으로 볼 때, 아함시의 경전은 근본불교인 소승경전에 속하고, 그 나머지들은 대승경전에 속한다고 할 수 있을 것이다. 또한 아함, 방등, 반야, 법화열반인 이 넷은 하나인 화엄으로 합해질 수도 있는 것이다.

다음으로 불교경전을 오시교(五時敎)의 내용과 연관되는 측면에서, 다시 삼종(三宗)으로 분류해 볼 수 있다고 한다. 삼종(三宗)이란, 인간이 살아가는 이 세상에 존재하는 일체의 모든 것에 대한 관념 혹은 관점이라고 할 수 있을 것이다. 불교적인 측면에서 진리를 보는 입장이라고 할 수도 있을 것이다. 삼종은 세상을 상(相), 공(空), 성(聖)이라는 세 가지의 개념으로 표현한다. 붓다께서 처음에 가르침을 설하였을 때에는 자기자신이 깨달은 전체 내용을 화엄사상으로 드러내 보였다. 그러나 그 차원이 너무 높아서 이해하는 이가 아무도 없었다고 한다. 그러한 이유로 하여 깨달음을 사람들에게 어떻게 가르칠까하고 방법을 궁리하였다. 그 방법은 아주 낮은 단계로부터 시작하여 차츰 높은 단계에 이르게 하는 것이었다. 그것은 '중생'의 근기(根機)에 맞추어 세 가지 단계로 가르쳐졌다. 이러한 붓다의 가르침에 근거하여 불교의 모든 경전들은 이 세 가지 삼종(三宗)의 범주 안에 들게 되는 것이다. 삼종(三宗)의 첫째는 모든 현상계가 있다고 하는 입장에서 보는 상(相)인데, 상(相)은 유(有)의 차원이라고 할 수 있는 것이고, 진리적인 측면에서 이것은 있는 그대로의 현실인 가장 낮은 단계에 해당된다고 한다. 즉, 존재하는 모든 현상계를 감각인식의 차원에서 있는 그대로 보는 것이다. 거기에는 '고·집·멸·도'라고 하여 괴로움도 있고, 괴로움의 원인도 있고, 괴로움의 소멸도 있고, 괴로움을 소멸하는 방법도 있다는 것인데, 이것이 바로 사성제(四聖諦)이고 팔정도(八正道)를 말하는 것이 된다. 아함경은 주로 유(有)의 입장에서 설해진 경전에 속한다. 유(有)의 차원은 일반적인 평범한 상식이 통하는 세계이며, 많은 부분이 방편설(方便說)로 이루어져 있다고 한다. 삼종(三宗)에서의 둘째는 모든 현상계가 없다고 하는 입장에서 보는 공(空)과 무(無)의 차원이다. 공(空)과 무(無)의 차원이라 함은 모든 현상계를 있는 그대로 받아들이는 것이 아니라, 그 속성을 이해하고 간파하여 모든 현상은 텅 비어서 아무것도 없는 것으로 보는 입장이 되는 것이다. 이 세상의 모든 존재는 있는 것이 아니라 텅 빈 것으로 보아야 한다는 공(空)의 사상이 태동하게 된 것이다.

공(空)의 사상은 모든 현상계의 속성은 텅 빈 상태로 존재하기 때문에, 그 실상을 오직 공(空)한 것으로 보는 지혜가 필요한 것이라고 주장하고 있는 것이다. 붓다는 반야시의 21년간을 주로 공(空)의 입장에서 가르침을 전하였다고 한다. 반야부의 많은 경전들은 모두 여기에 속하는 것이며, 반야심경 또한 일체의 모든 현상을 공(空)이나 무(無)의 입장에서 가르친 경전에 속하는 것이다. 삼종(三宗)에서의 셋째는 모든 현상계에 존재하는 그 자체가 진리라고 보는 성(聖)의 차원이다. 이러한 성(聖)의 차원은 상(相)이거나 공(空)이거나 인간의 감각인식과 자각으로 볼 수 있고 알 수 있는 일체의 모든 것이 오직 진리 그대로일 뿐이라는 입장으로서, 가장 높은 차원의 가르침이라고 한다. 붓다께서는 마지막 8년 동안을 이러한 진리의 입장에서 모든 현상계에 대해서 가르쳤다고 한다. 이때 가르침이 된 경전으로는 화엄경(華嚴經, *Gandhavyuha sūtra*)과 법화경(法華經, *Saddharma sūtra*), 능엄경(楞嚴經, *Laṅkāvatāra sūtra*), 열반경(涅槃經, *Nirvāna sūtra*) 등이 있다고 전해지고 있다. 이 가르침을 '비유비무 역유역무(非有非無 亦有亦無)'라고 표현하는데, 이러한 삼종(三宗)의 가르침은 '있는 것도 아니고 없는 것도 아니며, 또한 있는 것이기도 하고 없는 것이기도 하다'라고 하는 이치를 뜻하는 것이다. 즉, 모든 것은 오직 마음이 만들어낸 것이므로, 모든 것은 있는 그대로 진리와 연결된다는 것이다. 불교의 모든 경전은 이렇게 삼종(三宗)으로 나누어서 분류할 수도 있는 것이며 인간의 생각으로 진리를 구함에 있어서, 인간의 감각인식으로 알 수 있는 현실인 현상계와 그러한 감각인식의 현상계를 초월하는 비물질적인 세계마저도 이러한 삼종(三宗)의 개념을 대비하자면, 이해할 수 없고 이해되지 않는 것은 없다는 것이다.

그 다음의 개념으로서 삼관(三觀)이라는 것이 있다고 한다. 삼관(三觀) 중에서 그 첫째는 공관(空觀)이다. 모든 현상이 비어 있다는 것이다. 진리는 오직 아무것도 없이 공(空)하다는 것이다. 공(空)의 입장에서 현상계를 관찰하고 바라보는 입장으로, 삼라만상의 본질은 본래 공(空)한 것이며, 일체의 모든 것은 오직 인연에 따라 생기고 사라진다는 견해이다. 삼관(三觀) 중에서 둘째는 가관(假觀)이다.

가관(假觀)은 모든 현상계는 본래 텅 비어 있고 공(空)한 것인데, 허상에 속아서 잘못된 모습을 보는 것을 말하는 것이다. 가관(假觀)은 모든 현상을 가상의 입장에 집착해 보는 것을 말한다. 삼관(三觀) 중에서 셋째는 중도관(中道觀)이다. 중도관(中道觀)은 현상계를 그대로 진리의 차원에서 보는 시야를 말한다. 중도관(中道觀)은 가장 이상적이고 차원 높은 입장으로, 삼종 중 성(聖)의 견해와 연결된다고 할 수가 있겠다.

위와 같은 내용으로 불교의 역사 속에서 드러나고 있는 불교적인 가르침, 또는 이렇게 전통적으로 계승되어 전해져 내려오는 불교적인 가르침의 역사에 대해서, 전체적이지만 대략적으로 살펴 보게 되었다. 또한 이렇게 불교적인 가르침에 포함된 반야심경의 역사와 의미에 대한 대략적인 설명을 마치면서, 위와 같은 불교적 가르침과 반야심경의 대략적인 역사와 의미에 대한 설명이 불교에 대해서 공부를 많이 한 사람, 그 어느 누군가에게는 부족할 수도 있는 내용이 될 것이다. 그러나 그 어떤 무엇에 관한 과거의 역사보다 더 중요한 것은, 그것이 가진 의미가 되는 것이며, 의미가 중요하지 않다면 당연히 과거의 역사도 의미가 없게 되는 것이다.

위의 내용이 다소 부족할 수도 있겠지만, 이상과 같이 대략적으로 살펴본 오랜 역사와 전통을 가진 불교라는 사상체계와 그 불교라는 사상체계 속에 깃들어 있는 진리를 추구하는 인류의 정신은, 오롯이 반야심경을 비롯한 모든 불교의 경전 속에 포함되어 있는 것이다. 또한 이렇듯 모든 불교 경전에 기록된 인류의 정신문화는 방대할 뿐만 아니라, 풍부하고 풍요롭기까지 하다. 그렇게 방대하고 풍부하고 풍요로운 인류의 정신문화가 집대성된 불교의 경전들의 중심부에 있는 반야심경이라는 경전이 있으며, 반야심경은 더할 수 없는 수준 높은 인류의 의식인 공(空)함의 지혜를 강조한 불교 경전 중의 경전이라고 할 수도 있을 것이다. 결론적인 의미로 반야심경은 부처님의 가르침 중의 핵심적인 가르침인 것이며, 불교경전 전체의 심장부라고 할 수도 있는 것이다. 왜냐하면 2천여 년 전에 완벽한 지혜에 도달하신 부처님의 49년에 걸친 모든 말씀이 기록된 팔만대장경 전체의 핵심이 바로 반야부의 경전인 것이며, 반야부의 핵심이 반야심경이기에 반야심경은 부처님이라는 위대한 스승의 가르침 중에서 핵심적인 가르침이 될 수가 있는 것이다.

아주 오래되었다고 생각될 수도 있는 세월이지만, 2천여 년의 세월은 흘러갔는데, 완벽하고 위대한 지혜인 '마하 프라갸' '마하반야' '깨달음'을 이루신 부처님의 정신은 아직도 후세인들에게 계승되고 있기에, 반야심경이라는 경전은 틀림없는 진리의 한편에 서서, 흔들림 없는 자유로운 인간의 모습으로 존재하고 있는 것이다.

한역(漢譯) 반야심경

摩訶般若波羅蜜多心經
마하반야바라밀다심경

觀自在菩薩 行深般若波羅蜜多時 照見五蘊皆空 度一切苦厄
관자재보살 행심반야바라밀다시 조견오온개공 도일체고액

舍利子 色不異空 空不異色 色卽是空 空卽是色 受想行識 亦復如是
사리자 색불이공 공불이색 색즉시공 공즉시색 수상행식 역부여시

舍利子 是諸法空相 不生不滅 不垢不淨 不增不減
사리자 시제법공상 불생불멸 불구부정 부증불감

是故 空中無色 無受想行識 無眼耳鼻舌身意 無色聲香味觸法
시고 공중무색 무수상행식 무안이비설신의 무색성향미촉법

無眼界乃至 無意識界 無無明 亦無無明盡 乃至無老死 亦無老死盡
무안계내지 무의식계 무무명 역무무명진 내지무노사 역무노사진

無苦集滅道 無智亦無得 以無所得故 菩提薩埵 依般若波羅蜜多故
무고집멸도 무지역무득 이무소득고 보리살타 의반야바라밀다고

心無罣礙 無罣礙故 無有恐怖 遠離顚倒夢想 究竟涅槃
심무가애 무가애고 무유공포 원리전도몽상 구경열반

三世諸佛 依般若波羅蜜多故 得阿耨多羅三藐三菩提
삼세제불 의반야바라밀다고 득아뇩다라삼먁삼보리

故知般若波羅蜜多 是大神呪 是大明呪 是無上呪 是無等等呪
고지반야바라밀다 시대신주 시대명주 시무상주 시무등등주

能除一切苦 眞實不虛 故說般若波羅蜜多呪 卽說呪曰
능제일체고 진실불허 고설반야바라밀다주 즉설주왈

揭帝揭帝 波羅揭帝 波羅僧揭帝 菩提娑婆訶
아제아제 바라아제 바라승아제 모지사바하

로마나이즈 반야심경

OM namo Bhagavatyai ārya Prjñāpāramitāyai

namaḥ sarvañāya ārya avalokiteśvaro bodhisattvo gambhīām
Prjñāpāramitā caryām caramāṇo vyavalokayati sma |

panca skandhās tāmś ca svābhava sūnyān paśyati sma |

iha śāriputra rūpam sūnyata sūnyataiva rūpam rūpan na pṛthak
śūnyatā śūnyatāyā na pṛthag rūpam yad rūpam sā śūnyatā ya śūnyatā
tad rūpam evam eva vedanā samjñā samskāra vijñām||

iha śāriputra sarva dharmāḥ śūnyatā lakṣanā anutpannā aniruddhā
amalā avimalā anūnā aparipūrṇāḥ tasmāc chāriputra śūnyatayām na
rūpam na vedanā na samjñā na samskārāḥ na vijñānam na cakṣuḥ śrotra
ghrāna jihvā kāya manāmsi na rūpa śabda gandha rasa spraṣṭavaya
dharmāh |

na cakṣūr dhātur yāvan na manovijñāna |dhātuh na avidyā na
avidyākṣayo yāvan na jarā maraṇam na jarā maraṇa kṣayo na duhkha
samudaya nirodha margā na jñānam na prāptir na bhisamayaḥ

tasmād prāptitvāt |

bodhisattvasya Prjñāpāramitām āśriyta viharatyacittāvaraṇaḥ cittā-
varaṇa nāstitvād atrastro viparyāsa atikrānto niṣṭhā nirvāṇa prāptaḥ |

tryadhva vyavasthitāḥ sarva buddhāḥ Prjñāpāramitām āśrityā
anuttarām samyaksambodhim abhisambuddhāḥ ||

tasmāj jñātavyam | Prjñāpāramitā mahā mantro mahā vidyā mantro
anuttra mantro asamasama mantraḥ sarva duḥkha praśamanaḥ satyam
amithyatāt Prjñāpāramitāyām ukto mantraḥ |

tad yathā gate gate pāragate pārasaṃgate bodhi svāhā ||

iti Prjñāpāramitā hṛdayam samāptam ||

우리말 반야심경

[더없이 위대하고] 초월적인 지혜이자, 마음의 경전

"[더없이 완전하고 완벽하며]
[더없이 위대한] 지혜의 완성자이신 [부처님]께 귀의합니다."

성스러운 [관찰자이신] 관자재 보살께서는
심오한 [마하]반야바라밀다의 지혜를 [행하시고] 완성하시면서,
깊이 살펴 보시었는데, [물질계에 존재하는] 다섯 가지 것들의
고유한 성질이 비어 있음을 보시었습니다.

사리푸트라여……!
[모든] 물질은 비어 있는 것이고, 비어 있음이 바로 [곧] 물질인
것이다.
[텅 비어 있는] 진공은, 물질과 [조금도] 다르지 아니하며, 물질
역시도,

[텅 비어 있는] 진공과 [조금도] 다르지 아니한 것이다.

[모든 물질과] 물질적인 것들은, 곧 [텅 비어 있는] 진공인 것이며,

[텅 비어 있는] 진공이 바로 [물질이고] 물질적인 것[들]이다.

또한 ['나'라고 느껴지는, '자아'를 구성하는]
느낌과 인식과 현상들과 알음알이도,
바로 그와 같이, [역시도 텅 비어 있는] 진공인 것이다.

사리푸트라야……!
[모든 자연현상과] 모든 법들의, [텅 비어 있기에] 공한 특징은,
생겨나는 것도 없고, 소멸되는 것도 없는 것이다.
또한 더러운 것이 없기에, 깨끗한 것도 없는 것이며,
[조금의] 부족함도 없기에, 가득하게 채워질 필요도 없는 것이다.

사리푸트라여……!
그러므로 [텅 비어 있는] 진공에서는,
물질도 없고, 느낌도 없으며, 인식도 없고,
인상의 심리 현상들도 없으며, 알음알이 또한 없게 되는 것이다.

[자아를 구성하는 감각기관인] 눈, 귀, 코, 혀, 몸, 마음도 없는 것이고,

[자아의 감각대상이 되는] 형상, 소리, 냄새, 맛, 감촉, 법들도 없

는 것이며,

[자아와 대상이 없기에, 보고자 하는 자아도 없고] 보이는 시각의 영역도 없는 것이며, [자아라고 인식하는] 마음의 의식[세]계도 없는 것이다.

[감각적 자아를 초월하는 지혜를, 증득한 사람에게는]
[이미 모든 것들을 초월하였기에] 지혜도 없고, 무지도 없고,
지혜의 소멸도 없으며, 무지도 없기에 무지의 소멸조차도 없는 것이며
늙음과 죽음 또한 없는 것이고, 늙음과 죽음의 소멸조차도 없는 것이다.

[그러하기에 마땅히] 고통도 없고, 고통의 원인도 없는 것이며,
고통의 소멸도 없는 것이기에, [고통을 소멸하는] 그것으로 가는 방법도, 길도 없는 것이며, 그러한 [고통을 소멸하는] 지혜 또한 없는 것이다.

[모든 물질과 자기자신이 텅 비어 있음을 자각한 사람에게는]
[자아라는] 인식도 없으며, [인식이 없기에] 지켜보는 것도 없게 되고,
그러므로 인식 그 자체도 [아예] 없는 것이 되는 것이다.

[모든 물질과 자기자신이 텅 비어 있음을 자각한]
더없이 지혜롭고 선한 [사람인] 보살께서는,

[마하]반야바라밀다에 의지하기에, 마음은 목적 의식도 없고, 장애도 없이 [언제나 어디에나 자유롭게] 머물러 계시는 것이다.

[보살의] 마음에는 장애가 없기에, [마땅히] 두려움도 없는 것이고,
[마음의 장애와 두려움이 없기에] 뒤바뀐 마음을 [극복하고] 넘어서서,
궁극의 상태인 열반의 경지에 도달하게 되는 것이다.

[그러므로 이제껏 계셨고, 지금도 계시는]
[시대와 장소를 초월하여 모든 세계인] 삼계에 머물러 계시는,
모든 깨달은 부처님들께서는,
초월적인 지혜인 [마하]반야바라밀다에 의지하여서, 더없고 위없는
집중과 지혜와 모든 깨달음으로 돌아가시고, 회귀하게 된다는 것이다.

그러므로 [이제 다시금, 확고하게] 알아야 하는 것이다.

[더없이 완벽한] 지혜의 완성인 [마하]반야바라밀다는
위대한 [만트라며] 진언이고, 크게 신령스러운 [만트라며] 진언이다.

[더없이 완벽한 지혜의 완성인 마하반야바라밀다는]
더이상의 것이 없는 위없는 [만트라이고] 진언이며,

[그것을 능가할 수 있는 것이 없는 것이고]
그것과는 동등한 것이 없는 [만트라이며] 진언이기에
모든 괴로움을 평정할 수 있는 것이며,
[조금의] 거짓됨이 없기에 [오직 진실하고] 진실한 것일 뿐이다.

더없이 위대한 지혜의 완성인 [마하]반야바라밀다에서
이러한 진언이 설해졌나니, 그것은 다음과 같은 것이다.

"가자! 가자! 넘어서 가자! [미망의 세계를] 완전히 넘어서 가자!"

[어리석음의 세계를 넘어서 가자! 미망의 세계를 초월하고 넘어서 가자!]

[궁극의 기쁨이 존재하는 곳, 니르나바와 해탈의 세계로 향하여 가자!]

"[더없이 완벽하고 고귀한] 지혜인 [마하반야바라밀다]
깨달음을 위하여 귀의합니다!"

이로써 [그 무엇으로도 능가할 수 없는 더없이 완전하고 완벽한]
마하반야바라밀다심경의 핵심적인 [내용]은 완성되게 되었습니다.

* 위의 내용 중 ( ) 안에 들어간 문장들은 반야심경의 한역본을 한국인들이 쉽게 이해할 수 있도록 하기 위한 언어적인 보충이다. 함축된 의미로 전달되는 중국의 언어형식에 의해 쓰여진 문장에 대하여, 한국의 언어 형식을 첨언하여 도움을 주기 위한 것이다. 한역본은 중국인들의 언어적 형식에 최적화된 것이므로 최소한의 단어와 문장을 사용하여 뜻과 의미를 알 수 있도록 간략하게 구성된 것이다. 그러므로 한역본은 문화적 차이와 함께, 언어적 형식에 있어서도 차이가 있는 우리 한국인들은 해석과 이해에 어려움이 있을 수도 있는 것이다. 그리하여 우리 한국인들이 반야심경의 내용을 조금이라도 더 이해하기 쉽도록 하기 위하여 ( ) 안에 첨언을 하게 되었다.

* 우리말의 언어 사용 형식으로 좀 더 첨언하였기에 이해하기 쉽고, 소리내어 낭송하다 보면, 반야심경의 뜻과 의미가 가슴속에 더 잘 새겨질 수 있게 될 것이다.

산스크리트 반야심경 원문

मह प्रज्ञा पारमित हृदय सूत्र

॥ नमः सर्वज्ञाय ॥

आर्यावलोकितेश्वरो बोधिसत्त्वो गम्भीरां

प्रज्ञापारमितांचर्यां चरमाणो व्यवलोकयति स्म ।

पञ्च स्कन्धाः । तांश्च स्वभावशून्यान् पश्यति स्म ॥

इह शारिपुत्र रूपं शून्यता शून्यतैव रूपं रूपान्न पृथक

शून्यता शून्यताया न पृथग्रूपं यद्रूपं

सा शून्यता या शून्यता तद्रूपं । एवमेव

वेदनासंज्ञासंस्कारविज्ञानम् ॥

इह शारिपुत्र सर्वधर्माः शून्यताल्क्षणा

अनुत्पन्ना अनिरुद्धा अमला अविमला अनूना अपरिपूर्णाः

तस्माच्छारिपुत्र शून्यतायां न रूपं न वेदना न संज्ञा न संस्कारा

न विज्ञानं न चक्षुः श्रोत्रघ्राणजिह्वाकायमनांसि

न रूपशब्दगन्धरसस्प्रष्टव्यधर्माः ।

न चक्षुर्धातुर्यावन्न मनोविज्ञानधातुः ।

न विद्या नाविद्या न विद्याक्षयो नाविद्याक्षयो यावन्न जरामरणं
न जरामरणक्षयो न दुःखसमुदयनिरोधमार्गा न ज्ञानं
न प्राप्तिर्नाभिसमयस्तस्मादप्राप्तित्वात् ।
बोधिसत्त्वस्य प्रज्ञापारमितामाश्रित्य विहरति ऽचित्तावरणः ।
चित्तावरणनास्तित्वादत्रस्तो विपर्यासातिक्रान्तो निष्ठनिर्वाणः ॥
त्र्यध्वव्यवस्थिताः सर्वबुद्धाः प्रज्ञापारमितामाश्रित्यानुत्तरां
सम्यक्संबोधिमभिसंबुद्धाः ॥
तस्माज्ज्ञातव्यम् ।
प्रज्ञापारमिता महामन्त्रो महाविद्यामन्त्रो ऽनुत्तरमन्त्रो
ऽसमसममन्त्रः सर्वदुःखप्रशमनः सत्यममिथ्यत्वात् ।
प्रज्ञापारमितायामुक्तो मन्त्रः ।
तद्यथा गते गते पारगते पारसंगते बोधि स्वाहा ॥
इति प्रज्ञापारमिताहृदयं समाप्तम् ॥

산스크리트 반야심경 원문 한글음

마하 프라갸 파라미타 흐리다야 수트라

나마흐 사르바갸야
아르야 아발로키테스바로 보디사뜨보
감비람 프라갸파라미타 차르얌 차라마노 브야발로카야티 스마|
판차 스칸다흐 탐스 차 스바바바 순얀 파샤티 스마||
이하 사리푸트라 루팜 순야타 순야타이바 루팜
루판나 프리탁 순야타 순야타야 나 프리탁 루팜 야드 루팜
사 순야타 야 순야타 타드 루팜 이밤 이바
베다나 상갸 상스카라 비갸남||
이하 사리푸트라 사르바 다르마흐 순야타 라크샤나 아누트판나
아니루따
아말라 아비말라 아누나 아파리푸르나흐
타스마 차리푸트라 순야탐
나 루팜 나 베다나 나 상갸 나 상스카라 나 비갸남

나 착슈흐 스로트라 그라나 지흐바 카야 마남시

나 루파 사브다 간다 라사 스프라쉬타브야 다르마흐|

나 착슈르 다투르 야반 나 마노비갸나 다투흐|

나 아비드야 나 아비드약샤요 야반

나 자라 마라남 나 자라 마라나 크샤요

나 두카 사무다야 니로다 마르가 나 갸남

나 프라프티르 나 비사마야흐 타스마드 프라프티트바드|

보디사뜨바스야 프라갸파라미탐 아스리트야 비하라토아치따바
라나흐|

치따바라나 나스티트바다 아트라스토

비파르야사 티크란토 니쉬타 니르바나 프라프타흐||

트르야드바 브야바스타타흐 사르바 부따흐

프라갸파라미탐 아스리트야

아누따람 삼약삼보딤 아비삼부따흐||

타스마즈 갸타브얌|

프라갸파리마타 마하 만트로 마하 비드야 만트로

아누따라 만트라로 아사마사마 만트라흐

사르바 두카 프라사마나흐 사트얌 아미트야트바트|

프라갸파라미타야 묵토 만트라흐| 타드 야타

가테 가테 파라가테 파라삼가테 보디 스바하||

이티 프라갸파라미타 흐리다얌 사마프탐||

摩訶般若波羅蜜多心經

반야심경 산스크리트
원문 해석 및 주석

산스크리트 반야심경 원문 해석 및 주석

मह प्रज्ञा पारमित हृदय सूत्र

Maha Prjñā Pāramitā Hṛdaya Sutra

마하 프라갸 파라미타 흐리다야 수트라

마하 = 위대한

프라갸 = 지혜(반야般若)

파라미타 = 초월의, 넘어서는(바라밀다波羅蜜多)

흐리다야 = 가슴, 심장(심心)

수트라 = 경전(경經)

1) 한계를 넘어서게 해주는 위대한 지혜의 경전

　(摩訶般若波羅蜜多心經 : 마하반야바라밀다심경)

- 해석 및 주석 -

붓다는 지금으로부터 2500년 전, 동서양에 수많은 사상이 일어나는 시대에 인도의 '카필라바수트'(지금의 인도와 네팔의 국경지역)라고 하는 작은 왕국의 왕자로 태어났다. 그는 29세에 출가하여 수많은 수행을 거쳤고, 북인도의 부다가야에서 깨달음을 얻은 후, 21일 동안 화엄부(華嚴部, *Gandhavyuha*, 간다브유하)의 가르침을 펼쳤다고 한다. 그러나 그러한 가르침들은 그 뜻이 너무나 깊고 심오하였다.

그리하여 다시 단계적으로 가르침을 펼치게 되었는데, 맨처음 아함부(阿含部, *Agama*, 아가마)의 가르침을 12년, 그 다음 방등부(方等部, *Vaipulya*, 바이풀야)의 가르침을 8년, 그 다음 반야부(般若部, *Pragya*, 프라갸)의 가르침을 21년 동안 하였다고 한다. 그리고 마지막으로 법화부(法華部, *Saddharma*, 사다르마)와 열반부(涅槃部, *Nirvana*, 니르바나)의 가르침을 8년 동안 하였다고 한다. 그 많은 가르침 중에서, 이 반야심경은 붓다의 가르침의 정점에 속하는 경전이 되는 것이다.

'마하'라는 말은 인도인들이 즐겨 쓰는 용어인데, 그들의 경전과 수행자들에게 주된 존칭으로 사용하며, '위대한' 또는 '거대한'이라는 뜻을 지니고 있는 말이다.

'프라갸'는 보통 '프라즈나'라고도 발음하는데 산스크리트어 발음으로는 '프라갸'가 더 정확하다고 할 것이다. '프라갸'는 지혜를 의미하며, 한역으로는 현장법사가 원음을 살려 새로운 중국식 문화 언어로 탄생시켰는데, 그것이 '반야'(般若)이다. '파라미타'에서 '파라'는 '초월적'이며 '넘어서는' 의미를 가진 것이며, '흐리다야'는 가슴, 또는 마음을 뜻한다. 인도인들은 흐리다야를 심장과 마음을 동시에 말하는 것으로 많이 표현하는데, 이것을 한역에서는 심(心)으로 해석하고 표현하였다.

'수트라'는 산스크리트어로 경(經), 즉 경전을 의미하며, '실타래'라는 뜻으로 사용하기도 한다. 이것은 산에서 길을 잃어버린 이가 자신이 묶어둔 실타래를 통하여 갔던 길을 찾아왔다는 이야기에서 유래된 것이다. 실타래를 통하여 제 갈 길을 찾았듯이, 진리에 도달하는 것도 경전의 내용을 통하기 때문에 '경'과 '실타래'의 활용이 다르지 않음을 뜻하는 말인 것이다. 또한 반야심경을 위대한 경전이라고 하는 까닭은, 진리와 지혜를 찾아가는 과정이 시작되어 그 끝에 도달할 때까지, 실타래처럼 끊기지 않고 연결될 수 있는 것이기 때문일 것이라고 생각하는 것이다.

이리하여 '반야심경' 즉 '마하 프라갸 파라미타 수트라'는 "초월적인 지혜로 넘어서게 해주는 위대한 마음의 경전"이라는 의미를 가지게 되는 것이다.

|| नमः सर्वज्ञाय ||

namaḥ sarvañāya

|| 나마흐 사르바갸야 ||

나마흐 = 귀의하다
사르바 = 전체
갸야 = 지혜

2) 전체적인 지혜에 귀의합니다.

- 해석 및 주석 -

이 절은 반야심경이 인간 의식에 반영되어 있는 전체적인 지혜를 조망하고 세부적으로 해석하게 해주는 위대한 경전임을 알리는 동시에, 그 시작을 선포하는 절이다. 반야심경을 왜 전체적인 지혜라고 표현하였을까? 그것은 이 짧은 경전만으로도 인간 의식에 포함된 모든 포괄적인 지혜를 설명할 수 있기 때문이다. 또한 내용은 간략하지만, 인간 의식의 궁극적 가치를 충분히 표현하였기 때문일 것이다.

반야심경은 붓다의 가르침의 정수를 가장 간단하고 명료하게 나타낸 경전이다. 이 경전은 '모든 것은 끊임없이 변한다'는 무상(無常) 사상과 '고정된 불변의 나는 없다'고 하는 무아(無我)사상을 통하여, 남전불교 또는 근본불교, 그리고 대승불교의 모든 가르침들이 존재하게 하였다. 또한 이 경전의 필요성은 언어와 문자로 드러난 가르침의 교리를 가지는 현교(顯敎)의 가르침과 언어와 문자를 초월하는 비밀스런 가르침을 전하는 밀교(密敎)의 가르침에도 부족함이 없는 것이 되는 것이다.

우리나라 신라시대의 원효(元曉, 617~686)스님은 반야심경의 내용을 세 과정으로 나누어서 가르침을 전하여 주었다고 하는데, 첫번째의 총거문(摠擧門)에서는 관자재보살이 반야수행을 실천하였을 때, 다섯 가지의 물질적이거나 정신적인 현상세계가 비어 있어서 고통을 넘어설 수 있다고 하였으며, 두번째의 별현문(別顯門)에서는 불교의 3과 과정인 근(根), 경(境), 식(識)의 과정과 성문(聲聞), 연각(緣覺), 보살(菩薩)의 4성제(聖際), 12인연(因緣), 6바라밀(波羅蜜)의 가르침, 무상(無常)과 무아(無我)의 가르침을 주었으며, 마지막으로 세번째의 유통문(流通門)에서는 반야심경이 모든 경전의 핵심이 되어서, 사바세계가 정토세계가 된다고 하였던 것이다.

옛사람들의 지혜로 구성되고 전달되었던 반야심경의 궁극의 가르침이란, '자아'라는 감각의 주체이며 실체적 진실인 '자기자신'에 대한 확고한 인식과 자각뿐만이 아니라, 그 이상의 존재들에 대해서도 '자아'라는 인식과 개념을 확장하고 확인하는 것이다. '자기자신'이라는 감각인식의 주체 이외의 다른 생명이나 다른 사람 등과 같이 외연으로 확장되는 '자아'의 개념을 더욱더 확고히 하여 '자기자신'이라는 '작은 자아'를 넘어서고 초월하는 초월적인 인식의 개념이 생겨나는 것이다.

그리하여 결국 그 초월적인 인식의 개념은 감각인식의 주체인 '자기자신'이라는 생명과 그 생명의 기본 구성요소들인 물질 등과 같은 '모든 존재'를 초월하고 넘어서는 것이며 '자기자신'인 물질을 포함하는 것은 물론이고, 물질이 아닌 비물질마저도 '자아'라고 인식하게 되는 것이다. '비물질'이며 '비존재'마저도 '자아'라고 인식되어질 때 '무아의 경지'라는 궁극의 인간 의식에 도달하게 된다는 것이다.

현대인에게 반야심경은 '자아'라는 자기자신과 그 '자아'인 자기자신을 넘어서는 초월적 인식의 주체가 되어야함을 알려주는 것이다. 반야심경은 결국, 예로부터 표현된 궁극의 인간 의식으로서, 궁극의 인간 의식이란 '무아'라는 표현 안에서 만나게 될 수밖에 없는, 지혜롭고 선한 사람들인 부처님들의 위대한 가르침이 되는 것이다. 그러므로 반야심경은 인간 의식의 최종적인 경지에 대한 가르침이 되는 것이다.

반야심경의 가르침은 현대에 이르러서는 '자기자신'이라는 '작은 자아'를 넘어서고 초월하여, 좀 더 큰 '자기자신'인 전체적인 모든 사람들과 모든 생명들과 모든 물질적인 존재들이 하나임을 뜻하는 것으로서, 더없이 위대한 지혜란, 궁극의 경지인 '텅빈 마음'으로 사랑과 자비의 실천행으로 귀결되어야 한다는 것이다.

001

전체적인 지혜에 귀의하는 것은, 최고, 최상의 마음을 지니기 위함이다

인간이라는 존재의 생각만으로, 인간의 생각이라는 범주 안에서, 인간의 지혜는 인간에게만 존재하는 것이다. 인간만의 지혜는 알고, 이해하고, 깨우치는 것이다. 여기 반야심경에서의 전체적인 지혜는, 인간으로서 필히 알고, 이해하고, 깨우쳐야할 절대적인 지혜, 즉 모든 지혜를 일컫는 것이다. 여기 반야심경에서 전체적인 지혜에 귀의한다는 것은, 좀 더 인간다운 인간이 되고자 하는 것이다. 좀 더 인간다운 인간으로서 더없이 온전한 인간이 되고자 하는 것이다. 전체적인 지혜에 귀의한다는 것은 부족함 없는, 온전한 인간으로 바르게 성장하고 성숙하고자 하는 것이다.

전체적인 지혜에 귀의하고자 함은, 인간에게 절대적으로 필요한 지혜를 증득하여 좀 더 건강하고, 좀 더 자유롭고, 좀 더 만족하고, 좀 더 행복하여 결국에는 더없이 완전하고 완벽한 인간의 모습을 실현해 가고자 하는 열망인 것이다. 더없이 완벽한 인간이 되고자 하는 것은, 인간이라는 존재에게는 지극히 자연스러운 것이다. 지혜라고 하는 것은 인간의 마음속에 존재하는, 인간의 마음 중의 일부분이다. 지혜라고 하는 것은 알고, 이해하고, 깨닫는 인간만의 고유하고 특별한 마음이라고 할 것이다. 전체적인 지혜는 알고, 이해하고, 깨닫는 인간의 고유하고 특별한 모든 마음이라고도 할 수 있을 것이다. 전체적인 지혜에 귀의하고자 한다는 것은

자기의 특별한 마음과 인간 모두의 마음 전체를 알고, 이해하고, 깨닫고자 하는 것이다.

전체적인 지혜에 귀의하고자 함의, 가장 중요한 이유는 먼저 자기자신만의 고유하고 특별한 마음을 바르게 알고자 함이다. 먼저 자기자신의 마음을 바르게 안다는 것이야말로, 전체적인 지혜를 증득하는 것과 같은 것이라고 할 수도 있기 때문이다. 인간의 복잡다단한 마음 중에는, 의식이라고 표현할 수 있는 부분이 있으며, 의식은 단계적인 차원으로 구성되어 있다. 전체적인 지혜에 귀의하고자 함은, 인간 의식의 단계적인 차원 중에서, 특히 좀 더 인간다움을 결정하는 의식인 최상위 차원의 의식에 대해서 잘 알고, 이해하고 깨우치고자 하는 것을 뜻하는 것이다.

인격이란 의식 수준을 뜻하는 것이다. 한 사람의 의식 수준이 곧 그 사람의 인격이 되는 것이다. 최상위 차원의 의식적 수준에 도달한 사람이라면 최고의 인격을 가진 사람이 되는 것이다. 최고의 인격 수준에 도달한 사람은 최상위 차원의 의식적 수준에 도달해 있는 것이다. 최상위 차원의 의식은 알고, 이해하고, 깨닫는 인간의 의식 중에서 자기자신에 대해 더 잘 알고, 더 잘 이해하고, 더 많이 깨닫는 의식인 것이다. 최상위 차원의 의식은, 단계적인 의식 차원 중 최고수준에 있는 것이다.

생명으로서 생존을 위해서 본능적으로 작동하는 의식 차원을 하위 차원의 의식이라고 하고, 그 하위 차원의 의식이 중생의 마음인 것이다. 생명으로서 생존을 위해서 본능적으로 작동하는 하위 차원의 의식에 대해서 자각하고, 이해하는 의식은 상위 차원의 의식이다. 상위 차원의 의식은 하위 차원의 의식을 지배하고 조절하는 기능과 역할도 하는 의식인 것이다. 상위 차원의 의식은 인간이라는 존재의 본질과 수준을 결정하는 의식이며, 최상위 차원의 의식이 곧 마하반야, 위대한 지혜인 것이다.

002
전체적인 지혜에 귀의한다는 것은, 건강하고 행복해 지려는 것이다

전체적인 지혜에 귀의한다는 것은, 자기자신과 다른 사람에 대해 잘 알고, 이해하려고 하는 것이다. 자기자신과 다른 사람들 모두가 건강하고 행복한 삶을 살아가기 위해서, 어떠한 조건들이 절대적으로 필요한 것인지에 대해서, 알기 위해서 노력하려는 것이다. 결국 그런 노력의 과정을 통해서, 건강하고 행복하게 살아갈수 있는 절대적인 조건들에 대해서 잘 알게 되고, 분명한 확신을 갖게 되는 것이다.

전체적인 지혜에 포함되어 있는 인간들을 위한 절대적 조건, 모든 인간들이 건강하고 행복하게 살아갈 수 있는 절대적인 조건이란, 인간이라는 생명의 생존이 가능한 자연과 환경 속에 머무는 것, 또한 식욕, 수면욕, 성욕과 같은 동물적인 기본적인 욕구가 해소되어야 하는 것뿐 아니라, 인간 사회의 구성원으로서, 자기자신과 다른 사람에 대한 사랑과, 그 사랑을 위한 놀이와 소통, 그 사

랑을 위한 자기자신만의 역할과 자아실현과 같은 인간으로서 누려야할 필요충족의 욕구인 것이다.

전체적인 지혜에 귀의한다는 것은, 먼저 자기자신을 건강하고 행복한 상태로 만들고 그렇게 건강하고 행복한 상태를 유지하려는 것이다. 전체적인 지혜에 귀의한다는 것은, 자신 스스로의 건강과 행복을 위해 가장 유익한 것이 어떤 것인지에 대해서 잘 알고자 하는 것이다. 전체적인 지혜에 귀의한다는 것은, 건강과 행복한 삶을 살아가기 위해서, 자기자신에게 주어진 모든 프로그램을 가장 유익하게 작동시킬 수 있는 능력을 갖기 위한 노력을 시작한다는 의지의 표현도 되는 것이다.

인간의 머릿속에 있는 뇌는, 인간의 마음이라고 할 수도 있는 것이다. 뇌의 상태는 건강과 행복을 보장하는 절대적인 조건이 되는 것이다. 건강하고 행복한 삶을 살아가기 위해서 전체적인 지혜로 귀의한다는 것은, 인간의 뇌에서 작동할 수 있는 가장 유익하고 긍정적인 프로그램이 작동하게 되도록 하는 것이라고도 할 수 있는 것이다. 또는 부정적인 프로그램이 어떻게 작동하는지에 대해서도 충분히 알 수 있어서, 부정적이고 불리한 상태를 빠르게 벗어나거나, 좀 더 유익하고 긍정적인 상태로 빠르게 전환할 수 있는 능력을 향상 시키는 것이라고도 할 수 있는 것이다.

지혜로운 사람은 언제나 건강하고 행복하다. 지혜롭다는 것은 건강하고 행복하다는 것과 같은 것이다. 전체적인 지혜에 귀의한다는 것은, 자기자신 스스로가 건강하고 행복한 존재가 되고자 하는 마음을 표현하는 것이다. 전체적인 지혜를 깨닫고 나서, 지혜로운 존재가 되면 자기자신과 다른 사람, 다른 생명, 시간과 공간, 온 우주에 대한 이해를 명확하게 할 수 있으며, 건강하고 행복하게 되는 것이다.

전체적인 지혜라고 하는 것은, 자기자신은 물론 다른 인간들에 대해서도 잘 알고, 이해하는 것이다. 자기자신과 다른 사람에 대해 잘 알고, 이해하는 것이 지혜로운 사람이 되는 것이다. 지혜로운 사람이 되어 건강하고 행복한 사람이 되고자 한다면, 자기자신과 모든 인간에 대해 바르게 알고, 이해하여야 한다. 그러기 위해서 모든 사람들에게 절대적 필요조건인, 다음과 같은 개념들에 집중하고 명상하여야 한다. '인간의 기본적인 욕구와 그 욕구의 충족의 조건' '인간의 육체적인 성장과 변화' '인간의 정신적 성장과 변화' '사랑의 결핍과 충족' '자기자신만의 마음속에서 우러나오는 본성과 자신만의 개성' '사람마다 각기 다른 가치관과 역할' '물질현상과 우주' '시간과 공간' '건강과 행복의 조건은 무엇인가?'와 같은 것들이다.

003
전체적인 지혜에 귀의한다는 것은, 완전하고 완벽해 지려는 것이다

전체적인 지혜에 귀의한다는 것은 알고, 이해하고, 깨닫고자 하는 마음이 생겨나는 것이다. 전체적인 지혜에 귀의하여 알고, 이해하고 깨닫게 된다는 것은 인격이 성장하고 성숙하게 되는 것이고, 인간으로서 자연스러운 발달의 과정이 되는 것이다. 전체적인 지혜에 귀의한다는 것은, 자기자신 스스로가 자기자신과 세상의 모든 것들에 대해서 잘 알고, 이해하고, 깨닫고자 하는 노력을 시작하게 된다는 것이다.

전체적인 지혜에 귀의한다는 것은, 자기자신 스스로의 노력을 통해서 자기자신과 세상의 모든 것들에 대해서 좀 더 잘 알게됨으로써, 좀 더 완전하고 완벽한 인간이 되고자 하는 것이다. 먼저 자기자신 스스로가 자기자신에 대해서 알고자 하는 마음이 자연스럽게 일어나게 되고 난 후에 알고, 이해하고, 깨닫는 정신적인 성장과 육체적인 성장과 성숙이 지속되면서, 오랜 사유의 시간이 지나게 되면, 역시 자연스럽게 전체적인 지혜에 대해서, 스스로 확고해지며 확신도 하게 되는 것이다. 또한 이러한 과정을 통해, 좀 더 완전하고 완벽해질 수 있게 되는 것이다.

전체적인 지혜에 귀의하여, 완전하고 완벽한 인간이 된다는 것은, 자기자신에 대한 인식과 자기자신이 속하여 살아가는 세상에 대한 인식을 확고히 하는 것이다. 인식한다는 것은, 어떤 사실이나 어떤 무엇에 대해서 감각적으로 확인하여 알게 된다는 것이다. 전체적인 지혜에 귀의하여 완전하고 완벽한 인간이 된다는 것은, 자기자신에 대한 인식을 확고히 하는 것이다. 전체적인 지혜에 귀의한다는 것은, 완전하고 완벽한 인간이 되기 위해서, 자기자신은 물론, 자기자신이 속해서 살아가는 세상과 그 세상에 속한 모든 것들에 대해서, 확고하게 인식하는 것이다.

전체적인 지혜에 귀의한다는 것은, 자기자신의 눈앞에 펼쳐지는 모든 일들과 우주 전체에 대한 확고한 인식을 획득하려는 의지의 표현인 것이다. 전체적인 지혜에 귀의하여, 완전하고 완벽한 존재가 된다는 것은 자기자신은 물론이고 세상의 모든 것에 대해, 잘 알고, 충분히 이해하는 마음을 갖게 되는 것이다. 전체적인 지혜에 귀의한다는 것은, 좀 더 건강하고 행복해지고, 좀 더 완전하고 완벽한 인간이 되기 위해서, 인간인 자기자신과 자기자신이 살아가고 있는 세상의 모든 것들에 대해서 잘 알고, 잘 이해하고, 잘 깨닫고자 하는 성찰을 시작한다는 의미가 되는 것이다. 전체적인 지혜에 귀의한다는 것은, 세상에 존재하는 모든 것들에 대해서 알고자 하는 노력을 시작하겠다는 스스로의 굳건한 다짐이고 선언이 되는 것이다.

004
전체적인 지혜에 귀의하는 것은, 생명의 본질을 잘 알기 위한 것이다

전체적인 지혜에 귀의한다는 것은, 생명으로서 생명의 본질에 대해서 바르게 알고, 잘 이해하려는 노력을 시작하는 것이다. 전체적인 지혜에 귀의한다는 것은, 자기자신이 포함된 인간과 다른 생명들의 탄생과 죽음에 대해서 잘 알고, 생명의 생존주기에 따른 변화와 성장과 차이점들에 대해서 잘 알고 바르게 이해하려는 것이다.

    전체적인 지혜에 귀의한다는 것은, 모든 인간들과 모든 생명들의 공통적인 면과 각기 다른 면, 성장에 따른 변화와 차이, 성별의 차이와 역할에 대해서 바르게 이해하는 것이다. 인간에 대한 이해와 인간이 아닌 다른 생명들에 대해서도 바르게 이해하려는 것이다. 수많은 생명들의 각기 다른 특성을 바르게 이해하려는 것이고, 다른 생명들이 존재하는 이유에 대해서도 바르게 이해하려고 하는 것이다.

    전체적인 지혜에 귀의한다는 것은, 생명이라는 존재의 특성과 온 우주에 대해서도 확고하고 뚜렷하게 알고, 이해하려고 하는 것이다. 전체적인 지혜에 귀의한다는 것은, 생명, 인간, 우주의 모든 것들에 대해서 확고하고 뚜렷한 인식을 하고자 하는 노력을 시작하는 것이다. 전체적인 지혜에 귀의한다는 것은, 자기자신이라는 존재, 생명과 인간이라는 존재, 물질, 시간과 공간과 같은 우주의 모든 것들에 대해서, 전체적으로 확고하고 분명하게 인식하고 자각하려는 노력을 시작하려는 것이다.

    전체적인 지혜에 귀의하는 것, 그것은 인간이란 존재로 태어난, 자기자신에 대해서 분명하고 확고하게 인식하고 자각하려는 것이고, 또다른 수많은 생명들의 생명현상과 물질현상과 비물질적인 현상에 대해서도, 좀 더 바르게 인식하고, 자각하려는 것이다. 또한, 무한히 드넓고 끝이 없는 우주, 그 우주의 본질인 영원한 시간과 공간에 대해서, 좀 더 확고하고 뚜렷하게 인식하고 자각하고자 하는 것이다.

인간이란 존재로 태어난 생명은, 좀 더 완전하고 완벽한 인간으로 거듭나기 위해서 전체적인 지혜에 귀의하여, 생명과 인간의 본질을 알고, 이해하고 깨우쳐야만 한다. 인간의 모습을 가지고 있으되, 자기자신과 생명의 본질을 깨우치지 못한 사람을 어리석은 사람이라고 한다. 인간만의 특성인 알고, 깨우치는 능력이 부족한 사람을 어리석은 사람이라고 하는 것이다. 인간만의 특성인 알고, 깨우치는 능력이 부족한 사람, 어리석어서 지혜롭지 못한 사람을 '중생'(짐승)이라고도 하는 것이다.

인간만의 특성인 알고, 깨우치는 능력이 부족하지만 숨을 쉬고, 음식을 먹고, 잠을 자고, 즐거운 놀이를 하며 놀고, 사랑을 하고, 후대를 남겨서 생명활동을 이어가는 존재가 중생(짐승)인 것이다. 인간의 모습이라고 할지라도, 인간과 생명의 본질을 깨우치지 못해서 지혜가 없는 사람이라면 중생(짐승)이라고 할 수가 있는 것이다.

생명의 본질에는 쾌락과 고통이 있다. 생명활동에는 언제나 쾌락과 고통이 함께한다. 인간이 생명의 본질에 대해 알고, 깨우치지 못했다면, 단순히 생명활동만을 이어가는 짐승과도 같을 수 있다는 것이다. 본질적인 차원에서 짐승과 깨우치지 못한 사람은 동일한 모습을 보일 수도 있는 것이다. 지혜가 부족하고 어리석다는 것과 중생(짐승)의 모습, 그 자체로만으로는 잘못된 존재라고 말할 수는 없겠다.

그러나 인간으로 태어나서 좀 더 건강하고 행복해지려고 한다면 인간으로 태어나서 불안정성을 극복하고 스스로 충족스러운 삶을 살아가기 위해서 완전성과 완벽성을 체득하려 한다면 전체적인 지혜에 귀의하여 생명의 본질에 대해서 잘 알고 이해해야 하는 것이다. 그래야만 어리석음과 불행에서 벗어나서 건강하고 행복한 지혜로운 사람이 되는 것이다. 어리석은 사람과 짐승을 폄하하는 것은 결코 아니다.

전체적인 지혜에 귀의하여, 완전하고 완벽하게 된 사람이며 위대한 지혜를 증득하여 좀 더 깨우친 사람에게는, 중생의 어리석음과 불행도 사라지게 되고, 지혜롭고 깨우친 사람의 행복도 사라지게 된다. 행복과 불행, 어리석음과 지혜라는 구분이 모두 다 사라지고, 오직 '텅~' 비어 있게 되는 마음의 부처만이 남게 되는 것이다.

005
전체적인 지혜가 부족하다면, 불행한 삶을 살아가게 되는 것이다

전체적인 지혜가 부족하다는 것은, 인간만의 독특한 특성인 알고, 이해하고, 깨닫는 것이 부족하다는 것이다. 특히나 자기자신에 대한 이해가 부족하고, 자신이 속해서 살아가고 있는 인간 사회와 자연환경에 대한 인식과 이해가 부족한 것이다.

인간만의 특성인 지혜가 부족하게 되면 나약하고 불행한 삶을 살아갈 수밖에 없게 된다. 지혜가 부족하면, 건강과 행복의 필요조건들이 형성될 수 없기 때문이다. 특히나 자기인식에 대한 지혜는 매우 중요한 것이다. 인생 전체에서나, 삶의 모든 면에 있어서 가장 중요한 지혜인, 자기자신에 대한 인식이 확고하지 않고, 불분명하다면 건강하고 행복한 삶은 견고하게 형성되지 않기 때문인 것이다.

인간만의 특성인 알고, 깨우치는 지혜가 부족하게 되면 삶의 전체적인 면에서 부족한 부분이 많아지게 된다. 지혜가 부족한 사람은 매사에 무엇이든지 충분치 않아서 만족할 수 없으며, 행복할 수도 없고, 완벽해 질 수도 없게 된다. 불행하고 만족스럽지 못한 인생이 되는 이유는, 단지 인간만의 특성인 지혜가 부족한 것일 뿐이다. 지혜가 부족하면 인격이 성숙하지 못하고, 인격이 성숙하지 못하면 삶의 많은 부분에서, 부족하고 모자란 결핍의 상태를 벗어나지 못하게 되는 것이다.

전체적인 지혜가 부족하면 불행한 사람으로 살아갈 수밖에 없게 된다. 불행한 사람은 지혜가 없는 사람이다. 불행은 전체적인 면에서, 자기자신과 다른 생명에 대한 인식의 결핍에서 비롯되는 것이다. 불행한 사람은 인생에서 절대적으로 필요한 조건이 충족되지 않은 상태로 삶을 이어가게 된다. 불행한 인생이란, 절대적 필요조건의 결핍과 결여로 지혜가 성장하지 못한 사람의 상태이다. 불행은 지혜롭지 못하고, 인격이 성숙하지 못한 사람의 모습이다. 불행은 한 개인에서만 끝나는 것이 아니라, 개인의 인생을 넘어, 다음 세대를 거쳐서 이어지기도 하는 것이다.

불행한 인생을 끝내려고 한다면 전체적인 지혜에 귀의하여 기필코 지혜로운 사람으로 성장해 나아가야만 하는 것이다. 알고 깨우치는 것이, 인간이라는 생명의 특성이다. 불행에서 벗어나 행복해져야 한다면 알고 깨우쳐야 하는 것이 절대적인 조건이 되는 것이다. 좀 더 건강하고 좀 더 행복해져야 한다면, 좀 더 많이 알고 깨우쳐야 한다. 완전하고 완벽하게 행복해지려면, 완전하고 완벽하게 깨우쳐야 한다. 더없이 완전하고 완벽하게 깨우친 인간의 상징적 모습이, 부처의 모습인 것이다,

006
전체적인 지혜는, 쉽게 증득되는 것이 아니다

전체적인 지혜는, 한 순간에 쉽게 증득되는 것이 아니다. 전체적인 지혜를 얻고자 한다면 인생에서의 이른 나이인 청춘의 시기에서부터, 전체적인 지혜에 귀의해야 한다. 청춘의 시기에, 위대한 지혜를 구하는 간절하고 뜨거운 마음으로, 자기자신을 되돌아 성찰하고, 드넓고 무한한 세상과 우주를 관찰하여야만 한다. 그렇게 이른 나이에서부터 전체적인 지혜를 증득하기 위해 노력한다면, 30세 전후의 나이가 되었을 때, 충분히 홀로 선 존재로서 충족스런운 인생을 살아가게 되는 것이다.

전체적인 지혜에 귀의하여, 오랜 시간에 걸친 성찰과 탐구의 결과로, 자기자신과 자기자신이 속한 인간 사회의 모습, 생명과 물질, 시간과 공간에 대한 뚜렷하고 확고한 마음인 확신이 생겨야 한다. 이렇듯이 자기자신과 모든 존재들에 대한 확고하고 뚜렷한 이해야말로 전체적인 지혜의 완성이라고 할 수 있게 되는 것이다.

지혜는 지식과 다른 것이다. 지식은 외부에서 들어오는 정보이고, 지혜는 자기자신의 마음속에서 자연스럽게 우러나오는 직관적인 판단력이다. 그러므로 아무리 많은 양의 책을 보았고, 방대한 지식을 습득했다고 할지라도, 스스로의 직관력과 판단력을 갖추지 못했다면 전체적인 지혜를 증득했다고는 할 수가 없는 것이다.

외부로부터 얻게 되는 지식과 정보에만 의존하는 공부는, 지식의 저장에 불과하므로 불완전한 공부가 될 수 있다. 그러나 또한 반대로 외부에서 들어오는 정보를 무시하고 자기만의 생각으로만 판단하고자 하면, 객관적 증명이 부족하게 되어 편협한 상태에 머무르게 될 수도 있다. 완전한 지혜란 주체적이고 직관적인 스스로의 판단력과 외부로부터 들어오는 정보를 통해 알게 되는 객관적 증명이 일치되어야 한다. 주관적 판단과 객관적 증명이 적절한 조화와 합일이 되어야 하는 것이다.

전체적인 지혜는, 독립적 의지가 확고한 주체자의 몫이다. 전체적인 지혜란 독립적 의지가 굳건하고 확고해진 주체자의 마음이고 의식이다. 아무리 나이가 많고 그에 따른 지식과 경험이 많다고 하더라도, 그 많은 지식과 경험들을 자기자신만의 의지로써 분명하고 확고하게 인식하지 못했다면 지혜를 얻지 못한 것이다. 지혜를 얻지 못하면 부처가 될 수 없기에, 자기자신 스스로의 뚜렷한 의지와 직관력으로, 자기자신과 세상을 있는 그대로 판단하지 못하면 부처가 될 수 없는 것이다.

전체적인 지혜에 귀의하여, 자율적인 힘으로 자기자신의 모습을 확인하고 좀 더 주체적이고 독립적인 힘을 키워 나가야만 지혜를 증득할 수 있다. 자율적이고, 독립적이며, 주체적인 힘의 크기가 결국, 지혜의 크기가 되는 것이며 그것이 곧 자존감의 크기가 된다. 위대한 지혜를 증득한 부처란, 자율적이고 독립적이며 주체적인 힘이 커져서 자존감이 극적으로 높아진 사람을 뜻하는 것이다. 전체적인 지혜를 증득한 사람, 자존감이 극적으로 커진 사람이라야 부처가 될 수 있는 것이다.

전체적인 지혜에 귀의하여, 전체적인 지혜를 증득하게 되면 스스로 부처가 된다. 자율적이고 독립적이고 주체적인 힘으로 스스로 부처가 된 사람의 단 하나의 외침은 "천상천하 유아독존"이거나 "색불이공 공불이색, 색즉시공 공즉시색"이다. 그러나 이런 외침은 언어적 표현일 뿐 실재가 아니다. 언어적 표현은 상징일 뿐이다.

전체적인 지혜로 귀의하여, 전체적인 지혜를 증득하면 자존감이 극적으로 높아지게 된다. 전체적인 지혜로 귀의하여, 전체적인 지혜를 증득하면 더없이 위대한 부처가 된다. 독립적이며 주체적인 존재인 부처가 되는 것이다. 전체적인 지혜에 귀의하여 전체적인 지혜를 증득한 사람은 자기 스스로, 자신이 부처임을 확신한다.

그런 사람은 스스로 지혜를 증득하고, 완전하고 완벽함을 체험하며, 더없는 기쁨인 희열과 지복의 경지에 들어서게 된다. 그런 사람에게는 최상의 마음과 최고의 행복과 극적으로 높아진 자존감이 드러나게 된다. 그렇게 된 사람이라면 이미 부처가 되었기에 조금의 두려움과 망설임도 없이 "천상천하 유아독존" "색불이공 공불이색" "색즉시공 공즉시색"이라는 확고해진 마음의 소리를 외치게 되는 것이다.

전체적인 지혜의 완성은, 완전하고 완벽한 존재로 거듭 나는 것이다. 전체적인 지혜에 귀의하고자함은, 자유와 해탈의 경지를 향해 가는 위대한 여정에 들어 서게 되는 것이다. 전체적인 지혜의 완성이라 하는 것은, 자기자신과 모든 존재가 완전하고 완벽함을 증명하는 것이며, 아직 지혜가 부족하여 어리석음과 불행 속에 놓인 사람들의 고통을 줄여 주고, 격려와 위안을 주는 능력을 갖게 되는 것이다.

전체적인 지혜에 귀의하여, 지혜가 완성된 사람, 즉 스스로 인격이 높아진 고귀한 사람은, 아직 지혜가 부족하고 인격이 성장하지 못한 사람들에게, 그들의 지혜와 인격이 성장할 수 있도록 도와줄 수 있어야 한다. 그렇게 그들에게 필요한 지혜를 전하여 인격이 성장할 수 있도록 돕는 존재가 되어야만 하는 것이다. 다른 사람의 성장을 돕는 존재는, 위대한 스승의 길로 들어서는 것이라고 할 수 있을 것이다.

"천상천하 유아독존" "색불이공 공불이색" "색즉시공 공즉시색"

आर्यावलोकितेश्वरो बोधिसत्त्वो

ārya avalokiteśvaro bodhisattvo

아르야 아발로키테스바로 보디사뜨보

아르야 = 고귀한

아발로키타(avalokita) = 보다, 관찰하다, 명상하다

이스바라(īśvara) = 인격신, 스승, 위대한 자

보디 = 지혜

사뜨바 = 존재, 실제, 선함

3) 성스러운 관찰자이며, 위대한 스승이며, 지혜로운 존재

　　(觀自在菩薩 : 관자재보살)

- 해석 및 주석 -

'아르야(*Arya*)'란 '아리안족'을 말하는 것이기도 하나 여기서는 산스크리트어로 '고귀한 사람'이라고 하는 뜻이다. '아발로키테스바라'에서 '아발로키'는 명상하는 자이며, '이스바라'는 인격적인 신성, 즉 지혜롭고 인격적인 신성을 뜻하는 것이다. 그러므로 이 뜻은 신성스러운 지혜로운 이, 또는 신성스러운 이가 명상을 한다는 것이 된다. 아발로키데스바라(*avalokiteśvara*)는 한역으로는 관자재보살(觀自在菩薩)이다. 천 개의 손과 눈을 가진 32응신(應身)의 화신으로 14 무외력(無畏力)의 초능력을 갖추고 사바세계에서 중생을 구제하는 선지자이며, 중생의 소리를 듣고 그에 따라 고통을 없애준다고 해서 관세음보살(觀世音菩薩)이라고도 한다. 관자재보살은 중생들이 지

혜를 성취하고 고통에서 벗어날 수 있도록 네 가지의 방편을 주었는데, 그 첫째는 때를 아는 것이며, 둘째는 근기를 아는 것이며. 세 번째는 하나의 바다로 향하는 것이며, 네 번째는 윤회로부터 벗어나는 것이다. 부처님은 깊은 삼매에 들 때에나 나올 때에나 항상 이것을 자재(自在)하였다고 한다. '보디사뜨바(bodhisattva)'는 지혜인 '보디(bodhi)'와 선하고 좋은 것의 극치인 '사뜨바(sattva)'가 합쳐진 말이다. 대승불교에서 말하는 깨달은 이, 즉 보디사뜨바인 보살(菩薩)은 깨닫지 못한 중생(衆生)을 위해서 살아가고 가르침을 펼치는 이를 말한다.

그래서 반야심경에서는, 진정한 보살의 참다운 행위 중 첫 번째는 심오하고도 심오한, 깊고도 깊은 관찰과 명상이라고 하는 것이다. 오직 관찰과 명상의 길에 들어선 사람만이 성스러운 관찰자, 즉 부처가 되는 길에 들어서게 될 수 있는 것이다.

007

부처가 되려면, 연민과 사랑이 가득한 관찰자가 되어야
한다

성스러운 부처가 되는 최우선의 선결 요건은, 먼저 관찰자가 되
는 것이다. 부처란, 심오한 관찰의 능력으로, 더없이 완전하고 완
벽하며 위대한 지혜의 경지에 든 사람을 뜻한다. 부처가 되는 관
찰자는, 관찰의 능력이 크고 깊어야 하며, 그렇게 크고 깊은 관찰
의 능력으로 자기자신과 인간, 생명과 자연의 섭리와 순리에 대하
여 제대로 알고 이해해야 하며, 그 앎과 이해에 대하여 확신에 찬
믿음을 가져야 한다.

또한 부처란, 선하고 지혜로운 사람을 뜻하는 것이기에, 부처
가 되고자 하는 사람이라면 심오한 관찰의 능력과 함께 자기자신
과 다른 사람들과 다른 생명들에 대한 연민과 사랑이 가득한 존재
가 되어야 한다. 연민과 사랑이 가득한 존재가 되기 위해서는 먼
저 자기자신에 대한 사랑이 충족되어야 한다. 자기자신에 대한 사
랑이란, 순수하게 자기자신의 모습을 있는 그대로, 인정하고 존중
하는 것이다.

부처가 되고자 하는 관찰자는 자기자신에 대한 사랑과 다른 사
람들과 생명들에 대한 연민이 커지고, 연민과 사랑이 커지고 굳건
해질수록 관찰자로서의 능력도 향상된다. 애틋한 감정인 연민과
사랑이 커질수록, 자기자신과 세상을 바르게 판단하는 능력은 증

대하고 강화된다. 연민과 사랑이 가득한, 선한 마음의 관찰자는 감각적 민감성과 직관력이 향상되어, 궁극의 지혜를 갖춘 부처가 되는 것이다.

여기에서 관찰자란, 독립적이며 자율적인 주체자로서 관찰자이다. 자기인식을 확고히 하여 자신의 삶을 주도적으로 이끌어 가는 관찰자를 뜻하는 것이다. 전체적인 지혜의 완성은, 독립적인 주체자로서의 의지가 확고한 관찰자만이 가능한 것이라고 할 것이다. 자율적이고 독립적 의지가 확고한 관찰자가 부처가 되는 것이다.

부처가 되려면, 자율적이고 독립적인 의지와 함께 관찰의 능력을 키워야 한다. 자율적이고 독립적이지 못한 사람, 주체적인 힘이 부족하고 나약하고 의존적인 사람은 스스로 부처가 되기 어렵다. 자율적이고 독립적인 주체자로서의 관찰자는 "천상천하 유아독존"이나 "내가 곧 하늘이다." "내가 곧 세상의 모든 것이다"라고 당당하게 표현할 수 있는, 용기와 힘을 갖고 있는 사람이라고 할 수 있을 것이다.

자율적이고 독립적인 관찰자는, 내면적으로는 자기자신을 관찰하고, 외면적으로는 세상을 관찰하여야 한다. 자기자신에 대한 연민과 사랑, 긍정적 자기 인식이 확고한 관찰자는, 자신이 속한 인간 사회, 인간이 속한 생명의 세계, 생명이 속한 자연계의 모든 것들에 대해 스스로 관찰하고 명상하여야 한다. '나'라는 존재에 대해 깊게 생각하고, 자기자신이 속한 인간의 모습, 인간이 속한 생명의 세계와 생명이 속한 자연의 섭리와 우주적 질서 등, 세상의 모든 것을 탐구하고 이해하여야 한다.

　관찰자는, 자율적이고 능동적으로 '나' 즉, 자기자신을 구성하는 물질뿐만 아니라 세상에 존재하는 모든 물질들과 생명들의 변화를 관찰하여야 한다. 관찰자는 관찰을 통해서, 물질적 차원에서 생겨나고 소멸하는 생명들의 특성에 대해서 알고 이해해야 한다. 관찰자는 관찰을 통해서, 그 생명들의 다양한 모습과 특성에 대해 관찰하고 이해해야 한다. 관찰자는 관찰을 통해서, 새끼를 알로 낳는 파충류와, 새끼를 직접 낳아 기르는 포유류의 각기 다른 특성에 대해 관찰하고 이해해야 한다.

　관찰자는 관찰을 통해서, 신체의 중심을 뼈로 구성하고 유지하는 척추동물에 대해서도 잘 알고 이해해야 한다. 관찰자는 관찰을 통해서 젖먹이 활동과 감정적 생명활동인, 놀이를 하는 포유류의 특성과 그 포유류에 속한 생각하는 뇌, 즉 마음을 가진 영장류의 특성에 대해서 관찰하고 이해해야 한다. 특히 인간의 내면, 즉 마음이라는 의식, 정신활동이 진화하는 과정에 대해서 관찰하고 이해해야 하는 것이다.

　또한 관찰자는 관찰을 통해서, 인간의 행복과 불행을 결정하는 절대적인 조건들이 무엇인가를 탐구하고 관찰하여야 하며, 인간 사회에서 하나의 구성원으로 존재하는 자기자신만의 특성에 대해서도, 심도 있는 탐구와 관찰을 하고 명상하여야 한다.

008

관찰자는 모든 존재의 실상을, 있는 그대로 보아야 한다

주체적이고 주도적인 인식 능력을 가진 관찰자는, 모든 존재의 실상을 그대로 순수하게 지켜보아야 한다. 관찰의 대상들을 있는 그대로 보게 될 때, 관찰자는 좀 더 심오한 관찰의 능력과 직관적인 지혜를 증득하게 되는 것이다. 순수하지 않다는 것은 어리석거나 물질적인 탐욕을 추구하는 이기적인 마음이 남아있는 것이다. 어리석음과 탐욕의 찌꺼기가 남아 있는 순수하지 않은 마음으로는, 자기자신과 세상의 모든 존재들에 대한 실상을, 결코 있는 그대로 보지 못하게 되는 것이다.

관찰자는, 존재의 실상을 있는 그대로 보고 받아들일 수 있는 객관적 관찰의 능력을 키워내기 위해서, 자기자신과 모든 존재의 실상을 조금도 왜곡하지 않고, 있는 그대로 순수하게 지켜 볼 수 있어야만 한다. 그래야만 지혜 중의 지혜이며 지혜의 정수라고 할 수 있는 정확하고, 바르고, 즉각적으로 알게 되는 직관의 능력이 향상되는 것이다. 그러므로 진정으로 위대한 부처가 되어야할 관찰자라면 지혜로워지기 위해서 언제까지나 왜곡되지 않은 순수한 마음을 지켜 나가야만 하는 것이다.

부정적인 자기 인식과 의존적이고 나약한 사람은, 결핍과 불안정 상태에 빠져서, 편파적이고 왜곡된 견해로 자신과 세상을 보게 되므로, 모든 존재의 실상을 있는 그대로 볼 수가 없다. 그러나 자

기 사랑과 긍정적 자기 인식이 뚜렷한 관찰자는, 독립적이며 주도적이고 주체적인 관찰자가 되어, 여유와 자연스러움을 간직한다. 그러한 관찰자는, 자기자신의 내면에서 우러나오는 직관적 판단력으로 자기자신과 세상의 모든 것들에 대해서, 바르게 알고 이해하게 됨을 확신하게 되는 것이다.

　나약한 사람은, 올곧은 관찰자도 아니고, 부처도 될 수 없다. 자기자신 스스로 세상과 단절하고 고립된 사람, 자기자신에 대한 인식이 부족한 사람, 자기자신만의 소신과 주관이 뚜렷하지 않은 사람, 부정적 감정에 휩싸인 사람, 언제나 당당하게 자신을 바로 세우지 못하고 타인에게 의존하는 사람은, 도저히 부처가 될 수 없다.

　그런 사람은 자기자신만의 주관이 없기에, 보아도 보지 못하고 들어도 듣지 못한다. 그런 사람이 보는 것은 보는 것도 아니며, 듣는 것은 듣는 것도 아니게 되는 것이다. 그런 사람은, 보아도 제대로 보지 못하며 들어도 제대로 듣지 못하므로, 당연히 관찰의 능력도 부족하고 모자라게 된다. 왜냐하면 자기자신이라는 소외된 존재는, 이미 자기자신을 잃어버린 불안정 상태가 되어 있으므로, 마음이 긍정적인 측면으로 작동하지 못하기 때문이다. 자기자신만의 주관이 없다는 것은 결국 보고, 듣고, 느끼고, 관찰한 것들을 판단해야할, 자기자신이 없는 것이기 때문이다.

　탐욕이 큰 사람, 물질적 욕구와 이기적 욕망이 큰 사람도, 부처가 될 수 없다. 그렇게 자기만의 탐욕과 욕망에 갇혀서, 다른 사람과 다른 생명들과 자연의 섭리와 순리 등, 자기자신 이외의 것에 대해 관찰할 줄 모르는 사람은, 선한 사람이 아니므로 지혜가 성장할 수도 없고 부처가 될 수 없는 것이다. 또한 자기만의 세계에 빠져 자아도취적이며 주관적 관념으로, 1인칭의 삶만을 살아가는 사람도 다른 사람과 다른 존재들을 제대로 알고 이해할 수 없으므로, 부처가 될 수 없는 것이다.

도저히 부처가 될 수 없는 사람들이란, 흔히 어리석고 이기적이어서 자기자신을 위하는 욕심밖에 없는 그런 사람들이다. 그런 사람들은 결코 부처가 될 수 없는 것이다. 그런 사람들이 부처가 될 수 없는 것은, 마음속에는 언제나 이기적인 탐욕이 앞서 있기에 다른 사람들과 다른 존재들에 대해서 올바르게 관찰할 수가 없는 것이며, 순수하고 선한 마음이 생겨나거나 커지지도 않을 뿐더러, 순수하고 선하지 않기에 자기자신과 다른 사람들에 대해 바르게 알지 못하기 때문인 것이다.

자기자신을 잘 이해하지 못하는 사람, 또다른 사람들을 살펴보고, 이해하는 능력이 모자란 사람들은, 역시 지혜도 모자라게 된다. 관찰의 능력이 결여되어, 자기자신과 다른 사람을 이해하지 못하는 그런 사람들은, 결국 자기 마음의 내면적인 불일치로 인해서 혼란스럽고 불안정한 마음이 생겨나게 되어 스스로 불행해 진다. 또한, 다른 사람들과의 마찰과 갈등은 피해갈 수 없는 것이 되기에, 삶의 많은 부분과 시간 속에서 고통과 괴로움은 가중되므로 온전한 삶을 유지하기 어렵게 된다.

009
긍정적으로 자기자신을 인식하는 관찰자가, 부처가 된다

관찰자에게 관찰된 내용은, 자기자신만의 진정한 실재가 된다. 자기자신에 대한 사랑과 연민이 가득한 관찰자는, 매 순간 관찰되는 대상과 하나로 연결되면서 삶의 매 순간마다 충만한 기쁨을 얻게 된다. 자신의 눈에 보이고 몸으로 느껴지는 실상들을, 있는 그대로 순수하게 보고, 느끼는 관찰자의 가슴 깊은 곳에는, 생명의 근원 속에 깃든 기쁨이 솟아 오르고, 더없는 희열로 가득 채워지게 되는 것이다.

부정적인 사람도 부처가 될 수 없다. 부정은 외면하고 회피하고 억압하는 것이다. 부정하는 것은, 이미 거부하는 것이기에 관찰의 의미가 성립하지 않는다. 관찰하지 못하면 알 수가 없고, 이해하고 깨닫지 못하게 되므로, 자기자신과 다른 사람들을 부정적으로 보는 관점을 가진 사람은, 늘 혼란스럽고 불행한 삶을 살아가게 된다. 부정적인 관점으로는 자기자신과 세상을 결코 바르게 볼 수가 없게 되는 것이다.

부정적인 관점으로는, 지혜로워지기 어렵다. 부정적인 마음으로는, 관찰의 능력을 조금도 향상 시킬 수 없게 된다. 자기자신과 세상을 외면하고 회피하고 억압하는 부정적인 관점으로 세상을 본다는 것은, 자기자신의 행복을 외면하고 회피하고 억압하는 것이며, 외면과 회피는 이미 고통과 괴로움의 상태인 불행이기 때문이다.

부처가 되려는 사람이라면, 사랑의 결핍과 같은 불충분하고 불안정한 상태와 의지와 용기 부족과 같은 나약한 상태를 벗어나, 긍정적인 인식과 관점으로 자기자신을 바르게 세워야 한다. 배고픈 사람에게는 배불리 먹는 것이 먼저이고, 잠을 자지 못한 사람에게는 충분히 자는 것이 먼저인 것처럼, 제대로 된 관찰자가 되기 위해서는, 자기 사랑이라는 긍정적 자기 인식이 확고해 지는 것이 먼저이다. 그래야만 비로소 관찰자는, 자기자신과 세상을, 있는 그대로 바로 볼 수 있게 되는 것이다.

　　긍정적인 자기자신에 대한 인식을 바탕으로 하는 관찰자는, 독립적이고 자율적이고 주체적인 존재로 변화하고 성장해 간다. 부처의 길을 가는 관찰자가 되기 위해서는, 티끌만큼의 부정도, 회피도, 왜곡도 없이 자기자신의 모습을, 있는 그대로 인정하고 받아들이며 존중하고 사랑하여야 한다. 그래야만이 자기자신과 세상의 실상을 제대로 볼 수 있고, 알고, 이해할 수 있는 지혜가 생겨나기 때문인 것이다.

　　실존하지도 않는 지나간 과거에 얽매이는 사람은, 결코 부처가 되지 못한다. 부처가 되려는 사람이라면, 지나온 과거에 씻어내기 어렵고 치유하기 힘든 아픈 상처가 있을지라도, 자기자신을 있는 그대로 존중하고 사랑하여야 한다. 또한 지금 당장 외면하고 싶은 현실, 마주하고 싶지 않은 현실에 직면하고 있을지라도, 자기자신을 있는 그대로 존중하고 사랑하여야 한다. 그래야만 좀 더 마음의 평안을 얻고, 좀 더 지혜로워지고, 좀 더 성숙한 인격이 되어서, 부처가 될 수가 있는 것이다.

부처가 되고자 관찰자의 길을 가는 사람이라면, 현실의 고통이 너무 커서 작은 희망마저도 보이지 않은 현실에 직면했다할지라도, 그래도 결국은 자기자신의 모습을 있는 그대로 존중하고 사랑하여야만 하는 것이다. 직면한 현실의 모든 어려움을 자기 연민과 사랑으로 극복해 내지 못한다면, 온전한 관찰자가 될 수가 없다. 관찰자가 되지 못한다면, 부처가 되는 길에 들어서지도 못하게 되기 때문이다.

부처가 되려는 관찰자는, 지금 이 순간에 존재하는 자기자신에게서 더이상의 그 어떤 것도 바라지 않아야 한다. 관찰자는, 지금 있는 그대로의 자기자신의 모습에서 기쁨을 느끼고 더없는 충족감을 느껴야 한다. 오직 이 한순간에 존재하는 자기자신에 대해서, 더이상의 그 무엇도 바랄 것 없이 기뻐하고 만족해야 한다.

부처가 되려는 관찰자는, 오직 자기자신만의 눈으로 세상을 바라보는 기쁨을 알아야 하고, 상쾌한 공기를 들이쉬는 숨쉬는 기쁨을 느껴야 한다. 따뜻하거나 시원한 물 한 잔 마시는 것도 더없는 기쁨이라는 것을 알아야 한다. 한 번의 호흡과 한 잔의 물에서 기쁨과 만족을 느끼지 못하는 사람은 결코 부처가 되지 못한다.

부처가 되려는 관찰자는, 매 순간마다 온 몸으로 느낄 수 있고, 감각적으로 이어지는 존재의 기쁨을 만끽하고 만족스러워해야 한다. 지금 당장 주어지는 현실적인 생존에 기뻐하고 만족해야만 한다. 그래야만 진정한 부처가 될 수 있는 것이다.

부처가 되려는 관찰자는, 자기자신과 다른 사람들과의 소통에 기뻐하고 만족스러워해야 한다. 다른 사람과 소통하고 교감을 나누는 것은, 몸과 마음이 커지는 것이다. 자기자신의 생각과 신체적인 행동의 범위가 한계적이고 제한적인 상태를 넘어서, 좀 더 크고 넓게 확장되며, 좀 더 자유로워지는 것이 소통과 교감인 것이다.

다른 사람들과의 진정한 소통과 교감이 일어나게 되면, 관찰자의 의식 수준과 인격은 더욱 성장하게 되고, 마음은 더욱더 기쁘고 만족스러워지며, 자존감은 더욱더 향상되게 된다. 그렇게 될 때, 관찰자는 자기자신과 다른 사람, 관찰 대상들과 하나가 되는 기쁨과 희열의 경지에 도달하게 되는 것이다. 다른 사람들과의 충분한 교감과 소통, 그것이 더없이 확고한 관찰자의 모습이며, 부처가 되는 길이다.

전체적인 지혜에 귀의하여 관찰자가 되는 것이, 지혜로운 사람이 되는 것이다. 부처란 단지 매우 선하고 지혜로운 사람일 뿐, 평범한 사람들이 알 수 없는 신비스런 존재가 아닌 것이다. 인간만의 특성인 관찰하고, 알고, 이해하고, 깨우치는 것이 곧 지혜인 것이며, 자기자신을 포함한 세상의 모든 것들에 대해서 살피는 사람이 관찰자인 것이다. 인간은 그 누구라도 관찰할 수 있고, 알고, 이해하고, 깨우칠 수 있는 것이기에, 자기자신 스스로가 원한다면 누구든지 부처가 될 수 있는 것이다.

गम्भीरां प्रज्ञापारमिताचर्यां चरमाणो व्यवलोकयति स्म ।

gambhīām Prjñāpāramitā caryām caramāṇo vyavalokayati sma

감비람 프라갸파라미타 차르얌 차라마노 브야발로카야티 스마ㅣ

감비람 = 깊은, 심오한, 비밀의

프라갸 = 지혜

파라미타 = 건너가는

차르얌 = 과정, 의무, 행동

차라마노 = 빛나는

브야 = 참으로

아발로카야티 = 바라보다, 명상하다, 찾다

스마 = 실로

4) 심오한 반야바라밀다의 비밀스런 지혜를 행하시면서 깊이
   살펴 보셨나니,

   (行深般若波羅蜜多時 照見 : 행심반야바라밀다 조견)

- 해석 및 주석 -

'감비람'이란 심오하고 감추어진 비밀을 말한다. 모든 지혜인 '프라
갸'는 감추어져 있으며, 그 감추어진 지혜를 넘어가기 위한 방법들
이 명상이나 참선, 또는 다른 모든 방편들의 수행법들이 될 수도
있는 것이다. 전통적인 불교의 수행법에는 중국으로부터 건너온 간
화선(看話禪)과 묵조선(默照禪), 염불선(念佛禪), 관법 등이 있으며, 남
방불교에는 위빠사나, 티베트 불교에는 밀교적 수행법 등이 있다.

명상을 통하여 '최상의 경지에 다다름'을 목적으로 하는 요가수행에는 갸나 요가, 라자 요가, 만트라 요가, 쿤달리니 요가, 탄트라 요가 등이 있으며, 요가 수행의 핵심은 육체와 마음을 조절하여 '깊고 심오한 의식적 경지'에 도달하기 위하여 명상을 하는 것이다. 그외에도 수행적 의미를 지니고 있는 종교의 모든 종파가 명상과 근접한 수행법을 제시하고 활용하고 있다. 기독교의 묵상이나 이슬람의 수피명상도 모두가 마음의 작용을 이해하고, 초월하는 지혜의 방법론을 쓰고 있는 것이다.

불교는 어떤 종교보다도 더 실천적인 명상적 수행법을 가지고 있다고 할 수 있으며, 깊고 심오한 의식의 경지에 도달하는 방법론에 있어서는 고착적인 형식들로부터 좀 더 자유로운 종교라고 할 수가 있을 것이다. 그렇기 때문에 불교적 수행법은 인도 본토에서 뿐만 아니라 세계적으로, 특히 물질이 발달된 서구에서부터 종교와 이념을 떠나 진리를 갈망하는 각계각층의 사람들에게 관심어린 접근이 계속되었다.

수행방식의 다양함을 떠나 반야심경의 진리의 핵심은, 스승과 제자간에 전달되는 가르침의 방식으로 이어지기도 하며, 또는 아직은 경전 안에서 심오하게 감추어진 채로 존재하고 있는 것이다. 그것은 마치 아직 땅속에 광석이 묻힌 채, 채굴되지 않은 고귀한 보물인 다이어몬드가 언제인가는 찬란하게 빛을 발하며 세상에 나올 것을 기다리고 있는 것과 같은 것이다. 궁극의 지혜가 감추어진 반야심경에 관찰자의 선한 마음이 빛춰지게 되면, 심오하고 비밀스러운 지혜가 완성되는 것이다.

010
마하반야/마하프라갸는, 더없이 크고 위대한 지혜이다

마하반야/마하프라갸는 더없이 위대한 지혜라는 뜻으로서, 모든 존재, 존재 전체의 본질적이고 근원적인 상태, 궁극의 상태를 정확하고 바르게 아는 것을 뜻한다. 마하반야/마하프라갸는 더이상의 것이 없는, 크고 위대한 지혜란 뜻이다.

마하반야/마하프라갸는 인간이 생각할 수 있는 생각 중의 최고의 생각이고, 가장 중요한 상위 차원의 생각이다. 즉 고차원적인 생각을 뜻하는 것이다. 이 생각은, 자율적이고 독립적이며 주체적인 관찰자가, 자기자신과 다른 존재들의 모습을 정확하고 바르게 관찰한 내용이며, 직관적으로 판단하는 것이라고 할 수 있는 것이다.

마하반야/마하프라갸/위대한 지혜는 인간의 최고, 최상의 정신이고 의식이다. 인간은 누구나 생명으로 존재하며, 인간의 모습으로 태어나서 어린 시절을 보내고 청소년기를 거쳐 성인이 되면, 육체적인 성장과 더불어서 정신적인 성장의 최고조에 이르게 된다. 인격적 성장에 필요한 다양한 조건들의 결핍과 부족함 없이, 제대로 성장한 사람이 성인이 되어서 갖게 되는 완전하고 완벽한 정신과, 그 정신의 발현이 바로 마하반야/마하프라갸라고 하는, 더없이 위대한 지혜가 되는 것이다.

인간은 어린 시절부터 함께하는 놀이와 같은 교감을 통해서 사랑과 같은, 감정적이고 감성적인 정신을 발달시킨다. 또한 감정과 감성을 포함하여, 자기자신이 존재하는 이유에 대해 사유한다. 스스로 긍정할 만한 존재의 이유를 갖게 된 사람은, 자신이 속한 인간 사회에서의 역할과 재능에 관련된 여러 가지의 정신적인 활동과 육체적인 활동을 하면서, 삶을 유지해 나간다. 인간의 생존과 관련된 정신활동과 육체활동의 주된 영역은, 감정과 감성, 존재에 대한 사유, 역할과 재능이 된다.

인간들의 건강하고 행복한 생존에 연관되어 있는 대다수의 사람들의 생각, 즉 대다수의 많은 사람들은, 서로 서로 공통적인 생각을 갖고 있기도 하고, 또 개인 각자마다 다른 생각을 갖고 있기도 하다. 어떤 특정한 다수의 공통적인 생각은, 그 집단의 사회 문화적인 행동양식이며, 그 집단만의 특성으로 볼 수 있을 것이다. 또 개인 각자의 별다른 생각은, 그 개인 각자만의 개성이라고도 할 수 있을 것이다.

부처란, 가장 큰 지혜를 깨달은 사람이며, 가장 지혜로운 사람을 뜻하는 말이다. 가장 큰 지혜란, 자기자신과 다른 사람들 모두의 건강과 행복에 유익한 것이 무엇인지에 대해서 잘 알고 있는 것이다. 그래서 가장 큰 지혜란, 가장 큰 선함과 같은 것이고, 그것은 결국은 사랑과 자비가 될 수밖에 없는 것이다. 또한 그래서 인간의 모든 생각 중에서, 개인 각자가 가진 수많은 생각들 중에서, 자기자신에게나 다른 사람에게나, 또다른 사람들과 또다른 존재들에게도 가장 이롭고 유익함을 줄 수 있는 가장 좋은 생각이 마하반야/마하프라갸/위대한 지혜인 것이다. 더이상의 것이 없는 최고, 최상의 생각이 마하반야/마하프라갸/위대한 지혜인 것이다. 그러므로 수많은 사람 중에서, 가장 현명하고 좋은 생각인 마하반야/마하프라갸/위대한 지혜를 깨달은 사람을 곧, 위대한 부처라고 할 수 있는 것이다.

011
마하반야/마하프라갸/위대한 지혜란 최상의 직관적 판단력이다

마하반야/마하프라갸/위대한 지혜는, 오랜 명상/바라밀/파라미타의 결과이다. 오래도록 명상 속에 머문 사람에게만 주어지게 되는 최고, 최상의 판단력이나 분별력인데, 그것은 자기자신과 다른 모든 사람, 다른 일체의 모든 존재들의 궁극의 본질과 모습을 정확하게 판단하고 분별하여 표현되는 것이라고 할 수 있을 것이다.

마하반야/마하프라갸/위대한 지혜는 오직 관찰자의 오랜 명상의 결과로 인해서, 관찰자의 가슴속에서 자연스럽게 우러나오는 즉각적인 생각, 즉 직관력에 의한 정확한 판단력이다. 마하반야/마하프라갸/위대한 지혜는 모든 존재의 궁극의 본질을 정확하고 바르게 파악하는 것이기에, 이런 저런 계산과 추리, 추측과 상상에서 나오는 꾸며져 있는 생각이 아닌 것이다. 즉각적으로 발현되는 최고, 최상의 판단력인 마하반야/마하프라갸/위대한 지혜는 인간으로 생겨난 자기자신과 우주만물과 자연현상을 순수하게 지켜보지 않는 한, 쉽게 생겨나지도 주어지지도 않는다.

스스로의 정해진 인연과 운명의 길을 따라 전체적인 지혜에 귀의하여, 좀 더 자기자신에 대한 확고한 인식의 주체자로 바로 서게 된 관찰자가, 오랜 시간 자기 탐구의 시간 속에 머물게 되면서, 더욱더 자유롭게 확장된 인식능력과 직관적 판단능력을 갖게 된다. 그렇게 오랜 시간에 걸친, 자기 탐구와 관찰의 결과로 관찰자의 가슴속에서는, 마하반야/마하프라갸/위대한 지혜가 자연스럽게 우러나오는 것이다. 더없이 위대한 지혜는 오래된 관찰자의 가슴속에서 우러나오는 것이다.

　　마하반야/마하프라갸/위대한 지혜는, 외부에서 얻을 수 있는 것이 아니다. 마하반야/마하프라갸/위대한 지혜는, 오직 관찰자 자기자신의 가슴속 깊은 곳에서 우러나오는 것이다. 그것은 있는 그대로의 순수하고 자연스러운 내면의 소리이다. 마하반야/마하프라갸/위대한 지혜는, 외부에서 얻을 수 있는 것이 결코 아니다. 그 지혜는 어디에서 보고, 어느 누군가로부터 전해 들어서 알게 되는 것이 아니다.

　　마하반야/마하프라갸/위대한 지혜는, 자기 스스로에게 주어진 삶의 모든 에너지를, 자기자신을 관찰하는 방향으로 돌리고 난 후에, 오랜 시간에 걸쳐서 흔들림 없이, 자기자신에게 집중하고 관찰한 결과로 인해서 생겨 나는 것, 진정 자기자신의 가슴으로부터 우러나오는 판단력인 것이다. 그것은 자기자신을 포함한 모든 존재에 대한 확고한 인식이며, 느낌의 표현이자, 궁극적인 깨달음의 표현인 것이다.

마하반야/마하프라갸/위대한 지혜는, 마음속 깊은 곳에서 우러나오는 더없이 크고 위대한 내면의 소리이다. 마하반야/마하프라갸/위대한 지혜는, 모든 존재의 실체를 정확하게 꿰뚫어 보는 혜안의 발현인 것이다. 마하반야/마하프라갸/위대한 지혜는, 모든 존재들의 본질적이고 근원적인 상태를 정확하게 아는 것으로, 더이상의 것이 없는 것이다. 그것은 최종적으로 완벽한 결말이며 궁극적인 것이다.

인간에게 주어진 더없는 궁극의 정신력인, 마하반야/마하프라갸/위대한 지혜에 다가서는 것은, 더없이 위대한 지혜의 신성하고 비밀스런 관문에 다가서는 것은, 오직 자기자신만의 선택이고 판단이다. 자기자신 스스로가 자기자신이라는 존재의 궁극적 본질에 대해서 절실하게 알고자 할 때만이, 마하반야/마하프라갸/위대한 지혜를 증득하여, 더없이 선하고 지혜로운 사람을 뜻하는 부처가 될 것이다.

012
마하반야/마하프라갸/위대한 지혜는, 평범함을 초월한 마음이다

인간은 태어나서 부모에게 의존적인 유아기를 지나서, 자꾸만 자꾸만 친구들과 놀고 싶은 유년기를 지나고, 부모를 떠나서 더욱 넓은 세상을 향해서 나아가는 청소년기가 된다. 평범함을 초월하여 마하반야/마하프라갸/위대한 지혜를 증득하게 되는 사람에게

는, 청소년기에서부터 자기자신이라는 존재에 대한 의구심이 자꾸만 생겨나게 되고, 그 의구심은 짧게는 수년, 길게는 수십 년이 지나고 나서야 해소가 된다. 그 의구심의 해소는 자기자신이라는 존재가 무엇인지를 스스로 확인하는 것이다. 그 의구심이 해소되는 시점은 사람에 따라 다르겠지만, 그 내용은 모두에게 동일한 것이다. 그 의구심의 해소가 곧 궁극적인 깨달음이 되는 것이다.

오랜 명상/바라밀/파라미타의 과정 속에 머물면서 오래된 관찰의 결과로 인해서, 독립적이고 주체적이고 자율적으로 자기자신에 대한 인식이 확고해진 관찰자는, 직관적 판단력이 향상된 관찰자가 된다. 그렇게 직관적 판단력이 향상된 관찰자는 오욕칠정(五慾七情)과 생로병사에 시달리는 인간들의 모습은 언제나 변하지 않는 것이고, 언제나 반복되고 반복되는 일상임을 알게 된다. 또한 그렇게 언제나 벗어날 수도 없는 일상이지만 그렇게 반복되는 일상 속에서 벗어나야 된다는 것을 알게 된다.

오래된 관찰자는, 생명이 존재하며 머무는 시간과 공간이라는 우주적 환경 역시 언제나 그대로이기에, 우주적 시간과 공간만이 불변의 영원성을 지닌 것이라는 것도 알게 된다. 관찰자는 인간과 생명들에게는 일정한 온도가 유지 되고, 숨쉬고, 먹고 마시며 잠을 자는 기본적인 생명 활동이 유지되어야 한다는 것도 알게 된다.

오래된 관찰자는, 생명활동이 세대를 거치면서 끊임없이 반복되어지는 것도 알게 된다. 오래된 관찰자는, 다른 사람, 다른 생명, 다른 자연적인 존재들과 함께 어울리고 소통하는 자기자신의 모습

역시, 언제나 변함이 없는 그대로임도 알게 된다.

오래된 관찰자는, 자기자신의 내면적인 성찰과 숙고의 결과로서, 언제나 반복되지만, 그러나 또한 언제나 그대로인 생명과 물질들의 본질과 그 실체들을 바르게 이해할 수 있게 된다. 그것은 생명을 이어가기 위한 평범하고 일상적인 정신활동의 범위를 넘어선, 또다른 정신활동, 즉 초월적 정신활동의 결과가 되는 것이다.

오래된 관찰자가 증득하는 마하반야/마하프라갸/위대한 지혜는, 자기자신과 모든 존재들의 실상을 확고하게 규정한다. 그러므로 마하반야/마하프라갸/위대한 지혜는 더없이 고귀한 불멸의 힘이 되는 것이다. 마하반야/마하프라갸/위대한 지혜의 경지에 든 사람이라면, 흔들림 없이 굳건해진 마음가짐으로 자기자신을 가장 귀하고 소중한 존재로 인식하면서, 언제나 기쁘고 즐거운 마음으로 자기를 맞이하고, 자신의 일상을 받아들이며, 부정인적 생각에 빠져들지 않게 되는 것이다.

마하반야/마하프라갸/위대한 지혜의 경지는 결코 조금도 부정적이지 않는 것이다. 마하반야/마하프라갸/위대한 지혜를 증득하게 되면 다른 사람들의 부정적인 영향에 휩쓸리지 않게 되고, 그들의 부정적인 것들을 받아들이지 않는 것이다. 어떠한 부정적인 측면의 결핍으로도 퇴행하지 않는 것이다. 마하반야/마하프라갸/위대한 지혜의 경지에 든 사람은, "천상천하 유아독존"이라고 외칠 수 있는 주체적이며 자율적이며 독립적인 정신력이 강력하기에, 충분히 부정적인 것들을 배제하고 제외시킬 수 있으며 긍정적 측면에서 모든 것을 판단하고 결정하여 행동할 수 있다.

마하반야/마하프라갸/위대한 지혜의 경지에 든 사람은, 그런 지혜를 증득하지 못한 다른 사람들에게, 모든 존재와 실상의 긍정적 의미들에 대해서 바르고 확고하게 알려주고, 규정하고, 강화시켜 주려고 노력한다. 마하반야/마하프라갸/위대한 지혜의 경지에 든 사람은, 지혜를 증득하지 못한 다른 사람들에게도 긍정적이고 유익한 변화에 영향을 미쳐서, 건강하고 행복한 삶을 살아가는 데 도움을 준다.

013
마하반야/마하프라갸/위대한 지혜의 증득이, 곧 부처의 경지이다

오래된 관찰의 결과로 마하반야/마하프라갸, 즉 더없이 크고 위대한 지혜를 증득함이 곧 부처의 경지에 도달하게 되는 것이다. 마하반야/마하프라갸/위대한 지혜를 증득한 사람은 부처가 되는 것이다. 더없이 위대한 지혜란, 순수하고 선한 마음과 조금도 다르지 않는 것이다. 그러므로 진정코 부처가 되려는 사람이라면 선하고 선한 의지로, 언제나 자기자신을 바르고 굳건하게 세워야만 하는 것이다.

마하반야/마하프라갸/위대한 지혜를 증득하고자 하는 사람이라면, 이기적으로 자신만을 생각하는 마음을 버리고, 다른 사람의 행복을 생각하고 노력해야만 한다. 가깝게는 가족과 이웃, 자신이 속한 직장과 사회의 주변을 살펴보고, 다른 사람, 그 누구에게라도 자기자신 때문에, 속상하고 아픈 일을 당하거나 부당하게 희생되지 않도록 해야만 한다. 굳고 강한 선한 의지가 곧, 부처가 되는 최고의 힘이다.

부처가 되고자 하는 사람은, 선한 의지와 함께, 언젠가는 스스로 당당하고 바르고 굳건하게 세상 앞에 서야만 한다. 마하반야/마하프라갸/위대한 지혜를 증득하여 부처가 되려고 하는 사람은, 자기자신 밖의 그 어떤 것일지라도, 다른 것들에 의존하지 않아야 한다. 위대한 지혜를 증득하여 부처가 될 사람은, 다른 사람이나 다른 어떤 존재, 그 어떤 의미의 규칙이나 형식, 그 어떤 사고방식이나 가치관, 물질적인 그 어떤 무엇일지라도, 그것들에게 의존하는 나약함에 머물러서는 안 된다.

위대한 지혜를 증득하여 부처가 되고자 하는 사람이라면, 아직까지는 정신적으로나 육체적으로 성장하지 않아 나약한 상태에 있을지라도, 그 때에는 어쩔 수 없이 다른 사람들이 제시한 것들을 인정하고, 받아들여 참고 할 수 있겠으나, 그렇다 하더라도 언제까지나, 자기자신만의 삶의 주도권을 다른 존재들에게 내어 주어서는 안 된다. 위대한 지혜를 증득한 부처란, 결국 홀로 서는 독립적인 존재이기 때문이다.

부처가 되고자 하는 사람이, 언제인가 당당하게 자기자신을 바로 세우지 않는다면 결코, 마하반야/마하프라갸/위대한 지혜를 증득할 수 없고, 부처도 될 수도 없는 것이다. 더없이 위대한 지혜를 증득한 부처란, 군건하고 확고한 독립적 의지를 세워서, 자기자신의 삶에서 주도적 자율성을 획득하는 사람인 것이다. 그렇게 군건한 독립성과 주도적 자율성을 가진 사람이라야만 곧, 위대한 부처이기 때문이다.

014
바라밀/파라미타란, 부처가 되기 위한 명상의 과정이다

더이상의 견줄 만한 것이 없는, 위대한 지혜를 간직한 부처란, 인간으로 태어난 생명 중에 최고, 최상의 존재라고 해야할 것이다. 대다수의 사람들이 그렇게 최고이며 최상의 존재인 부처의 경지에 쉽게 도달하지 못하는 것은, 아쉬울지라도 어쩌면 당연한 것이기도 한 것이다. 왜냐하면 더없이 위대한 존재인 부처가 되기 위해서는, 정말로 오랜 기간 동안 자기자신을 향해서 묵묵히 성찰하고 관찰하는 명상/바라밀/파라미타의 과정이 지속되어야 하고, 유지되어야 하는 것이기 때문이다.

바라밀/파라미타가 곧, 명상이다. 명상이란, 인간의 무한한 가능성인 지혜가 깊어지고 완성되는 통로와 같은 것이다. 명상/바라밀/파라미타의 깊이가 깊어질수록 지혜도 깊어지고 심오해진다. 오랜 명상/바라밀/파라미타를 통해서만이, 자기자신에 대해 자각하고 인간들의 삶의 의미를 제대로 자각하고 이해할 수 있다. 명상/바라밀/파라미타는 형식적이거나 억지로 하는 것이 아닌, 지극히 자연스러운 것이다.

명상/바라밀/파라미타는 외적인 힘에 눌리거나, 강요에 의해서 되는 것이 아니다. 또한 형식적이고 도식화된 것도 결코 아니다. 명상/바라밀/파라미타는 자연스럽게 자기자신의 궁극의 본질에 대해 탐구하는 것이고, 그 결과로써 더없이 지혜로운 사람이 되는 과정이다. 그러므로 부처가 되고자 한다면 확고한 독립성과 자율성, 주도적이고 주체적인 자기인식이 바탕이 되어야한다. 명상/바라밀/파라미타는 오래도록 한결 같이 실천하여서 생각하고, 느끼고, 알고, 깨닫고, 이해하는 것이다.

부처가 되고자 하는 관찰자는, 오랜 시간 긍정적인 심리상태를 유지하면서 명상/바라밀/파라미타의 과정 속에 머물러야 한다. 관찰자가 긍정적인 마음으로 오래도록 명상/바라밀/파라미타의 과정 속에 머물게 될 때, 관찰자에게는 자기자신을 바르게 인식하고 자각하며, 자신과 같은 인간뿐만 아니라, 세상의 모든 존재들에 대해 충분히 이해할 수 있는, 더없이 만족스러운 위대한 지혜가 생겨나게 되는 것이다.

015
명상/바라밀/파라미타를 통해서, 완벽한 존재인 부처가 되어야 한다

어떤 사람이 지혜로운 부처가 될 수 있는가? 어떤 삶을 살아야,

위대한 부처가 될 수 있는가? 어떤 마음을 가져야 위대한 부처가 될 수 있는가? 어떤 무엇이 부처가 되는 절대적인 조건이 되는 것인가? 어떤 과정을 거쳐야만 결국에 부처가 될 수 있는가? 그 답에 대한 한 가지 진실은, 오래도록 선하고 선하게 살아가는 것이다.

어리석은 중생의 상태를 벗어나는 과정인, 명상/바라밀/파라미타는 부처가 되는 절대적인 조건이며, 절대적인 과정이다. 마하반야/마하프라갸/위대한 지혜를 증득한 삼세의 수많은 부처님들은, 모두 한결 같은 명상/바라밀/파리미타의 과정을 거쳤다. 명상/바라밀/파라미타는 같은 의미의, 각기 다른 지역의 언어일 뿐이다. 그 의미의 바른 뜻은, 선함이 곧 지혜이므로, 선하고 선하게 살아가야 한다는 것이다.

명상/바라밀/파라미타가 일상적인 삶의 모습에서 별개로 취급되는 것이라면, 그것은 명상/바라밀/파라미타가 아니다. 명상/바라밀/파라미타는 단기간의 학습이나 수련프로그램이 결코 아니다. 단기간의 학습이나 수련 과정은, 재능과 재주를 향상시키는 프로그램일 뿐이며, 감정을 조절하는 심리치료의 일종에 불과한 것들이다.

재능과 재주의 향상과 심리치료는, 진정한 명상/바라밀/파라미타가 아니다. 재능과 재주와 심리치료는 위대한 지혜와는 명백하게 다른 것이다. 진정한 명상/바라밀/파라미타는 위대한 지혜를 증득하는 과정이므로, 특정하게 엮어진 단기간의 프로그램이 될 수가 없는 것이다. 위대한 지혜를 증득하는 명상/바라밀/파라미타는 형식적인 프로그램이 결코 아니다. 진정한 명상/바라밀/파라미타는 오랜 시간 동안 자기자신을 바로 세우는 것이기에, 자연스럽게 일상적인 삶에서 가장 중요한 요소가 되어야만 한다. 명상/바라밀/파라미타가 자연스럽게 일상적인 삶에서 가장 중요한 요소가 될 때, 그 사람은 위대한 지혜를 증득하는 부처가 될 수 있는 것이다.

진정한 명상/바라밀/파라미타의 과정은 인간 누구에게나 공통적인 것이다. 진정한 명상/바라밀/파라미타의 과정이 병원의 처방전처럼, 특정한 사람과 특정한 증상에 특정하게 효력이 발휘되는 것이 아니다. 진정한 명상/바라밀/파라미타는 몸에 걸치는 옷과 장신구처럼 유행을 타는 것도 아니다. 명상/바라밀/파라미타가 시대와 지역과 세대마다 다르게 적용되는 것도 아니다. 명상/바라밀/파라미타의 과정은 언제나, 어디서나, 누구에게나 동일하게 적용되어야만 하는 것이다. 진정한 명상/바라밀/파라미타는 특정한 사람들에게만, 특정하게 구분되어 적용되는 것이 결코 아니다.

자기자신과 다른 사람과 생명과 물질들에 대해서 알고, 이해하고, 깨우치는 위대한 지혜에 도달하는 방식과 방법은, 누군가에 의해서 창시되었거나 누군가에게만 별도로 존재하는 것은 아니다. 위대한 지혜는, 오직 이기적인 탐욕과 어리석음이 사라진, 사랑과 자비를 간직한 모든 사람들의 것이다. 더없이 위대한 지혜는 선한 의지로 오래도록 살아온 사람, 사랑과 자비로 선한 업을 쌓은 사람, 따뜻한 마음씨를 지닌 사람에게서 자연스럽게 우러나오는 기쁘고 아름다운 마음일 뿐인 것이다.

부처가 되고자 하는 사람이라면, 오랜 기간 동안 명상/바라밀/

파라미타에 몰입하여야 한다. 명상/바라밀/파라미타가 일상의 많은 부분을 차지해야 하는 것이다. 마하반야/마야프라갸/위대한 지혜를 증득하고, 부처가 되고자 하는 사람이라면, 심오하고 위대한 지혜를 터득하기 위한 사람이라면, 다음과 같은 명상/바라밀/파라미타의 과정에 들어서야 한다. 그 과정은 오직 자기자신 스스로에 의해서 자연스럽게 이루어져야 한다. 부처가 되는 관찰자는, 명상/바라밀/파라미타의 깊이가 깊어질수록, 언제인가는 결국 자기자신 스스로가 부처라는 것임을 확신하게 될 것이다.

016
첫 번째, 명상/바라밀/파라미타는, 오직 선하고 선하게 사는 것이다

선하고 선하게 살아가는 것이 부처가 되기 위한, 가장 중요한 첫 번째의 명상/바라밀/파라미타가 된다. 선하고 선하게 살아간다는 것은, 자기자신만을 위한 이기심보다는 다른 사람의 건강과 행복한 삶을 위해서, 이타적인 마음으로 살아가는 것이다. 다른 사람들의 건강과 행복을 위한, 사랑과 배려의 마음을 키워 나가고, 오래도록 선한 마음을 유지하는 것이, 첫 번째 명상/바라밀/파라미타가 되는 것이다.

오래도록 다른 사람들의 건강과 행복을 위해서, 선하고 선한 마음으로 살아가는 것, 그 자체가 더할 것 없는 최고, 최상의 명상/바라밀/파라미타이다. 운명적으로는 조상으로부터 오래된 선함을

물려받은 사람은 자연스럽고 쉽게, 선하고 선하게 살아갈 수 있다. 그렇게 선하게 살아가는 것이 최고, 최상의 명상/바라밀/파라미타를 이어가는 것이다. 또한 그런 삶을 살아가는 사람의 후손은 언제인가는 자연스럽게 위대한 지혜를 증득하여 부처가 되는 것이고, 위대한 스승이 되는 것이다.

오래된 선함은, 몇 세대를 거쳐서 내려오는 꾸미지 않은 순수함과 온순함이다. 오래된 선함은 조금도 거칠지 않다. 오래된 선함은 평온하고 안정적이다. 세대를 거쳐서 전해지는 운명을 업(業) 또는 카르마(Karma)라고 한다. 세대를 거쳐 내려오는 오래된 선한 업을 가진 사람은, 이미 최고, 최상의 명상 상태에 있는 것이다.

오래된 선함을 이어받은 사람은, 자연스럽고 쉽게 또다른 명상/바라밀/파라미타의 과정에 들어 설 수 있게 된다. 그런 사람에게는, 또다른 명상/바라밀/파라미타의 과정들이 매우 쉬운 일이 되기도 한다. 그래서 다른 사람을 위해서 이타적 마음으로 선하고 선하게 살아가는 것이 최고, 최상의 명상/바라밀/파라미타이며, 조상에게 물려받은 오래된 선하고 선한 마음은, 가장 중요한 운명적 요소가 되는 것이다.

다른 사람의 행복을 바라는 마음이 이타심이요, 실천하고 행동하는 것이 선한 업이나 카르마(Karma)를 쌓아가는 것이다. 선한 업을 쌓아가는 것이야말로, 위대한 부처가 되기 위한 새로운 운명을 만들어 가는 것이다. 위대한 부처가 되기 위해서는, 다른 사람들의 건강과 행복을 위한 이타심이 좀 더 굳건하고 확고해져야 한다.

또한 사랑과 자비의 실천이, 좀 더 다양한 방식으로 확대 되고, 깊어지며, 증폭되어야 한다. 위대한 지혜를 증득한 부처가 되려 한다면, 자기자신만을 위한 이기적인 마음을 버리고, 객관적 공평성과 의로움을 지속하고 유지해야만 하는 것이다.

첫 번째 명상/바라밀/파라미타인 선하게 살아가는 삶은, 언제까지나 지속되고 유지되어야 한다. 다른 사람의 건강과 행복을 위하는 이타적 마음으로, 헌신적인 실천을 지속하기 위해서는, 굳건한 결심과 간절한 염원이 있어야 하며, 그런 간절한 마음으로 선한 업이나 카르마(Karma)를 쌓아가야만 하는 것이다. 그래야만이 자기자신은 아니더라도, 자신의 후세 중에, 위대한 부처가 탄생하게 되는 것이다.

017
두 번째 명상/바라밀/파라미타는, 무소유의 삶을 실천하는 것이다

만일 누군가, 고귀한 정신을 소유하여 지혜로운 부처가 되고자 하는 사람이 있다면 티끌만한 이기심이라도 버려야 한다. 부처가 되려는 사람이 조금의 이기심이라도 갖게 된다면 그것은 부처라는 말 조차도 매우 부끄러운 것이 될 것이다. 그런 사람은 결단코, 고귀한 정신을 소유할 수도 없으며 지혜로운 부처가 될 수가 없다. 부처는 이기적인 욕망으로부터 자유롭고 물질적 욕망으로부터 자유로운 사람이다.

무소유의 삶이 곧 부처의 삶이다. 두 번째, 명상/바라밀/파라미타는, 무소유의 삶을 실천하는 것이다. 무소유란, 이기적인 마음에서 생겨나는 물질적 욕망을 버리는 것이다. 무소유의 삶을 실천하는 사람이 부처가 되는 것이다. 물질적인 이기심으로부터 자유로운 사람만이 부처가 될 수 있다. 물질적 욕망에 끌리는 사람은 결코 부처가 되지 못한다. 물질적인 욕망을 추구한다는 것은 어리석은 중생의 마음이다.

부처가 되고자 하는 사람이라면, 자기자신의 정신적 성장과 진화를 가로막는 물질적인 욕망에 끌리지 말아야 한다. 물질적 욕망을 추구하는 것은 어리석은 것이기도 하고, 이기적인 것이기도 하다. 물질적 욕망으로부터 벗어나야만 한다. 물질적 욕망에 집착하는 사람을 속물이라 부른다. 속물은 물질에 속해 있다는 뜻이다. 물질에 속한 속물은, 고귀하고 고귀한 정신을 가진 사람의 모습이 결코 아닌 것이다.

속물은 좋은 사람이 아니다. 속물은 물질적 욕망에 집착하기에 다른 사람의 행복을 방해하는 사람이다. 물질적인 부를 축적한 사람은, 그 누구도 부처가 될 수 없다. 물질은 결코 지혜를 대신할 수가 없는 것이다. 물질적 욕망이 클수록 부처와는 점점 더 멀어지게 된다. 물질의 추구는, 부처가 되는 길의 반대로 가는 것이다.

물질적인 부자는 인격이 높지 않다. 물질적인 부자의 인격은 도저히 높아질 수가 없는 것이다. 물질적으로 부자가 되면 될수록, 고귀한 지혜는 점점 더 소멸 되어서 인격 또한 낮아지게 될 수밖에 없는 것이다. 물질에 대한 집착은 중생의 어리석음에 불과한 것이다. 물질적인 부자는, 무소유를 실천하는 사람의 순수하고 아름다운 사랑과 자비를 결코 얻을 수가 없는 것이다. 물질적인 부자는, 물질적으로 가난한 사람이 얻게 되는, 고귀하고 위대한 지혜를 결코 얻을 수가 없게 되는 것이다.

물질적으로 부유하다면, 물질을 지혜보다 우선시 하는 것이므로, 고귀한 정신과 위대한 지혜를 증득할 수가 없는 것이다. 이기적인 마음으로 물질을 중시하게 된다면, 지혜로운 사람이 추구하는 참된 건강과 행복은 뒤로 밀려나게 되는 것이다. 물질을 중시하면, 고귀한 지혜를 증득하지 못하므로, 위대한 부처가 되지 못한다.

지혜로운 사람은 물질에 대해 무심하다. 고귀한 정신과 위대한 지혜는 물질에 대한 욕망이 가득 찬 마음속에서 증득되는 것이 결코 아니다. 누구라도 부처가 되고자 하는 사람이, 물질을 추구하는 욕망이 조금이라도 남아 있다면, 물질로 가득 찬 자신의 마음을 단박에 비우고 치워버려야 한다. 누구라도 부처가 되고자 하는 사람이라면 물질적 이득과 손실에 조금도 관여하지 않아야 한다. 그래야만, 마하반야/마하프라갸/위대한 지혜를 증득한 부처의 모습을 보게 될 것이다. 마하반야/마하프라갸/위대한 지혜는 무소유이다. 부처가 가는 길은 오직 무소유의 길인 것이다.

018
세 번째 명상/바라밀/파라미타는, 고행을 통한 극기와 극복이다

자신을 극복하는 것이 극기이다. 마음의 힘으로 육체적 한계를 극복하는 것이 극기다. 세 번째, 명상/바라밀/파라미타는 자기자신의 한계에 도전하고, 그 도전을 통해서 극기와 극복을 이루어 내고, 성취자의 모습에 다가서는 것이다. 자신의 육체적 한계에 도전하고 그 도전을 통한 극기와 극복은 전통적인 수행에서는 '고행'이라고도 한다. '고행'은 어렵고 힘든 삶의 과정이다. '고행'은 삶의 총체적 의미에서 정신적, 육체적 한계에 도전하는 것이고, 세 번째 명상/바라밀/파라미타는 그런 '고행'을 통해서, 자기자신의 나약함과 자기자신의 한계성을 극복하는 것이다.

극기와 극복은 인내심이 필요한 명상/바라밀/파라미타의 과정이다. 극기와 극복은 스스로 선택한 '고행'을 통해서, 자신의 한계를 직접 체험하면서 고난과 어려움 속에서도, 더욱더 몸과 마음을 바로 세우는 것이다. 자기자신의 나약함과 한계성을 넘어서는, 극기와 극복을 통해서만 자기인식이 확고해질 수 있는 것이며, 성취감을 얻게 되고, 자존감은 높아지게 되는 것이다. 결국 성취자의 길에 들어서는 것이다.

'고행'을 통해서 자기자신의 나약함과 한계성을 넘어선 극기와 극복은, 자기자신을 주도적이고 주체적이며 독립적이고 자율성을 가진 존재가 되게 한다. '고행'과 도전을 통한 극기와 극복은, 자기 자신이 속한 인간 사회와 자연환경에 대한 공평하고 정의로운 가치관을 형성하게 하는 것이기도 하며, 자기자신이 속한 사회에 대한 사랑과 헌신의 실천도 역시, 극기와 극복의 과정 속에서 나오게 되는 것이다.

인간은 누구나, 성년이 되어 가면서 자신의 마음속에서 우러나오는 인생의 목표가 생겨나게 된다. 청소년기를 지나 성인이 되어가면서, 사회적 인간으로서 자기자신이 수행해야할 인간 사회에서의 역할과 목표가 뚜렷하게 정해지게 되면, 그 목표를 성취해 나가는 과정에서 자기자신의 정신적, 육체적 한계에 도전하기 시작한다.

사람에 따라서는 조금씩 다를 수도 있겠지만, 대다수의 사람들은 청소년기라는 특정한 시기에, 자기자신이라는 존재에 대한 의문과 자기자신만의 진정한 꿈과 희망이 무엇인지를 숙고하게 될 것이다. 그리고 그 꿈과 희망과 관련된 인생의 목표와 목적이 설정되면, 그 목표와 목적을 위해서 도전하고 노력하게 될 것이다.

사람들은 자기자신의 꿈과 희망, 목표와 목적의 실현을 위해서 노력하고, 무엇인가를 잘하는 사람이 되고자, 특정한 공부와 학습에 정진하게 된다. 그러한 정진도 자기자신의 정신적 육체적 한계에 도전하는 것이다. 그러한 도전과 노력 또한, 자기의 한계를 알아가는 것이며, 명상/바라밀/파라미타의 과정이 되기도 하는 것이다.

인간은 누구든지, 부모와 보호자에게 의존하면서 장난과 놀이에

열중하던 유년기를 보내고, 청소년기를 맞이한다. 청소년기에 들어서게 되면 부모를 떠나서, 친구들과 더 자주 어울리게 되고, 조직적인 사회활동을 하게 되면서 점차 자기자신의 재능과 사회적 역할에 관심을 갖게 된다. 사회성과 정체성이 형성되는 것이다.

사회성이 형성되면, 자기자신이 속한 사회에서 필요한 능력을 잘 발휘하여, 그 사회에 기여하고 싶은 마음이 생겨나게 된다. 자기자신이 속한 사회의 발전에 기여하려고 하는 헌신적인 마음인 사회성이 강화되는 것이다. 예를 들자면. 애국자가 되어 나라를 지키고도 싶고, 의로운 사람이 되어 불의를 물리치고 정의로운 사회를 구현하는데 도움을 주는 사람이 되고 싶고, 또다른 어떤 면에서든 유능한 사람이 되어서, 건강한 사회를 만드는데 큰 역할을 하는 주인공이 되고 싶은 마음과 같은 것이다. 건전하게 사회성이 강화되고 발달한 청소년은 그에 따라서 자아정체성도 강화되고 굳건하게 형성되는 것이다. 의롭고 올바른 인물이 되는 것이다.

청춘의 시기가 되면, 자기자신만의 꿈과 희망이 생기게 된다. 어떤 의미로든 무엇인가를 잘하는 사람이 되어서, 자기자신이 속한 사회에 긍정적인 기여를 하겠다는 것이 꿈이고 희망이다. 여기에서의 꿈과 희망이 자기자신만을 위한 것이라면, 다분히 이기적인 사람이라고 할 것이다. 그러나 청소년기에 형성되는 꿈은, 이기적인 것보다 대체적으로 공평하고 정의로운 세상을 만드는데 기여하고 싶은 것이다.

건강한 사회성과 정체성과 연관하여 생겨나게 되는 청소년기의 꿈과 희망은, 대체적으로 순수하고 의로운 것이다. 좀 더 나은 사회를 구현하기 위해서 자기자신이 이제껏 경험했던, 세상의 부당하고 잘못된 것들을 없애 버리고 좀 더 좋은 세상을 구현하고자 하는 강한 열망이 꿈과 희망으로 승화되는 것이다. 꿈과 희망을 향한 강한 열망이 자기자신의 능력을 향상 시키고, 자기자신을 바로 세우기 위한 도전을 시작하는 것이며, 그 꿈과 희망이 극기와 극복의 시발점이 되는 것이다.

인간은 도전을 통한 극기와 극복으로 성취의 기쁨을 얻는다. 극기란, 자기 인생의 목표와 목적을 설정하고, 목표에 도전하고 목적을 이루려는 노력을 통하여 자기의 인내심을 키워 나가는 것이다. 또한 그렇게 키워진 인내심으로 자신의 육체적 한계를 넘어서는 것이 극복이다. 인간은 도전을 통해서, 자기자신이 세상에 존재하는 의미를 분명하게 드러내게 된다. 인간은 도전을 통해서, 자기자신에게 주어진 자기자신의 인내심의 한계를 알 수 있게 되는 것이고, 인내심의 한계를 키워나가는 극기를 통해서 자기자신의 정신과 육체적 한계를 극복할 수 있게 되는 것이다.

도전을 통한 극기와 극복은, 자기자신의 정신적 육체적 한계를 알고, 넘어서는 것 이상의 또다른 의미가 있는 것이다. 그것은 자기자신을 통제하고 조절하는 능력을 강화하는 것이다. 도전을 통한 극기와 극복의 과정이 없는 사람은, 자기 스스로 자신을 통제하거나 조절하지 못하고, 자기자신에게 불리한 선택을 반복하게 된다. 자기자신을 극복하지 못한 사람은, 결국 자기 스스로 자신을 통제하고 조절하지 못하기 때문에, 무차별적인 불리한 상황에서 결코 벗어나지 못하게 되는 것이다.

　도전을 통해서 자기자신의 정신적 육체적 한계성을 극복한 사람은, 자기 스스로 자신에게 유리하고 유익한 선택을 하게 된다. 자기자신에게 해로운 선택을 하지 않는 것이다. 예를 들어서, 자기자신의 건강을 위해서 규칙적인 운동을 하는 사람은 운동하는 과정이 힘들지라도 운동을 포기하지는 않는다. 또한 운동의 효과를 경감 시키는 음주나 흡연을 하지 않을 것이다. 건강한 몸과 마음을 유지하기 위해서 규칙적인 운동이 최선이기에, 힘든 운동일지라도 언제나 지속하게 되는 것이다.

　도전을 통한 극기와 극복은, 성취감을 느끼게 하여 자존감의 수준을 높이는 것이다. 높은 수준의 자존감은 마하반야/마하프라갸/위대한 지혜를 증득하고 부처가 되는 절대적인 조건이 된다. 자존감이 낮은 차원의 마음에서는 위대한 지혜가 생겨날 수가 없다. 도전하고 극복하지 못하여 자존감이 낮은 사람은, 마하반야/마하프라갸/위대한 지혜를 증득할 수도 없고, 부처도 될 수 없게 되는 것이다.

　마하반야/마하프라갸/위대한 지혜를 증득하고 부처가 되고자 한다면, 자기자신의 꿈과 희망에 관련된 인생의 목적과 목표를 설정하고, 그 목적과 목표를 성취하기 위해 도전하고 노력하며, 자기의 정신적 인내심을 키우고, 자신의 육체적 한계를 극복해 나아가야 한다. 또한 도전하고 또 도전하여 극기와 극복을 통해서 목적과 목표에 도달하고, 성취감을 얻고 자존감을 높여야만 한다. 그러한 과정도 마하반야/마하프라갸/위대한 지혜를 증득하는, 명상/바라밀/파라미타의 과정이 되는 것이다.

019
네 번째 명상/바라밀/파라미타는, 인간에 대해 알고 이해하는 것이다

인간만의 고유한 특성이란, 알고 이해하고 깨우치는 수준이 다른 동물에 비해 월등하게 높은 것이다. 네 번째는 명상/바라밀/파라미타는 자기자신이 속한 인간이란 생명이, 어떤 존재인지에 대해서 학문적 지식을 습득하는 것이다. 인간이기에 인간에 대해서 알아야 한다. 인간에 대해 직관적으로 알게 되고 판단하는 깨달음과 다르게, 객관적인 증명이 가능한 학문적인 지식의 습득을 통해서도, 인간의 모든 면들에 대해서 알아야 한다. 그렇게 알고 이해하려는 노력을 해야 하는 것이다.

인간의 생명의 유지에 필요한 절대조건에서는 다른 동물들과 차이가 없는 같은 조건들이 필요하지만, 삶을 영위해 나가는 데 있어서 만큼은 다른 동물들과 확연히 다르다. 그 이유는 인간의 마음이 다른 동물들과 커다란 차이가 있기 때문인 것이며, 마음의 차이는 생물학적으로 뇌신경의 크기와 기능에 차이가 있기 때문이다.

인간의 마음인 뇌신경의 기능은, 다른 동물들에게는 존재하지 않는 것으로 지식을 습득하는 것, 학습하는 것, 추측하고 상상하는 것, 알고 이해하는 것, 스스로를 인식하고 자각하는 것, 스스로 알고 깨우치는 것 등으로, 그것들이야말로 '지혜롭다'는 것이다. 다른 동물들에게 인간 만큼의 지혜는 존재하지 않는다. 특히 스스로 깨닫고 지혜로워지는 것이, 다른 동물들과 다른 인간만의 고유하고 특별한 모습이다.

전체적인 지혜에 귀의한 관찰자는, '나는 무엇인가'로 시작되는, 인간이란 존재에 대한 물음과, 그 물음에 대한 답을 스스로 내리기 위해서, 인간에 대해 공부를 하게 된다. 관찰자는 인간에 대한 이해의 과정에서, 자연스럽게 자연과 환경과 생명들에 대해서 알게 되는, 다양한 방면에서의 학문적 지식을 습득하게 되는 것이다.

부처가 되고자 하는 관찰자에게는, 인간에 대한 이해와 통찰의 시간을 보낸 후에, 마음속에서 우러나오는 직관적 판단력뿐만 아니라, 그 직관적 판단력을 증명하게 되는 학문적 지식을 습득하는 것 또한, 마하반야/마하프라갸/위대한 지혜를 증득하는 것 중의 일부분이 된다. 부처가 되고자 하는 관찰자에게는, 학문적 지식을 통해서 알게 되고, 이해하는 것도 마하반야/마하프라갸/위대한 지혜를 증득하는 데 있어, 매우 중요한 명상/바라밀/파라미타의 과정이 되기도 하는 것이다.

부처가 되기 위해서는, 또한 좀 더 인간다운 인간으로 삶을 영위하기 위해서는, 자기자신을 포함한 인간에 대해 잘 알아야 한다. 인간에 대해 공부하지 않고, 알지 못하고, 이해하지 못한다면 인간다운 인간이라 할 수 없는 어리석은 중생일 뿐이다. 나이가 많아질수록, 점점 더 자기자신과 인간에 대해서 잘 알고, 이해해야 한다. 나이가 들어도 인간에 대해 알려고 하지 않고, 인간에 대해 이해하지 못한다면, 인간이 아닌 중생 즉 짐승이다. 그저 먹고사는 것에 연연하면서 목숨을 부지하며 살아가는 짐승일 뿐이다. 좀 더 나은 인간, 인간다운 인간이 되지 못하는 것이다.

인간이 불행한 것은, 인간이 인간다운 삶을 영위하지 못하고 불행한 것은, 좀 더 인간다운 인간이 되지 못하고 불행하게 살아가는 것은, 무지하고 우매한 어리석음 때문이며, 지혜가 부족하기 때문인 것이다. 어리석고 지혜가 부족하다는 것은 인간으로서 누려야할 기쁨과 행복을 모르고, 불행 속에 머무는 것이다. 어리석고 지혜가 부족하다면, 인간이 아닌 중생과 짐승의 모습으로 불행하게 살다 가는 것이다.

인간의 모습을 하고 있으나, 알고 깨우치지 못하면 어리석은 중생이며 짐승인 것이다. 인간이 인간에 대해서 잘 알지 못하고 깨우치지 못하면, 자기자신이 왜 불행한지도 모르고 불행 속에서 살아가다가 생을 마치게 되는 것이다. 알고, 깨우치지 못한 것이 무지한 것이고, 무지는 어리석은 것이다. 중생과 짐승은 무지하고 어리석은 존재이다. 무지하고 어리석은 존재를 중생과 짐승이라 부른다. 중생과 짐승은 무지하고 어리석은 존재이고, 무지와 어리석음은 알고, 깨우치지 못한 것이다.

어리석은 중생일 뿐인 짐승의 상태를 넘어서고, 좀 더 완전하고 완벽한 인간이 되기 위해서는, 인간에 대한 모든 것들을 알고,

이해하고, 깨우치는 공부를 해야만 한다. 인간만의 특성을 잘 알고 있어야 한다. 인간에게만 적용되어야할 특성, 인간에게만 주어지는 건강과 행복을 위한 절대적 조건들을 잘 알고 이해해야 한다. 그래야만 마하반야/마하프라갸/위대한 지혜를 증득하고, 부처가 될 수 있는 것이다.

부처가 되고자 하는 사람은, 관찰자가 되어서 '나는 무엇인가'라고 스스로에게 묻고, 역시 스스로가 답을 내려야 한다. '나는 무엇인가'라는 물음은 개체적 존재로서의 자기자신인 '나'뿐만 아니라, 생명과 인간이라는 존재가 어떤 존재인가에 대해서 자기자신 스스로에게 묻는 것이다. 자기자신에 의한, 자기자신에 대한 물음은 인간에 대해 알고, 이해하고, 깨우치는 공부를 스스로 시작하겠다는 것이다.

'나는 무엇인가'에 대하여 묻는 것은, 자기자신에 대한 자기자신 스스로의 물음이다. 자기자신에 대한 자기자신 스스로의 물음은, 자기자신과 자기자신이 속한 세계의 많은 것들에 대해서 알게 되는 진정한 기쁨을 선사해 준다. 그 기쁨은 알고, 이해하고, 깨우치는 기쁨이다. 자기자신과 인간에 대해 알고, 이해하고, 깨우치는 기쁨은 인간만이 누리는 기쁨이고, 인간이 누릴 수 있는 가장 큰 기쁨이다.

'나는 무엇인가'에 대하여 묻는, 자기자신 스스로에 대한 자기자신 스스로의 물음은, 인간만이 가진 특별한 모습이고, 인간만의 특성인 것이며, 그 물음에 대해서 스스로 내리는 확답은, 인간만이 누릴 수 있는 가장 큰 기쁨이며 더없는 만족이다. 그 기쁨과 만족을 얻게 되는 사람은 자기자신과 인간을 바르게 인식하는 것이고, 개인적으로 올바른 가치관을 형성하는 것이며, 자기자신이 속한 세상을 바르게 이해하는 풍부한 지식을 갖추게 되는 것이며, 좀 더 지혜롭게 되는 것이다.

'나는 무엇인가'에 대하여 묻는, 자기자신 스스로에 대한 자기자신 스스로의 물음은, 절대적인 자연, 자연의 변화, 자연에 속한 생명의 탄생과 죽음, 인간과 다른 동물들과의 차이점. 인간의 기원, 인간의 본성, 인간이라는 생명의 구조와 체계, 인간의 성장과정과 나이에 따른 세대적 차이, 남녀의 차이, 건강한 사람과 병든 사람의 차이, 인간의 행복과 불행의 조건, 완벽한 인간의 조건 등에 대해서 잘 알고, 이해할 수 있는 사람이 되게 한다. 이러한 '나'에 대한 물음으로 시작된, 인간에 대한 공부를 통해서 자기와 자신이 속한 세계를 바르게 이해할 수 있게 되는 것이다.

'나는 무엇인가'에 대하여 묻는, 자기자신 스스로에 대한 스스로의 물음이 없다면, 마하반야/마하프라갸/위대한 지혜를 증득할 수가 없으며, 부처가 될 수도 없으며, 완전하고 완벽한 인간이 될 수 없으므로, 역시 완전하고 완벽한 건강과 행복도 주어지지 않는 것이다. 위대한 지혜를 증득한 부처, 완전하고 완벽한 인간, 더없이 건강하고 행복한 인간, 더없는 기쁨과 희열의 경지에 들어간 사람은, 자기자신 즉, '나'라는 존재에 대한 답을 스스로 내리고, 스스로 위대한 인간이 되는 것이다.

020

다섯 번째 명상/바라밀/파라미타는, 건강한 운동을 하는 것이다

육체적으로 건강하지 못한 사람은 결코, 마하반야/마하프라갸/위대한 지혜를 증득할 수 없다. 육체적으로 건강하지 못한 사람은 결코 마하반야/마하프라갸/위대한 지혜의 경지에 들지 못한다. 육체적으로 병든 사람은 이미 부처의 길에서 멀어진 사람이다. 육체적으로 병든 사람은 불안정한 사람이다. 육체적으로 병들고 불안정한 사람은 지혜를 증득하기에 앞서서 육체적인 건강부터 회복해야 한다. 육체적으로 병들고 불안정하다는 것은, 이미 어리석은 것이며 지혜가 부족한 것이다.

완전하고 완벽하게 건강하고 행복한 몸과 마음의 경지가 곧, 마하반야/마하프라갸/위대한 지혜를 증득한 경지이다. 육체적으로 건강하지 못하고 행복하지 못한 사람은 마하반야/마하프라갸/위대한 지혜를 증득할 수 없게 된다. 그러므로 언제나 규칙적인 운동을 실천해서 자기자신의 건강을 유지할 수 있어야만이, 더없는 마하반야/마하프라갸/위대한 지혜를 증득할 수 있는 능력을 갖게 되는 것이다.

그 어느 누구이거나, 그 어떤 사람이더라도, 운동을 하지 않고는 건강하게 살아갈 수가 없다. 운동은 건강을 위한 절대적인 조건이다. 그 어느 누구라도 운동을 통해서, 건강과 행복과 지혜를 얻는 것은 절대적인 것이다. 건강하지 못한 사람은 운동을 통해서, 자기자신의 불안정성을 극복할 수도 있으며, 몸과 마음이 전체적으로 균형을 맞추고, 조화로운 상태가 되어서 건강도 회복할 수 있는 것이다. 건강하지 못한 사람은 운동을 통해서만이, 나약함을 극복하고 넘어설 수 있는 의지와 용기가 생기고, 운동을 통해서만 몸과 마음에 활기를 불어 넣을 수 있게 되는 것이다.

인간에게 운동이라는 것은 몸과 마음의 발달과 성장에 절대적인 것이다. 어린 시절에는 마음껏 뛰어 놀아야 하고, 청소년기 이후에는 규칙적인 운동으로, 활력 있는 건강한 몸을 만들고 유지해야 한다. 나약하고 병든 육체로는 결코, 마하반야/마하프라갸/위대한 지혜를 증득할 수 없다. 나약하고 병든 육체에는 지혜로운 마음이 생겨나지 않기 때문이다. 운동은 마음인 뇌신경이 건강해지도록 하는 것이다.

운동을 하면 몸과 마음의 모든 부분이 건강한 상태를 유지하게 된다. 깨달음의 원천이자 깨달음의 결과인 직관적 판단력은, 건강한 몸과 마음이 겉으로 드러나는 것일 뿐이다. 연구자들의 연구 결과에 의하면, 운동을 하면 머리가 좋아진다. 운동을 규칙적으로 하게 되면 뇌세포의 활동이 활발해져서 마음이 매우 건강해진다. 뇌세포의 활성화는 운동을 통해서 중요하게 유지된다. 뇌의 상태는 마음의 상태이다. 운동을 규칙적으로 하지 않는다면, 건강한 몸과 마음은 유지되지 않는 것이다.

운동을 규칙적으로 하게 되면, 자기자신을 유지해 나가기 위해서 자기자신을 지키는 면역력이 강화된다. 그렇게 강화된 면역력은 생명활동을 하면서, 자기자신의 내부에서 만들어진 노화물질과 암세포 등과 같은 불필요한 물질들을 제거하고, 자기자신 밖의 외부에서 침입하는 각종 세균으로부터 자기자신을 보호하는 힘이 된다. 면역력이 약하면, 감기와 식중독과 같은 세균성 감염과 염증성 질환에 취약해지고, 심하게는 치유하기 힘든 질병인 암과 같은 질병에 걸리게 된다. 운동은 즉각적으로 면역력을 높인다. 땀이 날 정도의 운동은 즉각적으로 면역력을 향상 시키는 효과가 있다. 운동은 면역력을 강화해서 질병들로부터 자기자신을 보호한다.

규칙적인 운동은, 정신적이고 신체적인 모든 면에서 유익한 효과가 있어서 건강이 유지되게 한다. 운동은 전체적으로 몸과 마음을 건강하게 만들어 준다. 근력운동은 골밀도를 높여 뼈를 튼튼하게 하고, 근육을 강화한다. 스트레칭과 같은 운동은 피를 맑고 깨끗하게 하여 혈액순환이 잘 되게 하고 육체적인 통증을 감소 시키기도 한다. 뿐만 아니라, 운동은 뇌신경에도 영향을 미쳐서 잠을 잘 자게 하고, 스트레스라고 하는 억눌린 감정이 풀어져 기분이 좋아지므로 감정과 정서에 긍정적으로 관여한다. 또한 내부 장기인 오장육부의 기능이 건강하게 유지되도록 하는 것이다.

운동을 규칙적으로 한다는 것은, 매우 중요한 명상의 실천이며, 바라밀/파라미타의 과정이다. 규칙적인 운동은 몸과 마음의 건강을 보장하는, 가장 중요하고 절대적인 조건 중의 하나이다. 운동하지 않고는 건강을 유지할 수가 없다. 언제나 건강한 몸과 마음을 유지하기 위해서는, 적당한 스트레칭과 근력운동은 기본적인 것이며, 동시에 절대적인 요소가 되는 것이다. 건강한 정신활동과 활발한 신체활동을 위해서는, 다리를 튼튼하게 하는 운동, 허리를 튼튼하게 하는 운동, 어깨를 자유롭게 하는 운동을 규칙적으로 해야한다. 그래야만 지혜로운 부처도 될 수 있는 것이다.

마하반야/마하프라갸/위대한 지혜를 증득하기 위해서는, 오랜기간 자기자신을 성찰하고 세상을 관찰해야 하는 것처럼, 언제나굳건한 의지와 유연한 사고방식으로 다양한 학문적 지식을 습득해야 하는 것처럼, 역시 언제나 규칙적인 운동을 통해서 굳세고, 유연하고, 건강한 육체를 유지해야만 하는 것이다. 마하반야/마하프라갸/위대한 지혜를 증득하려는 것은, 건강하고 행복한 삶을 위한것이다. 건강하지 못하면, 행복하지도 못할 것이고, 위대한 지혜도증득할 수가 없는 것이다.

021
여섯 번째 명상/바라밀/파라미타는, 다섯 가지 감각의 조절이다

인간은 감각적인 존재이므로 감각활동이 곧 생명활동이며, 삶의전부가 된다. 인간의 감각은 시각, 청각, 후각, 미각, 촉각 등 이렇게 다섯 가지가 있다. 감각기관은 눈, 귀, 코, 혀, 피부이다. 눈으로 보고, 귀로 듣고, 코로 냄새 맡고, 혀로 맛보고, 피부로 느끼는것이 감각활동이다. 이러한 감각활동을 모아서 조절하고 다스리는것이 인식활동이며 인식활동의 주체는 머릿속의 뇌, 즉 뇌신경이 되는 것이다.

감각활동을 통한 뇌의 인식활동이 감각인식이다. 감각활동과 감각인식은 마음의 구조와 상태일 수 있으며, 신체의 구조와 기능에 관련된 매우 중요한 요소라고 할 수 있다. 감각을 통해 들어온, 모든 정보를 뇌에서 인식하고 판단하여 다시 감각기관으로 전달하여, 생명 유지에 필요한 활동을 하게 된다. 그러므로 더이상의 것은 없다. 감각활동과 감각인식은 생명활동의 모든 것, 삶의 전부가 되는 것이다.

모든 인간에게 공통적으로 주어진 감각인식과 감각활동은 인간 전체의 공통적인 모습이다. 또한 개인마다 각기 다르게 보이고, 각기 다른 차이를 보이는 감각인식과 감각활동은 인간 전체에서 분리된 개성적인 인간, 한 사람 한 사람의 독특한 모습이다. 그러므로 자연환경과 생명의 세계에 속한 인간 전체의 운명과 숙명은 같은 것이며, 인간 사회 전체에 속한 개인에게는 그 개인의 감각활동과 감각인식이 인간 사회에서의 자신만의 운명이고 숙명이 되는 것이다. 감각인식이 곧 삶인 것이다.

이렇듯 자신에게 주어진 다섯 가지 감각활동과 인식활동에 의해서, 삶의 모든 것이 결정되므로 감각활동과 감각인식을 조절하는 주도적인 능력을 갖게 된다는 것은, 자기자신의 운명을 스스로 이끌어 갈 수 있는 주도적인 능력과 힘을 갖게 되는 것이다. 주체적이고, 독립적이며, 자율적인 감각인식능력이 있다는 것은 자신에게 주어진 감각인식의 주인이 되는 것이다. 즉 인생의 주인이 된다는 것이다.

반대로 감각활동과 감각인식의 주체가 되지 못하는 사람은, 자기자신에게 주어진 자기자신만의 인생에서 주인으로 살아가지 못하게 된다. 그런 사람은 다른 사람에게 지배당하듯이, 자기자신의 부정적인 감각인식에 지배당하며 불행한 삶을 살아가게 된다. 자기자신에게 주어진 감각을 통제하지 못해서, 자기자신은 물론 다른 사람의 행복도 파괴하는 부정적인 감각인식에 지배당하는 사람, 그런 사람의 삶은 언제나 불행하다고 할 것이다. 또한 그런 사람이 사회적 영향력이 큰 위치에 있거나, 그런 사람들이 많은 인간 사회도 대체로 불행하다고 할 수 있는 것이다.

감각인식에 대한 개념이 없어서, 부정적인 감각인식에 지배당하는 사람을 어리석은 사람이라고 할 수밖에 없다. 부정적인 감각인식의 지배를 받는 어리석은 사람의 권한이 크면 클수록, 그가 속한 사회도 역시 부정적인 영향이 커지게 된다. 어리석은 사람들이 많은 사회에 속한 사람들 역시도 불행할 가능성이 많다는 것이다.

어리석은 사람의 판단과 행동은 자기자신은 물론 다른 사람의 삶까지도 파괴하는 것이다. 어리석은 사람의 불안정한 감각인식과 감각활동은, 흔히 누구나 알고 있는 편견과 집착, 왜곡된 관념이 있다. 또한 술, 담배, 마약, 도박과 같은 쾌락적이며 파괴적인 부정적인 감각활동이 있다. 이러한 어리석은 사람의 부정적인 감각인식과 감각활동은 자기자신의 불행은 물론이고, 사회 전체의 불안정성을 커지게 한다.

감각인식을 조절하는 것이 곧 마음을 다스리는 것이 되는 것이다. 감각인식에 따라 마음은 수시로 변한다. 이어서 마음에 따라 몸의 상태도 수시로 변한다. 별다르지 않은 똑같은 현실에서도, 감각인식은 때로는 좋고 때로는 나쁘다. 감각대상과 내용이 같을지라도, 감각의 주체인 개인마다 감각인식도 다르다. 감각인식의 내용이 조금만 변해도, 몸과 마음은 좋아질 수도 있고 나빠질 수도 있게 되는 것이다.

감각은 착각할 수 있다. 감각인식은 낮과 밤에 따라 달라질 수 있다. 감각인식은 어제와 오늘이 다를 수 있다. 어린아이에게는 낮에 재미있게 가지고 놀던 새끼줄이, 밤에는 무섭고 두려운 뱀으로 보이기도 한다. 같은 것이라고 할지라도 때에 따라 다르게 보이는 것이 감각인식의 착각이란 것 때문이다. 착각으로 인해서 낮에는 재미있었던 감각대상이 밤에는 무섭고 두려운 감각대상이 된 것이다. 어린아이가 아닌 성인들에게 착각은 자유가 아니고, 착각은 어리석은 것이다. 착각은 자유로운 상태에서 생겨나는 것이 아닌, 어리석은 상태에서 생겨나는 것이기 때문이다.

어리석은 사람일수록, 수많은 감각인식의 착각 속에 빠지게 된다. 착각한다는 것은 인생에서 정작 중요한 것이 무엇인지 알 수 있는 분별력이 없다는 것이고, 분별력이 없는 사람은 자기자신에게 유익한 것이 무엇인지 모르기에 불행한 삶을 살 수밖에 없다. 그러므로 지혜로운 사람이라면 언제나 착각하지 않아야 한다.

지혜롭다는 것은 자유롭다는 것이고, 그 자유는 감각인식으로부터의 자유이다. 지혜로운 사람이라면 감각적으로 좋고, 나쁨을 스스로 통제하기 위해서 감각인식의 주도권을 가지고 있어야 하며, 감각인식을 자율적으로 조절할 수 있어야 한다.

감각활동은 자연환경 속에서 이루어지고, 감각인식은 환경의 영향을 받는다. 덥지도 춥지도 않은 봄날에 숲속으로 들어가면 기분이 좋아진다. 숲속의 공기는 가슴을 상쾌하고 시원하게 적셔 준다. 숲속에서는 온몸으로 상쾌함을 느낀다. 숲속의 아름다운 풍경을 보면 기분이 좋아진다. 나무에서 새싹들은 싱그럽게 솟아나고 아름다운 꽃들이 피어나기 시작한다. 아름답게 느껴지는 꽃에 가까이 다가가서 보면 기분이 더 좋아지고, 그 꽃의 향기를 맡으면 기분은 더더욱 좋아지게 되는 것이다. 생명의 터전인 숲속에서는 대체적으로 긍정적인 감각활동이 이루어진다.

새들의 노래 소리는 아름답게 들리고, 시냇물이 흐르는 소리도 기분을 좋게 한다. 손으로 만지고 몸으로 느낄 수 있는 숲속에서의 감각활동은 언제나 유익한 것이 된다. 숲속의 상쾌한 공기, 상쾌한 공기를 내뿜는 나무들, 나뭇잎, 꽃잎, 바위나 돌, 흙, 시냇물 등을 온몸으로 감각하는, 자연환경 속에서의 감각인식은 충분히 만족스럽다. 생명으로서의 기쁨과 충족감은 자연환경과 감각인식에 있는 것이다.

자연환경 속에서의 기쁨과 충족감은 언제나 긍정적인 감각인식일 것 같다. 그러나 만일 같은 숲속일지라도, 기온이 조금 바뀌어서 추워지거나 더워진다면 당장 몸과 마음이 불편해진다. 부정적인 감각인식이 작동하는 것이다. 해가 지고 어두워져서 생존에 불리한 상황이 발생한다면, 낮에는 아름답게 들리던 새들의 노랫소리도 야행성 조류의 크게 울부짖는 소리로 들리게 되고, 작은 동물들의 부스럭거리는 소리일지라도 무섭게 들릴 것이다. 환경의 변화로 신경은 곤두서고 온몸은 경직되어 부정적인 감각인식이 작동하게 될 것이다. 같은 소리도 다르게 들리는 것이다.

감각인식의 본질은 생존과 관련되어 있다. 긍정적인 감각인식은 생존에 유리하다고 판단할 때이며, 부정적인 감각인식은 생존에 불리하다고 판단될 때이다. 감각인식은 생존과 관련하여서는 긍정적이거나 부정적이거나, 또다른 마음의 지배와 영향을 받게 되기도 한다. 또다른 마음은 선천적으로 자기자신에게 주어진 마음이거나, 살면서 경험하고 학습된 마음, 또는 세뇌된 마음이다. 그런 마음들을 선입견, 편견, 고정관념이라고 하고, 그 마음들은 감각인식에 영향을 주게 되는 것이다.

마음의 일부분인 선입견, 편견, 고정관념은 순수한 감각인식을 왜곡할 수 있는 마음들이다. 누구든지 무서운 인상의 사람을 보면, 즉시 선입견이 작동하여 무섭고 두려움을 느끼게 되지만, 그 사람이 첫 인상과는 다르다는 것을 경험하고 나중에는 그 사람이 자신을 보호해준다는 사실을 알게 되거나, 생존에 유리하다고 판단하게 되면, 처음 보았을 때와는 다르게 그 사람을 보면서 안도하고 마음을 놓는다.

한 사람의 삶에서 매 순간 연속적으로 일어나는 감각인식 활동은 곧, 그 사람 인생의 모든 것이라고 할 만하다. 감각인식의 주체인 자기자신이 어떤 상태인지에 따라서, 감각대상과 감각내용에 대한 인식도 다르게 된다. 그러므로 지혜로운 사람이 되고자 한다면, 감각활동과 감각인식에서, 좀 더 확실히 알고 자유로워야 한다.

지혜로운 사람이 되려면, 긍정적인 감각인식과 부정적인 감각인식이 어떻게 작동하는지와, 그에 따라 자기자신의 몸과 마음이, 어떤 상태로 변해 가는지를 충분히 이해해야만 한다. 그래야만 감각인식과 감각활동의 주인이 될 수 있는 것이다.

감각활동과 감각인식의 주인이 된다면, 감각적인 기쁨의 지속과 확장이 충분히 가능해진다. 그렇게 되면 불행의 근본인 부정적인 감각과, 감각인식의 착각에서 벗어날 수 있게 된다. 감각활동과 감각인식의 주인이 되면, 삶의 매순간 부정적인 상태에 놓여있기 보다는 긍정적인 상태로 삶을 이끌어갈 수 있게 된다. 언제나 기쁘고 좋은 감각인식을 할 수 없겠으나, 심각하게 기분 나쁜 상태에 빠져들지는 않게 된다. 감각인식을 조절하여 어렵지 않게 즐겁고 행복한 삶을 살아갈 수 있는 것이다.

자기자신의 감각활동과 감각인식의 주인이 된다면, 부정적인 감각인식의 결과인 기분 나쁜 상태를 벗어나서, 기쁨을 확장하고 지속하며, 삶의 매 순간이 충분히 만족스러운 지혜로운 존재가 되는 것이다. 감각인식과 감각활동의 주인이 되어, 감각활동과 감각인식을 조절하는 사람이, 마음을 다스릴 줄 아는 지혜로운 사람이다.

마하반야/마하프라갸/위대한 지혜는 감각기관인 눈/안, 귀/이, 코/비, 입/설, 피부/신체 다스리는 것이며, 의/마음과 정신과 의식을 다스리는 것이다. 그러므로 지혜로운 사람이 되고자 한다면, 감각활동과 감각인식에 대해 바르게 이해해야 하는 것이다. 자기자신에게 주어진 감각활동과 감각인식의 주인이 되는 사람이 위대한 지혜를 간작한 부처가 되는 것이며 감각인식에 대해서 알고, 이해하고, 깨우치는 과정이 곧, 부처가 되는 과정인 명상/바라밀/파라미타의 과정이 되는 것이다.

022
일곱 번째 명상/바라밀/파라미타는, 마음의 평안을 유지하는 것이다

전체적인 지혜에 귀의한 관찰자가 오랜 명상의 과정을 거치는 동안, 자아정체성이 확립되어서 자존감이 극적으로 높아지고, 마음의 평안이 오래도록 지속되면 더없이 좋은 상태인 궁극의 상태, 절대지복의 경지를 체험하게 된다. 궁극의 상태인 절대지복의 경지를 체험하게 되는 사람은, 스스로가 부처임을 확신하게 되는 것이다.

마하반야/마하프라갸/위대한 지혜를 증득하고, 부처가 되기 위해서는 자기 스스로가 언제나 독립적이고 자율적인 존재임을 확인해야 한다. 위대한 지혜를 증득한 부처가 되기 위해서는, 생존을 위한 현실과 조금은 동떨어져 보일지라도, 먼저 극적으로 평온한 마음을 유지하면서, 많은 날들을 자유롭고 한가하고 여유롭게 살아가야 한다. 부처가 되기 위해서는 언제 어디서나, 평온한 마음을 유지해야만 한다.

전체적인 지혜에 귀의한 관찰자는, 명상/바라밀/파라미타의 과정 속에서, 오래도록 극적으로 평온한 마음을 유지해야만, 올바른 판단력을 가진 부처가 될 수 있는 것이다. 마음의 평안은 언제나 편안하고, 기분 좋은 상태를 지속하는 것이다. 마음의 평안의 시작은 생각이 없는 것 같은 '망중한'이다. 진정한 마음의 평안은 겉보기에는 마치 아무것도 하지 않는 것 같다. '멍'해 보이는 상태가 지속되기 때문이다.

마음의 평안은 정신적으로나 심리적으로도 안정된 상태이며, 마음이 자유로운 상태이다. 마음의 평안은 괴로움과 고통인 마음속의 장애가 사라져서, 걸림 없는 자유를 체험하는 상태이다. 스스로 극적인 마음의 평안을 얻어서, 더없이 좋은 상태를 체험해야만, 더없이 위대한 지혜도 증득할 수 있는 것이다. 마음의 평안이 깊어진 사람이라야만, 그에 따라서 더없이 좋은 절대지복의 경지에 들게 되고, 그런 사람만이 자기자신 스스로 부처가 되었다는 것을 확신할 수가 있게 되는 것이다.

마음의 평안을 얻기 위해서는, 언제나 자기자신의 마음이 어떻게 작동하고 있는지를 성찰해야 한다. 마음을 성찰하기 위해서는, 언제나 스스로의 마음을 되돌아보아야 한다. 특히 감각활동과 감각인식이 어떻게 작동하는지에 대해서 잘 알고, 이해하여야 한다. 또한 감각인식 활동에 따라서 어떤 기분이 들고, 어떤 감정적 변화가 일어나며, 몸에는 어떤 변화와 영향이 있는지에 대해서도 잘 알고, 이해해야 한다.

인간의 마음은 복잡하여 알기 어려운 것 같지만, 단순한 두 가지의 결론일 뿐이다. 마음의 두 가지 결론이란, 기분이 좋거나, 나쁘거나이다. 어떤 이유에서든지, 어떤 결과든지, 무엇이 어떻든지 간에 결국은 기분이 좋고, 나쁨 이라는 두 가지 중의 하나가 될 뿐이다. 마음속에서 일어난 기분이 좋고, 나쁨을 다른 표현으로 감정이 좋다거나 나쁘다고 한다. 그래서 기분의 좋고 나쁨이, 곧 감정이 되는 것이다.

마음이 좋거나 나쁘거나 하는 것을, 기분과 감정이라고 하고, 기분과 감정은 마음상태의 결론이며, 최종적인 결과가 된다. 결국 좋거나 나쁘거나인 기분과 감정이, 알기 어렵고 복잡해 보이는 모든 마음의 최종적인 결과가 되는 것이다. 그래서 기분과 감정을 조절하는 것이 마음을 다스리고, 몸을 다스리는 것이 되는 것이다.

자기자신을 성찰하여, 기분과 감정을 조절하는 것이, 마음을 다스리는 것이며 마음을 잘 다스리는 사람이, 지혜로운 부처가 된다. 결국 마음에 대해 잘 이해하고 마음을 잘 다스리는 사람이 지혜로운 사람이며, 부처가 되는 것이므로, 부처가 되기 위해서는 끊임없이, 자기자신의 기분과 감정과 마음을 들여다 보아야만 한다.

마치 안전이 보장되어 마음이 놓이는 자기만의 세계로 여행을 떠나는 것처럼, 마음을 들여다보기 위해서는, 먼저 자기자신만을

위한 특별한 명상/바라밀/파라미타의 시간을 규칙적으로 가져야
만 한다. 그 시간 속에서는 평범한 일상 속의 자기자신의 마음과
는 조금 다른 마음가짐과 태도가 되어야 한다. 그 마음가짐과 태
도는 여유롭고 한가한 심리적 안정성에 다가서는 것이다. 자기자
신의 마음을 들여다보기 위해서는, 먼저 평범한 일상 속에서 살아
가는 자기의 마음, 자신의 행동과 분리되고 나누어져야만 한다. 그
분리됨과 나눔이 곧 되돌아 보게 됨의 시작인 것이다.

전체적인 지혜에 귀의하여 부처가 되려는 초보적인 관찰자의 명
상/바라밀/파라미타의 과정은, 먼저 그 어떤 무엇이나, 그 누구에게
라도 방해받지 않을 수 있는, 오직 자기자신만의 고귀하고 소중하
며 특별한 시간과 마음에 드는 안정적인 장소를 선택해야 한다. 그
리고 그 시간과 장소에서 만큼은, 그 무엇이나 그 누구의 방해나 간
섭을 받지 않아야만 하는 것이다. 명상/바라밀/파라미타가 익숙하
지 않은 초보적인 관찰자는 자기자신만의 특별한 시간과 마음에 드
는 안정적인 장소 속에서, 좀 더 여유롭고 한가하고 자유로운 마음,
좀 더 새로운 기분과 감정, 좀 더 자기자신을 사랑하고 존중하는 마
음가짐으로 자기자신을 되돌아 보아야만 되는 것이다.

초보적인 수준의 관찰자는 심리적 안정성이 보장되는 자기자신
만의 명상/바라밀/파라미타의 시간과 장소에서는, 바쁘고 복잡하고
번거로웠기에 자기자신을 잃어버렸던 평상적이고 일상적이던 마음
과 행동을 멈추어야만 한다. 평상적이고 일상적인 마음과 행동을
멈춘다는 것은, 그런 마음과 행동들을 내려놓는 것이다. 그리고 그
바쁘고 복잡하고 번거롭던 평상적이고 일상적인 마음과 행동과는

다른 마음가짐으로, 자기자신을 되돌아보아야 하는 것이다. 오직 자기자신만의 시간과 장소 안에서, 여유있고 한가하고 자유롭게, 자기자신과 관계되어 있는 삶의 일면들에 대해서 되돌아보는, 전반적인 삶의 의미에 대한 관찰을 지속해야 하는 것이다.

자기자신을 되돌아 보는 초보적 관찰자는, 결국 오래도록 지속되는 관찰적 행위로 말미암아서 관찰의 범위가 넓어지고 깊어지게 된다. 그렇게 관찰의 범위가 넓어지고 깊어지게 되면, 인간이라는 존재에게 좀 더 중요한 것이 무엇인지를 잘 알게 되는 것이고, 중생의 마음에만 머물러 있던 평상적이고 일상적이던 지금까지의 마음과는 다른 마음인, 새로운 의미의 긍정적이고 지혜로운 마음이 생겨나게 되는 것이다. 그렇게 되면 비로소 초보적 관찰자의 수준을 넘어선 사람이 되고, 좀 더 큰 마음인 성찰과 통찰이라는 지혜의 관문에 한 발짝 더 들어서게 되는 것이다.

관찰과 성찰과 통찰을 잘 하기 위해서는, 자기자신의 평상적이고 일상적인 삶을 되돌아 살펴보는, 또다른 '자아'가 있어야 한다. 그 '자아'는 초보적인 관찰자의 수준을 넘어서고 심리적 안정이 이루어진, 여유있고 한가하고 자유롭고 독립적이고 자율적인 주체적인 마음이다. 그 '자아'는 일상의 자기자신을 넘어서고 초월하는 또다른 '자아'가 되는 것이다. 또다른 '자아'인 초월적 '자아'의 탄생이 된다.

그 또다른 '자아'는 먼저 자기자신의 일상으로부터 생겨나는, 기분과 감정, 그리고 여러가지 마음들과 그 여러가지의 마음들이 일으키는 행위인 외적인 행동들로부터 분리되어서, 그런 마음들과 행동들을 객관적으로 바라보기 시작하는 마음인 것이다. 관찰과 성찰과 통찰을 잘하기 위해서는, 또다른 '자아'로 언제든지 수시로 자기가 자신의 모든 일상들을 객관적으로 되돌아보는 시간을 가져야만 한다. 또다른 '자아'가 되어 언제든지 자기자신을 향한 공정한 관찰자가 되어야만 하는 것이다.

특히 일상에서 주어지는 많은 일들과, 그 많은 일들 때문에 생겨나는 기분과 감정과 같은 마음과 몸의 상태에 대해서도 주의를 기울여야 한다. 특히 부정적인 마음인 걱정근심과 슬픔, 긍적적인 마음인 만족과 기쁨 같은 기분과 감정, 마음들의 연속되는 변화를 바라보고 관찰하여야 한다. 관찰의 능력이 강화되면 될수록 어쩔 수 없이 당면하고 마주치게 되는 불쾌한 기분과 감정, 마음들로부터 좀 더 자유롭게 되고, 좀 더 객관적으로 바라볼 수 있게 되었을 때, 초보적 관찰자는 초보적 관찰자를 넘어서서 좀 더 공의롭고 지혜로운 존재로 한 발 더 나아가게 되는 것이다.

그러나 아직 초보적 관찰자에게는, 자기자신을 객관적으로 들여다 볼 수 있는 또다른 '자아'가 충분히 성장하지 않았기 때문에, 그렇게 기분과 감정, 마음들을 되돌아 관찰하다 보면 지나간 과거의 기뻤던 일과 슬펐던 일들을 다시 생각했을 때, 그 때의 기분과 감정으로 되돌아갈 수도 있어서, 슬펐던 일들을 생각하고 괴로움과 고통이 다시 되돌아 오거나 커지게 될 수도 있을 것이다. 또한 그렇게 괴롭고 고통스러웠던 때를 다시는 생각하기 싫을 수도 있을 것이다. 그러나 그렇다 하더라도, 위대한 지혜와 궁극의 기쁨과 행복을 얻기 위해서라면 언제까지나 근본적인 괴로움과 고통의 원인을 미해결의 과제로 자신의 가슴속에 남겨 둘 수는 없는 것이다.

가슴속에 남아있는 미해결된 근원적인 괴로움과 고통의 원인을 해결하고 궁극의 기쁨과 행복의 경지인 위대한 지혜를 증득하여 부처가 되고자 하는 사람이라면, 진정한 관찰과 성찰과 통찰의 의미를 되새겨 어려움을 극복해 나아가야만 하는 것이다. 진정으로 부처가 되고자 하는 사람이라면, 마음속에 존재하는 모든 괴로움과 고통으로부터 자유로운 존재가 되기 위해서 더욱더 자기자신을 다른 사람을 보듯이, 볼 수 있는 엄중하고 냉철하게 객관적 관찰의 능력을 키워야만 하는 것이다.

그 어느 누구라도, 자기자신의 마음을 들여다 볼 줄 아는 객관적인 관찰의 능력이 부족하다면, 평생동안 수없이 발생하는 일상에서의 기분 나쁜 일들, 불안정한 감정들에 매달리고 휘둘리며 살아갈 수밖에 없게 되는 것이다. 사람이란 누구라도, 자기자신의 마음을 다스리는 능력이 부족하여 불안정한 감정이 심해지면 심해질수록, 건강은 더 나빠지게 되는 것이고, 행복은 점점 더 멀어지게 되는 것이다. 자신의 마음을 모르는 어리석은 인생이란, 점점 더 불행해질 수밖에 없는 것이다.

이 세상에 마음에 상처가 없는 사람은 존재하지 않는다. 그 누구라도 크고 작은 마음의 상처는 무수하게 많은 것이다. 그러나 그렇다 하더라도, 자기자신이 일상적인 삶을 살아가면서 심각한 마음의 상처를 입고 마음을 추스르기가 어려울지라도, 좀 더 건강해지고 행복해지고 지혜로운 사람으로 성장하고자 한다면, 자기자신을 되돌아보는 명상/바라밀/파라미타의 시간을 가져야만 한다. 그리고 그 명상의 시간과 장소에서만큼은, 자기자신의 체험이나 행동을 마치 다른 사람의 일처럼 바라볼 수 있도록, 객관적인 힘을 기르기 위해서 끊임없이 노력해야 하는 것이다.

중생의 세계에 속한 인간, 평범한 사람이라면 그 어느 누구라도, 살아오면서 생겨난 마음의 상처가 너무 크고, 그에 따라서 기분과 감정이 회복하기 쉽지 않을 만큼 많이 아파서, 신체적으로도 매우 위중한 상태에 놓일 수도 있는 것이다. 그 어느 누구라도 마음과 몸의 상태가 위중하고 위태로운 지경에 처하게 될 수도 있을 것이다. 그러나 그렇다 하더라도, 그것을 극복하고 살아나고자 한다면, 결국은 자기자신을 마치 남처럼 바라볼 수 있는 객관적 관찰의 능력을 길러야 하는 것이다.

아무리 마음의 상처가 크고 깊은 사람이라고 할지라도, 그것을 극복할 수 있는 객관적 관찰의 능력이 커지게 되면 될수록, 자기자신의 기분과 감정, 마음들을 선택하고 조절할 수 있게 되고, 마음을 다스리는 능력도 향상된다. 그것이 정신을 차리는 것이고, 지혜로워지는 것이며, 마음이 성장하는 것이고, 마음의 평안을 얻는 것이다. 마음의 평안이 유지되면 몸의 평안도 건강도 자연스럽게 유지되는 것이다.

미처 자각하지 못하고 알지 못하고 있을 뿐, 마음의 평안을 얻는 것이 그렇게 어려운 것만은 아니다. 마음의 평안을 중요하게 생각하는 사람에게는, 자기자신을 되돌아보는 시간을 갖는 것은 결코 어려운 일이 아니다. 바쁘고 힘든 나날들이 이어지고, 무심코 흘러가는 삶을 살아가지만, 자기가 자신을 관찰하기 시작하게 된다면, 평범해 보이는 일상에서의 많은 시간들이 의미 있고 소중한 시간이 되는 것이다. 관찰자에게는, 매 순간들이 진정한 자기자신만의 소중한 시간이 되는 것이다.

매 순간 순간이 진정한 자기자신만의 시간이 되어야만 비로소 자기자신이 일상적 삶의 주도권을 갖게 되는 인생의 진정한 주인공이 된다. 객관적 관찰의 능력이 향상되어서, 일상의 주도권을 갖고 있는 인생의 주인공이 된다면, 때때로 위급한 순간이 닥친다할지라도, 좀 더 초연하고, 담대하고, 지혜로운 마음으로 그 순간들을 대처할 수 있게 된다. 비현실적인 착각이 사라지고 정작 무엇이 중요한지 알게 되었기에, 불안과 두려움 같은 불완전한 마음들이 완전히 사라지게 되는 것이다.

자기자신의 일상의 모든 면에서 주도권을 갖게 된 관찰자가 초연하고 담대한 마음을 지속하게 되면, 기쁨에 찬 새로운 마음, 새로운 자각과 각성이 일어나게 된다. 인생의 많은 부분에 있어서 이전에는 보지 못했던 것들을 볼 수가 있을 것이고, 알 수 없었던 것을 알 수도 있게 되는 것이다. 그리고 또한 그렇게 자각과 각성이 일어나게 된 관찰자는 객관적 관찰의 능력이 향상되면 될수록, 자기자신과 다른 사람의 인생에 있어서 본질적으로 무엇이 더 중요한지를 알게 된다. 행복한 삶을 살아가는 데 무엇이 필요한지를 알게 되는 매우 귀중한 지혜를 얻게 되는 것이다.

객관적 관찰의 능력이 향상되어서 마음의 평안을 얻고, 그 평안이 오래도록 유지되며, 기쁨에 찬 새로운 마음이 생겨나고, 새로운 자각과 각성이 일어나게 된다. 기쁨에 찬 새로운 마음, 새로운 자각과 각성이 일어나게 되면, 불안정한 마음과 불안정한 일상에서 벗어나 궁극의 기쁨을 체험하게 된다. 새로운 자각과 각성은 별다르지 않는 평범한 일상들마저도 소중한 것들임을 알게 하며, 그렇게 일상적인 삶을 살아가는 데 있어서 조금의 부족함도 없는 커다란 힘을 갖게 하는 것이다.

극적인 마음의 평안과 위대한 지혜는 같은 것이다. 위대한 지혜를 증득하고 부처가 되기 위해서는, 마음의 평안을 얻는 것이 가장 중요하다. 마음의 평안을 얻어야 위대한 지혜도 증득되는 것이기 때문이다. 그 누구보다도 뛰어난 능력과 힘을 지니고 있을지라도, 마음의 평안을 얻지 못한 사람을 부처라고 할 수는 없는 것이다.

마음의 평안을 얻기 위해서는, 객관적 관찰의 능력을 기르는 것이 더없이 중요하다. 객관적 관찰의 능력을 기르는 것은, 언제나 자기 일상에서의 기분과 감정, 마음들을 되돌아보는 관찰과 성찰의 능력을 향상시키는 것이다. 그런 관찰과 성찰의 능력 향상이 곧, 명상/바라밀/파라미타이며 과정이고, 부처가 되는 길인 것이다.

023

여덟 번째 명상/바라밀/파라미타는, 자연의 섭리를 따르는 것이다

인간은 자연의 섭리 안에 머무는 존재이며 자연의 섭리만큼 위대한 것은 없다. 자연의 섭리가 위대한 것은 자연의 섭리야말로 절대적인 것이기 때문이다. 자연의 섭리 안에는, 생명현상과 생명의 규칙이 포함되어 있다. 자연의 섭리와 생명의 현상은 더할 것 없는 진리, 그 자체이다. 자연의 섭리와 생명의 현상을 거스르지 않고, 순응하고 따르는 것이 진리에 속하는 것이고 지혜로운 삶을 사는 것이다.

생명을 가진 존재에게 자연의 섭리와 생명현상은 절대적인 것이며 온전한 것이다. 자연의 섭리와 주어진 생명현상에 순응하는 것은, 자기자신의 생명을 자연스럽게 유지하는 것이며 더없이 온전한 존재가 되는 것이다. 자연의 섭리와 생명 현상은, 그 자체가 그냥 그대로의 자연스럽고 절대적인 것이 되는 것이며, 모든 존재의 있는 그대로의 모습, 완전하고 완벽한 모습이 자연의 섭리와 생명현상인 것이다.

자연의 섭리에 대해서 '왜?'냐고 물을 수 없는 것이고, 생명이 '왜?' 생기는지에 대해서는 물을 필요가 없는 것이다. 자연의 섭리와 생명현상이란 '왜?'냐고 묻거나 궁금해 할 수도 없는 절대적인 것이기에 역시 답도 필요 없는 것이 되는 것이다. 자연의 섭리와 생명현상은 더이상의 무엇도 더하거나 뺄 수도 없는 것이고, 더이상 무엇도 필요치 않기에 조금의 모자람도 넘침도 없는 것이다. 자연의 섭리와 생명현상, 그것은 더이상의 것이 없는, 그냥 그렇게 절대적으로 존재하는 것이다.

마음의 평안을 얻은 무심한 사람에게, 자연의 섭리와 생명현상은 존재하는 모든 것들에 대해서 알려주게 된다. 마음의 평안을 얻은 무심한 사람은, 자연 속에 존재하는 모든 것들이 조금의 부족함도 없는 절대적이고 온전한 존재임을 알게 된다. 자연에 속한 절대적이고 온전한 모든 존재들은 언제나 자연의 섭리와 생명현상 안에 머물게 되는 것이다. 그 어떤 것, 그 무엇일지라도 모든 존재는 자연의 섭리와 생명현상 안에서만이, 절대적인 것이며 온전하게 존재할 수 있게 되는 것이다.

인간 역시도 스스로 온전한 존재가 되기 위해서는, 첫째로 생존에 유익한 자연환경 속에 머물러야 하는 것이다. 좀 더 안락함을 추구하고자 하는 인간의 이기적 문명은 인간에게 편리한 많은 것들을 이루어냈지만, 그것들에 의해 인위적으로 변형된 환경은 때때로 인간의 생존에 유해하고 위협적인 독소들을 배출하게 된다.

자연환경이 인위적으로 변형되는 산업화와 도시화의 과정에서, 유해한 독소가 배출되어 환경은 오염되게 된다. 그렇게 유해한 독소에 오염된 환경은, 인간의 생존을 수시로 위협한다. 변형된 자연환경과 유해한 독소에 오염된 환경에서 장기간 머물게 된 사람은, 몸과 마음에 장애가 발생하여 질병에 걸리고 수명이 단축된다. 독소에 오염된 환경이, 자연의 일부인 사람에게도 해로운 것은 당연한 것이다.

자신에게 주어진 수명을 유지하기 위해서는, 변형되지 않은 자연환경, 오염되지 않은 자연환경 속에서 살아가는 것이 중요하다. 좀 더 건강한 삶을 살아가기 위해서는, 마땅히 오염되지 않은 순수한 자연환경인 땅 좋고, 물 좋고, 공기 좋은 곳에서 살아가야 되는 것이다. 또한 개개인의 생존을 넘어서, 인간 전체의 건강한 생존을 위해서는 필연코 자연환경을 지키고 보존하려는 노력을 기울여야만 하는 것이다.

둘째로는 유익한 음식을 먹어야 한다. 유익한 음식은 오직 자연에서 있는 그대로 생산된 음식이다. 자연식은 문명화되기 이전, 오염되지 않았던 땅에서, 오랜 세월 생명을 이어왔던 조상들이 먹었던 음식, 조상들의 몸을 통해서 적응된 음식이다. 건강한 몸과 마음을 유지하기 위해서는, 오염되지 않은 자연환경에서 자란 음식을 먹어야 한다. 인위적으로 가공되고 오염되지 않은 음식을 먹어야만 하는 것이다.

또한 더없이 지혜롭고 선한 존재인 부처에게는 몸에 좋다는 보약과 신약은 필요치 않을 것이다. 마찬가지로 마하반야/마하프라갸/위대한 지혜를 증득하고 부처가 되고자 하는 사람이 건강한 신체를 유지하기 위해서, 특별한 보약과 새로운 신약은 조금도 필요치 않을 것이다. 만약 위대한 지혜를 증득하여 부처가 되고자 하는 사람이, 스스로 명상/바라밀/파라미타의 과정에 대한 확신은 못하면서, 몸에 좋다는 보약과 새로운 물질을 탐하게 된다면, 그는 이미 나약하고 어리석은 중생에 불과한 존재일 뿐이다. 진정한 부처는 몸에 좋다는 음식을 탐하지는 않을 것이다.

나약하고 어리석은 사람에게는, 위대한 지혜의 증득도, 부처가 되는 것도 불가능한 것이 된다. 위대한 지혜와 부처는 순수하고 자연스러운 것이기에, 나약함과 어리석음과 왜곡된 마음으로는 다가설 수 없는 것이다. 특별하고 신기하게 몸에 좋은 음식이 어딘가에 희귀하게 존재하는 것이 아니다. 부처에게는 특별하게 몸에 좋은 음식도 보약도 없는 것이다. 건강하고 행복한 사람, 위대한 지혜를 증득하고 부처가 될 사람에게는 조상 대대로 이제까지 먹어온 음식이 가장 좋은 음식인 것이다.

셋째는 잠을 잘 자는 것이다. 바쁜 일상을 살아가는 현대의 사람들에게 매우 중요한 것이, 건강한 수면 시간을 갖는 것이다. 잠을 자는 시간은, 인체의 모든 기능이 안정적으로 정상화 되고, 성장하고 발달하는 과정이다. 그 어느 누구든지 잠을 제대로 자지 못하면, 몸과 마음의 안정성이 깨지고 불균형 상태가 되어서 각종 질병에 시달리게 되는 것이다. 자연적 순리를 거스르는 수년 동안의 불규칙적이고 불안정한 수면습관은 틀림없이 치유하기 힘든 심각한 질병을 초래하게 되는 것이다.

잠을 잘 자기 위해서, 외적으로는 환경과 시간이 확보되어야 하고 내적으로는 마음의 평안이 유지되어야 한다. 잠을 자는 환경은 어둡고 조용하며 적당한 온도가 유지되어야 한다. 특별한 사람이 아니라면 어린이와 청소년은 8시간 이상의 잠을 자야하고, 성인은 6시간 이상의 수면 시간을 충분히 가져야 하는 것이다.

잠을 자기 전에는 복잡한 마음을 비우고, 버려야 한다. 스트레스라고 불리는 복잡한 마음은 건강한 수면을 방해한다. 잠을 잘 자기 위해서는 스트레스를 조절할 수 있는 능력을 키워야한다. 스트레스도 마음이기에, 마음을 다스리는 능력이 향상되면 스트레스도 사라진다. 스트레스의 주된 원인은 어리석음에서 발생하는 탐욕과 집착이며 자기자신에 대한 불신이다. 자기자신을 있는 그대로 받아들이고 사랑하며 탐욕과 집착에서 벗어나게 되면, 꿀처럼 달콤한 잠이 쏟아지게 되는 것이다.

또한 적당한 운동과 노동은 건강한 수면의 바탕이 된다. 적당히 노동하고 적당하게 운동하는 사람 중에, 잠을 자지 못하는 사람은 없다. 하루 종일 열심히 일하고, 열심히 운동한 사람에게 불면증은 찾아오지 않는다. 또한 자기자신을 위해서 최선을 다하고, 다른 사람의 심정과 사정을 헤아려 주는 사람에게도 불면의 밤은 찾아오지 않는다. 오직 집착과 탐욕만 스스로를 괴롭혀 잠을 자지 못하게 할 뿐이다.

넷째로는 인간에게 주어진 생명의 규칙이 확보되어야 한다. 생명의 규칙은 인간에게 주어진 심리적이고 신체적인 특성이다. 그 특성이 온전하게 유지되는 것이, 생명의 규칙이 확보되는 것이다. 심리적으로는 자기자신을 지킬 수 있는 자기 보존에 대한 안전성이 확보되어야 하고, 자기와 다른 사람이 하나라는 인식인 사랑이 충족되어야 하며, 자기개발과 자아실현의 가능성이 열려 있어야 하는 것이다.

건강한 몸과 마음을 가진 사람이라면, 누구에게나 다 같이 이러한 기본적인 특성이 있을 것이다. 건강한 몸과 마음을 가진 사람이라면 언제나 두려움과 집착이 없기에, 몸과 마음은 언제나 편안하고 자유롭다. 그런 사람의 머리는 '텅~' 비어 있는 것처럼 언제나 맑고, 가슴은 언제나 후련하고 시원하며, 어깨는 언제나 자유롭고 편하다. 건강한 몸과 마음을 가진 사람의 발걸음은 바쁘지 않고 가볍다. 그런 사람은 피부의 느낌이 좋다. 손과 발과 아랫배에는 따뜻한 온기가 돌게 되는 것이다.

그러나 건강하지 못한 사람은, 건강한 사람의 반대의 증상이 느껴지게 된다. 삶에 대한 두려움과 집착이 가득한 마음은 언제나 불안하고 혼란스럽다. 그래서 머리는 언제나 무겁고 불쾌하고 아프다. 가슴이 언제나 답답하게 막혀 있으며, 어깨는 불편하게 굳어 있고, 발걸음은 무겁고 조급하다. 손, 발, 배는 차고 냉기가 돌게 된다.

자연의 섭리에 따르는 것은, 가장 지혜로운 사람의 선택이고 결정이다. 자연의 섭리에 따르는 것은, 자연환경의 질서와 규칙에 순응하는 것이고, 인간 사회의 질서와 규칙에 순응하는 것이다. 자연의 섭리를 따르고 순응하기 위해서는, 자연을 사랑해야 하며, 개인적으로 자기자신에 대한 긍정인식이 확고해야만 하고, 사회적으로는 다른 사람과의 소통도 긍정적인 측면에서 충분하게 이루어져야만 하는 것이다.

이렇듯 개인의 심리와 신체적인 면에서, 또한 인간 모두가 살아가고 생활하는 환경적인 면에서도 자연의 섭리와 생명의 규칙에 순응하는 것은, 건강하고 행복해지기 위한 기본적인 삶의 방편이 되는 것이며, 궁극의 경지인 마하반야/마하프라갸/위대한 지혜를 증득하여 부처가 되는 명상/바라밀/파라미타의 과정이 되는 것이다.

024
아홉 번째 명상/바라밀/파라미타는, 진정한 스승이 되는 것이다

마하반야/마하프라갸/위대한 지혜를 증득한 사람, 수준 높은 깨달음을 얻게된 사람, 진정한 의미의 올바름을 자각하고 각성한 사람이라면, 마땅히 다른 사람과 후세인의 인격을 높이는데 도움이 되는 스승이 되어야 한다. 오래도록 자기자신을 지켜보는 자아성찰의 결과로 인해서 관찰의 범위가 무한히 넓어지고, 각성의 수준이 높아져서 사랑과 자비의 마음이 무한하게 커진 사람, 자기자신과 다른 사람을 이해하고 존중할 수 있는 그렇게 인격의 수준이 높아진 사람은, 필연코 다른 사람들의 인격의 수준을 높이는 스승이 되어야만 하는 것이다.

그 어느 누구일지라도, 인간으로 태어나서 다른 사람의 인격을 높여주는 스승이 되는 것 만큼의 위대한 일은 없을 것이다. 그러나 또한 위대한 스승이며 진정한 스승이 된다는 것은 결코 쉬운 일이 아닐 것이다. 자녀들에게나 후세인들에게 본받을 만한 인격을 가진 훌륭한 어버이가 되고, 교사가 된다는 것은 결코 쉽지 않다는 것은, 먼저 자기자신이 고귀한 인격 수준을 가져야만 하기 때문이다. 인간으로 태어나서 고귀한 인격 수준에 도달한다는 것은 매우 어려운 것이기도 하다. 어느 한 사람이 진정한 스승이자 올바른 스승이 된다는 것은 그 사람의 인생에서, 즉 자기자신에게 주어진 인생의 의미에서 가장 아름답고 보람있는 것이기도 하다.

자기자신보다도 나이가 어린 사람이거나 또는 나이와 상관 없이, 다른 사람들의 인격을 높이는데 도움을 주는 스승이라는 역할이 결코 쉬운 일은 아니지만, 그렇다고 하더라도 그런 스승의 역할이 어떤 특정한 사람들에게만 따로 주어지게 되는 것은 결코 아니다. 스승이라는 사회적인 위치와 신분, 직업이 따로 존재하는 것도 아니다. 어떤 사회적인 신분이나 직업을 가진 것과 상관 없이, 인간이라면 누구에게나 주어지는 것이 스승의 역할인 것이다. 스승의 역할은 나이를 먹게 될수록 더욱더 주어지게 되는 것이다. 그 어느 누구든지 나이가 들어 갈수록, 어쩔 수 없이 자녀들이나 후세인들에 대한 올바른 스승, 진정한 스승이 되어야만 한다. 지혜로운 사람이라면 나이가 들어 갈수록 스승의 역할을 할 수 있어야만 하는 것이다.

젊음의 시절에 그 어떤 삶의 경로를 거쳤다 하더라도, 40~50대의 나이가 된 후에 스승의 역할을 하는 사람은 매우 기쁘고 행복한 사람이 된다. 인간에게는 알고 깨우치는 기쁨이 가장 큰 기쁨인 것이며 자녀와 후세인들이 알고 깨우칠 수 있도록 돕는 것 또한 더없이 큰 기쁨이요 행복인 것이다. 자기자신 스스로가 알고 깨우치는 기쁨과 행복이 있고, 그에 따라서 인격이 성장하고 성숙하게 된 사람은 자연스럽게 다른 사람의 인격과 재능의 성장을 돕게 되는 스승의 역할을 하게 되는 것이다. 인간의 세계에서 스승의 역할은 더없이 고귀한 것이다. 인간의 세계에서 스승의 역할을 하게 되는 사람은 더없이 충족된 기쁨과 행복을 체험하게 된다.

인간의 세계에서 존재하는 모든 인간은, 한 사람 한 사람 모두가 다 다르다. 인간의 세계에서 존재하는 모든 인간, 개개인들은 저마다 각자 다른 모습인 '자기다움'이 있다. 그러므로 모든 인간은 누구라도 자기다워지려고 노력해야 한다. 그래야만이 충분히 만족스러운 인생을 영위할 수가 있기 때문이다. 인간은 그 어느 누구라도 자기다움을 통해서 자기자신이 최고, 최상의 존재가 되어야한다. 그렇게 되었을 때, 인간은 더없이 만족스러운 궁극의 기쁨을 체험하게 되는 것이다. 그러므로 인간은 누구라도 자기다움을 통해서 최고, 최상의 존재가 되어야만 하고, 자기다움을 통해서 스스로 위대해져야만 하는 것이다. 그렇게 인간은 자기다움을 통해서 위대한 존재가 되는 것이기에, 또한 인간에게는 그렇게 자기다움에 따라서 최고, 최상의 존재가 되기 위한 노력을 다할 수 있는 권리가 주어져야만 하는 것이다.

그렇게 자기다움을 통해서 위대해질 수 있는 권리는 바로 한 사람의 인간, 그 개인의 존엄성에 관한 것이다. 인간은 그 어느 누구라도 예외 없이 존엄성을 가진 존재이며 그렇게 존엄성을 가진 인간이라면, 그 어느 누구에게라도 마땅하게 주어져야 하는 그러한 자기다움에 대한 권리는, 그 어느 누구의 억압과 그 어떤 무엇으로도 통제되지 않아야만 한다. 또한 그러한 존엄성에 입각하여, 그 어느 누구라도 자기다움을 언제든지 추구해야 하고, 그 자기다움은 언제든지 지켜져야 하고, 충분히 자유롭게 발산되어야 하는 것이기에, 자기다움은 언제 어디서나 보장되어야만 하는 것이며, 그렇게 자기다움을 가질 수 있는 권리는, 인간 개인들 각자에게 주어진 더없이 존엄한 권리가 되는 것이다. 진정으로 스승이 되고자 하는 사람이라면, 또는 지금 스승의 역할을 하는 사람이라면, 그렇게 한 사람 한 사람이 자기다움을 통해서 위대해질 수 있는 권리를 인정하고 존중해 주는 존재가 되어야만 한다.

만일 그 어느 누군가가 기나긴 인생을 살아가면서, 어린 시절부터 줄곧 자기다움에 대해서 생각해 볼 수 있는 시간을 갖지 못했고, 자기자신이 어떠한 존재이며, 어떠한 개성적인 존재로서, 어떻게 살아가야할 것인가에 대해서 스스로 확신하지 못했다면, 또한 어떠한 이유로라도 자기다움이 왜곡되거나 억압을 받게 되었다면, 그 사람은 건강하고 행복한 삶을 살아갈 수 있다고 할 수 없는 것이다. 그렇게 건강하고 행복하게 살지 못하는 이유는, 인간이라는 존재는 그 어느 누구라도 자기다움에 대한 확신을 스스로의 가슴속에 지니고 살아가야 하는 것이기 때문이다.

어느 한 사람이 겪고 있는 모든 불행의 원인은, 결국 자기다움에 대한 확신이 없는 것이다. 어느 한 사람의 불행의 근원이 되는 심리적 고통과 그에 더하여, 심리적 고통이 원인이 되서 유발되는 신체적 고통의 대부분은 그렇게 자기다움에 대해서 모르거나, 자기다움이 억압을 받았거나, 자기다움이 왜곡되었기 때문인 것이다.

자기다움이 확립되지 못한 사람과는 반대로, 자기다움이 확립된 사람이라면 그 사람은 자기자신 스스로가 모든 불행을 극복할 수 있으며, 자기자신 스스로에 의해서 충분하게 행복한 인생을 살아갈 수가 있는 것이다. 그렇게 어느 한 사람이 고귀하고 고귀하며 존엄한 인간으로서 자기다움을 확립하고, 스스로 행복해질 수 있도록 돕는 존재가 스승인 것이다. 진정한 스승의 역할을 하는 사람이라면, 그렇게 존엄한 인간으로서 자기다워질 수 있는 권리를 보장하고, 지켜주고, 도와주는 존재가 되어야만 하는 것이다. 인간은 그 어느 누구라도 스스로 자기다워지고, 최고이며 최상의 존재가 되기 위한 노력을 해야만 하는 것이고, 스승은 그러한 노력을 할 수 있도록 지켜주고 도와주는 역할을 해야 하는 것이다. 스승의 역할을 해야 하는 사람이라면 이러한 사실을 분명하게 알고 있어야만 하는 것이다.

인간이라면 그 어느 누구일지라도 자기다워지기 위해서, 또는 자기자신의 행복한 삶을 살아가기 위해서 노력해야만 한다. 또한 그렇게 노력할 수 있는 권리와 권한은 오직 자기자신 스스로의 가슴속에 존엄한 권리와 권한으로 내재되어 있는 것이다. 확고한 자기다움을 확립할 수 있는, 그러한 권리와 권한은 자기자신 이외의 다른 사람이나, 성인이라고 불리어지거나 신이라고 불리어지는, 어떤 다른 특정한 존재에게서 부여되고, 인정받는 것이 결코 아니다. 또한 특정한 그 어느 누구나 어떤 무엇에 의해서도 방해받을 수가 있는 것도 아니다. 진정한 스승의 역할을 해야 하는 사람이라면 이러한 사실을 분명하게 알고 있어야만 하는 것이다.

어느 한 사람이 스스로 자기다워지고, 스스로 위대하고 완벽한 존재가 되기 위한 노력을 할 수 있는 권리와 권한은, 다른 그 어느 누구로부터도 부여되거나 주어지거나 인정되는 권리와 권한이 아닌 것이다. 어느 한 사람이 스스로 자기다워질 수 있는 노력에 대한 권리와 권한은, 오직 자기자신만의 가슴속에서 절대적으로 존재하는 것이고, 오직 자기자신만이 자기자신에게 부여하고 인정할 수 있는 특별한 권리와 권한이 되는 것이다. 만약 어느 사람이, 다른 사람이나 다른 무엇에 의해서, 그렇게 자기다워질 수 있는 권리와 권한에 대한 방해와 억압을 받는 사람이 있다면, 그 사람은 아직 어리석거나 나약한 수준에 머물고 있는 것이다. 스승의 역할을 하는 사람이라면 그러한 사실을 분명하게 알고 있어야만 하는 것이다.

인간의 세계에서 진정한 스승의 역할을 하는 사람이라면, 그 어느 누구일지라도 그 사람이 자기다워질 수 있도록 인정하고, 지켜주고, 도와주어야만 하는 것이다. 그것이 바로 그 사람의 고귀한 존엄성을 지켜주고 보장해 주는 것이기 때문이다. 어느 한 사람이 자기답지 않은 삶을 살아가고 있다는 것은 불행한 것이며, 그 사람의 고귀한 존엄성이 지켜지지 않고 있다는 것이다. 인간은 그 어느 누구라도 자기답지 못하고 존엄성을 보장받지 못하는 사람은 불행한 인생을 살아가야만 하는 것뿐만이 아니라, 최종적인 인생의 결말은 스스로 초라해지는 것뿐이다. 그렇게 초라하게 인생을 살아가는 사람에게는, 드넓고 광활한 이 세상의 아름다움을 체험하는 기쁨과 희열에 가득 찬 인간의 고귀함과 위대함은 찾아볼 수가 없는 것이다.

자기다움을 통해서, 스스로 고귀하고 위대해질 수 있는 노력을 할 수 있는 불굴의 용기와 내적인 힘은, 오직 한 사람 한 사람 개개의 가슴속에만 존재하고 있는 것이다. 그 용기와 힘을 간직하고 사용해야 하는 이는 오직 자기자신이라는 한 사람의 개인일 뿐이기 때문에, 스승의 역할을 해야 하는 사람이라면 그러한 사실을 분명하게 알고 있어야 하며, 그 한 사람의 개인이 자기다움을 통해서 인류 전체의 진화와 진보적 발전에 자기다운 역할을 할 수 있도록 지켜주어야만 하는 것이다.

인간 전체인 인류에게 간직된 위대한 지혜와 또한 좀 더 행복한 인간 사회로 나아가는 인간 사회적 진보란, 자기다움을 확립하고 나서 수많은 난관과 어려움을 극복하기 위해서 스스로 노력했던 한 사람 한 사람, 개개인들의 노력들이 모아진 결과물이 되는 것이다. 그 어느 누구일지라도 주어지고 당면한 현실에서의 방해와 억압이 있다고 할지라도, 자기다움이 지켜지고 보장되고 확립된 사람이라면, 그러한 난관과 어려움을 극복할 수 있는 불굴의 용기와 힘을 발휘할 수 있는 것이다.

그런 불굴의 용기와 힘을 발휘한 사람만이 자기자신 스스로를 위대하게 하는 것이다. 자기다움이 지켜지지 못하고 또한 자기다움을 확립하지 못해서, 자기자신에게 주어진 불안정한 정신적 신체적 환경적 요인을 극복하지 못하고, 스스로 위대해질 수 있는 불굴의 용기와 힘을 발휘하지 못하게 된다면, 그런 사람은 이미 고귀하고 위대한 인간이 아닌 것이다. 나약하고 불행한 인간임을 증명하는 것일 뿐이다. 진정한 스승이라면 이러한 사실을 분명하게 알고 있어야만 하는 것이다.

불교적 가르침을 통해서 스승의 역할을 하게 되는 사람이라면 마땅히 '무아'의 개념을 증득하고 체험하여야만 한다. 만일 그 어느 누군가가 '무아'의 개념을 증득하지도 못했으면서 불교적 가르침을 전하려고 한다면, 그런 사람은 귀중한 음식을 불에 태워버리거나 썩혀서 버리는 어리석은 사람처럼, 결국 무능하고 어리석은 '사이비 종교인'이 되는 것일 뿐이다. 진정한 스승의 역할을 해야 하기에 '무아'의 개념을 제대로 증득한 스승에게서 불교적 가르침을 얻게 되어서, 자기다움을 확인하게 된 수행자는, 스스로에 대한 오랜 관찰과 성찰의 결과로 역시 '무아'의 개념을 깨닫게 될 것이다. 결국은 위대한 지혜를 증득하게 되고 부처가 되는 것이다.

불교적 수행을 통하여 자기다움을 확인해야 하는 수행자는 '무아'의 개념을 증득하고 궁극의 경지에 다다른다. '무아'라고 하는 불교적 가르침과 '바라밀'이라는 불교적 수행을 통해서 '무아'의 개념을 증득하고 자기다움이 확고해진 지혜로운 사람은 결국 스승이 되어야만 한다. '무아'의 개념인 위대한 지혜를 증득한 사람이라면 모든 인간들에게 주어진 다방면에서의 역할을 수행하는 사람들의 스승이 될 수가 있어야 한다. 또 다시금, 불교적 가르침을 전하는 스승이라면, 그 누구일지라도 자기다움을 통하여 위대해지려는 노력과 권한이 보장되도록 지켜주어야만 하는 것이다.

더없이 위대한 지혜를 증득하여 진정으로 위대한 스승이 되려는 사람에게는, 오랜 관찰의 결과로 궁극의 경지인 마하반야/마하프라갸/위대한 지혜를 증득하고, 부처가 되는 명상/바라밀/파라미타의 과정에 들어서게 된 사람에게는, 조상으로부터 전승되어 내리온 선한 업보에 의해서, 인생의 어떠한 특정한 시기에, 즉 평범하게 보이던 어린 시절을 보내고 난 후에, 혹은 청소년기에서부터 성인이 되고 난 후에 이르기까지의 어느 시점에서부터, 자기자신의 가슴속 깊은 곳에서 '나는 무엇인가?'와 '세상의 모든 것들은 왜? 어떻게 존재하는가?'와 같은 존재의 근원에 대한 의문이 자연스럽게 우러나게 되고, 그 해답을 찾으려고 하게 될 것이다.

그리고 평범하던 어린 시절의 일정한 시기와 청소년기를 보내고, 청년기에 들어서면서 자기자신의 주관이 뚜렷해지면 질수록, 결국 어느 시점에 이르러서는 이제까지 그냥 그렇게 평범하게 살아왔지만, 그렇게 살아오면서 평범하게 살아오던 일상적 삶에 대해서, 또는 자기자신과 자기자신이 속한 이 세상에 대해서, 독립적이며 자율적이고 주체적이며 주관적인 새로운 이해와 깨달음을 얻게 될 것이다.

더없이 위대한 지혜를 증득하여 진정으로 위대한 스승이 될 사람이라면, 관찰자로서 명상/바라밀/파라미타의 과정을 거치는 사람이라면, 그 시점에서의 삶에 대한 이해와 해석은, 다른 사람이나 다른 존재들로부터의 교훈과 가르침을 받거나 영향을 받게 되는 것이 아니다. 진정한 관찰자가 된 사람, 즉 진정한 수행자가 된 사람이라면, 그 어느 시점에 이르러서는 좀 더 자기자신의 가슴속 깊은 곳으로 들어가서, 자기자신이라는 존재의 본질을 스스로 확인하는 것이기에, 진정한 관찰자이며 진정한 수행자에게는 자기 스스로의 확신만 필요할 뿐, 자기자신이 아닌 다른 사람이나, 그 어떤 이외의 존재나, 그 어떤 무엇도 필요치 않게 되는 것이다.

더없이 위대한 지혜를 증득하여 진정으로 위대한 스승이 될 사람이라면, 그 시점에 이르러서는, 오히려 이제껏 영향을 받아왔던 어떤 사람들이나 어떤 존재들로부터의 완전한 독립을 하게 되는 것이며, 자기자신만의 진정한 삶의 주도권을 갖게 되는 것이다. 그때에 비로소 진정한 정신적 성장과 의식적 수준의 향상이 일어나는 것이기에, 이제까지 자기자신에게 주어지던 그저 그렇게 평범하던 일상으로부터 해방되는 기쁨과 자유를 알게 되는 것이고, 이세상의 진정한 주인이 그 누구도 아닌, 곧 자기자신임을 알게 되는 것이다. 인생의 진정한 주인이 되는 것이다.

그렇게 이 세상의 진정한 주인이 자기자신임을 알게된 사람은, 더없이 위대한 지혜를 증득하여 진정으로 위대한 스승이 될 사람은, 그렇게 어느 시점에서부터 스스로 삶의 주인이 된다. 그렇게 어느 시점에서부터 스스로 삶의 주인이 되어서 스스로 독립적인 사람이 되고, 스스로 삶의 주도권을 갖게 된 사람은, 스스로 위대해지게 되는 것은 당연한 것이다. 그는 스스로 자기자신의 내면적 본질과 실체적 진실을 제대로 알게 되었기에, 그는 오직 스스로 자기자신이 더없이 고귀하고 더없이 소중한 존재임을 알게 되는 것이다. 그는 정신적인 성장과 의식적 수준의 향상이 이루어지지 않았던 이제까지와는 명백하게 다른 삶을 살아가게 되는 것이다.

더없이 위대한 지혜를 증득하여 진정으로 위대한 스승이 될 사람이라면, 그 어느 시점에 이르러서는, 향상된 의식 수준으로 인하여 자기자신만의 관점이 그 이전보다는 좀 더 확고해지게 되므로, 이제껏 살아오면서 평범하게 일어나는 일상의 일들에 대해서나 또는 그 이전에는 잘 알 수 없었던 것들에 대해서도 잘 알 수가 있게 되고, 이해할 수가 없었던 것들에 대해서도 잘 이해할 수가 있게 될 것이다. 오래된 관찰자는 관찰과 수행의 결과로 인해서, 인생에서 정작 중요한 것들이 무엇인지 알 수 있고 이해할 수 있게 되는 놀라울 정도의 새롭고 만족스러운 의식적 경지에 스스로 도달하게 되는 것이다. 그러므로 관찰자로서 수행의 길에 들어선 사람이라면 그 시점이 빠르면 빠를수록, 스스로 건강해지고 행복해지는 시점이 빨리 도래하게 되는 것이고, 다른 사람들에게 긍정적이고 유익한 도움을 줄 수 있는 사람이 되는 시점도 빨라지게 될 것이다. 그러므로 결국은 다른 사람의 인격적 성장과 발달에 도움을 줄 수 있는 스승이 되는 시점도 빨라지게 되는 것이다.

오랜 명상/바라밀/파라미타의 과정 속에서 살아온 사람, 관찰과 수행의 결과로 인해서, 결국 자기자신만의 새롭고 놀라운 수준 높은 의식적 경지에 도달하게 된 사람은, 이제 마하반야/마하프라갸/위대한 지혜를 증득하고 부처가 되었기에, 세세생생에 거쳐서 살아온 생명으로서 더없는 성장과 발전, 더없는 가장 큰 성장과 발전을 하게 된 것이다. 또한 그런 사람은 밝고 맑아진 정신으로 세상의 모든 것들을 이해할 수 있기에, 자기자신만의 인생에서 더없는 만족스러운 의미의 존재, 더없는 최고차원의 정신의 발달과 의식적 성장을 이룬 존재, 더없는 진화의 끝에 다다른 존재가 되는 것이다. 그런 사람은 이제 스승이 되어서 새롭지만 좀 더 자기다운 인생의 출발점에 서게 되고, 궁극의 경지에도 머물게 되는 것이다.

오랜 명상/바라밀/파라미타의 과정 속에서 살아온 사람, 자기 성장과 발전에 대한 노력의 결과로 성취된 궁극의 의식적인 경지에 머무는 사람, 정신적으로 새로운 자각과 각성을 하게 된 사람은, 보통의 평범함을 넘어서는 새로운 마음인 고차원의 의식 수준에 도달한 존재가 되는 것이다. 더없이 수준 높은 의식적인 존재로 거듭나게 되는 것이다. 스스로 그런 자각과 각성을 하게 된 사람은, 자기 스스로가 의식하든지, 의식하지 못하든지 간에 오래도록 이어진 선한 업보에 의해서, 더없이 만족스러운 삶의 경지에 들어선 것이다. 그것은 이제껏 소멸하지 않고서 생명을 이어온 존재로서 최고이며 최상의 경지에 머무는 것이며, 더없이 충족스러운 차원 높은 의식의 수준, 궁극의 의식적 경지로 들어서게 된 것이다. 그렇게 궁극적인 의식의 경지로 들어서게 된 사람만이, 자녀와 다른 사람들과 후세인들의 자기다움을 보장해줄 수 있는 진정으로 자유로운 스승이 될 수가 있는 것이다.

인간에 주어진 최고이며 최상의 의식 수준에 도달한다는 것은, 오랜 관찰과 성찰, 오랜 명상/바라밀/파라미타의 과정 속에서 자기자신 스스로에 의해서 도달해야 한다. 인간이 최고이며 최상의 의식 차원에 도달하는 것은, 다른 사람이나 다른 존재에 의해서가 아닌 것이다. 최고이며 최상의 수준 높은 의식적 성장과 발달은 오직 자기자신의 깊은 가슴속에서 생겨난 자기자신의 마음에 의해서만이 가능하게 되는 것이다. 진정한 의미의 정신과 의식적 수준의 성장과 발달은 그 누구에 의해서도 아닌, 개인 각자의 가슴속 깊은 곳, 마음의 근원에서 솟아난 존재의 본질에 의해서 이루어져 야만 하는 것이다. 그 누구도 아닌 오직 스스로에 의해서만이 진 정한 정신적 성장과 발달, 진정한 의식적 수준의 향상이 가능하게 되는 것이다.

더없이 위대한 지혜를 증득하여 진정으로 위대한 스승이 될 사 람이 도달하게 되는 최고이며 최상의 정신과 의식적 차원이라는 것은, 보통의 사람들이 차마 버리지도 못하는 이기적이고 한시적 인 욕구와 욕망을 넘어서는 의식의 수준인 것이고, 그런 욕구와 욕망을 넘어섰기에 평범함을 초월하는 새로운 차원의 내면적인 자 각과 각성도 일어나게 되는 것이다. 위대한 지혜를 증득한다함은 이제까지의 삶에서 주어지던 평범하고 일반적이던 지식수준의 차 원을 넘어서는 것이기에, 위대한 지혜를 증득한다함은 일반적 사 고방식을 넘어선 새로운 자각과 각성의 차원에서 인생의 모든 것 들에 대해서 깨닫고 알게 되는 것이다. 위대한 스승이 될 사람의 그러한 자각과 각성은 평범한 사람을 넘어서는 특별한 존재가 되 게 하는 것이다.

오랜 명상/바라밀/파라미타의 과정에 들어서서 궁극의 경지인 최고이며 최상의 의식적 차원에 들어서게 된 사람, 마하반야/마하 프라갸/위대한 지혜를 증득하고 부처가 된 사람, 진정으로 위대한 스승이 되어야할 사람, 가슴속 깊은 곳에서 진정한 의미의 자각과 각성이 일어나게 된 사람은, 지금까지 살면서 겪었던 일들에 대 한 의미가 새로워지기 시작하게 될 것이다. 부정은 긍정으로 변할 것이며 긍정은 더욱 강화되어서 굳건하게 자리잡게 될 것이다. 그 것은 이제껏 살아온 과거가 변하는 것이 아니라, 과거를 해석하는 자기자신이라는 존재가 새로워진 것이기에, 그에 따라 이제껏 살 아온 삶의 의미도 자연스럽게 긍정적으로 변하게 되는 것이다.

그런 수준 높은 의식적 차원의 시점에 들어서게 된 스승이 될 사람은, 스스로 자기자신의 삶에 대한 새로운 의미뿐만 아니라, 세 상의 모든 존재들에 대한 의미 또한 새로워졌다는 것을 알게 될 것이다. 그렇게 새로워진 의미를 자각하고 각성하게 되고, 또 체 득하게 되었다면, 그 사람은 자기자신 스스로가 더없이 고귀하고 위대한 존재임을 분명하게 알게 되는 것이다. 그는 자기자신이 진 정으로 놀랍고 경이로운 존재일 뿐만 아니라, 모든 생명과 자연현 상들 또한 더없이 고귀하고 위대한 것들임을 확고하게 알게 되고, 스스로가 부처가 되고 스승이 되는 것이다.

명상/바라밀/파라미타의 과정에 들어서서, 궁극의 경지인 마하 반야/마하프라갸/위대한 지혜를 증득하고, 부처가 되고 스승이 된 사람은, 자기자신뿐만 아니라, 세상의 모든 존재들에 대한 감사함 과 경외감도 생겨나게 될 것이다. 그런 사람은 하늘을 우러러서 한점의 부끄러움도 없는 선한 양심을 갖게 될 것이며, 개인적인 생사에 얽매이지 않는 자유로움의 경지에 들어설 것이기에, 존재 와 비존재, 모든 생명들의 나고 죽음, 나와 남, 시간과 공간, 보이 는 것과 보이지 않는 것, 느낄 수 있는 것과 느낄 수 없는 것들이, 둘이 아닌 하나임을 확고하게 인식하게 될 것이다.

위대한 지혜를 증득하여 스승이 되고자 하는 관찰자, 스스로 위대한 지혜를 증득하여 부처가 되고 싶은 관찰자, 새로운 차원의 의식 수준에 도달하려는 관찰자, 새로운 자각과 각성을 증득하고자 하는 관찰자라면, 마땅히 수행적인 차원에서 스스로가 지켜나갈 수 있는 공의로운 가치와 규칙이 있어야만 한다. 그리고 그 공의로운 가치와 규칙으로 자기자신을 지켜나가야 하는 것이고, 그 공의로운 가치와 규칙은 언제든지 꾸준하고 굳건하게 지켜가야 하는 것이다. 또한 그 공의로운 가치와 규칙들을 언제나 조금의 흔들림도 없이 지켜나가기 위해서는 일상적인 삶에서 언제나 지켜져야할 가치와 규칙으로 적용되어져야만 하는 것이며, 그 가치와 규칙은 실생활에 포함되어, 결국은 고정불변의 습관으로 자리 잡아야만 되는 것이다.

그런 공의로운 가치와 규칙은 자기자신에게만큼은 엄격하게 적용되어야 하는 가치와 규칙이지만. 실속 없이 거창하거나, 지나치게 형식적인 것이 되거나, 부담스러울 정도로 강요되어서는 안 되는 것이다. 만약 그렇게 된다면 그것은 주체적이고 자율적이고 독립된 존재로서의 자유로운 삶이 아니라 오히려 그 가치와 규칙에 의존하거나 집착하는 것이기 때문이다. 그러하기에 그러한 가치와 규칙은 개방되지 않거나 폐쇄적일 수는 없는 것이며, 고정된 형태로 틀지워진 것도 아니어야만 한다. 아무리 좋은 가치와 규칙일지라도, 자율을 억압하고 자유를 침해하는 불문율처럼은 되지 않아야만 하는 것이며, 그 어느 누구일지라도 자율성과 자유로움을 벗어난 가치와 규칙에는 속박 당하고 얽매이는 존재가 되지 않아야만 하는 것이다.

폐쇄성을 벗어난 개방적이어야 하는 것이 마땅한 그 공의로운 가치와 규칙은, 그 어느 누구에게라도 건강과 행복한 삶을 이어갈 수 있도록 도움을 줄 수 있는 것이어야 하는 것이다. 그 공의로운 가치와 규칙을 실천하는 사람들 뿐만 아니라, 그 어느 누구에게라도, 또한 대다수의 사람들에게도 인격의 성장과 발달, 의식 수준의 향상에 도움을 주는 것이어야만 하는 것이다. 그런 공의로운 가치와 규칙만이 인류의 의식적 성장과 발달에 도움이 되는 올바른 가치와 규칙이 될 수가 있는 것이다.

그 공의로운 가치와 규칙의 내용들은, 관찰자 스스로 자율적으로 알아차려야 하는 것이고 스스로의 자발적인 참여로 만들어지고 지켜져야만 하는 것이다. 그 가치와 규칙들은 수행자인 자기자신의 자발적인 참여로, 자기자신의 개성에 맞게 만들어져야 하는 것이므로, 자기 이외의 다른 사람이나 다른 존재에 의해서 일방적으로 만들어져서, 전달되거나 강요되는 것도 아니어야 하는 것이다. 그 가치와 규칙은, 대다수의 사람들에게도 유익하게 적용되어야 하는 것이므로 마땅히 공의로운 것이어야 되는 것이다. 그 공의로운 가치와 규칙은 보통의 사람들은 도무지 알 수 없는 비밀스럽고 특정한 절차와 형식으로 정해진 것이 결코 아니어야만 하는 것이다.

그 가치와 규칙은 언제나 보편타당하고 공의로운 것들이어야 하는 것이다. 왜냐하면 그 가치와 규칙은 모든 인류에게 공통적으로 적용되는 것이어야 하기에, 어떤 한 사람인 누군가의 단기적이고 즉흥적인 생각에 의해서 만들어질 수 있는 것도 결코 아니다. 또한 그 가치와 규칙은 모든 사람들에게도 긍정적으로 적용될 수 있는 것이기에, 어떤 특정한 개인과 집단만의 전유물이 되는 것도 아닌 것이다. 어떤 가치와 규칙이 어떤 특정한 개인과 집단의 가치와 규칙에 머물러 있게 된다면, 그런 가치와 규칙은 어리석은 사람들의 가치와 규칙이 될 것이며 그런 가치와 규칙을 선택한다면 어리석은 선택이며, 어리석은 인생의 길에 들어서게 되는 것이다.

공의로운 가치와 규칙은 때로는 절대적인 법칙이 되기도 하는 것이다. 모든 인류, 대다수의 사람들에게 유익한 그런 가치와 규칙은, 인류 전체의 오랜 자각과 각성에 의하여 자연스럽게 만들어지고 형성된 것들이다. 그 가치와 규칙들은, 모든 인간들에게 최상위 차원의 의식적 자각과 각성에 도움을 주는 절대적인 것들이 될 수 있는 것들이다. 그 가치와 규칙들은, 시대와 장소를 초월한 것이기에 어느 인간 사회에서라도 예외 없이 오랜 세월에 걸쳐서 전해지기도 하는 것이다. 그런 가치와 규칙은 모든 인간들에게 긍정적으로 주어지는 공통적이며 보편적인 가치와 규칙이기도 한 것이기 때문이다. 그러하기에 때로는 가치와 규칙을 넘어서서, 절대적인 법칙으로도 적용되기도 하지만 그러나 다시 그 어느 누구라도, 그 어떤 절대적인 가치와 규칙, 또는 법칙으로부터도 자유로워질 수도 있어야만 하는 것이다.

그 공의로운 가치와 규칙, 또는 법칙들에 대한 예를 들자면 불교의 가르침에 속하는 '육바라밀'과 '칠각지'와 같은 것들이 있다. '육바라밀'과 '칠각지(七覺支)'는 위대한 지혜를 증득하고 부처가 되는 데 도움을 주기는 하지만, 그 자체가 모든 사람에게 절대적으로 적용되어야만 하는 것은 아니다. 사람에 따라서 '칠바라밀'도 될 수 있고, '구바라밀'도 될 수 있으며, '팔각지'도 될 수 있고, '삼각지'도 될 수 있는 것이다. 아무튼 정해진 형식을 초월하여, 그 공의로운 가치와 규칙들, 법칙들은 인간이 더욱 인간답게 성장하고 발전하고 진화하기를 바라는 인간의 염원인 것이다. 좀 더 행복하고 자유로운 삶을 희망하는 인간들의 간절한 염원이 담겨져 있는 것이다.

그 어느 누구라도, 더없이 위대한 지혜를 증득하고, 새로운 차원의 내면적인 변화와 성장인 자각과 각성을 획득하기 위한 노력이며, 그 무엇보다 더 우선시되는 첫 번째의 공의로운 가치와 규칙은 오래도록 지속되는 명상/바라밀/파라미타의 과정일 것이다. 오래되는 명상/바라밀/파라미타의 과정 속에서 위대한 지혜를 증득한 스승이 되고자 하는 사람이라면, 새로운 차원의 내적인 자각과 각성을 증득하고자 하는 사람이라면, 수준 높은 의식의 경지에 도달하려는 사람이라면, 일체의 모든 부정적인 관념과 감정들을 지워버려야만 한다. 더없이 위대한 지혜, 수준 높은 의식적 경지에 도달하려는 사람이라면, 먼저 자기자신과 자기자신이 속한 사회와 세계의 모든 것들에 대해서, 긍정적인 관점으로 주의를 기울여야 하고 긍정적인 감정으로 대하여야 한다. 긍정적인 관점과 감정이란, 자기자신뿐만 아니라, 주위의 모든 사람과 생명들에 대하여, 깊은 사랑과 자비심을 가져야만 하는 것이다.

그러나 만일 반대로 자기자신의 몸과 마음과 대해서, 살아온 날과 살아가야할 미래와 같은 일상적인 삶에 대하여 불평과 불만과 불안감이 크고, 또한 다른 사람들과 생명들에 대해서도 비난과 분노의 마음을 키워 나가기 시작한다면, 그것은 명상/바라밀/파라미타의 반대편으로 가게 되는 것이다. 그것은 위대한 지혜를 증득하는 것도, 내적인 자각과 각성도, 의식적 수준의 향상도 하지 못하게 되는 것이다. 그렇다면 언제까지나 부처가 아닌 중생으로서의 삶을 살아갈 수밖에 없는 것이다.

위대한 지혜를 증득하고, 새로운 차원의 내적인 자각과 각성을 하고 고차원의 의식적 수준의 경지에 들어서 스승이 되는 사람, 스스로 참된 진리와 위대한 지혜를 증득하게 된 사람은, 자기자신과 다른 사람과 세상의 모든 생명들에게도 긍정적으로 유익하고 합당한 의미를 부여해야만 하고, 그 긍정적으로 유익하고 합당한 의미에 어울리는 마음가짐과 태도로써 모든 존재들을 대해야 하며, 겸손하고 숙연하게 자기자신과 다른 사람과 다른 생명들을, 인정하고 존중하며 사랑해야만 하는 것이다. 자기자신에게나 다른 사람들과 생명들에게, 긍적적인 차원에서의 유익하고 합당한 의미를 부여하고 그에 맞는 태도로 대해야 하는 것은, 궁극의 기쁨과 행복이 깃든 곳에는, 긍정적 의미가 부여된 자존감도 함께 하는 것이기 때문이다.

자기자신뿐만 아니라, 세상에 존재하는 모든 존재들에게 진정으로 긍정적인 의미를 부여할 수 있는 사람이어야만 비로소 진정한 스승이 되는 것이다. 오랜 명상/바라밀/파라미타의 과정 속에서 관찰과 성찰의 수준이 높아진 사람, 진정한 자각과 각성된 사람이라면, 위대한 지혜를 증득한 사람이라면, 언제인가는 스스로 스승이 되어야만 한다. 언제인가는 다른 사람의 인격과 의식적 성장을 도울 수 있는 스승이 되어서, 형식은 다소 다를지라도 본질적으로는 의미가 동일한 가르침으로, 다른 사람의 인격의 발전과 성장, 정신과 의식적 진화에 도움을 주어야만 하는 것이다.

그 인격의 성장과 발전, 정신과 의식적 진화에 도움이 되는 가르침들은 다양한 관점에서 주어지는 것이고 표현되어지는 것이기에, 형식과 언어적인 표현으로는 다르게 보이는 면들이 있을 수 있고, 시대적으로나 문화적으로 다른 면들이 있을 수 있어서, 부분적으로 다르게 보인다고 할지라도, 대다수 사람들의 인격의 발전과 성장, 정신과 의식적 진화와 향상의 측면에서는 본질적으로 다르지는 않을 것이다.

모든 인간들이 증득하고자 하는 참된 진리이며 궁극의 지혜는 시대와 지역과 문화를 초월하여 동일한 것이다. 그러므로 예나 지금이나 참된 진리와 궁극의 지혜는, 근본적이고 본질적인 면에서 조금도 다를 수 없는 것이다. 만약 다르다면 그것은 참된 진리와 궁극의 지혜가 아닐 것이다. 또한 진정한 의미의 참된 진리와 궁극의 지혜는, 특정한 인물이나 특정한 존재나 특정한 형식의 지배를 받는 것이 결코 아니다. 시대와 지역을 초월하여 모든 인간이 구하는 진리와 지혜의 내용은 동일한 것이지만. 시대와 지역과 문화적 차이로 인하여 특정한 언어와 전달방식으로 계승된다는 것도 잘 알아야 하는 것이고, 그 사실을 인정하고 받아들여야 하는 것이다.

만일 참된 진리와 궁극의 지혜로 가는 가치와 규칙, 법칙들이 어떤 특정한 인물이나 존재에 의해서 창시되었거나 특정한 집단에게만 전달되고 적용되는 것이라고 믿는 사람들이 있다면 그들은 매우 어리석은 사람들이 되는 것이다. 진정한 의미의 진리와 궁극의 진리는 보편타당할 뿐만 아니라 모든 사람들에게 절대적으로 적용되는 것이기에, 어떤 특정한 인물이나 존재가 창시할 수 없는 것일 뿐만 아니라, 더욱이 특정한 몇몇의 사람들에게만 적용되어질 수 있는 것이 결코 아니기 때문인 것이다. 어리석고 무지하고 우매한 사람들만이 부정의 늪에 빠져서 어떤 특정한 가치와 규칙과 법칙을 자기들만의 것이라고 우기며 숭상하고 있는 것이다.

마하반야/마하프라갸/위대한 지혜를 증득한 진정한 스승이라면, 그 어떤 누구에게라도 자유로운 생각과 행동을 제한하는 가치와 규칙, 형식과 규제를 만들어서, 다른 사람의 자유로운 사고와 신체와 행위를 지배하거나 구속하려고 하지는 않을 것이다. 자각과 각성이 없는 사람, 스스로 건강하지도, 행복하지도, 지혜롭지도, 자유롭지도 못한 어리석은 사람들은 참된 진리와 궁극의 지혜가 무엇인지도 모르기에, 참된 진리와 궁극의 지혜에 도달하는 방법도, 길도 모른다. 그들은 참된 진리와 궁극의 지혜의 본질을 모르기 때문에 엉뚱한 지침과 규칙, 형식과 규제에 매여서 살게 되는 것이다. 그것은 어리석음의 늪에 빠져서 살아가는 삶이 되는 것이다.

진정한 진리와 궁극의 지혜는 언제나 동일한 것이다. 때와 장소와 사람에 따라서 참된 진리와 궁극의 지혜를 표현하는 언어적 형식이 다소 다르게 보일지라도, 근원적인 내용은 결코 다를 수가 없는 것이다. 인간의 위대함이 깃든 참된 진리와 궁극의 지혜를 증득한 스승이 된 사람이라면 그는 언제나, 어느 때나, 삶의 모든 면에서 왜곡되거나 숨김 없이 자연스럽게 개방된 모습으로 살아가야 하는 것이다. 위대한 지혜를 증득한 진정한 스승이 된 사람이라면, 그 어느 누구의 자율성과 독립성을 침해하고 왜곡하는, 형식과 가치와 규칙과 법칙을 강요하지는 않을 것이다.

마하반야/마하프라갸/위대한 지혜를 증득한 진정한 스승이라면, 다른 사람의 자율성과 독립성을 침해하고 억압하고 왜곡하고 규제하는 존재가 아닌 것이다. 진정한 스승이라면 다른 사람들의 자율성과 독립성을 지켜주고 존중하는 존재가 되어야 하는 것이다. 만일 어느 곳에 스승이라 칭하는 자가 많은 사람들 앞에 서서, 건강과 행복과 참된 진리와 궁극의 지혜를 얻고자함에 있어서, 개인의 자율성과 독립성을 침해하고 억압하고 왜곡하고 제한하고, 또한 정신적 육체적 희생을 강요하며, 물질적인 것들과 단 한 푼의 돈이라도 요구한다면, 그런 자는 결코 진리에 선 스승이 아니라 어리석기에 우매하고 무지한 교활한 도둑, 사기꾼일 뿐인 것이다.

또한, 스스로 스승이라 칭하는 자가 많은 사람들 앞에 나서서, 달콤한 언변과 그럴 듯한 술수를 사용하여, 어떤 보이지 않는 세계에 대한 동경과 희망을 갖게 하는 경우들이 있다. 그런 자들은 자신들의 계략으로 꾸며놓은 보이지도 않는 망상적인 세계에 들어가기 위해서는, 단계적인 헌신이 필요하며, 돈과 물질을 헌금하여야만 하고, 특정한 형식과 가치와 규칙과 법칙을 지켜나가야만이 그 헛된 희망의 세계에 들 수 있다고 주장하지만, 그런 자들의 목적은 오직 돈과 물질이며, 표적은 어리석고 우매한 중생들인 것이다. 그런 자들은 마땅히 스승이 아닌 사기꾼들이지만, 역시 물질적인 복을 바라거나 또다른 탐욕에 물든 어리석은 중생들과 망상적 희망의 세계를 동경하는 우매한 사람들은 언제든지 속을 수가 있는 것이다. 아쉽게도 세속의 중생은 어리석고 어리석기에, 어리석은 중생들의 세계에서는 속고 속이는 자들이 차고 넘치게 되는 것이다. 스승이라 칭하는 자가 단 한 푼의 돈이라도 요구한다면 그는 결코 스승이 아니니, 그런 자의 곁은 빨리 떠나야만 하는 것이다.

마하반야/마하프라갸/위대한 지혜를 증득한 진정한 스승이라면, 자기자신의 언행이 어느 한사람에게라도, 최소한의 괴로움과 고통이 되지 않도록 섬세하게 배려하고 주의를 기울여야 한다. 만일 누군가에게 심리적으로나 육체적으로 조금이라도 상처가 될 만한 언행을 하는 사람이라면, 그는 진정한 스승이 아닐 것이다. 진정한 스승이라면 지혜롭고 선한 마음가짐으로, 다른 사람들을 위한 남다른 진정성을 보여야만 한다. 세속의 성직자란 직업을 가진 사람이라도 선하지 않다면, 그런 자는 이미 스승이 아니며, 단지 성직자의 탈을 쓴 교활한 사기꾼일 뿐인 것이다.

또한, 스승에게서 인격적 성장과 발전, 정신과 의식적 진화에 도움을 받고자 하는 사람이라면, 스승으로부터, 자기자신의 인격적 자율성과 독립성을 인정받고 있다는 사실을 스스로가 충분하게 느끼고 있어야 한다. 왜냐하면 인격의 성장과 발전이란 것이야말로 다른 사람이나 다른 존재에게 의존하거나 기대어 살아가는 것이 아니라, 자기 스스로 주된 권한을 갖고 살아가는 인생의 주인공이 되는 것이기 때문이다. 그러하기에 인생의 주인공이 된다는 것은, 자유로운 자율성과 주체적인 독립성이 강화되는 것이다. 진정한 인격적 성장과 발전, 정신과 의식적 진화란, 그 누구에게도 의지하거나 기대지 않고서 주도적으로 인생을 살아가는 것일 뿐이다.

시대와 장소를 초월하여 모든 사람들이 구하고, 모든 사람들에게 공통적으로 적용될 수 있는 참된 진리와 궁극의 지혜는, 그 어느 누구라도 자기자신의 궁극의 행복을 위하여 당연하게 구할 수 있는 것이며, 또한 누구에게라도 똑같이 적용되어야만 하는 것이다. 그러한 참된 진리와 궁극의 지혜는 건강한 자기인식인 자기정체성의 확립을 근거로 하여, 자신이라는 존재에 대한 확고한 인식과 긍정적인 의미 부여로, 자기 존중에 대한 마음인 자존감이 극도로 높아지는 것이며, 그 확고해진 인식과 긍정적인 의미 부여로 인하여 극도로 높아진 자존감이, 자신 이외의 존재들에게로 확장되고 확대되어야 하는 것이고, 통일되고 합일되어야 하는 것이다.

마하반야/마하프라갸/위대한 지혜를 증득한 진정한 스승이라면, 언제든지 다른 사람들도 위대한 지혜와 참된 진리를 깨우치고, 체득하는데 충분한 도움이 되도록 노력해야 한다. 진정한 스승은 다른 사람들의 인격 수준을 높이는데, 앞장서야만 하는 것이다. 또한 더 나아가서, 인간 전체의 심리적, 정신적, 성장과 발달과 진화에 도움이 되어야 한다. 그것은 그 무엇으로도 능가할 수 없는 지혜를 증득하고 깨달은 위대한 스승, 참된 진리 앞에 선 위대한 스승의 역할인 것이며, 스승이 존재하는 이유인 것이기 때문이다. 그러한 것들이 곧, 궁극의 경지에 도달한 위대한 스승의 진정한 모습, 자연스러운 모습일 것이며, 위대한 스승의 가르침이 되는 것이다.

025

명상/바라밀/파라미타에는, 차등과 순서가 있는 것이 아니다

명상/바라밀/파라미타에는 차등과 순서가 있는 것은 아니다. 이제까지의 모든 명상/바라밀/파라미타는 서로 나누어 질 수 없는 하나와 같은 동일한 것이다. 전체는 분리될 수 없는 하나가 되어야만 한다. 하나의 명상/바라밀/파라미타는 전체 속에 포함되고 어우러져야만이, 온전하고 완벽한 명상/바라밀/파라미타가 되는 것이다.

더없이 온전하고 완벽하다는 것은, 각 부분이 조금의 결핍과 결함도 없는 전체가 되어야만 하는 것이다. 그러나 한 가지의 명상/바라밀/파라미타의 과정이 전체 중에 일부분이 된다고 할지라도, 부족하다고만은 할 수 없는 것이다. 왜냐하면 일부분은 전체에 속해서 전체를 벗어날 수는 없는 것이며, 완벽하고 온전한 전체가 되기 위해서는 꼭 필요한 일부분들에 있어서 결핍과 결함이 없어야만 하기 때문이다.

또한, 하나 하나의 명상/바라밀/파라미타가 조화와 균형을 이루게 된다면, 하나는 전체를 대신하게 될 수도 있게 된다. 그러나 반대로 전체적으로 어우러지지 못하고, 하나 하나가 서로 서로를 채워주지 못한다면, 하나는 불안정한 하나가 될 것이다. 전체적으로 조화롭지 못한 상태에서, 전체를 벗어난 한 가지의 명상법과 수행법만이 위대한 지혜를 증득하는데 필요한 특별한 방법이라고 할

수는 없을 것이다.

여기에서의 아홉 가지의 명상/바라밀/파라미타가 건강하고 행복함을 유지하는 데 있어서 전체적인 균형을 이루고, 조화로운 상태가 되었을 때에는, 아홉 가지를 넘는 그 이상도 될 수도 있는 것이고, 그 이하도 될 수 있는 것이다. 여기에서의 아홉 가지의 명상/바라밀/파라미타의 과정 이외에, 또다른 과정도 있을 수 있다고 할 수 있겠지만, 아홉 가지 과정만으로도 부족하거나 모자란 것은 아니다. 아홉 가지의 과정은 완전하고 완벽한 존재인 위대한 부처가 되기에는 충분한 것이다.

아홉 가지 명상/바라밀/파라미타의 핵심은, 첫째는 언제나 자기자신의 모습을 있는 그대로 존중하고 사랑하는 것이며, 언제나 선한 마음으로 다른 사람들을 대하는 것이다. 둘째는 언제나 이기적 욕망을 버림으로써 물질들을 집착하여 소유하지 않는 것으로, 무소유의 삶을 살아가는 것이다. 셋째는 자연의 섭리와 생명현상과 인간에 대해서 알고 이해할 수 있도록 공부를 지속하는 것이며, 넷째는 자기자신의 목적을 위해서, 정신적 육체적인 한계에 도전하여 극복하고 성취감을 느끼는 것이다. 다섯째는 규칙적인 운동으로 건강한 신체를 유지하는 것이고, 여섯째는 자기자신의 내면에서 일어나는 기분과 감정을 성찰하여 자각하고 조절하는 것이다. 일곱째는 감각활동과 감각인식을 이해하여 감각과 인식을 조절하는 것이고, 여덟째는 자연의 섭리와 생명의 현상에 적합한 생활환경 속에 머무는 것이며, 아홉째는 스승이 되어서, 후세들이 건강과 행복한 삶을 살아갈 수 있는 힘을 갖도록 도움을 주는 것이다. 여기의 아홉 가지

정도면, 조금의 부족함도 없는 충분한 것이다.

026
부처란, 다가설 수 없는 어려운 존재가 아니다

인간 의식의 궁극의 경지는, 자기자신과 다른 사람과 모든 존재들을 있는 그대로 인정하고 존중하는 삶을 살아가는 것이다. 그 이상의 것은 없는 것이다. 위대한 지혜를 증득하고 부처가 된다는 것은, 진정으로 선하고 선한 삶을 살아가는 것뿐이다. 부처란 신비하고 특별하게 생각되는 인물이 결코 아니다. 자신을 신비롭게 위장하고 기이하고 특출난 언행을 하는 자는, 우매하고 어리석은 자일 뿐이다.

언제나 소박한 무욕의 마음으로 더없이 선하고 선하며 평안하게 살아가는 사람이 가장 지혜로운 사람이며, 부처인 것이다. 그런 사람만이 더없이 위대한 지혜를 증득한 것이며, 그런 삶을 살아가는 사람이라야, 진정한 부처라고 할 수 있는 것이다.

부처가 되기 위해서 절대적으로 필요한 두 가지의 마음이 있다. 하나는 '사랑'이고 또 하나는 '비움'이다. '사랑'은 '자비'라고도 하고 '비움'은 '놓아 둠'이라고 한다. 절대적으로 사랑하고 자비를 베풀며, 절대적으로 비우고 놓아두는 두 가지의 마음이 적절하게 균형을 이루어야만이 가장 좋은 마음을 간직한 부처가 되는 것이다.

우매하고 어리석기에 자기자신과 다른 사람들을 사랑하지 못하고, 우매하고 어리석기에 다른 사람을 향한 자비의 마음이 없는 사람은, 이미 고통과 괴로움의 상태인 지옥에 빠져있는 것이다. 그러나 그와는 반대로 자기자신과 다른 사람에 대한 사랑과 자비의 마음이 가득하게 채워져 있고, 또 자기자신과 다른 사람들을 있는 그대로 놓아두고 존중할 수 있다면, 그야말로 인간이 가질 수 있는 최고의 마음인 것이다. 인간이 가질 수 있는 최고의 마음을 가진 사람이 부처가 되는 것이다.

　　사랑과 자비의 마음을 키우고, 존중과 비움과 놓아둠을 지켜나가는 마음을 유지하는 것이 수준 높은 명상/바라밀/파라미타의 과정인 것이다. 더없이 위대한 지혜를 증득한 부처가 되기 위해서는, 인생의 수많은 시간들과 일생의 모든 부분에 걸쳐서 명상/바라밀/파라미타의 과정이 진행되어야 한다. 더없이 위대한 지혜를 증득하고 부처가 되기 위해서는, 자기자신의 일생 전체의 과정에서 진리로 향해야만 한다. 태어나고 죽는 순간까지도 명상/바라밀/파라미타의 과정이 되어야 하는 것이다.

　　명상/바라밀/파라미타의 과정 속에서, 자기자신이나 다른 사람들이나, 또한 다른 모든 존재들에 대하여 한계를 두지 않고 제한적이지 않는 무한한 마음을 갖는 것이 마하반야/마하프라갸/위대한 지혜를 증득한 사람의 마음이다. 위대한 지혜는 한계가 없는 무한하고 광활한 드넓은 세계를 체험하는 마음이며, 무한한 마음은 곧, 자기자신이라는 존재의 일부 즉, 작은 자기를 초월하는 무한한 마음을 갖는 것이다. 건강하고 행복한 마음은 언제나 무한하고 드넓은 광활한 세계를 체험한다.

　인간의 마음은 무한하다. 광활하고 드넓은 온 세상처럼, 인간의 마음도 드넓고 무한하다. 무한한 마음을 가진 인간은, 자신의 일시적이고 한계적인 삶과 죽음을 넘어설 수 있는 존재이다. 인간은, 자기자신이 시작도 끝도 없는 존재임을 알고 체득할 수 있는 존재인 것이며, 스스로 영원하다는 것을 알 수 있는 존재인 것이고, 자기자신이 영원하기에, 오히려 진정한 실체가 없는 것임도 아는 존재인 것이다.

　인간의 마음이 무한하기에, 스스로에게 주어진 일시적이고 한계적인 마음, 즉 중생의 어리석음을 넘어설 수 있는 가능성이 있는 것이다, 인간의 마음은 푸른 하늘처럼 끝이 없으며, 막힘도 없고 한계도 없다. 인간의 머리와 뇌와 마음은 나이가 들수록 더 성장하고 발달하며 성숙해진다. 무한한 마음이 자리 잡고 있는 인간은 나이가 들면 들수록, 더 성숙하고 지혜로워질 수 있는 가능성이 있는 것이다.

　인간은 언제나, 스스로 지혜로워질 수 있고, 스스로 위대해질 수 있는 가능성이 있는 것이다. 그 가능성은 누구에게 빌리고, 무엇에게 의존하는 것은 아니다. 그 가능성은 오직 스스로 명상/바라밀/파라미타의 과정에 속해 있을 때에만 긍정적이고 온전하게 작동하는 것이다. 명상/바라밀/파라미타의 과정에서 벗어난 사람, 이기적이거나 나약한 사람, 불안정하고 부정적 관념에 사로잡혀 있는 사람이라면 마하반야/마야프라갸/위대한 지혜를 증득하는 것은 불가능한 것이 되는 것이다.

명상/바라밀/파라미타를 제외한 그 무엇에서도, 마하반야/마하프라갸/위대한 지혜를 증득하거나 찾아낼 수는 없는 것이다. 마하반야/마하프라갸/위대한 지혜는, 자기자신과 생명들과 모든 존재들에 대한 인식이 확고해지고 뚜렷해지는 것이며, 오랜 기간 명상/바라밀/파라미타의 과정 속에서 증득되는 것이다. 위대한 지혜는 외부에서 들어오는 것이 아니다. 지혜란 오랜 명상/바라밀/파라미타의 과정에 머무는 사람의 가슴속에서 우러나오는, 궁극의 마음인 것이며 궁극의 경지인 것이다.

더없이 크고 위대한 지혜는, 존재에 대한 뚜렷한 자각이고 확신에 찬 신념이 되기도 하는 것이며, 자기자신에게서 비롯된 주체적이고 주도적이며 독립적이고 자율적인 것이다. 또한 그 더없이 크고 위대한 지혜는, 그 무엇과도 비교할 수 없는 것이다. 위 없고 더할 것이 없는 최고, 최상의 상태이며 경지인 것이다. 그것은 있는 그대로 순수하고 자연스러운 것이다. 인류에게 주어진 더없이 크고 위대한 지혜는 모든 것의 시작이요 끝이며, 불멸성을 간직한 사라지지 않는 영원한 것이다.

부처란, 보통의 평범한 사람들이 다가서기 어려운 희귀하고 특별한 존재가 아니다. 부처란 단지, 사람 중에서 가장 지혜로운 마음을 가진 사람일 뿐이다. 부처란, 2000여 년 전에 인도 땅에 태어나고 죽었던 '싯달다'라는 이름을 가진 한 사람만이 부처가 아니다. 그 사람만이 부처라고 주장한다면 그것은 어리석은 사람의 착각일 뿐이다. 그 사람은 지혜를 증득한 수많은 사람 중의 한사람으로, 많은 사람들이 선택한 지혜로운 사람 중의 한 사람이며, 오직 상징적인 존재일 뿐인 것이다.

부처란, 오랜 관찰과 성찰의 시간을 통해서, 자기자신의 본질을 파악했던 사람이다. 부처란, 모든 존재들의 궁극적인 본질인 '무아' '무상'의 경지를 알게된 사람일 뿐이다. 부처란 단지, 좀 더 자기정체성이 확고해진 사람, 좀 더 궁극의 경지인 '무아'의 마음을 체득한 사람, 건강하고 행복한 삶을 살아가는 데 있어서 조금의 부족함도 없는 지혜로운 마음을 알게된 사람일 뿐이다. 누구나 스스로의 힘으로, 능히 부처가 될 수 없다면, 그것은 부처가 아니라 망상이고 허상이며 절망일 뿐이다.

부처란, 정확하게는 마음의 고통이 사라진 상태에 대한 상징적인 표현일 뿐이다. 부처란, 지금 이 순간에 존재하는 '나' 이외의 것이 절대 아니다. 부처란, '나'를 벗어난 그 무엇도 아니다. 부처란, 경치 좋고 공기 좋은 조용한 산속에 위치한 절간에다 머리 깎은 사람이 모셔놓은 황금색 조형물이 아니다. 부처란, 그 누구도, 그 무엇도 아니며, 건강하고 행복해진 '나', 스스로를 바로 보는 '나' 자신일 뿐이다.

'나'의 마음속에서 끊임없이 일어나는 번민, 그 번민으로 인해서 생겨난 고통과 장애가 사라지고, 드디어 걸림 없는 자유로운 마음이 되는 즉시 '나'는 부처가 되는 것이다. 부처란, 그 무엇도 아닌 오직 마음의 자유를 체득한 '나' 자신일 뿐이다.

'나'의 마음이 '색즉시공 공즉시색'의 의미를 정확하게 알게 되면, '무아'의 경지에 들어서게 되는 것이다. '색즉시공 공즉시색'의 의미를 정확하게 알게 되면, 그것이 곧, 마하반야/마하프라갸/위대한 지혜를 증득하는 것이다. 내가 '내가 없음'을 알고 깨우치는 것이, 더없는 위대한 지혜를 증득하는 것이고, 부처가 되는 것이다.

　진정한 부처란, 자기자신이 아무것도 아니라는 것을 아는 사람일 뿐이다. 번민이 없기에 마음의 고통과 장애가 사라진 사람인, 부처가 되기 위해서는, '색즉시공 공즉시색' '무아' '내가 없음'을 체득해야만 하는 것이다. '색즉시공 공즉시색' '무아' '내가 없음'을 체득하면, 마음의 고통과 장애가 사라지고, 부처가 되는 것이다.

पञ्च स्कन्धाः तांश्च स्वभावशून्यान् पश्यति स्म ॥

panca skandhās tāṃś ca svābhava sūnyān paśyati sma

판차 스칸다흐 탐스 차 스바바바 순얀 파샤티 스마||

판차 = 다섯

스칸다흐 = 어깨, 줄기, 지식의 갈래, 묶여진 것

탐 = 그들에게

차 = 그리고

스바 = 자아

바바 = 자연, 생각

순야타 = 빈, 공(空)

파샤티 = 보다

스마 = 실로

5) 다섯 가지가 있어서 그것들의 고유한 성질이 비어 있음을
   보시었다

   (五蘊皆空 度一切苦厄 : 오온개공 도일체고액)

- 해석 및 주석 -

이 절에서 말하는 다섯 가지의 줄기, 즉 오온(五蘊)은 색(色), 수(受),
상(想), 행(行), 식(識)을 말한다. 여기에서 색은 자연적 존재인 물질
을 이르는 것이며, 수, 상, 행, 식은 물질에 속한 인간의 정신을 이
르는 것이다. 인도의 여섯 철학체계 중에 카필라가 창시한 상키야
철학에서는 세상은 크게 절대적인 '참 나'인 '푸루샤'와 상대적이며

대상이 되는 자연적 존재인 '프라크리티' 그 둘로 존재한다 하였다.

인도의 전통 철학인 상키야 철학을 보통 수론(數論)이라고 부른다. 지식의 배열이 완전히 정리되지 않으면 객관적인 지식이 확립되지 않는다는 것을 주장하는 철학이다. 반야심경은 붓다가 부다가야의 보리수 아래에서 깨달음을 얻고 난 다음 많은 가르침을 펼치기 시작했을 때부터, 이미 인도의 전통 철학인 상키야 철학을 깨우친 붓다 자신만의 친밀한 용어로 깨달음에 대한 가르침을 설파하였을 것이다. 특히 스스로가 절대자아인 '참 나'가 비어 있음을 확인함과 동시에 깨닫게 되는 역시 '공하게 텅 비어 있다'는 뜻의 '순야타'는 "참 나인 절대자아의 상대적인 세계가 역시 절대적으로 비어 있다는 것으로 보게 되는 상태"를 말하는 것인데, '순야타'의 경지에 들어서게 된 붓다의 초월적이기에 절대자아와 상대적인 세계를 완전히 넘어선 의식 수준을 알 수 있게 되는 것이다.

027
'자아'는 절대적인 존재이다

언제부터? 어떻게? 왜? 존재하고 있었는지 모르지만, 지금 이 순간에 이렇게 스스로 존재하고 있는 자기자신을 '자아'라고 부른다. '자아'인 자기자신이 존재하고 있기에, 자기자신이 속한 이 세상도 존재하고 있는 것이다. 절대적인 것이란, 대신할 수 있는 것이 없다는 것이다. 이 세상에서 자기자신인 '자아'를 대신할 수 있는 것은, 그 어떤 무엇도 없고, 그 어느 곳에도 없는 것이다. 이 세상에서 절대적인 존재는, 그 어떤 것도 그 어느 누구도 아닌 바로 자기자신뿐인 것이다.

'자아'라는 자기자신이 존재하지 않는다면, 당연히 자기자신이 속한 이 세상도 존재하지 않을 것이다. 이 세상에 존재하는 모든 것들은 '자아'가 있기에 존재하는 것이다. '자아'가 없었을 때에는, 이 세상도, 이 세상에 속한 그 무엇도 존재하지 않았다. '자아'가 사라지게 되면 세상의 모든 것들도 당연히 사라지게 되는 것이다.

'자아'는 오직 스스로 존재하고 있을 뿐이다. 그것은 절대적인 사실이다. '자아'는 이 세상 속에 포함된 전체 중의 일부분이 아니다. 커다란 세상 속에 포함되어 있는 작고, 한시적이며 한계가 있는 '자아'가 아닌 것이다. '자아'가 세상의 중심이다. 세상의 중심으로서 존재하는 '자아'는, 오직 스스로 존재하고 있을 뿐이다. '자아'를 제외한 세상의 모든 것들은 '자아'가 있기에 존재하고 있는 것이며, '자아'를 위해서 존재하는 것이다. '자아'는 그 무엇에도 의존하지 않고 스스로 존재하는 것이다.

'자아'는 언제나 스스로 존재하고 있기에, '자아'가 아닌 다른 그 어떤 무엇에도 의존하지 않는다. '자아'는 스스로 존재하고 있기에, '자아'가 존재하고 있는 것은 '자아'가 아닌 다른 그 어떤 무엇이 원인이 되지 않는다. '자아'는 그 어떤 무엇에도 의존하지 않는 것이고, 아무런 이유도 없이, 스스로 홀로 존재하고 있는 것이다.

그 무엇에도 의존하지 않고 스스로 존재하는 '자아'는 다섯 가지의 감각과 그 감각의 활동을 통해서 형성된 '자아'라고 이름 붙여진 인식일 뿐이다. 그 무엇에도 의존하지 않고 스스로 존재하는 '자아'는 오직 감각적 인식일 뿐이다. 인간으로 생겨나서 다섯 가지 감각으로 인식되는 '자아'가 존재한다는 것은 '자아'가 모든 존재의 본질이고 주체임을 증명하는 것이다. 이렇듯이 존재의 본질이 되는 인간의 다섯 가지 감각인식은 '자아'가 오직 스스로 존재하고 있음을 증명하는 것이다.

인간은 피부, 눈, 귀, 코, 입이라는 다섯 가지의 감각기관의 감각활동을 통해서, 자기자신 이외의 존재들과 소통하고 교류하면서 생명을 유지하고, 세대를 거쳐 생명을 이어 나가고 있다. 인간은 다섯 가지의 감각활동을 통해서 '자아'라는 인식활동을 하게 된다. 감각활동을 통해 형성된 '자아'라는 인식은 다시 감각활동을 통제하고 조절하게 된다. 다섯 가지 감각과 인식이라는 마음은 하나로 연결되어 있다.

'자아'의 인식활동은 감각의 주체인 자기자신과 감각의 대상인 자기자신이 속한 세상을 알게 하는 것이다. 다섯 가지의 감각활동은 '자아'라는 인식으로 귀결된다. 감각인식이 곧 '자아'이기도 하다. '자아'는 다섯 가지의 감각을 통해서 자기자신이 속한 세상과 소통하고 교류하는 것이며 감각의 교류와 소통이 곧 인식이 되는 것이다. 인식은 감각을 통해서 느끼고, 알게 되는 것이고, 생각하고 판단하는 것이다. 인간은 감각을 통해서 느끼고, 알게 되고, 생각하는 인식을 형성하고, 인식은 다시 감각을 조절하고 통제한다. 인식은 곧 마음이고, 마음은 곧 '자아'인 것이다.

감각과 인식은 불가분의 관계이다. 감각과 인식은 나눌 수 없는 하나의 실체이다. 감각과 인식은 살아있는 생명임을 증명한다. 감각활동과 인식활동, 그 자체가 살아있다는 것이 된다. 감각과 인식은 '자아'라는 생명이 존재하는 원인이 되고, 이유가 된다. 생명에게 있어서 감각과 인식은 하나인 것이다. 생명을 가진 존재는 감각능력이 무뎌지기 시작하면, 인식능력도 점차 소멸되어 죽음에 이르게 되는 것이다.

감각과 인식이 점차 소멸되기 시작하면 죽어가기 시작하는 것이다. 피부가 탄력을 잃어서 약해지고, 눈과 귀가 어두워지며, 냄새를 잘 맡지 못하고, 신체적 활동이 느려지기 시작하면, 늙고 병들어 가기 시작한다고 할 수 있을 것이다. 결국 모든 감각능력이 떨어지게 되면, 자기자신에 대한 인식도 희미해지고, 결국은 죽음을 맞이하게 된다. 그러므로 생명에게 감각인식의 활동은 곧, 살아있다는 것이 된다.

028

'자아'라는 마음의 주체는, 머릿속의 뇌세포이다

인간의 인식활동은 다른 생명들과 다르다. 인간에게 있어서 인식활동의 주체는 머릿속의 뇌라는 신체기관이다. 더 구체적으로는 뇌를 구성하는 뇌의 신경세포이다. 인식활동의 주체인 신경세포는 감각기관인 피부, 눈, 코, 귀, 입을 통해서 들어온 감각정보를 생존에 유리하도록, 판단하여 결정하고 행동하게 한다. 인식의 주체인 뇌세포의 구조와 기능과 활동이 곧, '자아'라는 자기자신인 것이며 세상의 모든 것이다. 인간에게는 뇌가 없으면 '자아'도 없으며 '세상'도 없게 되는 것이다.

눈이 없으면 빛도 없고, 당연히 세상도 없다. 귀가 없다면 소리도 없다. 냄새와 입맛은 생존에 필요한 절대적인 감각이다. 냄새를 맡지 못하면 음식의 맛을 알지 못한다. 감각기관이 없다면, 또는 감각활동이 떨어지게 된다면, 당연히 인식활동도 점차 소멸되어 가고, 결국 '자아'라고 생각되는 자기자신은 사라지게 되는 것이다.

'자아'라는 자기자신이 사라지게 되므로, '색'이라는 '물질이 있다'라는 인식은 존재하지 않게 된다. 인간은 감각기관인 피부, 눈, 귀, 코, 입과 인식기관인 머릿속의 뇌세포의 활동으로 세상을 살아가고 있다. 어떤 생명이든지, 어느 인간이든지 감각기관과 인식기관의 차이에 따라서 생명의 본질도, 존재의 본질도 차이가 나게 되는 것이다. 그렇듯이 각기 다른 생명들과 각자 다른 인간들은 각각의 감각기관과 인식기관의 차이로 인해서, 서로 다른 방식으로 생명을 유지해 가고 있는 것이다. 감각인식에 따라서 제각각인 생명의 본질과 존재의 본질이 달라지는 것이다.

그러므로 역시 겉으로 보기에는 다 같은 인간으로 보일지라도, 개인 각자마다 다른 감각인식의 차이는, 개인마다의 각기 다른 특성인 '개성'을 만들어 낸다. 인간 각자는 저마다의 개성이 있다. 개인 각자에게는 다른 사람과는 다르게 자기자신만의 특정한 감각인식이 작동하고 있는 것이다. 현재 지구에는 수십억의 사람이 살아가고 있다. 수십억의 모든 사람들 각자는, 전체 인간의 공통적인 특성 이외에 자기자신만의 독특한 개성을 지니고 있다. 이 세상에 살았었고, 살고 있고, 미래를 살아갈 모든 인간 각자에게는 남들과 다른 자기자신만의 개성이 있는 것이다.

개성이라는 것은 그 어떤 개인, 어느 한 사람만의 특별한 모습이고 성격이다. 겉보기에 비슷한 피부, 눈, 코, 귀, 입은 개인마다 각기 다른 민감성과 특이성으로 작동하고 있다. 감각기관은 인식기관의 조절과 통제에 의해 작동하게 되므로, 감각의 특성은 인식의 특성이라고 할 수 있고 결국 개인의 특성이 되는 것이다. 개인의 특성에 따라, 모든 인간은 각자 다른 생각과 행동방식으로, 자신을 인식하는 것이다.

개성이 다른 모든 인간은 각자 다르게, 자기자신만의 방식으로 인생을 살아가고 있다. 어떤 사람은 감각인식이 자주 긍정적으로 작동하여 매사에 기분이 좋다. 어떤 사람은 감각인식이 자주 부정적으로 작동하여 매사에 기분이 좋지 않다. 어떤 사람은 인생을 유쾌하게 살아가고 어떤 사람은 인생을 불쾌하게 살아간다. 자기 자신이라고 하는 존재의 유쾌함과 불쾌함의 기준은 감각인식이 결정하는 것이다.

감각활동과 인식활동의 결과에 따라 인생은 극락이 되기도 하고 지옥이 되기도 한다. 극락과 지옥은 죽어서 가는 곳이 아니다. '극락'은 매우 좋다는 것이다. 더없이 좋다는 표현을 '극락'이라고 하는 것이다. 궁극의 긍정적인 자기인식이 '극락'이다. 지옥은 최악의 괴로움과 고통을 표현한 것이다. 생명을 유지해 가는 과정에서 필히 고통이 따르게 되지만 감각인식을 어떻게 하느냐에 따라서, 괴로움과 고통이 커지기도 하고 괴로움과 고통이 사라지기도 한다. 최악의 감각인식은 지옥이 된다.

감각인식에 대한 조절과 통제에 대해서 무지한 사람은, 지옥에 빠질 가능성이 많게 된다. 지옥은 참기 힘든 매우 고통스러운 상태를 뜻하는 것이다. 감각적인 고통과 인식적인 고통이 합쳐지게 되면, 빠져나올 수 없는 지옥에 갇히게 되는 것이다.

모든 감각인식의 근본은 고통인 것이다. 감각인식은 고통을 우선한다. 생존에 유리한 선택을 위해서 먼저 고통을 피하려고 한다. 고통을 느낀다면 생존에 불리한 것이다. 생존에 불리한 감각인식의 선택은 고통이 될 가능성이 크다. 그러나 고통은 부정적인 것만은 아니다. 생명에게 고통은 생존에 필요한 일차적인 장치인 것이다.

만일 어떤 사람이, 오래도록 명상/바라밀/파라미타의 과정을 거치고, 성찰과 자각을 통해서, 감각인식에 의해서 만들어지는 '자아'라는 존재가 실로 '비어 있다'라는 것은 알게 되었다면, 그는 보통의 일상적인 감각인식 활동에서 자유롭게 되었다는 의미이다. 자기 자신을 되돌아보는 성찰에 의해서, 일상적인 감각을 초월하는 또다른 초월적 인식이 생겨나게 되는데, 그 초월적인 인식이 곧 '초월적 자아'가 되는 것이다. '자아'가 평범한 일상을 초월하는 것이다. 평범한 일상을 초월한 '자아'는 평범한 감각인식으로부터 자유로울 수도 있기에, 생명들과 인간들이 가진 일상적인 감각인식으로부터 생겨나는 고로움과 고통에서 자유로울 수도 있을 것이다.

오랜 명상/바라밀/파라미타의 과정에서 초월적인 감각인식이 생겨나고, 초월적 감각인식으로 인해서 '자아'가 실로 비어 있음을 알게 되었기에, 모든 고통으로부터 벗어날 수도 있게 되는 것이다. '비어 있는' '자아'인 초월적 '자아'에 속한 감각의 자유는 인식의 자유가 된다. 오랜 관찰과 성찰의 결과로 초월적 인식이 생겨나 작동하게 되고, 비어 있는 '자아'를 자각하게 되었으므로 생명과 인간이 가진 고통스런 감각의 세계를 벗어나게 될 수도 있는 것이다. 인간에게 생겨나는 모든 고통의 원인은 다섯 가지 감각과 그 감각을 통해 인식하는 마음인 '자아'가 있기 때문이다.

029
마음을 비워야만, 건강하고 행복한 삶을 살아갈 수 있게 된다

'자아'는 색, 수, 상, 행, 식이라는 다섯 줄기 지식의 갈래이며, 마음이라고 하는 것이다. 괴로움과 고통의 원인이 되기도 하는 감각인식에서 생겨난 마음을 비우는 것은, 건강하고 행복하고 만족스런 삶을 살아가는 데 있어서 절대적인 것이다. 감각인식의 결과인 마음을 비우는 것만큼 유익하고 이로운 것이 없다. 마음을 비우는 것이 최고, 최상의 휴식이고 이완이다. 진정으로 마음을 비운 사람이라면 매 순간 순간이 만족스럽고 충족되었기에, 더이상의 그 무엇도 필요치 않게 되는 것이다.

마음을 비운다는 것은 곧 '자아'라는 감각인식으로부터 자유롭게 되었다는 뜻이다. 인간에게는 '자아'라는 마음을 구성하고 있는 감각인식이 비어 있음을 알게 되는 것보다 위대해지는 것은 없다. 또한 '자아'라는 마음을 비우는 것이야말로, 곧 더없는 위대한 지혜를 얻게 되는 것이다. 감각인식에 의해서 형성된 '자아'라는 마음을 비움으로써, 삶의 모든 면에서 균형이 잡히고 몸과 마음은 더 조화롭고 더 견고하게 된다. '자아'라는 마음이 비어 있음을 아는 것보다 더 좋은 것은 없는 것이다.

오랜 명상/바라밀/파라미타의 결과로서, 진정으로 비어 있는 마음을 보게된 사람이라면, 인간에게 주어진 모든 면에서 조금도 부

족하거나 모자라지 않게 되는 것이다. 그런 사람에게는 부족하고 모자란 결핍에 의한 불행이나 질병은 발생하지 않을 것이다. 어느 누구든지 마음을 비운다는 것의 참 뜻을 알게 된다면, 더 지혜로 워지고 더 건강해지고, 매사에 더 만족스럽고 기분은 더 좋아지게 되는 것이다.

세상에 존재하는 모든 것들, 세상의 모든 생명들과 동물들과 마찬가지로 인간은 물질로 이루어진 존재이다. 물질적인 존재인 다른 모든 동물과 인간은 감각인식의 세계를 살아가고 있다. 다른 모든 동물들에게도 인간처럼 감각하고 인식한다. 다른 모든 동물들은 감각인식 활동으로 생존을 위해 최대한 노력하며 살아간다. 그러나 생존만을 위해 살아가는 감각인식적인 존재인 다른 동물들에게는 인간과 같은 감각인식의 초월성이 없다. 초월성이 없는 감각인식을 하는 생명이 '중생'인 것이다.

여기 반야심경에서 다섯 줄기와 갈래의 묶음이란 '색, 수, 상, 행, 식'을 말하는 것으로 '색'은 물질이며 '수, 상, 행, 식'은 마음을 뜻하는 것이다. 지금 여기에 존재하는, '색'이라는 물질적인 존재인 내가 있고 '색'에 포함된 '수, 상, 행, 식'이라는 '자아' 즉 나의 마음이 있다. '색'이라고 표현된, 물질인 나에게는 감각이 있고 인식이 있다. 나는 언제나 감각인식 활동을 하면서 생명을 유지하고 이어나가는 것이다.

'자아'는 감각인식 활동을 통해서 생명의 삶과 죽음을 구분하게 되었다. '자아'는 감각활동과 인식활동을 통해서 자기자신인 '자아'

와 그리고 다른 존재들에 대해서 구분하고 나누게 되었다. '자아'의 감각인식이 삶과 죽음을 구분하게 되었고 '자아'의 감각인식 활동이 '자아'와 다른 존재들을 구분하기 시작한 것이다. 오직 감각인식을 통해서만이 '자아'가 있고 '자아'가 아닌 다른 존재들이 있게 되는 것이다.

'자아'의 감각인식 활동을 통해서 '자아'가 있고, '자아'가 아닌 '자아'의 대상으로 나누어지게 된다. 생명은 '자아'의 감각인식을 통해서 삶과 죽음으로 나누어지고 감각인식을 통해서만이 '나와 남' '생과 사'라는 상대적인 세계가 생겨나게 되었다.

초월적이지 못한 생명인 중생들의 불완전한 감각인식은, 지금 여기에 당장 존재하는 자기자신만을 실재로 여기고, 다른 생명과 다른 존재들보다도 더 중요하게 여긴다. 감각인식으로부터 초월적이지 못한 어리석은 중생들은 지금 여기에 당장 존재하는 감각인식만을 살아있음으로 여기고 죽음은 거부한다. 감각인식으로부터 초월적이지 못한 어리석은 중생들은 자신만의 삶만 중요한 것이고, 자신의 죽음과 다른 생명들과 다른 사람들의 삶도 죽음도 중요하지 않게 여기게 되는 것이다.

초월적이지 못한 어리석은 중생들의 감각인식은, 자기자신만을 중요한 실재로 여기고, 자기자신의 죽음과 다른 생명들과 다른 사람들 역시 자기자신과 같은 중요한 실재임을 인식하지 못하기에, 지금 여기에서 생존하고 있는 자기자신밖에 모르는 이기심이 생겨나는 것이다. 여기까지가 동물이며 중생의 모습인 것이다.

'자아'이기도 한 마음이라는 것을 비운다는 것은 감각인식으로부터 자유롭게 되었다는 것을 뜻하는 것이다. 감각인식은 물질의 세계이다. 감각이 없으면 물질도 없는 것이다. 물질이 없으므로 당연히 '자아'도 없다. 눈이 없으면 눈으로 보는 빛의 세계가 없는 것이고, 코가 없으면 공기도 없고 냄새도 없게 되는 것이다. 결국 감각기관이 없고 인식기관이 없으면, 그것과 소통하는 대상인 물질도 없어지는 것이기에 '자아'도 '마음'도 '감각'도 '인식'도 세상의 그 무엇도 존재하지 않는 것이다.

감각인식의 주체인 '자아' 또는 마음이 사라지면 당연히 감각인식 활동도 사라지게 되므로, 감각인식의 대상인 물질적 세계는 사라지게 되는 것이다. 그것은 태어나기 이전의 상태와 죽음 이후의 상태와 같은 것이다. 물질적 존재를 벗어난 감각인식 이상의 것이 되는 것이다. 그것이야말로 진정한 '공'이며 '없음'이 되는 것이다.

030
'자아'는 실로 비어 있는 것이 아니다

'자아'와 마음을 구성하는 감각활동과 인식활동인 다섯 갈래의 '색, 수, 상, 행, 식'이 실로 비어 있다는 것을 알게 되었다는 것이, 마치 모든 것이 사라진 아무것도 없는 허공처럼, 감각인식 활동이 모두 사라져서 없어지게 되었다는 뜻이 아니다.

그것은 중생들의 평범한 감각인식의 상태를 넘어서고 초월하여 새로운 차원의 감각인식의 세계로 들어서게 되었다는 뜻이다. '자아'를 구성하는 다섯 줄기인 '색'과 '자아'이고 마음인 수, 상, 행, 식'이 '비어 있다' '공'하다 라는 것은 '자아'와 '마음'이 없는 상태라고 하기보다는, '자아'와 '마음'이 '있음'과 '없음'이 하나라는 것을 새롭게 인식하고 깨닫게 된 것이다. '자아'가 없는 것이 아니라 중생의 감각인식과 마음으로서는 알 수 없었던 '자아'라는 존재의 새로운 측면을 보게 된 것이다.

'자아'를 구성하는 '색, 수, 상, 행, 식'이 실로 비어 있음을 알게 되었다는 것은 감각인식에 대한 새로운 자각과 확장된 감각인식체계가 확립되었다는 것이다. 생물학적으로는 새로운 뇌신경의 회로가 형성되었다는 것이다. 새로운 뇌신경의 회로인 새로운 마음이 생겨나게 되는 것이다. 정확하게는 중생의 마음으로 인식하는 수준의 '자아'만이 존재하는 것이 아님을 알고, 중생의 수준에 머무는 '자아'만이 중요한 것이 아님을 깨닫게 되는 것이다. 새로운 초월적인 마음이 생겨난 것이다.

비어 있는 마음을 보게 되었고, 비어 있는 '자아'임을 깨닫게 되었다는 것은 중생의 마음을 넘어선 것이고, 일상적이고 평범하게 살아가는 '자아'를 넘어선 것이다. 좀 더 크게 인식되는 '자아'가 결국은 세상에 존재하는 모든 것이라는 것을 확신하게 된 것이다. 진정한 '자아'인 비어 있는 '자아'를 인식하고 자각하게 됨으로써 지금의 몸과 마음으로 국한되었고, 제한되었던 감각인식의 범위를 넘어서게 되었으므로 '있음'인 '색, 수, 상, 행, 식'을 좀 더 크고 넓고 깊게 인식하게 되었다는 것이다.

다섯 줄기의 지식과 '자아'라는 생각이 실로 '공'함을 보았다는 것은 왜?인지 모르게 인간이라는 생명으로 태어났지만 명상/바라밀/파라미타의 과정 속에 머물게 되었을 때, 오랜 성찰의 결과로서 이전과는 다른 새로운 감각인식의 경지에 들어서게 되었다는 것이다. 직접적으로 생존에만 관여하면서 전전긍긍하던 감각인식을 넘어서서 새로운 차원의 인식과 자각으로 새로운 마음을 갖게 되었다는 것이다.

다섯 줄기의 지식과 '자아'라는 생각이 실로 '공'함을 보았다는 것은 '자아'인 나와 나의 대상이 되는 남, 주와 객, 삶과 죽음의 구분이 사라지고 나와 남, 주와 객, 삶과 죽음이 결코 분리될 수 없는 하나로 연결된 실재임을 자각하게 된 것이다. 세상에 존재하는 모든 것이 곧 자기자신임을 자각하게 되고 삶과 죽음이 단절된 것이 아닌 하나로 이어진 것임을 알게 되었다는 것이다. 주와 객이 분리된 상태를 벗어나서 주와 객이 분리될 수 없는 하나로 연결된 것임을 자각하게 되었다는 것이다.

031
'공'함을 체득하면, 모든 고통과 괴로움이 사라지게 된다

기분이 나쁘고 불쾌한 감각인식 활동이 곧 고통이고 괴로움이다. 생명이라는 존재는 살아있음으로 인해서 연속되는 고통과 괴로움에 당면하게 되는 것이다. 그래서 중생들은 고통과 괴로움을 벗어나고자 말초적이고 감각적인 쾌락을 추구하지만 그런 쾌락을 통해서 얼마나 가끔씩 고통과 괴로움에서 벗어나게 될 수 있을 것인가?

인간이라는 생명에게는 크게 두 가지의 고통과 괴로움이 있다. 하나는 다른 생명들과 마찬가지로 생명유지에 필요한 고통이다. 생존하기 어려운 환경에 노출되었을 때 주어지는 고통이다. 춥거나 더울 때 느껴지는 고통, 배고픔의 고통이나 상처가 났을 때의 고통과 같은 고통들이다. 그런 고통들은 주로 외적인 환경적 요인으로부터 발생하는 것으로서 생명에게는 생명유지에 필요한 기본적인 고통인 것이다.

또 하나의 고통이 있는데 그것은 내적인 요인에서 발생하는 마음의 고통이라는 것이다. "마음이 아프다"라는 표현이 어울리는 그 괴로움과 고통은, 언제든지 마음에서 생겨나기에 자기자신 스스로가 만들어 내는 마음속의 고통인 것이다. 마음에 의해서 마음에서 생겨나는 괴로움과 고통은 뇌신경에 새겨진 프로그램으로써 여간해서 지워지지 않는 것이지만, 그것이 꼭 지워질 수 없는 것만은 아닌 것이다.

마음의 고통과 괴로움에는, 과거를 회상하면서 떠오르는 수치스런 행적에 대한 아쉬움과 괴로움이 있으며 미래를 생각하면서 밀려오는 불안감과 사랑받지 못하고 사랑하지 못하는 괴로움, 자기가 원하는 대로 살아가지 못하는 것에 대한 괴로움, 이외에도 어리석기에 이기심과 탐욕에서 발생하는 수많은 고통과 괴로움이 있다. 모두가 다 어리석음이 근원이 되어 발생하는 마음속의 고통과 괴로움인 것이다.

아무리 고통과 괴로움에서 벗어나고 싶다고 할지라도, 그리고 또한 잠시 고통과 괴로움에서 벗어나는 듯하다고 할지라도 고통과 괴로움은 피할 수 없는 생명의 원천이다. 죽는 날까지 고통과 괴로움은 결코 사라지지 않기에 고통에서 벗어날 수 없음은 당연한 것이다. 생명의 세계에서 고통 없이 살아가는 생명은 없는 것이다. 인간 역시 그 어느 누구일지라도, 그 어떤 단 한 사람도 고통과 괴로움 없이 살아갈 수 있는 인간은 없는 것이다. 인간은 이제껏 괴로움과 고통 속에서 살아왔었고 지금 닥친 현실과 미래도 괴로움과 고통의 연속일 뿐이며 고통의 세계를 헤매는 것은 당연하다 하여도 과언이 아니다. 생명은 고통 없이 살아갈 수는 없는 것이다.

그 어느 누군가가 모든 고통으로 벗어나게 되었다고 말한다면, 그것은 현실적으로 가능한 말이 아니다. 모든 고통과 괴로움에서 벗어나게 된다는 것은 불가능한 것이다. 생명에게는 생명을 유지하는 것 그 자체가 괴로움과 고통을 동반하는 것이므로 생명에게서 일체의 고통과 괴로움이 사라지는 것은 이미 불가능한 것이다.

옛사람이 말한 '도일체고액'이란 모든 고통이 사라졌다는 뜻이 아니다. 모든 고통을 해결할 수 있는 비밀스런 능력을 갖게 되었다는 것도 아니다. '도일체고액'이라는 것은 일상적이고 평범한 감각인식을 넘어서서 감각인식에 대한 새로운 인식과 자각을 하게 되어서 비어 있는 '자아'의 본질을 알게 되었다는 것이고 그런 이유로 자기자신의 몸과 마음에만 굳이 집착하지 않는 초연함을 획득하고 감각인식으로부터의 자유로운 마음이 생겨나게 되었다는 뜻이다. 초연함과 자유로운 마음이 생겨나게 되었다는 것은 고통과 괴로움에 매이지 않는 마음을 알게 되었다는 것이다.

'도일체고액' 이 말의 참뜻은 고통과 괴로움이 분명하고 엄연한 현실임을 자각하면서 고통과 괴로움을 받아들이고 인정한다는 것이며 심지어는 고통과 괴로움의 이유와 원인마저도 인정하고 받아들인다는 뜻이 먼저일 것이다. 이 말의 참뜻은 인생을 살아가는데 있어서 고통과 괴로움을 줄이고 경감시키는 능력을 키워나가고, 고통과 괴로움 속에서 머무는 중생들을 도와주는 역할을 하겠다는 뜻인 것이다.

실로 비어 있는 '자아'의 모습을 바르게 인식하여 '공'함을 체득하게 되었다면 몸과 마음의 고통을 받아들이는 감각이 이전과는 다르게 되었다는 것이므로 다른 생명들과 다른 사람들의 고통을 조금이나마 줄여주고자 노력하게 될 것이다. 그런 것이야말로 진정으로 비어 있는 '자아'의 본질을 체득한 위대한 스승의 모습일 것이다.

더없이 크고 위대한 지혜를 구하는 관찰자가 오래도록 감각인식 활동에 대해서 명상하다 보면, 자기자신도 예측 할 수 없는 어느 순간에 감각인식과 자기자신이라는 존재가 '공'하다라는 것을 체험하게 되어서, 일상적인 감각인식의 범위를 초월한 '공'의 세계인 '있으되 없는 경지'를 자각하고 체득하게 되는 것이다. '있음'이라는 '색'과 마음인 '수, 상, 행, 식'을 '없음'이라는 '공'으로 인식하는 것이다.

'무아'의 경지란 자기자신이라는 '자아'는 분명히 존재하고 있는데, 있으면서도 '없다'라고 확고하게 인식하는 것이다. 그러나 이러한 '없음'인 '공'마저도 '색' 즉 '자아'의 새로운 차원의 인식으로 인해서 나타나게 되는 것이다. 실존하는 '자아'가 사라져서 '있음'이 '없음'이 되는 것이 아니라 명상/바라밀/파라미타의 과정 속에서 감각인식능력이 새로운 차원으로 향상되어서, 이제껏 볼 수 없었던 '색'과 '자아'의 또다른 측면을 알게된 것이다. '있음'의 다른 면인 '없음'을 보게 된 것이다.

감각인식에 대해서 깨우치지 못한 사람들의 감각인식 활동은 단순하다. 그런 사람들은 모든 감각인식 활동을 생존에 연관되었거나, 물질적 이득을 추구하는 데만 집중한다. 어리석어서 깨닫지 못한 사람들은 물질적인 이득만이 인생에서의 단 하나뿐인 목적이기에 물질의 세계에 머물 수밖에 없게 되는 것이다. 그러나 물질적인 기쁨을 얻었을 때, 바로 더 큰 고통과 괴로움이 뒤따름을 모른다. 어리석은 중생은 고통과 괴로움의 원인이 무엇인지 모르고 물질만을 추구하며 살게 되는 것이다.

그 어리석은 중생이 추구하는 물질적 욕망의 세계는, 기쁨과 고통이 반복되지만 결국은 고통과 괴로움의 세계인 것이다. 세속적 욕망인 물질의 추구로 인해서 궁극의 기쁨을 얻으려 하는 것은 도저히 불가능한 것이다. 그것은 도달할 수도 없고, 달성할 수도 없는 목적을 추구하는 것과 같은 것이다. 물질적인 부자는 당장 물질을 내놓아야 한다. 그래야 조금이나마 더 건강하고 행복한 '자아'를 체득하게 된다.

032
절대 '자아'는, 절대 '무아'이다

오래도록 명상/바라밀/파라미타의 과정 속에 머무는 관찰자가 성찰의 능력이 향상되고 강화되어서 드디어 '공'의 세계를 체험하게 된다면, 드디어 연속되는 고통과 괴로움에서 벗어나서 자유로운 해탈의 경지에 머물게 되는 것이다. 그러나 이해하기 어려운 언어유희적인 내용이 될 수 있겠지만, 절대 자유의 경지이며 해탈의 경지인 '공'의 체험 역시도 생명을 이어가기 위한 모든 고통에서 자유롭다는 것은 결코 아니며, 모든 고통을 물리치는 능력을 갖게 되었다는 것도 더더욱 아니다. 그 어느 누가 부처가 되었다고 할지라도 고통과 괴로움에서 벗어날 수는 없는 것이다.

'도일체고액'이란, 살아서 모든 고통과 괴로움이 사라지게 되었다는 것이 아니다. '도일체고액'이란, 진정한 자유와 해탈의 경지인 '공'함을 체득하게 된 후에도, 생명을 유지하며 살아간다는 것은 역시나 여전히 괴롭고 고통스러운 것이지만, 생명을 유지함과 살아있음에 대한 의미를 새롭게 자각하고 각성하여서 당면한 고통과 괴로움이 지속되지 않도록 적절하고 지혜롭게 대처한다는 의미를 표현하는 것이다. 생명이란 존재는 생명이 유지되는 한 언제나 고통과 괴로움과 함께 있는 것이다.

인간이라는 생명의 삶에 있어서, 평범하고 일상적인 감각인식은 진정한 현실이지만, 그러나 또한 그 감각인식만이 현실의 모든 것은 아니다. '공'의 체득은 일상적인 감각인식의 초월적인 상태로서, 언뜻 생각하기에는 살아있으되 죽은 것처럼 묘사될 수도 있지만, 죽음이 아닌 새로운 차원으로서 삶의 의미가 되는 것이다. '공'함의 경지에 들었다함은, 고통과 괴로움이 완전히 사라졌다는 것이 아니고, 각감인식의 주체인 '자아'가 이제껏 일상적이던 감각인식의 방식을 바꾸게 되었고, 일방적으로 반복되던 감각인식에서 벗어나, 조금은 더 자유로운 감각인식의 경지에 들어간 것이다. 고통에서 벗어날 수 있는 감각인식의 자유가 크게 향상된 것이다.

진정한 '공'의 체득은, 살아가면서 경험하는 일상적인 감각인식의 한계를 정확하게 알아차리는 것이다. 곧 변하고, 소멸하고, 사라지게 되는 감각인식과 '자아'에 대해서 집착하지 않는다는 것이다. '도일체고액'이란 고통이 사라진 것이 아니라, 괴로움과 고통은 언제나 존재하더라도 '무아'이자, '공'함을 체득한 것이 된다.

매 순간마다 현실적으로 느껴지고, 일상적으로 느껴지는 감각인식에 의해서 생겨나는 '나'라는 생각인 '자아'는 언제나 존재하고 있을 것처럼 느껴진다. 그러나 이 세상 어디에도 불변의 물질은 존재하지 않는 것처럼, 인간이라면 어느 누구일지라도 생, 노, 병, 사의 길에서 벗어날 수 없고 죽음에 이르기에, 감각인식에 의해서 생겨나는 언제나 존재하고 있는 것처럼 느껴지는 '자아'란 결국 절대적으로 존재할 수가 없는 것이다. 지금 이 순간에 절대적으로 존재하고 있으되, 결국은 변하여 존재하지 않게 되는 것이 '자아'이기에 '자아'는 결국 절대 '무아'가 되는 것이다.

현실 세계의 감각적인 것들과 물질적인 모든 것들은, 언제나 변하지 않는 현실 속에 머무는 것이 아니기에, 고정불변의 실재가 결코 아니다. '공'함의 체득은 별다르게 특별한 것은 아니다. 특정한 인물의 전유물도 아니다. 나이를 먹어감에 따라서, 그 어느 누구라도 쉽게 할 수 있는 생각일 뿐이다. 자기자신뿐만 아니라, 모든 것들이 변하고 바뀌게 된다는 것을 알고 인정하는 것일 뿐이다. 그리하여 바뀌고 변해가는 자기자신이나 다른 물질에 대해서도 집착하지 않는다는 것일 뿐이다.

여기에서의 다섯 줄기의 감각, 다섯 갈래의 묶음인 '색, 수, 상, 행, 식'은 물질과 생명과 인간의 감각과 마음에 대해서 말하는 것이다. 그것들이 비어 있다는 것은, 오랜 관찰과 성찰의 시간을 통해서, 그것들이 비어 있음을 확신하게 되었다는 것이다. 다섯 줄기의 감각, 다섯 갈래의 묶음인 '색, 수, 상, 행, 식' 등, 감각으로 느껴지는 모든 것들은 변하는 것이기에, 결국 모든 것은 실체가 없이 비어 있는 것이다.

그 무엇으로도 능가할 것이 없는, 더없이 위대한 지혜를 증득하게 되었다는 것은, 감각으로 느끼는 모든 것들이 비어 있음이 자명하기에, 부질없고 쓸데없는 고통과 괴로움의 원인만 되는, 물질적 욕망과 같은 중생의 마음을 내려놓겠다는 것이다.

부질 없고 쓸데 없는 고통과 괴로움만 가중되는 물질적 욕망을 추구하는 중생의 마음을 내려놓는 것이야말로 고통과 괴로움에서 벗어날 수 있는 진정한 자유와 해탈의 길이다. 진정한 자유와 해탈은 그저 한마음을 내려놓는 것일 뿐이다. 위대한 지혜란, 어찌할 수 없는 생명으로 태어나서 늘 어렵고 힘든 삶을 살아왔으나, 이제는 더이상 아무것에도 매달리거나 집착하지 않겠다는 마음을 갖는 것일 뿐이다.

마하반야/마하프라갸/위대한 지혜란, 존재하는 모든 것이 '공'함을 깨닫고, 이제는 중생들의 감각인식에 집착하지 않기에, 자유롭게 되었다는 것이다. 그리하여 진정으로 '공'하다면 감각인식에서 자유로울 수 있기에, 언제든지 기쁨을 크게 할 수 있으며, 고통을 줄이고 사라지게도 할 수 있게 되었다는 것이다. '무아' 즉, '공'함의 체득, 그것은 더할 것이 없는 불변의 지혜, 위대한 지혜를 증득하는 것이다.

इह शारिपुत्र रूपं शून्यता शून्यैव रूपं

iha śāriputra rūpam sūnyata sūnyataiva rūpam

이하 사리푸트라 루팜 순야타 순야타이바 루팜

이하 = 오!

사리푸트라 = 사리불

루팜 = 형상

순야타 = 빔, 공(空)함

순야타 이바 = 오직 비어 있음

6) "사리푸트라여! 여기 형상은 비어 있다. 오직 비어 있음이
   형상이다."

   (舍利子 色不異空 : 사리자 색불이공)

― 해석 및 주석 ―

여기에서부터 사리푸트라, 즉 사리불을 위한 붓다의 위대한 가르침
이 시작된다. 붓다는 "물질은 공이며, 텅 빈 순야타인 공이 바로 물
질이다." 라고 하였으니, 그것은 양자물리학에서 모든 물질은 진공
으로부터 창조된다고 말한 것과도 같다.

인간이라는 존재는 언제나 동일하게 공감할 수 있는 의식을 공유
한다. 이미 오래전 살았던 인류의 선각자들과 붓다는 '색'이 곧 '공'
이며 '있음'이 '없음'이며 '존재'가 '비존재'이며 '자아'가 곧 '무아'임
을 주관적으로 체득하고 표현하였던 것이다.

033

형상이 있는 것은, 오직 비어 있는 것이다

　형상이 있는 모든 것들은 물질이다. 물질적인 것들만 형상으로 존재하고 있는 것이다. 그러나 그렇게 엄연하게 형상으로 존재하고 있는 모든 것들이, 오직 비어 있다는 확신이 들기 위해서는, 최상의 의식적 수준에 도달하는 자기정체성이 확고해져야 한다. 최상의 의식적 수준에 도달하는 자기정체성이 확고해진다는 것은, 자기자신의 삶을 살아가는데 있어서 자존감이 극적으로 향상되어야 하며 자존감의 극적인 향상은 한 사람의 자율성, 독립성, 자존감과 주도적 의식 수준이 높아야 하는 것이다. 그것은 그 무엇에도 의존적이지 않은 불굴의 의지와 용기와 같은 것이다.

　극적인 자존감의 향상에서 나오는 자율성, 독립성, 불굴의 의지와 용기, 도전과 극기와 그에 따른 성취감에서 우러나오는 자존감의 극적인 향상과 같은 의식 수준은, '비어 있음'을 체득하는데 있어서 절대적 조건이 되는 것이다. 만일 누군가 그런 과정들을 거치지도 않고, 부처에게 의존한다면 그는 스스로 부처가 되기는 어려울 것이다. 왜냐하면 의존하는 즉시 자존감은 낮아지게 되는 것이기 때문이다. 자기자신 스스로를 석가모니의 제자라 칭하면서 부처를 좋아하고 의존하는 사람이라면 역설적으로 진정한 부처가 되기는 쉽지 않을 것이다. 그런 사람은 겉으로 부처의 흉내를 내면서 살아가지만 진정으로 부처가 되는 날은 오지 않게 되는 것이다.

세상의 모든 것들은 물질적으로 이루어진 형상으로 존재한다. 물질적인 형상을 느끼고, 알게 되고, 인식하고, 의식하게 되는 것이 감각인식이며 그 감각인식에 의해서 '자아'라는 마음이 형성되는 것이다. 물질적인 형상인 '색'과 마음의 형상인 '수, 상, 행, 식'은 '자아'라는 마음을 형성하는 다섯 갈래의 묶음인 것이다. '색'은 세상의 모든 물질적인 형상이며, 수, 상, 행, 식은 '자아'를 구성하는 인간의 마음이다.

물질적인 인간의 육체와 그 육체 안에서 형성되어 머무는 '자아'라는 마음이 실체가 없는 '공'한 것이라는 것을 알게 되었을 때, 세속적 욕망은 허상에 불과한 것이므로 부질없는 것이 될 것이다. 그렇게 마음이 '공'함을 알게된 사람이 허상에 불과하며 부질없는 세속적 욕망으로부터 자유로워지는 것은 역시 당연한 것이다.

인간의 마음이라는 것은, 인간의 머릿속의 뇌세포의 활동이다. 물질적 형상인 '색'과 '색'을 인식하는 마음인 '수, 상, 행, 식'은 결국, 머릿속의 뇌세포의 기능과 활동이 된다. 뇌세포의 주된 활동은 '자아'와 '비(非) 자아'를 구분을 하는 것이다. '자아'와 '비 자아'를 구분하는 것은 인식활동 중의 일부분이다. 자기자신인 '자아'를 구성하는 '색, 수, 상, 행, 식'이 '공'하다는 것을 깨닫게 되었을 때, 당연히 인식의 주체인 '자아'는 스스로를 포함한 인식의 대상으로부터 분리되어, 자유롭게 된다는 것이다.

인간의 마음이면서 '자아'라고 하는 특정한 존재는, 감각인식의 주체가 되는 것이고, 그 특정한 감각인식의 주체인 인간의 마음인

'자아'의 감각인식의 대상은 '자아'라는 특정하고 한정된 인간이라는 존재를 넘어선 모든 것들이 될 것이다. 그래서 먼저 인간의 마음이라는 '자아'가 비어 있음을 알게 되었다면, 인간의 마음이 인식하는 인식의 대상이 되는, 세상의 모든 존재들도 역시 비어 있게 되는 것이다.

물질적 존재인 인간의 특성은 느끼고, 인식하고, 의식하고, 알게 되는 것이다. 그것이 곧 마음이라는 것을 간직한 물질적 인간이란 형상의 특성이다. 물질적 형상인 인간이 곧 '자아'라는 것이다. 물질적으로 이루어진 형상인 '색'이 오직 비어 있는 것이므로, 물질적 형상에서 형성된 마음인 '자아' 역시 오직 비어 있는 것이다.

물질적 형상으로 이루어진 마음인 '자아'가 오직 비어 있는 것이므로, '자아'의 대상이 되는 감각인식 활동인 보고 보이는 것, 듣고 들리는 것, 피부로 느끼고 피부에 와 닿는 것, 입으로 맛 보고 맛이 나는 것, 코로 냄새 맡고 냄새가 나는 것들, 모든 것들은 오직 비어 있는 것이 되는 것이다. '자아'라는 자기자신의 몸과 마음이 오직 비어 있음으로, 형상이 있는 모든 것은 오직 비어 있는 것이 되는 것이다.

034
'공'의 경지에 들어가기 위해서는, 자비를 베풀어야 한다

세상에 존재하는 모든 물질적 에너지인 '색'은 언제나 일정한 법칙이 정해져 있다. 자기자신에게 주어진 물질적 에너지의 방향이 어디로 향하는가에 따라서, 개인 각자의 운명은 다르게 변하는 것이다. '자아'인 마음이 무엇을 어떻게 생각하느냐에 따라서, 그 한사람의 운명이 결정되는 것이다. '자아'가 '공'함을 깨닫지 못한 사람들에게는, 세상이 언제까지나 결코 '공'하지 않을 것이다. 어리석기에 세속적 욕망이 강한 사람은 언제까지나 자신의 마음이 결코 비워지지 않는다. 결코 비워지지 않기에, 어리석은 사람은 결국 비워진 마음을 볼 수가 없게 되는 것이다.

오래된 관찰자가 명상/바라밀/파라미타의 과정 중에서, '공'함의 경지에 들어가는 것은 매우 자연스러운 일이지만, 일상의 삶을 살아가는 세속적이며 평범한 사람들에게 '공'함의 경지가 쉽게 체득될 수 있는 것은 아니다. '공'함의 경지는 누구나 원한다고 해서 즉각적으로 들어갈 수 있는 경지도 아니다. 자연의 모든 법칙은 조건의 영향을 받게 되어 있다. 인간으로서 '공'함의 경지에 들기 위해서는 마음의 방향이 결정되고 난 후에 어떤 절차나 과정을 거치지 않을 수는 없는 것이다.

먼저 자유로운 마음인 '공'함의 경지에 들어서기 위해서는, 사랑과 자비가 충족되어야 한다. 진정으로 '공'함의 경지에 들어서게 되는 사람은 먼저 사랑과 자비가 충족된 건강한 사람이어야 한다. 유년기와 청소년기인 육체적 성장의 시기에 누군가로부터 부족함 없이 충분한 사랑을 받아야 한다. 사랑을 충분하게 받지 못한 사람은 영양의 결핍과 부족으로 육체적 성장과 발육에 제한을 받은 것처럼, 심리적인 면이나 정신적 측면의 성장에 장애가 발생할 가능성이 있게 되는 것이다.

사랑받지 못한 사람에게는 사랑의 결핍으로 인해서, 인격의 성장과 발달에 장애가 발생하는 일들은 인간 사회에 속한 개인들에게 다반사로 일어나는 일이다. 인간에게 있어서 사랑의 결핍과 부족은 정신과 인격의 성장과 발달에 불리한 조건이 된다. 많은 사람들이 사랑받지 못해서 아파하고, 그 아픔을 치유 받지 못한 채, 상처와 장애를 갖고 살아가고 있다. 사랑을 받지 못하고 자라난 사람, 사랑의 결핍으로 인해서 마음에 상처와 장애를 가진 사람이 자신의 아픔을 치유하고 좀 더 지혜로운 사람이 되도록 돕는 것은, 오직 아낌없이 주는 사랑인 자비를 실천하는 것이다.

사랑 받지 못한 아픔을, 사랑과 자비로 승화시켜야만이 마하반야/마하프라갸/위대한 지혜를 증득할 수 있게 된다. 그러므로 '공'함을 체득하기 이전에 사랑과 자비가 있는 것이다. 사랑과 자비라는 충족된 조건하에서에, 다음 단계인 '공'함이 있는 것이다. 또한 '공'함의 경지에 들어서게 되는 사람은, 더욱더 큰 사랑과 자비를 실천할 수 있는 힘을 갖게 되는 것이다. 진정한 '공'함의 경지는 사랑과 자비가 승화된 의식적인 차원이며, 더욱더 크고 깊은 사랑과 자비의 마음을 갖는 것이다.

रूपान्न पृथक् शून्यता शून्यताया न पृथग्रूपं यद्रूपं

rūpanna pṛthak śūnyatā śūnyatāyā na pṛthag rūpam yad rūpam

루판나 프리탁 순야타 순야타야 나 프리탁 루팜 야드 루팜

루팜 = 형상

나 = 아니다

프리탁 = 다른

순야타 = 빔, 공(空)

순야타야 = 빔

야드 = 이것

7) 형상은 비어 있음과 다르지 않다. 비어 있음은 형상과 다
   르지 않다.
   텅 빔은 물질과 별개의 것이 아니고 물질은 텅 빔과 별
   개의 것이 아니다.
   (空不異色 : 공불이색)

- 해석 및 주석 -

여기 반야심경에서는 핵심 구절인 '색불이공 공불이색'이란, 결국
'텅 비어 있음'인 '순야타'와 '공(空)'은 현상세계에서 존재하는 '색'
인 '물질'과 조금도 다르지 않다는 것이며, 물질도 역시 '공(空)'의
상태와 다르지 않다고 하는 것이다. 이것은 현대의 과학인 물리학
의 양자역학에서 물질의 근원은 결국 완전히 비어 있는 진공상태
이며, 그것으로부터 모든 소립자와 현상계가 나온다고 하는 것과

일치하게 되는 것이다.

마음이라는 실체가 직관하고 직감하는 '자아'와 '물질'은 결국 현대 과학적 사고를 바탕으로 연구된 실상과 실체적 진실과 조금도 어긋남이 없으며, 다르지 않은 것이다. 인류의 의식과 감각체계는 주관적 체험의 증득이거나 객관적 검증인 실상의 증명인 것이며 결국 같은 결론에 도달할 수밖에 없는 것이다. 주관적 체득도 객관적 증명도 '자아'와 '대상'이라는 실체가 결국은 실체가 아님을 알게 되는 것이다.

035
'공'함의 경지를 체험하려면, 절대조건이 충족되어야 한다

비어 있는 마음을 보고 알게 되는 것은 자연의 섭리이자, 자연적인 것이라고 할 것이다. 또한 비어 있는 마음을 알 수 있게 되려면, 필요 충족의 절대조건이 형성되어야 한다. 필요 충족의 조건이 형성되면, 자연스럽게 비어 있는 마음을 볼 수 있고 알 수 있게 되는 것이다. 오래도록 명상/바라밀/파라미타의 과정 속에서 자기자신을 성찰하여, 성찰의 능력을 향상시킨 관찰자는, 그 어느 시기에 이르게 되었을 때 절대적인 조건이 충족되면, 자연스럽게 '공'함의 경지에 들어서게 되는 것이다.

오래도록 세대와 세대를 거치면서 선한 마음을 이어오는 사람은, 부족함이 없는 사람이다. 무소유를 실천하거나, 또는 그런 선한 자질을 획득하여 충분한 건강성을 확보하고 이 세상에 태어난 사람은, 부족함이 없는 사람인 것이다. 그런 부족함이 없는 절대적인 조건을 가진 사람만이, 명상/바라밀/파라미타의 과정 속에서 마음, 의식, 정신이 충분히 성장하고 성숙하게 되었을 때, 자연스럽게 비어 있는 자기자신을 바로 보게 되고, 새로운 감각인식인 '공'함의 경지에 도달하게 되는 것이다.

순수하고 절대적인 자연적인 환경 속에서는, 그 어느 누구에게나 숨을 쉴 수 있는 공기가 주어지는 것처럼, '공'함의 경지에 들어갈 수 있는 충족될 만한 절대조건들이 형성된 사람들이, 비어 있는 마음을 보게 되는 것은, 자연스럽고 당연하게 주어지는 것이다. 마하반야/마하프라갸/위대한 지혜를 원하는 사람들에게 주어질 수 있는 그 충족될 만한 절대조건들은, 청소년기를 지난 사람이라면 누구라도 알 수 있는 것이고, 바라볼 수도 있으며, 목적이 될 수도 있고, 목표로 설정할 수도 있는, 스스로가 독립적인 의지를 갖게 된다면, 충분히 노력할 수 있는 그런 것들이다.

'공'함의 경지에 들어서기 위한 충족되어야할 절대조건에는 다음과 같은 것들이 있다. 먼저 선하고 선한 마음을 보유한 특정한 유전적 기질을 갖고 태어나지 않은 평범한 사람이라면, 어린 시절부터 어른이 되기까지 보호자로부터 충분한 사랑을 받고, 청소년기를 지나 육체적으로나 정신적으로 건강한 성인으로 성장하게 되었을 때이다. 그 다음은 청소년기를 지난 이후에, 배고픔과 같은 기본적인 욕구로부터 생겨나는 고통을 극복하고, 부정적인 감각인 육체적 고통과 부정적인 인식으로부터 생겨나는 마음속의 괴로움을 극복하기 위하여 충분히 감수하고 인내하여, 그런 육체적인 고통과 마음속의 괴로움을 극복할 수 있는 힘을 갖게 되었을 때이다.

또한, 오래도록 질병이 없는 건강한 몸을 지니게 되었을 때이다. 오래도록 정신적으로 결핍이 없는 상태의 건강한 마음을 갖게 되었을 때이다. 오래도록 유익하고 아름다운 자연환경 속에 머무르게 되었을 때이며, 조상들로부터 오래된 선함과 굳건한 자유의지를 물려받았을 때이다. 운명적으로 결합되고 확보된 선함과 순수함이 자기자신 안에서 일어나게 되어서, 오래도록 무소유를 실천하게 될 때이다.

또한, 오래도록 자기자신이 만족스러운 존재로 인식되어질 때이며, 오래도록 공부하고 학습하여 인간과 만물만사에 대하여, 충분히 이해할 수 있는 나름대로의 확고한 지적인 능력을 갖게 되었을 때이다. 자기자신과 다른 사람과 세상의 모든 것들을 사랑하고, 또 사랑하여 사랑의 충족이 오래도록 지속되었을 때이다. 또한 오래도록 감각인식 활동에 대해서 성찰하고, 그 성찰의 결과가 긍정적이었을 때이다. 그러나 그 중에서 사랑과 자비와 같은 선한 마음이 가장 중요한 것이다.

이와 같이, 오래도록 절대적인 조건이 충족되었을 때, 필연적으로 원인에 따른 결과가 있는 것처럼, 절대조건의 충족에 의해서 비어 있는 마음인 '공'함의 경지를 체득하는 것이다. 그것이 곧 마하반야/마하프라갸/위대한 지혜를 증득하는 것이다.

036
'공'함의 경지는, 온 세상과의 진정한 소통이다

능가할 수 없는 위대한 지혜란, 자기자신을 포함한 온 우주에 가득한 만물과 생명과 인간에 대해, 긍정적인 이해와 배려와 경외심을 갖는 것이다. '공'함의 체득은 인간에게 내재된 모든 마음 중에서, 최상위에 위치한 의식적 차원에 도달한 것이다. '공'함을 체득한 사람은, 가장 높은 수준의 인간의 마음을 갖게 된 것이다.

'공'함의 체득은 전체적인 지혜에 근거하여, 전체적인 지혜의 결과로 체득하는 것이다. 온 우주와 만물과 생명과 인간에 대한 경외심과 배려하는 마음이, 곧 온 세상을 사랑하는 것이고, 곧 온 세상과의 진정한 소통과 교류를 하게 되는 것이다.

온 우주와 만물과 생명과 인간에 대한 경외심과 배려하는 마음이 없는 사람은, 자유롭고 행복하고 충족한 마음인 '공함'의 경지에 들지 못한다. 그것은 안타까운 현실이지만, 부정할 수도 없는 사실이기에 받아들여야 하는 것이다. '공'함의 경지에 들지 못하는 사람들은, 그들만의 불충분한 조건들을 지니고 있는 것이다.

자연환경과 생명과 인간에 대한 경외심과 배려가 없는 사람이라면, 그런 사람은 전체적인 지혜에 귀의하지도 못한 상태이므로, 당연히 인간으로서 중대한 결핍상태에 있는 것이다. 그렇게 중대한 결핍의 상태에 있는 사람이 완전하고 완벽한 '공'함의 경지에 도달할 수는 없다. 또한 누가 보기에도 인간으로서 부족한 일면이 있는 사람이 최상위 차원의 마음인 '공'함의 경지에 들었다고는 할 수 없을 것이다.

부족한 일면이란, 우울증 같은 신경증적인 질병이나, 면역력 결핍으로 인한 암과 같은 질병, 치매와 같은 뇌신경성 질병, 술과 담배와 도박 같은 중독성 질병. 나약한 마음이나 허약한 신체를 가진 무기력증과 같은 증상을 말하는 것이고, 부족한 일면이 있는 사람들이란, 그런 여러가지 질병에 걸린 사람들을 가리키는 것이다.

부족한 일면이란, 특정한 종교나 사상에 빠져서 헤어 나오지 못하는 것을 말하기도 한다. 그런 것에 빠진 사람들은, 이미 심리적으로 나약하거나 부족하기에 엉뚱하게도 그런 것들에 빠진 것이다. 그런 것들에 빠진 사람들은 자신들이 특별한 선택을 받았다고 착각하거나 강요당하기도 하지만, 그것은 실로 결핍과 모자람과 어리석음을 감추고 숨기기 위한 것일 뿐, 진정한 건강함과 행복함은 없는 것이다.

또한, 부족한 일면이 있는 사람이란, 지나칠 정도로 물질적 욕망이 강한 사람이나, 자기 위주의 이기심으로 가득 찬 사람을 말한다. 그런 사람들 역시도 다른 사람들을 살피고 배려할 수 없는 사람인 것이고, 주변의 자연환경에 대한 경외감조차도 없기에, 전체적인 지혜를 깨우치고, 위대한 지혜를 증득할 수가 없게 되는 것이다.

'부자는 천국에 가지 못한다.'는 말이 있는 것처럼, 인간 사회에서 조금이라도 다른 사람들에게 피해와 해악을 끼친 사람과, 물질적인 부자로 인식되는 사람은 결코 '공'함의 경지에 들지 못한다. 그 이유는 당연히 의식의 방향이 '공'함으로 향하고 있지 않기 때문이다. 목적이 다르면 다른 곳으로 갈 수밖에 없는 것은 당연한 것이다. '공함'의 경지는 오직 위대한 지혜만을 얻고자 노력하는 사람의 몫일 뿐이다.

그 무엇일지라도 오래도록 절대적인 조건이 충족되었을 때, 필연적으로 그 원인에 따른 결과가 있는 것처럼, 더없는 건강성과 행복감의 궁극의 원천이 되며, 인간 정신의 궁극의 도달점이 되며, '대 자유'라고 표현되는 자유로움의 시발점이 되기도 하는 '공'함의 경지에 도달하게 되는 것, 그것은 오직 생명과 인간에 대한 사랑과 자비, 자연환경과 온 우주의 대해 무한한 경외감을 갖는 사람의 몫이다. '공'함의 경지는 그런 사람의 최종적인 목적지이며, 궁극의 도착지가 되는 것이다.

सा शून्यता या शून्यता तद्रूपं एवमेव

sā śūnyatā ya śūnyatā tad rūpam evam eva

사 순야타 야 순야타 타드 루팜 이밤 이바

순야타 = 빔

타드 = 그것

루팜 = 형상

이밤 = ~처럼

이바 = 오직

8) 물질인 것은 곧 텅 빈 것이며, 텅 비어 있는 것이 곧 물질
   이다.
   이것은 비어 있다. 이것은 비어 있다. 그 형상도 비어 있는
   것이다.
   (色卽是空 空卽是色 : 색즉시공 공즉시색)

- 해석 및 주석 -

물질이 곧 공이며, 공이 바로 물질이라는 것은 반야심경의 핵심 내
용이다. 많은 사람들이 일반적으로도 "색즉시공 공즉시색"이라는
문장을 인용하여 어떤 사물과 현상에 대해 설명하기도 한다. 또한
"색즉시공 공즉시색"이라는 단순한 문장에 감추어진 깊은 철학적인
의미를 배경으로 여러 지식들을 대입하여 말하기도 한다.

또다른 인도의 오래된 경전 가운데 하나인 '우파니샤드'라는 경전

에서도 "색즉시공 공즉시색"과 같은 의미를 유추할 수 있는 내용이 나온다. 그 내용은 "푸르나마다흐 푸르나미담(*purnamadah prnami-dam*)"이라고 하며 "그것인 절대도 완전하며, 이것인 상대도 완전하다."라고 표현되는데, 이것은 절대성이 상대성을 포용한다는 내용으로서 상대성과 절대성의 합일로 초월적 절대성을 뜻하는 것이다.

우파니샤드의 "푸르나마다흐 푸르나미담"과 반야심경에서 "색즉시공 공즉시색"은 서로 다르지 않은 것이다. 즉, 절대적인 세계의 의식은 이미 상대적인 세계의 모든 현상와 다르지 않다는 것이다. 절대의식은 상대의식을 포용하고 초월하는 것이다. 오래전 선각자 붓다가 이러한 가르침을 전제한 것은, 그의 전체적인 의식이면서 상대적인 의식세계를 초월한 절대적인 의식세계를 먼저 선포하려고 하였던 것이다.

037
'공'함의 경지는, 마음을 비우는 것이다

'공'함을 알게 되면 자연스럽게 마음이 비워지고, 인생의 많은 부분에서 불편함이나 부족함이 없는 자유로운 상태가 된다. 마음이 비워지는 '공'함의 경지에 들어서게 되는 때에는, 자기자신뿐만 아니라 세상의 그 어떤 무엇이든지 변하지 않는 것이 없으므로, 고정불변의 그 무엇도 존재하지 않는다는 것을 자각하게 되는 순간이다. 모든 것은 변하므로, 모든 것은 실로 비어 있는 것을 알게 되는 것이다.

오랜 명상/바라밀/파라미타의 과정 속에서, 직관적 판단력이 강화된 사람의 마음이, 곧 마하반야/마하프라갸/위대한 지혜인 것이다. 자기자신을 형성하는 '색, 수, 상, 행, 식'이 비어 있음을 체득하지 못한 사람이, 마음을 비운다는 것은 불가능한 것이 된다. 세속적 욕망으로 가득한 사람의 마음이 어떻게 비워질 수 있겠는가?

중생들은 자기자신과 세상의 모든 것이 변한다는 것을 알기는 하지만, 지금의 자기자신에게 집착하기에, 그 변한다는 사실을 진정코 받아들이지 못하고 거부하는 것이다. 그 집착 때문에 중생들의 마음은 언제까지나 비워지지 못하는 것이다.

지금의 자기자신에게 집착이 강한 중생들은, 인간이란 생명으로 나서 자라고 늙어가고 죽게 되는 것이 당연한 것처럼, 지금의 자기자신이 변하여 다른 존재가 된다는 것을 받아들이지 않기에, '공'함의 경지에 들어갈 수가 없는 것이다. 한 번도 '공'함을 체험하지 못한 사람이 마음을 비울 수는 없는 것이며, '공'함의 경지에 들지 못한 사람은, 단 한 순간도 자유로운 마음을 가질 수는 없는 것이다.

마하반야/마하프라갸/위대한 지혜는 만물만사를 대함에 있어서 한쪽으로 조금도 치우치지 않는 공정하고 평등한 마음이다. 세속적이고 물질적인 욕망은, 다른 사람을 배려하지 않는 편협한 마음이다. 다른 사람을 배려하지 않는 사람의 마음은, 자기자신밖에 모르는 이기적인 마음이다. 이기적인 마음은, 균형과 조화로움을 모르기에, 결국은 자기자신 스스로 혼란스러운 부조화의 상태에 빠지게 된다.

세속적 욕망으로 가득 찬 이기적인 마음으로는, 정작 인생에서 가장 중요한 건강하고 행복하게 사는 것이 무엇인지 모르기 때문에 몸과 마음이 불안정한 것은 당연한 결과가 된다. 세속적 욕망의 이기적인 마음은, 다른 사람을 해치려는 마음도 지니고 있기에, 그 마음에서 나오는 편견, 독선, 나약함, 불편함을 감수해야 한다.

자연의 섭리이자, 자연적이고 절대적인 것이라고 할 수 있는, 필요 충족의 절대조건은 자연스럽게 어떠한 현상과 결과를 만들어 낸다. 건강과 행복 충족의 절대조건인 '마음을 비운 사람'은 마하반야/마하프라갸/위대한 지혜를 증득한 것이다. 마음을 비우는 것이 더없이 위대한 지혜이기에, 위대한 지혜를 증득한 사람이라면 매우 만족스럽고 자유롭기에 건강하고 행복한 경지에 들어서게 되는 것이다.

건강과 행복 충족의 절대조건으로 마음이 비워진 사람, 마하반야/마하프라갸/위대한 지혜를 증득한 사람이라면, 마땅히 괴로움과 고통의 원인이 되는 질병에 걸리지 않아야 하고, 물질적인 욕망으로부터 자유로워서, 아무것도 갖지 않는 마음으로 인생을 살아가야만 한다. 진실로 마하반야/마하프라갸/위대한 지혜를 증득한 사람이라면, 죽음에 이르는 순간까지 무소유의 삶을 실천하여야만 하는 것이다.

마하반야/마하프라갸/위대한 지혜를 증득하여, 마음을 비웠다는 것은 죽음으로부터도 자유로워야 한다는 것이다. 마음을 비운 사람이라면 죽음에 이른 순간에서도 육체의 고통에 몸부림치지 않아야 하고, 죽음을 거부하는 마음의 동요도 없어야 한다. 삶과 죽음의 분리와 단절을 초월하여 자유로운 죽음을 맞이해야 하는 것이다.

또한 죽음 이전에 특별한 사고가 발생한 것이 아니라면, 중생들이 걸리는 여타의 질병에 걸리지 않아야 한다. 마하반야/마하프라갸/위대한 지혜를 증득한 사람이라면, 자기자신에게 주어진 수명인 '천수'를 누릴 수 있어야 한다. 그리하여 죽음의 순간에 이르러서는 담담하고 당당하게 자기자신에게 주어지고 부여되었던 소명들을 "다 이루었다!"고 선언할 수 있어야 하는 것이다. '천수'란 자연적인 것을 벗어난 늘어난 수명이 아니다. '천수'란 자연스럽게 이어지고 주어진 수명인 것이다.

038

'공'함의 경지는, 모든 긍정적인 가치들로 인해서 더욱 위대해진다

생명의 차원에서 의식 수준은, 생명의 단계와 진화를 구분하는 기준이 된다. 인간과 다른 영장류의 의식 수준은 차원이 다르다. 인간이 포함된 영장류와 다른 포유류들의 의식 수준도 차원이 다르다. 포유류와 기타 척추동물의 의식적인 차원도 다르다. 아쉽게도 인간의 세계에서도, 각 사람마다의 의식 수준은 차이가 있어 보인다.

그 의식 수준의 차이는 그 개인이 품고 있는 마음가짐인 것이며, 그 마음가짐은 자기 스스로 자신과 세상을 대하는 태도이고, 자기자신만의 삶에서 중요성의 척도가 되는 것이다. 그렇게 중요하게 여겨지는 것을 가치라고 하고, 그 가치들이 모아져서 개인만의 특성이자 개성적인 마음가짐, 즉 가치관이 형성되는 것이다.

'공'함의 경지에 들어가려는 사람이라면, 인간이 가진 모든 의식의 차원에서 긍정적인 가치들을 마음에 품어야 하고, 그 가치들이 내적/외적으로 발현되도록 노력해야 한다. 그런 긍정적인 가치들을 발판으로 삼아야만 진정한 '공'함의 경지인 완전하고 완벽한 마음의 세계에 들어설 수 있게 되는 것이다. 그 가치들은 당연히 무한한 우주와 생명이 살아가는 지구에 속한 자연환경과 생명들을 살리는 것이 된다.

또한, 그 가치들에는 당연히 인간에 대한 사랑과 헌신이 포함되어야만 한다. 가까이는 가족과 이웃으로부터, 좀 더 크고 멀게는 지역사회와 국가, 인류의 전체의 건강과 행복한 삶에 이바지하는 것이 되어야 한다. 그것이 비어 있는 자기자신을 바로 볼 수 있는 '공'함으로 들어가게 되는 진정한 가치, 긍정적인 가치들인 것이다.

비어 있는 마음을 보게 되는 '공'함의 경지는, 인간이 가진 많은 긍정적인 가치들 중의 최상위 차원의 가치인 것이다. 그러므로 마하반야/마하프라갸/위대한 지혜를 증득하여, '공'함의 경지에 들어가서 부처가 되려고 한다면, 모든 긍정적 가치들의 중요성에 주의를 기울여야 한다. 그 가치들이 모여서 긍정적인 가치관을 형성하게 되고, 그 긍정적인 가치관은 인격이 되는 것이고, 운명이 되는 것이다. 이러한 긍정적인 가치관의 형성과정이 곧 명상/바라밀/파라미타의 과정도 되는 것이다.

'공'함의 경지에 들어서 부처가 되려고 한다면, 자기자신의 삶의 모든 부분에 있어서, 단편적이 아닌 전체적으로 이해하여야 한다. 인생의 전체의 맥락과 상황과 현실에 대해 충분하게 이해하여야 한다. 자기자신의 삶을 전체적으로 이해함으로써, 자기자신의 운명이 흐트러지지 않고, 하나로 모아져서 유지되는 일체감이 생겨나야 한다. 자기자신에게 되돌아가고, 집중하는 마음이 생겨나야만 하는 것이다.

'공'함의 경지에 들어서 부처가 되려고 한다면, 삶에만 집착하고 죽음을 거부하는 것과 같은 배타적이고 이분법적의 생각들을 넘어서고, 초월해야만 하는 것이다. 생존에 연연하여 생명의 현상들을 죽음과 나누고 분리하게 되면, 크고 넓고 깊은 마음이 생겨나지 않을 것이며, 자기자신과 자연현상을 있는 그대로 볼 수가 없게 된다. 또한 있는 그대로 볼 수 없다면, 온전한 집중력이 발휘되지 않기 때문이다.

'공'함의 경지에 들어서서 부처가 되려고 한다면, 오랜 명상/바라밀/파라미타의 과정이 일관성 있게 진행되어야 한다. 명상의 과정과 방편들이 일관적이고 규칙적으로 실행되어야 하는 것이다. 선한 마음이 일관적으로 지속되어야만 진정으로 좋은 사람이 되는 것처럼, 운동을 규칙적으로 지속해야만 뼈가 튼튼해지고 피가 맑아지며, 아름답고 건강한 육체를 갖게 되는 것처럼, 오직 일관적이고 지속적인 명상/바라밀/파라미타의 과정 속에서만이 '공'함의 경지에 들어 갈 수 있게 되는 것이다.

'공'함의 경지에 들어서 부처가 되려고 한다면, 완전하고 완벽하게 자기자신에게 주어진 운명을 받아들여야 한다. 그것은 이성적이고 순수한 것이다. 이성적이지도 순수하지도 못한 사람, 자기자신에게 주어진 운명을 받아들이지 못하는 사람은, 공평하거나 정의로운 마음을 인정하지도 못하고 지켜내지도 못하게 되는 것이다.

자기자신의 운명을 거부하는 사람은, 당연히 다른 사람의 운명도 이해하려고 하지 않을 것이다. 그런 사람은 자기자신에게 주어진 자율성과 독립성을 일깨우지도 발휘하지도 못하지만, 역시 다른 사람의 자율성과 독립성도 인정해주지 않기 때문이다. 자기자신의 운명을 거부하는 사람은, 억지로 살아가고 있는 것이다.

'공'함의 경지에 들어서 부처가 되려고 한다면, 자기자신에게 주어진 자율성과 독립성을 지켜나가면서, 다른 사람에 대한 사랑과 자비와 헌신을 실천해 나가야 한다. 올바르고 곧은 소신으로 자기자신의 자율성과 독립성을 지켜나가다 보면, 직관력과 통찰력에 의한 지혜는 더욱 커져서, 다른 사람에 대한 사랑과 헌신과 같은 대자대비의 마음이 넘쳐나게 되므로 헌신의 실천이 결코 어려운 것이 아닐 것이다.

'공'함의 경지에 들어서 부처가 되려고 한다면, 매사에 즐거운 마음으로 아름다움을 추구하고, 생동감 있는 몸과 마음을 유지하려고 노력해야만 한다. 움츠러들고 구부러진 몸에는 밝고 맑은 마음이 생겨나지 않는다. 그렇기 때문에 언제나 가슴과 허리를 펴고, 당당하고 가벼운 발걸음으로 걸어야만 하는 것이다. 형형색색의 아름다운 꽃들을 보면 기분이 좋아지는 것처럼, 즐거운 마음과 생동감 있는 몸짓에는 형형색색의 아름다운 꽃들처럼 황홀한 아름다움이 깃들어 있게 되는 것이다.

'공'함의 경지에 들어서서 부처가 되려고 한다면, 마음의 자유와 만족이 있어야 한다. '공'함의 경지에 들기 위해서는, 언제나 즐겁고 자유로운 마음으로 자기자신과 다른 사람들을 만족스럽게 대해야만 하는 것이다. 부정적인 생각인 나약함과 고정관념과 편협한 생각은, 마음의 자유를 박탈하고 구속하는 요인이 된다. 진정한 자유는 육체를 초월한 마음에 있기에 물질에 집착하고, 편협한 생각에 집착하는 사람은, 마음의 자유와 만족이 없어서, 비어 있는 마음을 보지 못하게 되는 것이다.

'공'함의 경지에 들어서서 부처가 되려고 한다면, 마음의 평안을 유지해야만 한다. 마음의 평안을 유지하려고 한다면, 보통의 사람들이 전전긍긍해하는 물질적 손익으로부터의 자유가 있어야 한다. 지혜로운 사람에게는 물질적인 손해와 이익이 존재하지 않는다. 물질적 손익에 마음을 두게 되면 위대한 지혜인 '공'함의 체득은 불가능한 것이 된다. 물질적 손익이 계산되는 마음은 결코 비워질 수가 없기 때문이다. 물질적 손익에 전전긍긍하는 것은 우매하고 어리석은 중생의 모습일 뿐이다.

'공'함의 경지에 들어서서 부처가 되려고 한다면, 여유로운 긴장감을 지니고 있어야 한다. 매사에 조급하게 서두르는 마음은 불안정한 것이고, 불안정한 마음에서 지혜는 생겨나지 않는다. 또한 반대로 지나치게 게으르고 나태하거나 무기력한 마음에서도 지혜는 생겨나지 않는다. 게으르고 무기력한 마음에는 예리한 직관력이 생겨나지 않기에, 몸과 마음에 활력이 느껴질 정도의 적당한 긴장감은 있어야 한다.

성급하거나 조급하지 않은 적당한 여유로움과, 생기와 활력이 넘치는 적당한 긴장감 속에서 마하반야/마하프라갸/위대한 지혜는 빛을 발하게 되는 것이다. 더욱더 위대한 지혜를 증득하고 부처가 되고자 한다면, 조금의 조급함도 없이 더할 나위 없는 태평스럽고 한가한 시간들을 가져야 한다. 충분한 한가함과 자유로움이 '공'함의 경지에 들어서서 부처가 되는 마지막 관문이다. 신체적인 이완 상태와 더불어 마음의 한가함이 극적으로 도달하지 못했다면, 위대한 지혜인 비어 있는 '자아'의 모습을 보지도, 알지도 못할 것이며, 부처가 되지도 못할 것이기 때문이다.

वेदनासंज्ञासंस्कारविज्ञानम् ॥

vedanā samjñā samskāra vijñām

베다나 상갸 상스카라 비갸남||

베다나 = 느낌(受)

상갸 = 생각, 인식(想)

상스카라 = 인상, 현상들(行)

비갸남 = 의식, 알음알이(識)

9) 느낌, 생각과 인식, 인상과 현상, 의식과 알음알이도 비어
   있는 것이다.
   (受想行識 亦復如是 : 수상행식 역부여시)

- 해석 및 주석 -

'수상행식 역부여시'는 반야심경의 핵심적 구절인 '색불이공 공불이
색' 이후의 구절로, 앞선 구절을 보충하여 좀 더 구체적으로 설명
하는 것과 같다. '색불이공 공불이색'이라는 결론을 표현하고 난 다
음에 설명이 되는 '수상행식 역부여시'는, '공'함을 표현하고 난 다
음의 느낌이나 인식이나 인상이나 현상들과 같은 모든 의식들도,
결국 '공'이라는 절대의식으로 드러내고 표현하고 있는 것이다.

'수상행식 역부여시'는 좀 더 구체적으로 마음인 '자아'와 가까워진
표현으로, 역시 언제나 절대 진공의 '순야타'(*sunyata*)를 배경으로
'자아'를 표현하고 있는 것이다.

039
'자아'는 다섯 갈래의 묶음이다

물질인 '색'에 포함된 '수, 상, 행, 식'이 '자아'이다. '자아'란 마음이다. 마음은 무한하고 복잡한 것이다. 규정하고 측정하고 단정하기 어려운 것이 마음인 것이다. 여기에서는 다섯 갈래 이상의 마음 작용을, 다섯 갈래로 표현한 것뿐이다. 마음과 정신활동이란, 실제로는 다섯 갈래가 아닌 다섯 갈래 그 이상이 것이 될 것이다.

다섯 갈래란, 그저 다수에 대한 표현이고 복수적인 표현일 것이다. 다섯 갈래 중에는 첫째가 '색'으로 물질적으로 존재하는 것의 표현이고, 나머지 네 갈래는 '수, 상, 행, 식'으로 인간의 정신활동이며, 마음이라고 할 수 있는 것이다. 여기에서의 '자아'란 물질, 느낌, 생각과 인식, 인상과 현상, 의식과 '알음알이'를 뜻하는 것이다.

인간이 다섯 가지의 감각기관을 통해서 보고, 듣고, 맛보고, 냄새 맡고, 몸으로 느끼었으므로, 그것과 연관하여 다섯 갈래의 의식활동이라고 표현하였을 것이다. 다섯 줄기의 감각과 다섯 갈래의 마음만으로, 크고 넓고 복잡한 마음의 모든 것을 표현할 수는 없을 것이지만, 여기에서는 그렇게 다섯 갈래로 표현하였을 것이다.

다섯 가지의 지식의 갈래는 마음으로 인식하고, 마음으로 느끼고, 마음으로 생각하고, 마음으로 알게 되고, 마음으로 인식하는 모든 것들이다. 물질적 형상인 '색'과 물질적으로 존재하는 '자아'

라는 마음의 모든 것을 다섯 갈래로 표현한 것이다. 물질적 형상인 '색'과 물질적으로 존재하는 마음인 '자아'가 비어 있으므로, 물질적 현상인 '색'과 '자아'라는 마음의 구성요소인 '수, 상, 행, 식' 역시도 비어 있는 것이 된다. 물질이 비어 있음으로 인해서 물질인 마음인 '자아'도 비어 있게 되는 것이다.

'자아' 즉, 마음은 단순한 존재가 아니다. 마음인 '자아'는 '색' '수, 상, 행, 식'이 합일된 결과물인 것이다. '색'은 물질이며 '있다'라는 것이다. '있다'라는 것은 존재한다는 것이다. 존재하는 '자아'는 '색'이다. '색'인 '자아'가 있고 '자아'는 다섯 가지의 감각과 다섯 갈래의 정신 활동을 통해서 '있다'라는 것을 증명하는 것이다.

물질적 형상인 '색'은 '자아'라는 마음인 '수, 상, 행, 식'을 포함하고 '수, 상, 행, 식'은 생명으로서 살아있음을 뜻하는 것이다. 생명으로 살아있음은 다섯 가지의 감각활동과 그에 따르는 인식활동의 결과이다. 감각활동과 인식활동이 곧 마음이고 생명으로 살아있음이며, 인간으로 존재하는 절대적 조건이 되는 것이다. 감각활동과 인식활동이 곧 물질적 형상인 '색'인 것이다. '색'은 물질이며 살아있는 것이다.

생명에게 있어서 살아있다는 것은 감각과 인식의 작용과 활동이고 감각인식의 작용과 활동은 생명을 유지해 나가기 위한 욕구이며 생명활동의 본질이라고 할 수 있다. 생명에게 있어서 욕구의 충족은 기쁨이고 만족이다. 욕구를 충족하지 못하면 고통스럽다. '자아'인 '색, 수, 상, 행, 식'은 기쁨이기도 하고 고통이기도 하다.

이러한 '자아'는 절대적으로 스스로인 '자아'에 대한 인식의 차이에 따라서 좋아지기도 하고 나빠지기도 한다. 기쁨이 커지기도 하고 고통이 커지기도 하는 것이다.

관찰자에게 관찰과 성찰이란, 자기자신 스스로인 '자아'에 대한 새로운 인식의 범위를 확장하고 확대해 가는 것이다. 관찰자가 되어 '자아'를 성찰하는 과정인 명상/바라밀/파라미타의 과정에 깊게 들어가다 보면, 자기자신 스스로 마음속에서 우러나오는 새롭고 분명한 궁극의 인식에 도달하게 되는데 그것이 곧 '공'한 것이다.

040
'공'하다는 것은 '자아'가 비어 있다는 것이다

전체적인 지혜에 귀의한 관찰자가 오랜 명상/바라밀/파라미타의 과정 속에서 흔들림 없이 굳건하게, 초연하고 자유롭게 자기의 삶을 살아가다 보면, 궁극의 경지인 비어 있는 자기자신의 마음을 보게 될 것이다. 비어 있는 마음이 곧 '공'한 것이다.

마음은 '공'한 것이다. 그것은 매우 자연스러운 것이다. 관찰자에게 비어 있는 자기자신인 '공'에 대한 확신은 시간이 지날수록 더욱 뚜렷해지게 된다. 관찰의 시간이 오래될수록, 지혜로운 마음이 커질수록, 인격의 수준이 높아질수록, 스스로의 마음은 더욱더 비워지게 된다. 마음이 '공'한 것임은 점차 불변의 확신이 되는 것이다.

억지로 '공'한 마음을 가지려고 해서 되는 것은 아니다. 오랜 명상/바라밀/파라미타의 과정 속에서, 자기자신이라는 존재를 좀 더 뚜렷하게 인식하고, 또한 지금의 자기자신을 넘어서 좀 더 크고 넓은 존재로 확장되어야 한다. 인식하는 '자아'의 인식범위가 확장되고, 생명과 생명이 속한 자연과 자연이 속한 우주 전체가 곧, 자기자신임을 인식하고 체득하는 것이 진정한 '공'함의 경지에 도달하는 것이다.

진정으로 '공'함을 체득하였다면, 어떻게 세속적 욕망에 머물 수 있겠는가? 진정으로 '공'함이 체득되었다면, 어떻게 고통과 괴로움의 세계에만 머물게 되겠는가? 진정으로 '공'함을 체득하였다면, 기쁨과 고통을 인식하는 마음인 '자아'가 기쁨과 고통을 새롭게 인식할 수 있기에, 기쁨은 기쁨이 아니며 고통도 고통이 아님을 알게 되는 것이다. 그러하기에 진정으로 '공'함을 체득하였다면, 새롭게 인식하는 마음은 자유롭게 된다. 마음이 자유롭기에 기쁨은 커지고 고통은 사라지는 것이다.

진정으로 '공'함을 체득하였다면 마음이 자유롭기에, 일반적이고 평범한 수준의 감각인식으로는 볼 수 없는 것을 보고, 들을 수 없는 것을 듣게 되며, 중생들이 가보지 못하는 기쁨과 희열의 세계, 절대지복의 경지를 체험하게 되는 것이다. 진정으로 '공'함을 체득하였다면, 몸은 세속에 머물되 마음은 세속에 머무는 것이 아닌 것이다. 육체는 세속에 머물되, 마음은 세속적 욕망을 벗어났기에, 해탈과 열반의 경지에서, 그 무엇으로부터도 초연하고 자유로움의 세계에 머물게 되는 것이다.

इह शारिपुत्र सर्वधर्माः शून्यतालक्षणा अनुत्पन्ना अनिरुद्धा

iha śāriputra sarva dharmāḥ śūnyatā lakṣanā anutpannā aniruddhā

이하 사리푸트라 사르바 다르마흐 순야타 라크샤나 아누트판
나 아니루따

이하 = 오!

사리푸트라 = 사리불

사르바 = 전체, 모든

다르마흐 = 정의, 법

순야타 = 빔, 공함

라크샤나 = 흔적

아누트판나 = 생겨나지 않는

아니루따 = 멸망하지 않는

10) 사리푸트라여! 전체의 모든 법과 정의는 비어 있는 것이기
   에,
   생겨나지도 않고 멸망하지도 않으며 흔적조차도 없는
   것이다.
   (舍利子 是諸法空相 不生不滅 : 사리자 시제법공상 불생불멸)

- 해석 및 주석 -

사리푸트라는 붓다의 십대 제자 중에 가장 지혜가 뛰어난 사람
으로, 인도 중북부에 있는 마가다국(*Magadha*, 지금의 비하르 지
역)의 라자그리하(*Rājagriha*, 왕사성王舍城)라는 지역에서 브라흐만

집안의 둘째 아들로 태어났다. 그는 원래 '산자야'라는 스승을 모시고 수행을 하였으나, 붓다의 첫번째 가르침을 받은 다섯 비구 중의 첫째인 '아사지'의 소개로 붓다의 가르침을 받게 되었다. 그 후 사리푸트라는 십대 제자 중에 신통이 뛰어난 목건련(目犍連)과 함께 산자야의 제자 250명을 데리고 붓다에게 귀의하였으며, 뛰어난 지혜로 붓다의 가르침을 체계화하고 붓다를 대신하여 설법을 하기도 하였다. 그는 붓다의 열반보다 먼저 몸을 떠나게 된다.

이 구절은 '공' 즉 '비어 있음'의 절대적 초월성은 모든 법에 내재되어 있는 것이므로, '공' 즉 '비어 있음'이 모든 법의 본질임을 설하는 것이다. 모든 법이란, 모든 물질과 모든 현상들을 말하는 것으로서, 모든 물질과 현상들은 '공' 즉, '비어 있음' 안에 포함되어 있는 것이기에, 생겨나지도 않고, 생겨나지도 않았기에 소멸되지도 않으며, 또한 생겨나지도 않았기에 흔적조차도 없는 것임을 설하고 있는 것이다.

이것은 '무아'의 경지에 든 사람의 고차원적인 의식의 발현이고, 그 발현을 언어적으로 표현하는 것이고, 물질과 현상에 대한 인간 의식의 고차원적 표현인 것이다.

041
모든 것은 생겨나지도 소멸하지도 않기에, 흔적도 없는 것이다

자기자신에 대해서, 또는 더 나아가 세상의 모든 것들에 대해서, 한가한 마음과 자유의지를 가지고 관찰하다 보면, 일정한 시간이 지나고 충분히 인격의 성장과 성숙이 이루어졌을 때에, 갑자기 삶과 죽음이 하나라는 자각과 함께 세상의 모든 물질과 현상들이 '분리되고 단절 될 수 없는 하나의 것'이라는 것임을 깨닫게 된다.

또한 자기자신에게 집중되어 있으며 독립성과 자율성이 확고하여 언제나 한가하고 여유로운 관찰자는, 자기자신과 세상의 모든 것들이, 언제나 끊임없이 변한다는 것을 쉽게 알게 된다. 자기자신을 비롯한, 세상의 모든 것들이 언제나 변해 가는 것이므로 결국 변하는 것은 하나의 것도 없다는 자각이 일어나게 되는 것이다.

결국 변하는 것이 하나도 없는 것이므로, 당연히 생겨나는 것도 소멸하는 것도 없는 것이고, 생멸의 흔적조차도 없게 되는 것이다. 관찰자에게는 세상의 모든 것들이 생겨나고 소멸하지도 않으며, 그 흔적조차도 없는 것이기에, 마땅히 자기자신 또한 존재하지 않는다. 분명하게 존재하지만, 존재하지 않는 것이 되는 것이다.

관찰자가 오랜 명상/바라밀/파라미타의 과정 속에서, 삶과 죽음을 포함하여 이 세상 모든 것들이, 나눌 수 없는 하나라는 자각을 분명히 하게 되면, 생겨나거나 태어나는 것도 없고, 소멸하거나 사라지는 것도 없으며, 더러운 것도 깨끗한 것도 없게 되는 것이고, 그 어떤 무엇이든지 더할 것도 뺄 것도 없는 것이 되는 것이다.

관찰자에게 그런 새로운 인식과 자각의 순간이 오게 되면, 자기자신과 세상의 모든 것들의 움직임과 흐름이 멈추어지고, 더이상 가야할 곳도 없고, 더이상 알아야할 그 무엇도 없으며, 추구해야할 아무것도 남아있지 않게 된다. 중생들의 삶의 과정인 세속은 저만치 더욱 멀어지게 느껴지고, 자기가 자신이 아닌 것처럼 '텅' 빈 것과 같은 느낌이 일어나게 되어, 홀연히 '공'함의 경지에 머물게 되는 것이다.

전체적인 지혜에 귀의하여, 더없이 위대한 지혜를 구하는 관찰자가 오랜 명상/바라밀/파라미타의 과정 속에 머물며, 객관적 관찰의 능력이 강화되서 새로운 차원의 감각인식이 발현되고 '텅' 비어 있는 '자아'를 체득하게 되었을 때, 그리고 '자아'의 비어 있음이 더욱 확고하고 견고해져서 '있음'과 '없음'이 불가분의 하나인 것을 알게 되고, 그것을 확신하게 될 때 관찰자는 스스로, 자기자신과 세상의 모든 것들에 대해서 "불생불멸" "불구부정" "부증불감"을 외칠 수 있게 되는 것이다. 그 이상의 것은 없게 되는 것이다. 그것은 더없이 완전하고 완벽한 것이기 때문이다.

그것은 '자아'라고 느껴지는 형상적 물질과, 그 물질적 형상과 현상으로써 존재하는 육체적인 자신과, 느끼고, 생각하고, 의식하는 등의 마음의 현상인 '수, 상, 행, 식'이라는 의식적인 자기가, 실재로는 '텅' 비어 있어서 존재하지도 않고, 존재할 수도 없는 '공'한 것임을 분명하고 확고하게 인식하고 자각하게 된 것이기 때문이다.

"불생불멸" "불구부정" "부증불감"은 오래된 관찰자의, 새로운 인식과 자각의 표현이다. 여기에서는 모든 정의와 법이라고 했지만, 실은 이 세상에 존재하는 자연의 법칙과 순리와 모든 만물을 뜻하는 것이다. '공'함을 터득한 관찰자에게는 세상에 존재하는 모든 것들이 '텅' 비어 있으므로, 생겨나지도 않고 소멸하지도 않는 것이다.

'공'함을 터득한 관찰자의 새로운 인식과 자각으로 인해서, 생겨나는 것이 없으므로, 소멸하는 것이 없음은 당연한 것이다. 자기자신이 포함된, 이 세상의 모든 것들인 물질적인 형상들과 그 형상들을 감각하고 인식하는 주체인 '자아'라는 마음과 육체는 흔적조차 존재하지 않는다. 생겨나지도 않았기에 소멸할 것도 없는 것이다.

अमला अविमला अनूना अपरिपूर्णाः

amalā avimalā anūnā aparipūrṇāḥ |

아말라 아비말라 아누나 아파리푸르나흐

아말라 = 더럽지 않는

아비말라 = 순수하지 않은

아누나 = 부족하지 않은

아파리푸르나흐 = 충분하지 않은

11) 더럽지도 않고 순수하지도 않으며 부족하지도 않고 충분
    하지도 않다.

   (不垢不淨 不增不減 : 불구부정 부증불감)

- 해석 및 주석 -

무아의 경지에 도달한 관찰자에게는 모든 사물과 현상들이 '공'한
것이기에 모든 것은 생겨나지 않은 것이다. 또한 생겨나지 않았기
에 더럽거나 순수하거나 깨끗하거나 부족하거나 충분하거나와 같
은 중생의 마음이 사라진 것이다. 사라짐은 없어진 것이 아니고 초
월한 것이며 초월은 초월의 대상이 제외된 것이 아니다. 이해하기
어려울 수도 있겠으나, 초월이란 초월의 대상으로부터 비롯된 것이
기에 진정한 초월은 초월의 대상이 제외된 것이 아니라 초월의 대
상이 포함한 것이 된다.

여기에 표현된 현장법사의 산스크리트어 한역(漢譯)은 간결하게 표

현되었다. 산스크리트어로 '아말라(amalā)'와 '아비말라(avimalā)'는 한역 '불구부정(不垢不淨)'이다. 텅 비어 있음을 뜻하는 '순야타'는 마치 연잎의 물방울처럼 더럽혀지지도 오염되지도 않는다고 표현한다. 또한 한 차원 더 나아간 생각으로 깨끗하다는 이중적인 잣대를 갖지 않는다. 초월성은 더럽다와 깨끗하다를 평가하지 않는 것이다.

산스크리트어의 '아누나'와 '아파리푸르나'인 '부증불감(不增不減)'은 지구상에 존재하는 생명의 근원이라고 할 수 있는 물의 다양한 형태를 가지고 표현할 수 있다. 물이 눈, 비, 개울, 강, 바다와 같은 다양한 모습으로 보여진다. 그런 다양한 모습으로 나타날 때에는 우리의 눈에 잘 보이게 되지만, 열이 가해져서 수증기가 되었을 때는 눈에 잘 보이지 않는다. 물은 보이는 모습으로 드러나 있다가 증발하여 수증기로 변하고 구름이 되어 비로 내린다. 그러나 그 모든 과정에서도 물은 단지 형태만 바뀔 뿐이지, 그 양은 결코 줄어들지도 늘어나지도 않았을 것이다.

이 구절은 '무아'의 경지에 든 사람의 의식세계에서는 그와 같이 모든 법, 즉 모든 물질과 모든 현상은 더 늘어나거나 줄어들지도 않으며, 더 많아지거나 적어지거나 하지 않는다는 초월의식을 표현하는 것이다. 우주의 모든 물질과 현상을 물의 예를 들어 설명하는 것처럼, 조금도 늘어나거나 감소하지 않음을 인식하는 것이다. 우주의 모든 현상은 '부증불감' 법칙에 의해 진행된다는 것을 말하고 있는 것이다.

042
감각과 인식, 판단과 결정은 생존에 대한 욕구이다

사람들이 감각하고 인식한다는 것과 또한 판단하고 결정하여 행동한다는 것은 생존에 관련된 것들이다. '생겨나는 것과 소멸하는 것' '더러운 것과 깨끗한 것' '더 할 것과 뺄 것'이라는 것은 결국 생존의 욕구에서 비롯된 인식이고 판단이다. '공'함은 생존의 욕구와 생명의 한계를 초월한 상태를 자각하는 것이므로 '살아' 있으되 마치 '죽음'의 상태를 표현하는 것처럼 상반되는 측면을 체험하게 되는 것이다.

'색'과 '공'은 '있음'과 '없음'이다. '있음'과 '없음'은 삶과 죽음이다. '있음'이 곧 '없음'이라면 살아있음이 곧 죽음인 것이다. 오래된 관찰자는 삶과 죽음을 하나로 인식하고 자각하는 것이다. 이 세상에 태어나기 이전이나 죽음 이후의 상태는, 엄연히 아무것도 존재하지 않는 '공'한 것이다. 생각할 것조차 없는 '없음'의 세계인 것이다. 자기자신이 아예 존재하지 않는 것이므로 마땅히 아무것도 없는 것이다.

인간이라는 한시적인 존재가 아직도 '있음'과 '없음'을 인식한다는 것은 아직껏 살아있기 때문이다. 죽음 이후에는 자기자신이 없으므로 당연히 아무것도 없다. 의식을 잃었거나 깊은 잠에 빠져 있을 때에 자기자신을 비롯한 모든 것이 없는 것처럼, 생명으로 태어나기 이전에는 아무것도 없었으며 지금 잠시 존재하고 있으나 곧 사라지게 되는 것이 '자아'이므로 '자아'는 이미 없는 것이다. 생존에 집착하는 어리석은 중생들의 불안한 마음은 증명되지 않은 허망한 미래를 만들고 있다.

여기에서의 '태어나고 죽는 것' '더럽고 깨끗한 것' '더해지는 것과 빠져 나가는 것'은 생존의 유리함이나 불리함이 인식과 판단의 기준이 되는 것이다. '더럽다'라고 하는 것은 생존에 불리한 것이기에 더럽게 느껴지고, 싫어하고 피하게 된다. '깨끗하다'라고 하는 것은 생존에 유리하다고 인식되고 판단되기에, 좋아하고 가까이 하는 것이다. '깨끗하다'라는 것은 생존의 욕구만 드러나게 되는 중생들의 감각과 인식이며 판단과 결정이다. 오직 생존에 관련된 인식이고 판단인 것이다.

비어 있는 마음을 자각한 관찰자는 중생들의 감각인식을 초월하였기에, 중생들이 판단하고 결정하게 되는 '생겨나고 사라지는 것' '더럽거나 깨끗한 것' '더해지거나 빠지는 것'과 같은 감각인식의 판단과 결정으로부터 초연해지게 되는 것이다. 결국 초월성을 인식한 '공'함의 경지에 든 사람에게는 아무것도 없게 되는 것이다.

"색즉시공" "공즉시색"이란 의미는, 모든 물질적 형상을 가진 존재들은 결국 아무것도 아니라는 것이다. 모든 존재의 근원은 비어 있는 것이기에, 결국은 없는 것이 된다는 것이다. 그러므로 '있음'은 '없음' 안에 속해 있는 것이고 '있음'이 '없음'을 인식하고 자각하게 되므로 '없음' 역시도 다시 '있음' 안에 있게 된다는 것이다.

이것은 언어적 의미의 비현실적인 추론에서 나오는 것이 아니다. 이것은 오래된 관찰자의 '자아'라는 존재의 근원에 대한 진지한 성찰의 결과물인 것이다. 이것은 오래된 관찰자가 생존을 초월하는 새로운 인식이고 자각이다. 이것은 관찰자인 자기자신이 스스로에 대한 확신에 찬 해답이 되는 것이며, 생존하는 모든 생명들과 존재하는 모든 물질들과 모든 현상들에 대한 엄연한 실재를 확인하게 되는 것이다.

043
'공'함의 체득이란, 생명의 생존욕구와 한계를 초월하는 것이다

비어 있는 자기자신을 보게 되고 알게된 것이 곧 '공'함의 체득이다. 평범하게 생각되지 않는 새로운 차원의 인식과 자각인 것이다. 그것은 중생들의 생존에 대한 욕구에서 비롯된 인식의 한계와 범위를 초월하는 것이다. 생겨나고 사라지는 것, 더럽거나 깨끗하다고 하는 것, 더하거나 뺀다는 것은 오직 자기자신의 생존에 유리하거나 불리하게 작용하게 될 것이라는 것에 대한 인식이고 판단일 뿐이다.

모든 생명을 비롯한 모든 인간에게 있어서, 자기자신의 생존에 불리한 것은 더러운 것이고 생존에 유리한 것은 깨끗한 것이 된다. 자기자신에게 도움이 되는 사람은 좋은 사람이라고 생각하고, 도움이 되지 않는 사람은 나쁜 사람이라고 생각하는 것처럼 어떤 사람이나 어느 물건이라도, 자기자신의 생존에 불리할 때는 더러운 것일 뿐이고, 자기자신의 생존에 유리할 때는 깨끗한 것이 되는 것이다.

긍정적인 것이든지 부정적인 것이든지 간에 모든 인식과 판단의 기준이 되는 것은, 오직 생존의 유리함이나 불리함이 된다. 오래된 관찰과 성찰의 결과로 삶과 죽음이 하나로 통합되어서 생존의 세계를 초월하여 '공'함을 자각한 사람에게는 당연히 '태어나고 죽는 것도' '생겨나고 소멸되는 것도' '더러운 것도 깨끗한 것도' '더할 것도 뺄 것도' 없게 된다. 오랜 관찰과 성찰의 결과로 '공'함을 자각한 사람에게는 '색'은 '공'한 것이기에, 더러운 것도 깨끗한 것도 없는 것은 당연한 것이다.

'공'함을 자각한 의식의 세계에는, 아무것도 없는 세계인 것이므로 당연히 더하거나 빼야할 아무것도 없게 된다. 그러나 본래는 없는 것을 있다고 생각하여 덧셈과 뺄셈을 하는 것이 인간만이 가진 감각인식 체계의 특성이다. 무엇을 더하거나 뺀다는 것, 분리하거나 비교한다는 것, 더하거나 나눈다고 하는 것은, 계산하는 인식체계를 가진 인간의 특성이고, 그 특성은 숫자에 대한 개념에서 확인되는 것이다.

더하고 빼는 것과 같이, 계산을 한다는 것은 인간만이 하는 생각이다. 인간의 머릿속에서 '있음'을 거듭하면 더하기가 되고, 더할 수 있기에 뺄 수도 있으며 곱할 수도 있고 나눌 수도 있는 숫자의 개념이 생겨나게 되는 것이다. 인간의 감각인식의 결과로 존재하는 물질적 형상인 '색'이라는 '있음'은, 더하고 빼는 계산을 통해서 '없음'은 '있음'으로, '있음'은 천하의 모든 만물로 구분되고 나누어지는 것이다.

044
'없음'인 공간과 시간을, 숫자로 표현하고 표시한다

인간은 다른 생명들과 다르다. 분명히 다른 인식활동의 특성 중에 하나가 '없음'을 '있음'으로 인식하는 것이다. 진정한 실재인 '있음'을 '없음'으로 인식하기도 하지만 역시 진정한 실재인 '없음'을 '있음'으로 인식하여 착각한다. 스스로 고등한 생명이라는 인식을 하고 있는 인간에게는 특별한 마음인 더하기와 빼기가 있다.

더하기와 빼기는 실존하는 것이 아닌 인간들의 머릿속의 개념, 생각일 뿐이다. 인간을 제외한 생명들에게는 더하기와 빼기가 없다. 인간을 제외한 생명들에게는 지금 당장 생명을 이어가는데 필요한 환경과 조건이 필요할 뿐이다. 그들은 생명을 이어가기 위해서 더하기도 빼기도 하지 않으며 숫자의 개념조차도 없는 것이다.

고등한 생명이라고 자부하는 인간이라는 존재에게는 생명을 이어나갈 기본적 환경과 조건을 넘어서서, 또다른 인식과 개념의 차원이 있는데, 그 대표적인 것이 공간과 시간이라는 인식이며 개념이다. 공간과 시간이라는 것은 그 어떤 무엇으로도 증명할 수 없으며 감각할 수도 없는 인간만의 개념이며 인식이 되는 것이다.

시간과 공간은 실제로는 존재하는 것은 아니다. 분명히 존재하지 않는 것이지만 '공간'이 있다고도 하고 없다고도 하며 '시간' 또한 있다고도 하고 없다고도 하는 것이다. 진정으로 "텅~" 비어 있는 아무것도 없는 공간을 있다고 생각하며, 공간을 이동하는 순간과 순간의 이어짐을 시간이라고 한다. 공간과 시간은 없는 것인데, 인간들은 '없음'을 '있음'으로 착각하고 그 착각 속에 빠져서 살아가는 것이다.

끝없이 넓고 무한한 공간은 "텅~" 비어 있어서 실제로는 없는 것이지만, 보통사람들은 누구라도, 공간은 당연히 있다고 생각한다. 또 그 공간의 이동에서 일어나는 경과를 시간이라고 인식하는 것이다. 그러나 관찰자는 오랜 명상/바라밀/파라미타의 과정을 통해서, 공간과 시간은 본래 없는 것이라는 인식과 자각을 확고하게 하게 된다. 진정한 실재의 참 모습을 새로운 인식과 자각으로 깨닫게 되는 것이다.

그리하여 관찰자는, 보통의 사람들이 일반적으로 당연히 '있다'고 생각하고 믿고 있는 공간과 시간의 진정한 참 모습은 '없는 것이다.'라고 제대로 인식하고 자각하여서, 한계적이고 한정된 공간과 시간의 개념으로부터 자유를 얻게 되는 것이다.

시간을 셋으로 나눈 '과거' '현재' '미래'는, '없음'을 '있음'으로 인식하고 난 후, 또 셋으로 나눈 것이다. 이 셋을 더 많은 숫자로 나누게 되면, 결국 수많은 '있음'이 생겨나고, 심지어는 끝이 없음의 무한대가 생겨나게 된다. 무한대는 끝이 없어서 결국 없는 것이다. 끝이 없는 것은 영원한 것이고, 영원한 것은 없는 것이다. 초월성을 인식한 관찰자에게 공간과 시간은 없는 것이며 시간이 없기에 시간에 포함된 과거·현재·미래는, 당연히 없는 것이다. 진정한 초월은 시공의 초월인 것이다.

보통의 사람들은 공간을 떠나서 살 수가 없다. 중생들은 공간에 대해서도 숫자의 개념을 적용시켜서, 자기자신만의 더 넓고 더 많은 공간을 차지하려 하고, 공간이 넓어지면 이득이라고 생각한다. 또한 자기자신만의 공간이 없게 된다면 아무것도 가진 것이 없게 되므로, 좌절하게 되고 소외감과 괴로움을 느끼기도 하는 것이다.

보통 사람들은 시간을 떠나서도 살 수가 없다. 중생들은 과거·현재·미래라는 시간에 속박되는 삶을 살아간다. 되돌릴 수 없는 과거를 떠올리면서 좋아하기도 하고 괴로워하기도 한다. 오지 않을 미래를 상상하면서 허황되고 헛된 희망에 기대하고 의지하기도 하고, 불필요한 망상으로 걱정과 근심에 싸여 괴롭기도 한 것이다.

어리석고 이기적인 중생들은 언제나 조급하고 바쁜 마음뿐이다. 중생들은 더더욱 많은 공간과 시간을 갖기 위해서 바쁘게 살아가지만 언제나 여유와 한가함은 생기지 않는다. 그렇게 바쁜 인생은 끝나지 않고서 더더욱 힘든 나날을 보내게 된다.

공간과 시간이 무한대가 될 수 있다는 것은 영원한 것이기에 가능한 것이고, 영원한 것은 존재하지 않는 것이며 아예 없는 것이다. 시간과 공간이 없는 것이라고 분명히 자각하게 되면 더할 것도 뺄 것도 없고, 더해지는 것도 빠져나가는 것도 없다는 것을 알게 되는 것이다. '있음'은 무한대가 될 수 없다. 있다는 것은 언젠가는 한계에 다다르기 때문이며 한계가 없다는 것은 아예 존재하지 않는 것이다.

공간과 시간은 없는 것이므로 한계도 없고 끝도 없는 것이다. 한계도 없고 끝도 없는 것이므로 영원한 것이 되는 것이다. 시간과 공간이 영원하다는 것은 진실로 없는 것이기 때문이다. 그리하여 만일 누군가가 스스로 '공즉시색'을 자각하였다면 영원함을 자각한 것이다. 영원함을 자각하게 된 사람은 '있음'의 세계를 초월하여 '없음'의 세계에 머무는 것이다. 진정한 '색즉시공'의 의미를 자각하게 된 것이다.

तस्माच्छारिपुत्र शून्यतायां

tasmāc śāriputra śūnyatayām

타스마 사리푸트라 순야탐

타스마트 = 그러므로

사리푸트라 = 사리불

순야탐 = 빔, 공함

12) 사리푸트라여, 그러므로 텅 비어 있음에는

    (是故 : 시고)

- 해석 및 주석 -

반야심경의 핵심인 순야타, 즉 공의 철학은 절대성, 즉 절대적인 것을 말하는 것이며 절대는 모든 상대를 포함하면서 또한 여읜 것이다. 그것은 마치 꽃나무의 수액이 겉으로는 드러나있지 않지만 꽃, 줄기, 잎, 가지, 뿌리, 모든 곳에 스며들어 있는 것처럼 신성이라 표현되는 절대적 초월성과 그 절대적 초월성에 포함된 상대성, 즉 절대의 대상이 되는 상대세계의 모든 존재 또한 그렇다라고 표현하는 것이다.

045

'자아'가 "텅~" 비어 있음을 자각하면 초월이 일어나게 된다

'자아'가 "텅~" 비어 있음을 자각한 지혜로운 사람에게는 '있음'이 곧 '없음'이기에 느낄 수 있고, 볼 수 있고, 들을 수 있고, 만질 수 있는 감각적이고 물질적인 형상들을 초월하는 마음이 생겨나게 된다. 또한 자기자신만의 독특성으로 인식하고 자각하는 특성 있는 현상들에 대해서도 초월하는 마음의 자유가 생겨나게 된다.

'자아'가 "텅~" 비어 있음을 자각한 지혜로운 사람은 모든 것이 아무것도 아님을 알았기에, 자기자신 밖의 외적인 것들인 감각적으로 느껴지고 인식할 수 있는 모든 물질적 형상들을 초월하는 것이다. 또한 자기 안의 내적인 것들인 마음속에서 일어나는 인식과 의식, 추론과 계산과 같은 심리현상들을 초월하게 되는 것이다.

여기에서의 초월은 '아니다'이다. 여기에서의 초월은 '있음'은 '있음'이 '아니다'라고 표현한다. 초월의 가장 중요한 관건은 자기자신에 대한 인식이다. '나는 내가 아니다'라는 생각이 들게 된다면 자기 스스로가 자기자신을 초월하게 된 것이다.

초월의 관건은 내가 '나를 어떻게 생각하느냐?'이다. '나는 무엇인가?' '나는 어떻게 존재하는가?' '나는 어디서 와서 어디로 가는가?' '나는 왜 생명을 갖게 되었나?' '나는 행복한가? 불행한가?' '내

가 긍정적인 사람인가? 부정적인 사람인가?'에 대한 물음들은 결국 '나'라는 자기자신이 진실로 아무것도 아님을 알게 해주는 것이다.

여기에서의 '아니다'라는 것은 중생들의 생존욕구와 결부된 것이 아니다. 중생들의 손해와 이익에 관련되어서 거부하고 부정하는 표현이 아닌 것이다. 생존을 위한 거부가 아닌, 좀 더 수준 높은 의식적 차원에서 결국은 좀 더 유익한 삶을 위해서이며 좀 더 나은 생존을 위한 초월적인 인식이고 자각이다. '아니다'라는 것은 한계적이고 일시적인 것을 초월하는 존재의 본질에 대한 궁극적인 표현인 것이다.

자기자신에 대한 인식이 뚜렷해지고 확고해질수록 초월적 '자아'인 '무아'라는 인식과 자각도 확고해지게 된다. 초월은 작은 자신을 넘어서 전체가 되는 것이다. 초월은 다른 사람도 되고, 다른 생명도 되고, 하늘도 되고, 땅도 되고, 햇볕도 되고, 비도 되고, 바람도 되는 것이다. 초월은 삶도 되고 죽음도 되는 것이다. 초월은 있음도 되고 없음도 되는 것이다. 관찰자의 초월적인 마음은 모든 것이 되는 것이다.

'무아'라는 수준 높은 초월적 인식과 자각이 없다면 인간은 정신활동의 한계와 육체적인 한계에 직면하게 되고, 결국 정신적이고 육체적인 고통에서 벗어날 수 없게 된다. '무아'라는 인식은 '자아'가 없어지거나 사라지는 것이 아니다. 한계적이고 일시적인 작은 '자아'를 넘어서서, 좀 더 큰 '자아'를 새롭게 인식하고 자각하는 것이다. 좀 더 큰 '자아'는 생명과 자연과 우주와 같은 세상의 모든 것들이다.

물질적인 '자아'가 스스로인 '자아'를 초월한 비물질적인 '무아'가 될 때에만 중생은 부처가 된다. 물질적 형상에 머무르는 '자아'가 스스로인 '자아'를 초월한 비물질적인 '무아'가 될 때에만 고통스런 중생은 스스로 중생을 벗어나서 좀 더 자유로운 사람, 좀 더 건강하고 행복한 사람, 좀 더 생존에 유리한 사람이 된다. '자아'가 '자아'를 초월하여 '무아'가 되는 사람은 인간 전체, 생명, 환경, 우주, 시간과 공간에 대하여 바르게 이해하고, 삶과 죽음의 경계를 넘어서는 사람이 되는 것이다.

오래된 관찰자는 절대적으로 존재하는 모든 것들에 대하여 '공즉시색 색즉시공'으로 인식하고 자각하게 되는 것이다. 오래된 관찰자는 절대적 '자아'란 결국 절대적 '무아'임을 인식하고 자각하게 되는 것이다. 세상의 모든 것들의 본질을 바르게 인식하고 자각하게 되는 것이다. 오래된 관찰자의 초월성이란 '없음'과 '있음'이 곧 하나라는 것을 알게 되는 것이다. 오래된 관찰자의 초월성이란 모든 물질도 형상도 없고 느낌도 감각도 없는 것이고 모든 마음도 없는 것이다. 오래된 관찰자의 초월성은 '자아'가 '무아'이기에 '자아'가 영원함을 인식하고 자각하게 되는 것이다.

न रूपं न वेदना न संज्ञा न संस्कारा न विज्ञानं

na rūpam vedanā na samjñā na samskārāḥ na vijñānam

나 루팜 나 베다나 나 상갸 나 상스카라 나 비갸남

나 = 아니다

루팜 = 형상

베다나 = 느낌, 감각(受)

상갸 = 인식, 지각(想)

상스카라 = 인상, 심리현상(行)

비갸남 = 의식, 알음알이, 인식작용(識)

13) 물질도 형상도 없는 것이다. 느낌과 감각도 없는 것이고,
    인식과 지각도 없는 것이고, 인상과 심리현상도 없는 것이
    다. 또한 의식도 알음알이도 인식작용도 없는 것이다.

    (空中無色 無受想行識 : 공중무색 무수상행식)

- 해석 및 주석 -

'순야타'인 '공'은 형상도 없고, 물질도 없으며, 느낌이나, 인상이나,
의식하는 인식 작용인 알음알이도 없는 것이다. 붓다는 이러한 과
정의 단계적인 경지에 대해 반복적으로 설명하면서도, 이미 완전히
넘어선 궁극의 의식적인 경지에 대해서도 동시에 말하고 있는 것
이다. 이러한 의식적인 경지를 이해하지 못한다면 오랫동안 우리
귓가에 맴돌고 있는 반야심경의 소리는 그리 크게 들리지 않을 것
이다.

만두캬 우파니샤드(*Mabdukya Upanishad*)에서도 언급했듯이 의식의 상태는 잠자고, 꿈꾸고, 깨어있는 상태와 그 세 가지와는 다른 제4의 의식상태, 즉 '투리야'의 의식 상태가 있다고 한다. 또한 인도의 오래된 경전 중 하나인 '요가 수트라(*Yoga Sutra*)'에서는 일반 의식인 잠, 꿈, 깸의 의식상태와 함께 다른 여러 단계의 의식세계인 '삼매'에 대하여 말하고 있다. 삼매는 크게 유상삼매와 무상삼매로 나누어 말할 수 있는데 유상삼매(有相三昧)는 분별을 가지고 있는 삼매이며, 무상삼매(無相三昧)는 분별을 넘어선 삼매라고 하는 것으로서, 인간에게 주어진 일반적인 의식의 상태를 넘어서는 또다른 의식의 경지에 대해서 다양하게 설명하고 있는 것이다.

삼매에 대해서 좀 더 설명하자면 유상삼매는 다섯 가지 기관의 분별이 남아있는 '사비타르카(*Savitarka*)'라는 삼매와 마음에 대한 분별이 남아있는 '사비차라(*Savicara*)'라는 삼매를 말하는 것이며, 무상삼매는 행동기관에 대한 분별이 존재하지 않는 '니르비타르카(*Nirvitarka*)' 삼매와 마음에 대한 분별이 남아 있지 않는 '니르비차라(*Nirvicara*)' 삼매가 있다는 것이다. 여기에서 '니르'라는 말은 '자유롭다'와 '넘어서 있다'라는 뜻이며 '열반(涅槃)'이라고 하는 '니르바나(*Nirvana*)'는 넘어선 상태를 이르는 것이다. '니르비차라'는 조금의 인상이나 씨앗이 없다는 것으로 '니르비차라' 삼매는 씨앗과 상(相)을 넘어선 마지막의 궁극적인 상태인 '니르비자 다르마메가(*Nirbija Dharmamega*)' 삼매라고 하며 한역으로는 '법운삼매(法雲三昧)'라고 하기도 하는 것이다.

근대 인도의 수행자 중에서 '라마크리쉬나(*Ramakrishna*)'와 '라마나 마하리쉬(*Ramana Maharishi*)'는 잠자고, 꿈꾸고, 깨어있는 세가지 의식상태를 넘어 초월의식을 체험하는 '사비칼파' 삼매, 잠 잘 때나, 꿈 꿀 때나, 깨어 있을 때나 항상 유지되는 '니르비칼파(*Nirvikalpa*)' 삼매, 대상의 가장 섬세한 면을 바라보는 '케발라 니르비칼파(*Kevala Nirvikalpa*)' 삼매, 그리고 대상과 한계 없이 하나가 되는 '사하자(*Sahaja*)' 삼매라고 하는 의식적인 경지에 대해서 설하기도 하였다.

일반적인 의식상태를 넘어서는 삼매에 대하여서는 옛사람인 곽암 선사의 십우도(十牛圖)에서 다음과 같은 이야기로 삼매에 대해서 설하고 있다. 첫번째는 소를 찾아 나서다가, 두 번째는 소의 발자국을 본다. 세 번째는 소의 꼬리를 보았고, 네 번째는 소의 꼬리를 잡는다. 다섯번째는 소를 길들이며 끌고 가다가, 여섯번째는 소를 타고 집으로 온다. 일곱번째는 집에 돌아온 후에 소를 찾은 것을 잊어버리고, 여덟번째는 소도 사람도 잊어버린다. 아홉번째는 자연과 우주를 그대로 바라보고, 열번째는 속세로 나아가 중생제도를 위해 살아간다. 이것이 삼매의 단계인 것이다.

불교의 개념적 삼매의 단계는 이와같은 것이다. 감각과 의식계에 대한 설명에서 삼계인 욕계, 색계, 무색계 중에 욕계인 일상의 상태를 넘어서면 색계인 '유상삼매'에 들게 된다. '유상삼매'에는 초선정, 2선정, 3선정, 4선정이 있는데 그러한 '유상삼매'를 지나면 무색계인 '무상삼매'에 들게 된다고 한다. '무상삼매'에는 공무변처정(空無邊處定), 식무변처정(識無邊處定), 무소유처정(無所有處定), 비비

상처정(非非想處定)이 있으며 마지막으로 삼계(三界)를 넘어선 '멸진정(滅盡定)'이 있다고 하였다. 마지막 단계인 '멸진정'이야말로 인간 의식의 궁극의 경지에 대한 표현일 것이다.

이처럼 일반적인 의식의 상태인 잠자고, 꿈꾸고, 깨어있는 평범하고 현실적인 의식의 상태를 넘어서는 또다른 의식의 경지, 즉 그 무엇으로도 비견할 수 없는 경지, 더이상의 것이 없는 궁극의 지혜를 증득하게 되는 깨달음의 경지, 고차원적인 의식 수준을 추구하는 인간의 마음은 이미 오래전부터 존재하고 있었던 것이다.

046
인간에게는 다섯 가지 감각인 눈, 귀, 코, 혀, 피부가 있다

생명은 우주에서 지구와 같은 특정한 조건에서만 존재한다고 한다. 생명은 우주라는 무한한 공간 안에 있는 지구라는 특정한 물질에서만 생겨나는 것이다. 태양과 같은 빛이 있고, 그 빛은 지구를 둘러싼 환경이 되는 것이며 그 환경의 영향을 받고 있는 지구를 구성하는 물질적 특성이 생명을 만들어 내고 있는 것이다. 생명이 존재하는 지구와 같은 특정한 환경과 조건의 형성에 대해서는 "왜?"라고 물을 수 없는 것이다. 그것은 "무엇 때문에?"가 아닌 그냥 그런 것이기 때문이다.

우주와 지구와 생명과 모든 물질적 존재들은 왜 존재하는가? 라는 물음은 인간의 의식의 범위 안에서는 답을 알아 낼 수가 없는 물음이다. 인간에게 주어진 존재 방식과 존재의 본질에 대한 의문은 인간 의식의 영역에서는 알아낼 수가 없는 것이다. 자기자신을 포함한 모든 물질과 생명과 인간들이 왜 존재하는지 알아 낼 수가 없다는 것은, 인간의 의식으로는 묻거나 탐색하거나 연구하여 알아낼 수 있는 것이 아니라는 것이다. 그러므로 존재의 근원은 인간 의식의 차원에서는 해답이 없는 것이다. 물을 수도 알 수도 없는 것이기에 해답이 없는 것은 당연한 것이다. 굳이 존재에 대한 물음에 답이 된다면 '그냥 있다'라는 말이 가장 정확한 답이될 것이다. 가장 정확한 답이지만 결국은 답이 아닌 것이다. 물을 수가 없는 물음이기에 답도 존재하지 않는다. 존재의 근원에 대한 물음도 답도 없어야 하는 것이다.

혹자들은 "신이 세상을 창조하였다"라며 그것이 답이라고 하지만, 그것은 아주 많이 우매하고 어리석은 생각에 불과한 것이다. "그럼 신은 누가 만들었는가? 신은 왜 존재하며 어떻게 존재하는가?"라고 묻는다면 겨우 할 수 있는 답이란 "처음부터 끝까지 영원히 존재한다"고 답할 것이다. 그런 답은 현명하고 지혜로운 사람에게는 답이 되지 않는다. 그렇게 말한 사람의 어리석음만 증명하게 되는 것이다.

생명이 어떻게 존재하는지에 대해서, 생명의 탄생에 관한 조건에 대해서는 알아도 아는 것이 아닌 것이다. 궁극의 질문과 궁극의 결론은 존재할 수가 없는 것이다. "생명인 나는 왜 존재하는가?"에 대한 답은 "없다"가 되는 것이다. 또 다시 강조하지만 어리석게도 "신이라거나 조물주라는 존재가 창조했다고 답한다면 그 신이라는 것과 조물주라는 누가 창조했는지와 그 신이라는 것과 조물주라는 것이 왜 생명을 탄생시켰느냐고 다시 묻는다면, 그 누구도 명쾌하게 답하지 못할 것이다.

신이라는 존재를 들먹이는 그런 사람들이 겨우 할 수 있는 대답은 "신이거나 조물주는 처음부터 있었고 영원할 것이며 그냥 스스로 존재한다!"고 할 것이다. 그런 것은 어리석고 무지한 중생의 답변인 것이다. 현명하고 지혜로운 사람은, 헛되고 헛된 가상의 존재인 신과 조물주는 빼고, 실존적 존재인 진실된 '자아'의 참모습에 대해서만 묻고 대답할 것이다. 현명하고 지혜로운 사람이라면

"나는 처음부터 있었고 영원할 것이며 그냥 스스로 홀로 존재한다!"고 답할 것이다. 그것이 곧 "천상천하 유아독존"이며 자존감과 인격이 극적으로 높아진 사람의 진실한 대답이다.

지구와 같은 특정한 조건하에서 생명의 형태는 다양하고 복잡하며 생명의 주기는 영원한 것이다. 모든 생명은 각각의 생존 방식으로 생명을 유지해간다. 인간의 감각인식으로 관찰할 수 있는 생명들은 대체적으로 그들 각각의 특정한 방식으로 생명을 유지해가는데, 그 생존방식은 자기만의 감각을 활용하는 것이다. 감각은 곧 자기자신이며 자기자신이 포함된 환경과의 소통과 교류이며 생존에 필요한 절대요소인 것이다. 감각 없이 살아가는 생명이란 아예 존재할 수가 없는 것이다.

인간에게는 눈, 귀, 코, 혀, 피부라는 다섯 가지의 감각기관이 있고 그 감각기관은 생존에 필요한 절대적인 것들이다. 인간을 제외한 수많은 동물들은 저마다의 특색과 특징 있는 감각기관으로 주어진 환경 안에서 생명을 유지하고, 이어 나간다.

인간에게 주어진 다섯 가지 감각 중에 가장 중요한 것은 피부이다. 피부가 없다면 1초도 생존할 수 없을 것이다. 피부는 인간의 다섯 감각인 눈, 귀, 코, 입, 피부 중에 첫 번째이며 가장 중요한 감각기관인 것이다. 피부의 감각능력과 활동은 어떤 한 사람, 개인의 모든 상태를 좌우하는 것이기도 하다. 피부가 좋으면 다 좋은 것이다. 생명을 유지함에 있어서 피부는 처음이자 마지막 감각기관인 것이다.

피부는 인식기관인 뇌의 상태인, 마음의 상태를 결정하는 것이다. 피부로 무엇인가를 만지고, 느끼면서 생존에 유리한 것들부터 구분해 낸다. 생존에 유리한 그 무엇을 손으로 잡았을 때에는 그것보다 좋은 것이 없게 된다. 반대로 생존에 불리한 무엇이 가까이 오게 되면 도망가거나 뿌리치며, 피부의 접촉을 피하게 된다. 피부의 느낌만으로도 기분과 감정의 좋고 나쁨을 결정한다. 피부가 마음을 결정하는 것이다, 피부는 생존의 유리함과 불리함을 빠르게 판단하고 대응하는 것이다.

눈으로 좋은 것을 보면 눈이 좋다고 느끼는 것이 아니라, 피부가 좋다고 느끼게 된다. 아름다운 소리나 좋은 소리를 듣게 되면 그 소리의 좋은 느낌 역시도 뇌를 통해서 다시 피부로 전해져서 피부의 느낌이 좋아지고, 그 좋은 느낌은 피부 전체로 퍼지게 된다. 반대로 무섭거나 기분이 나빠지는 불쾌한 소리를 듣게 되면, 정신이 불안정해지고 피부에는 소름이 돋고, 온 몸이 움츠러 들게 되는 것이다.

피부는 모든 감각의 최종적인 도착지인 것이다. 피부를 통해서 기분과 감정의 좋고 나쁨이 드러나게 된다. 눈으로 아름다운 경치를 보았거나, 자신의 생존에 유익한 무엇을 발견하게 되면 피부의 느낌이 좋아진다. 코로 맡게 되는 냄새도 생존에 유익함과 유해함으로 나누어져 몸으로 전달된다. 맛있는 음식을 먹으면 기분이 좋아져서 온몸에 만족스런 느낌이 생겨난다. 사랑하는 사람을 온몸으로 품어야만 진정한 사랑을 느끼게 된다. 피부가 곧 절대적 존재의 최종적 '자아'가 되는 것이다.

न चक्षुः श्रोत्रघ्राणजिह्वाकायमनांसि

na cakṣuḥ śrotra ghrāna jihvā kāya manāmsi

나 착슈흐 스로트라 그라나 지흐바 카야 마남시

나 = 아니다

착슈흐 = 눈

스로트라 = 귀

그라나 = 코

지흐바 = 혀

카야 = 몸

마남시 = 마음

14) 눈도 귀도 코도 혀도 몸도 마음도 아닌 것이다

　　(無眼耳鼻舌身意 : 무안이비설신의)

- 해석 및 주석 -

붓다의 가르침도, 그 가르침에 속한 반야심경도, 인도 사람들의 입
장에서 보면 인도의 많은 철학 중에 하나일 것이다. 그처럼 인도의
철학 중의 하나인 '상키야(Samkya)' 철학에서는 다섯 가지 감각과
다섯 가지 감각의 기관, 그리고 그것을 느끼는 과정과 느끼는 주체
인 마음의 작용도 존재하지 않는다고 말하고 있다.

인간에게 있어서 철학이라는 것은 인간 의식에 대한 이해를 표현
한 것이므로, 표현될 수 있는 인간 의식의 범주는 이미 정해져 있

는 것이다. 그 인간 의식과 인간 의식에 대한 표현은 모든 인간에게 동일하게 주어진 다섯 가지 감각과 마찬가지로, 모든 인간들에게 동일하게 주어져서 표현될 수 있는 것이다. 다섯 가지 감각 이외의 감각을 가진 존재는 이미 인간이 아닐 것이다. 의식 또한 감각과 같이 모든 인간들에게 동일하게 주어졌기에, 모든 인간 의식에 포함된 다양한 철학척 내용들이 있다할지라도, 모든 철학의 내용들은 결국 동일하게 표현될 수밖에 없는 것이다.

이 구절도 역시 궁극의 인간 의식에서의 존재에 대한 표현은 '있으되 없는 것이다'라는 표현인 것이다. 감각활동의 주체인 다섯 가지의 감각과 그 감각기관과 연결된 인식의 주체인 감각신경인 마음은 없는 것이다 라고 표현하고 있는 것이다.

047
다섯 가지 감각이 곧 '자아'인 것이다

피부를 포함한 다섯 가지의 감각은 곧 자기자신이 되는 것이다. 인간이라면 그 어느 누구라도, 이 다섯 가지 감각으로 세상의 모든 것들을 감각하고 인식하여 판단한다. 이 다섯 가지 감각이 감각하고 인식할 수 없는 이외의 것들이라면 인간들로서는 알 수가 없는 것이므로, 이 세상에 존재하지 않는 것이다. 인간 모두에게 공평하게 주어진 이 다섯 가지 감각으로 감각하고 인식할 수 없는 것은, 존재한다고 인정하기 어렵게 된다. 감각으로 감각하고 인식할 수 없는 것은 '있다'고도 할 수도 없고, 있어도 없는 것이 된다. 그러므로 모든 인간들에게는 오직, 이 다섯 가지 감각만이 절대적인 것이며 실존하는 '자아'의 모든 것이라고 할 수 있는 것이다.

여기에서 다섯 가지의 감각을 '없다' '아니다'라고 표현한다는 것은, 궁극의 경지에 도달한 관찰자는 새로운 차원의 감각인식으로 비어 있는 마음을 보게 됨으로써, '무아의 경지'에 들어서게 되고, 그 후에 당연히 다섯 가지 감각도 '없다'라고 결론짓게 된다는 것이다. 그러나 정작은 감각기관과 감각인식의 활동이 사라지게 된 것은 아닌 것이다. '없다' '아니다'라는 표현은 사라지거나 존재하지 않는 것이 아니고 자기자신과 자기자신의 대상에 대해서 새롭게 인식하게 되는 것이다.

오래된 관찰자는 최적의 감각인식 활동으로써, 다섯 가지의 감각과 그 감각들의 감각인식 활동에 대해서도 바르게 이해하고, 감각활동의 결과와 그 이상의 것에 대해서도 새롭게 인식할 수 있게 되는 것이기에, 진실된 실체인 '자아'가 '무아'인 것처럼 다섯 가지 감각 또한 '아니다' '없다'라고 표현하는 것이다. 곧 자기자신인 다섯 가지 감각에 대한 새로운 인식, 즉 초월적인 마음이 일어나게 된 것이다.

'아니다' '없다'라고 표현하는 것은, '무아'의 경지를 체득한 관찰자가 다섯 가지 감각인식에 대하여 초연한 마음이 생겨나게 되고, 감각기능과 감각활동으로부터 자유롭게 된 마음, 감각인식을 초월하는 마음을 표현한 것이다. '없다' '아니다'는 거부하고 부정하는 것이 아닌, 감각기관과 감각인식 활동에 대해서 있는 그대로의 긍정적 표현을 포함한 것이다. '아니다' '없다'는 감각에 초연한 마음, 감각을 넘어서고 초월하는 마음, 감각적인 '자아' 그 이상의 것인 '무아'를 인식하는 의미인 것이다.

다섯 가지 감각이 '아니다' '없다'라는 것은, 다섯 가지의 감각에 대해서 거부하고 부정하는 것이 아니다. 그것은 감각적인 것을 넘어서는 것이다. 다섯 가지 감각 그 이상의 것을 인정하고 받아들이는 것이다. 그 이상의 것은 당연히 진실된 '무아의 경지' 속에 포함된 것들이다. 다섯 가지 감각인식작용의 절대성을 인정하되, 그 이상의 가능성에 대해서도, 열리고 개방된 인식으로 인정하고 받아들이는 것이다.

다섯 가지 감각이 '아니다' '없다' 라는 것은, 감각작용의 절대성과 한계성을 바르게 인식하는 것이며 그 감각 이상의 것들을 인정하고 받아들임으로써, 그 감각의 세계에만 머물지 않는 감각인식의 초월이 일어나게 되는 것이다. 감각인식의 초월은 감각에 구속되지 않은 자유와 그 감각으로부터 생겨나는 마음으로부터의 자유가 되는 것이다. 감각의 세계에 머물되 머물지 않는 자유를 알게 되는 것이다.

오랜 명상/바라밀/파라미타의 과정 속에서, 감각인식의 속성을 잘 이해하게 된 관찰자는 감각인식으로부터의 초연함과 자유로움으로 인하여, 감각적으로 느껴지는 고통과 괴로움으로부터 벗어날 수 있는 경지에 들어서게 된다. '아니다' '없다'는 감각활동의 부정이 아닌 감각적으로 자유로운 경지에 든 관찰자가, 감각활동과 감각인식, 감각작용에 대한 새로운 자각으로 초연함과 초월성을 표현하는 것이다.

마하반야/마하프라갸/위대한 지혜, 그것은 감각적인 고통과 괴로움으로부터 벗어난 자유로운 경지이며 부정적인 감각적 욕구와 욕망에서 벗어난 절대적인 기쁨의 경지인 것이고, 극적인 희열의 경지를 표현한 것이다. 마하반야/마하프라갸/위대한 지혜를 증득하였다는 것은, 부정적인 감각은 줄이고 긍정적인 감각을 강화할 줄 알게 되는 감각인식적 자유의 경지에 들어서게 되었음을 표현하는 것이다.

न रूपशब्दगन्धरसस्प्रष्टव्यधर्माः ।

na rūpa śabda gandha rasa spraṣṭavaya dharmāh

나 루파 사브다 간다 라사 스프라쉬타브야 다르마흐।

나 = 아니다

루파 = 형상

사브다 = 소리

간다 = 냄새

라사 = 맛

스프라쉬타브야 = 촉감

다르마흐 = 정의, 법

15) 형상도 소리도 냄새도 맛도 촉감도 법과 정의와 대상도
    아니다.

   (無色聲香味觸法 : 무색성향미촉법)

- 해석 및 주석 -

상대적인 세계의 형상이라는 뜻인 '루파(Rupa)'는 시각과 눈에 연결
되고, 소리인 '사브다(Sabda)'는 청각과 귀에 연결된다고 한다. 냄새
인 '간다(Gandha)'는 후각과 코에 연결되며, 맛인 '라사(Rasa)'는 미
각과 혀에 연결된다고 한다. 촉각인 '스프라쉬타브야(Sprashtavya)'는
피부에 연결된다고 한다. 법인 '다르마'는 모든 대상을 말하는 것
이다. 상대적인 세계에서 존재하고 있는 감각인식기관은 서로 서로
연결되어 있는 것이고, 감각인식기관의 모든 대상들도 역시 감각

인식기관과 연결되어 있는 것이다. 감각인식기관들과 그 대상들은 각각 따로 존재할 수 없는 것들이다.

피부가 없다면 따스한 빛의 온도와 시원한 바람은 존재하지 않게 된다. 입과 혀와 미각이라는 감각이 없으면 시원한 물도 맛있는 음식도 존재하지 않는다. 눈이 없다면 아름다운 빛도 어둠도 푸른 하늘도 존재하지 않게 되는 것이다. 감각과 감각의 대상과 감각과 대상을 규정하는 그 모든 법과 정의는 연결되어 있는 것이다.

그러나 또한 이 구절에서도 위에서 표현된 바와 같이 감각인식적 자유와 초월적 의식의 경지에 든 관찰자는 다섯 가지 감각에 대해서 '아니다'임을 표현하였기에 그 감각대상에 대해서도 '아니다'임을 표현하고 있는 것이다. 역시 '아니다'라는 표현은 부정적이거나 존재하지 않거나 사라짐을 표현한 것이 아닌 것이다. '아니다'라는 표현은 감각 이상의 모든 것이 포함된 진실된 실재인 초월을 표현한 것이다.

048
다섯 가지 감각대상과의 교류와 소통이, 삶이고 운명이다

어떤 한 사람의 마음이 곧 그 사람의 운명이고 숙명이다. 사람은 마음에 따라서 행동하고 움직이며 몸의 상태도 결정되므로, 마음이 곧 그 사람의 운명이 되는 것이다. 각 사람이 갖고 있는 마음은 각기 다르다. 지금 현재의 뇌는 부모로부터 물려받은 유전적 형질을 바탕으로 해서, 태어나서 이제껏 살아오면서 감각대상과의 접촉과 소통을 통해서 만들어지고 형성된 것이다. 또한 머릿속의 뇌는 연속적으로 이어지고 주어지는 감각인식작용을 통해서 또다른 마음들을 만들어 내는 것이다.

모든 사람들에게는 부모로부터 물려받은 유전적 형질에 의한 선천적인 마음과 살아오면서 형성된 각기 다른 마음이 있기에, 모든 사람들은 각자의 감각인식의 과정과 감각대상의 중요성도 다르게 된다. 각기 다른 마음 때문에 각 사람마다 중요하게 생각하는 것이 다르듯이, 감각인식의 방식과 감각대상의 중요성도 다르게 되는 것이다. 이러한 감각인식의 과정과 감각대상의 중요성의 차이는 사람마다의 개성이 된다. 각기 다른 감각인식 과정과 대상의 중요성이, 개성이 되는 것이다.

감각대상과의 접촉과 소통은 생명의 순환이고 자연의 섭리이다. 삶의 모든 것이 된다. 모든 사람은 공통적이고 기본적으로 자기자신에게 주어진 감각기관과 뇌신경으로 감각대상을 감각하여 인식

한다. 감각인식의 주체인 뇌신경인 마음이 감각기관을 통해서 감각대상인 형상, 소리, 냄새, 맛, 감촉과 접촉하고 소통하는 것이다.

사람은 누구나 똑같이 바람이 불어오면 피부로 시원함을 느낀다. 따스한 온기는 편안함과 행복감을 준다. 시원함과 따스함은 상대적인 촉감이지만 이러한 두 가지의 감각적인 느낌이 교차하면서, 피부는 감각대상과 접촉하고 소통하는 것이다.

다른 생명들도 마찬가지로 감각대상에 대해서는 동일하게 반응한다. 모든 생명은 기본적으로 생명을 유지하기 위해 생존에 유익하거나 불리한 감각대상에 대해서 즉각적으로 판단하여 행동하게된다. 만일 생존에 불리하고 위협적인 환경과 대상이라면 일단은 회피한다. 생존에 불리한 조금 더 자극적인 느낌인 춥고 뜨거움이 대상이라면 피부는 즉각적으로 그것을 느끼고 인식하고 반응하게 되는 것이다.

감각의 주체가 되는 눈이 있다고 하여도 감각의 대상이 되는볼 것이 없다면, 눈은 아무런 필요가 없다. 감각 대상인 소리가 있는데 감각 주체인 귀가 없다면, 소리도 없는 것이다. 냄새가 있어야 코도 있고 코가 있어야 냄새도 있다. 맛과 혀도 서로 간의 접촉을 통해서 연결되므로, 감각 주체가 없다면 마땅히 감각 대상도없는 것이다. 이렇듯이 하나로 연결된 감각기관과 감각대상은 불가분의 관계인 것이다.

세상에 존재하는 모든 것들은 하나로 연결된 존재들이다. 눈으로 보고 발로 딛고 서 있는 이 세상이 없다면 그 누군들, 그 무엇인들 어찌 홀로 존재할 수 있겠는가? 공기가 없다면, 바람이 없다면, 그 어느 누군들, 어떤 생명인들 어찌 숨을 쉬며 살아갈 수 있을 것인가? 감각의 주체는 자기자신이며 감각대상은 자기자신 이외의 모든 것이지만, 자기자신 이외의 것이 없다면 당연하게 자기자신도 없는 것이 되는 것이다. 감각의 주체와 대상은 분리될 수 없는 하나가 되는 것이다.

태양에 의한 적당한 빛과 온도, 공기와 바람, 물과 음식, 생명들과 사람, 가족과 이웃의 사람들 모두는 자기자신과 소통하는 대상들이다. 자기자신의 입장만으로는 자기가 아닌 대상으로 존재하지만, 역으로 생각해보면 대상이 있기에 자기자신도 있는 것이다. 각각의 주체와 각각의 대상은 결국 하나로 연결된 존재들일 뿐이다.

자기자신이 없다면, 다른 모든 대상들도 없는 것이고, 모든 대상들이 없다면 자기자신도 없는 것이다. 자연의 섭리와 생명의 순환과정에서, 자기자신과 대상들은 결코 나누어질 수 없는 존재인 것이다. 결국은 모든 것들이 따로 따로 존재하는 것이 아니라 분리될 수 없는 하나로 연결되는 존재, 합일되는 존재들인 것이다.

오랜 명상/바라밀/파리미타의 과정을 거친 관찰자는, 언제인가 결국 감각의 주체인 자기자신과 감각대상들인 주변 환경을, 불가분의 관계인 하나로 인식하고 자각하게 된다. '나'와 '남'이 하나이며 '자아'와 '비 자아'가 하나로 인식되는 것이다. 이렇듯이 자기자신과 대상이 분리될 수 없는 하나로 연결된 존재로 인식하게 되는 것, 그 자체가 불변의 진리에 도달하게 되는 것이며 그렇게 모든 존재들이 하나로 인식되는 것 자체가 위대한 지혜이자, 위대한 지혜를 증득하게 되는 것이다.

아직도 지혜가 부족하여 삶의 주체인 자기자신과 자기자신의 대상들인 전체가 하나임을 자각하지 못하게 되었을 때, 그 개인은 아직까지는 중생인 것이다. 중생은 대상들과의 불완전한 소통으로 인해서, 불안정한 상태를 극복하지 못하게 되고 이기적인 상태를 벗어나지 못하게 되어서 괴로움과 고통에 빠지게 된다. 또한 주변으로부터 고립되고 소외되어서 결국 생명유지에도 불리한 위치에 놓이게 된다.

인간이 가지고 있는 다섯 가지의 감각이 제대로 작동하지 못하거나 활용되지 못하게 되면 인간으로서의 삶의 질은 떨어지고 생명으로서도 존재하기 어렵게 된다. 생명은 감각대상인 보이는 형상, 들리는 소리, 공기 중의 냄새, 입으로 들어 온 맛, 피부로 느끼는 촉감에 영향을 받는다. 심지어는 자기자신의 운명이 그 대상들에게 좌우되고 지배당할 수도 있게 된다. 그것도 절대적인 생명의 현상인 것이다.

그러나 자기자신과 감각대상에 대해서 좀 더 확고한 자각과 이해의 경지에 들어가게 되면 감각대상의 부정적인 영향으로부터, 좀 더 자유로워질 수 있게 된다. 부정적인 영향으로부터 자유롭다는 것은 고통과 괴로움에서 벗어난다는 것이다.

다섯 가지 감각기관과 감각대상들에 대한 새로운 인식과 자각의 경지에 들어가게 되어서 감각 대상인 형상, 소리, 냄새, 맛, 감촉으로부터의 유익함과 긍정성이 강화되게 되면 생명력도 강화되는 것이고 삶의 질도 향상되게 된다. 또한 감각적인 자유의 경지에 들어서게 되면 자연스럽게 마하반야/마하프라갸/위대한 지혜인 마음의 초월성과 감각적 초월성이 동시에 생겨나게 되는 것이다. 감각적 존재인 자기자신이 자기자신의 감각과 그 대상들로부터 얽매이지 않는 자유로운 몸과 마음의 경지에 들어서게 된다면 감각적 자유로움인 초월성이 일어나게 되는 것이다.

न चक्षुर्धातुर्यावन्न मनोविज्ञानाधातुः ।

na cakṣūr dhātur yāvan na manovijñāna dhātuḥ |

나 착슈르 다투르 야반 나 마노비갸나 다투흐|

나 = 아니다

착슈흐 = 눈

다투흐 = 지역, 세계

야반= ~까지

마노 비갸나 = 마음의 의식

16) 눈으로 보이는 세계는 아니다. 마음으로 의식하는 세계도
    아니다.

    (無眼界 乃至 無意識界 : 무안계 내지 무의식계)

- 해석 및 주석 -

'무아'의 경지에 도달한 각성자에게는 눈으로 보이는 세계란 이미
존재하지 않는 것이다. 예나 지금이나 인간 의식의 궁극적인 경지
에 대한 표현은 크게 달라지지 않았다. 고대의 선각자들로부터 시
작하여 의식적 각성의 수준이 높은 현대의 각성자들에게는 자기자
신의 눈으로 보고 눈에 보여지는 세계, 자기자신의 눈 앞에 펼쳐지
고 있는 세계도 존재하지 않는 것으로 인식될 수 있는 것이다. 또
한 의식적인 각성의 수준이 높아진 사람들이라면 더 나아가서 보
여지는 세계를 초월하여 보여지지 않는 무의식의 세계까지도 이미
존재하지 않는다고 인식하고 있는 것이다.

오래전 붓다는 모든 세계가 거대한 우주의 한계 없는 블랙홀에 빨려들 듯이, 무아의 경지에 들어 선 각성자들에게는 이미 모든 세계는 존재하지 않는다고 하였다. '아니다'라는 표현은 자기자신과 자기자신이 속한 세계에 대해서 거대한 부정적인 의식적 관점에서 말하는 것 같지만, 그것의 진실은 부정이 아닌 초월에 있는 것이다. 그것은 자기자신을 초월하게 된 초월적 경지의 의식 수준에서 '자아'와 자아의 '대상'의 궁극적 실체에 대하여 진실되고 정확하게 표현하고 있는 것이다.

049
감각의 세계와 의식의 세계를 넘어서고 초월한다

"아니다!" "눈으로 보이는 세계도 아니고, 마음으로 의식하는 세계도 아니다!" 여기에서의 '아니다'라는 것은 거부하고 부정하는 표현이 아닌 것이다. 여기에서 '아니다'라는 것은 눈으로 볼 수 있는 시각의 영역과 시각의 활동으로 형성된 마음과 의식의 세계에 대한 초월성에 대해서 표현하고 있는 것이다. 마음과 의식적인 활동과 작용에 대한 충분한 이해를 바탕으로, 일상적이고 평범한 감각대상과 감각인식을 통해 형성된 의식의 세계를 넘어서고 초월하는 것에 대한 표현인 것이다.

'아니다'라는 것은 감각의 한계성을 의식적 각성을 통해서 초월했음을 표현한 것이다. 여기에서의 '아니다'라는 것은 눈으로 보고 의식할 수 있는 세계를 넘어서는 것을 표현하고 있는 것이다. '자아'라는 존재에게 펼쳐지는 세계, 즉 눈으로 보이는 세계와 그 세계를 경험하고 판단하는 의식의 초월이란, 결국 스스로의 시각과 마음의 한계성을 넘어서게 되는 것이다. 그것은 감각과 의식에 대한 초월이라고 표현할 수도 있지만, 의식에 의한 의식의 확장이라고도 표현할 수도 있는 것이다.

인간의 의식은 마음의 세계에 속하지만 자유로운 것이다. 마음인 의식은 감각의 세계를 넘어 설 수 있는 것이다. 마음이 마음을 넘어서는 것인 의식적 초월성은, 감각을 초월하고 의식의 주체인 스스로마저 넘어서게 되는 것이다. 마음이 보이는 세계를 넘어서고 또다른 세계인 보이지 않는 세계를 직관하고 있는 것이다. 그 보이지 않는 세계란 당연히 "텅~" 비어 있는 세계인 '무아'의 경지가 되는 것이다.

인간의 생명활동이란 자기자신에게 갖추어진 모든 감각기관을 동원하여, 자기자신의 생명을 유지하는 데 필요한 활동을 말한다. 첫째는 피부의 감각이지만 그 다음이 눈으로 보고 판단하는 시각영역의 활동이며, 시각의 세계이다. 피부의 감각은 접촉에 따른 즉흥적이며 근접성에 관한 감각영역이지만, 시각의 영역은 먼 곳을 관찰하는 미래 지향적인 감각이다. 인간은 눈으로 관찰하여 앞으로 일어날 일을 예측하고, 자기자신의 행동을 계획한다. 그러한 시각영역의 활동에 따라서 마음인 의식계가 작동하고, 시각의 변화에 따라 마음인 의식도 시시각각 다르게 변화한다. 마음인 의식은 눈으로 보이는 세계를 현실적으로 이해하고 판단하는 것이다.

인간은 누구나 다, 자기자신의 눈으로 보는 만큼만 의식할 수 있다. 눈으로 보이는 만큼만 생각하고 판단한다는 뜻이다. 그 누구에게라도 지금 당장 즉각적으로 자기자신의 눈에 보이는 세계만이 진정한 현실의 세계이다. 지금 당장 눈으로 볼 수 있는 세상만이, 자기자신에게 주어진 모든 것이라고 생각할 수 있는 것이다.

자기자신의 눈으로 본다는 것은 자기자신이라는 실재를 확인하는 것이고, 자기자신이라는 실재를 확인한다는 것은 지금 현재의 자기자신의 상태를 충분히 인식하고 있으며, 의식하고 있다는 것이다. 지금 자기자신의 눈으로 보게 되는 세상과 접촉하고 있는 것이 인식작용이며, 지금 자기자신의 눈으로 보이는 세계를 생각하고 판단하는 자기자신을 유지하는 것이 마음인 것이며 의식의 세계인 것이다.

'자아'라는 나 자신이 살아있다는 것은 과거도 아니고, 미래도 아니며, 오직 현재일 뿐이다. 생명은 오직 현재의 상태에 머무르는 것일 뿐이며 눈으로 보고, 마음으로 의식할 수 있는 지금의 상태가 곧 '있음' 즉 '색'이라고 할 것이다. '지금 현재 눈으로 보고 확인한다'에서 눈은 감각인 것이고 '눈으로 본다'가 감각활동이고 감각인식인 것이고 '확인한다'가 마음이자 의식의 시작인 것이다. 눈으로 보고 확인하고 나서 판단하고 예측하는 등의 마음과 의식의 과정들이 연속적으로 이어지는 것이다.

감각기관인 눈으로 보고 나서, 인식하고 의식하는 등의 여러 가지 생각들인 마음들이 줄지어 생겨나는 것이다. 그렇게 생겨나는 여러 가지 생각들과 마음들이 어떤 것이든지, 그 생각들과 마음들인 의식적 차원의 모든 것들은 눈으로 관찰된 내용들로부터 비롯된 것이다. 그렇듯이 의식인 생각과 마음의 상태가 결정되는 것에는 시각의 영향이 다른 감각의 영향보다는 좀 더 크다고 할 수 있을 것이다.

인간은 누구라도, 자기자신의 눈앞에 펼쳐지는 아름다운 광경을 보기도 하고, 반대로 고통스럽고 참혹한 사건을 보기도 한다. 아름다운 광경 앞에서는 "좋구나!"를 연발하며 충만한 기쁨을 만끽하지만, 슬프고 참혹한 일들을 겪어내야만 할 때에는 "고통스럽고 고통스런 세상이구나!"하며 한탄하기도 한다. 기쁨이 좋아서 기쁨을 추구하려는 의식도 있고, 고통이 싫어서 고통을 회피하려는 의식도 있는 것이다.

자기자신의 눈앞에 펼쳐지는 세계가 긍정적이든지 부정적이든지, 생각하고 반응하고 생각하고 또 생각한다. 생각이 쌓여서 깊어진 생각이 특정한 무의식이 되고, 무의식은 또 다시 당면한 눈앞의 세계를 무의식적으로 판단하게 되는 것이다.

'공'에 속해 있으되 '공'이 아닌 '색'의 본질인 생명의 활동은 무한히 반복된다. 생명은 눈앞에 펼쳐진 세계를 보고 또 보고, 마음으로 생각하고 또 생각하여 생존에 유리한 판단을 하고 행동하게 된다. 생명들은 그렇게 생명을 이어나가는 것이다.

그렇게 생명을 이어가고 또 이어가다가, 인간이라는 생명으로 태어나서 전체적인 지혜에 귀의하게 된 관찰자는 눈으로 보고 또 보고, 마음으로 생각하고 또 생각하다가 어느 날 문득, '색'이 '색'이 아님을 '자아'가 '자아'가 아님을 직관하게 된다.

인간으로 태어나 전체적인 지혜에 귀의한 관찰자는 오랜 명상/바라밀/파라미타의 과정 중에서 눈으로 보는 것이 보는 것이 아님을, 눈에 보이는 것이 보이는 것이 아님을, 마음으로 생각하는 것이 생각이 아님을, 눈으로 보는 세계도 없고, 마음으로 생각하는 세계도 없음을, 눈도 없고 마음도 없다는 것을 깨닫게 되는 것이다.

관찰자는 마치 눈앞에 펼쳐진 아무것도 없는 푸른 하늘이나 어둠의 우주공간처럼 비어 있는 '자아'를 보게 되는 것이다. 또다른 마음의 세계인 '텅~' 비어 있는 마음을 알게 되는 것이다. '텅~' 비어 있는 '자아'를 자각하고 '무아'의 경지에 들어가게 되면 보아도 보이지 않고, 들어도 들리지 않으며, 생각하고 판단하는 것이 생각하고 판단하는 것이 아닌 것이며, 움직여도 움직이는 것이 아닌 것이 되는 것이다.

그러나 이러한 경지에 들지 못하고, 경험과 체득과 지혜가 부족한 사람에게는 이해하기 쉽지 않은 언어적 표현이기도 한 것이고, 초월적 마음의 실상을 모르는 사람에게는 현실을 회피하고 부정하는 부정적인 표현 같기도 하겠지만, 이것은 부정이 아니라 진정한 실재이자, 일상적인 평범함을 초월하는 각성한 사람의 마음의 수준인 것이다. 이것은 각성한 사람의 수준 높은 의식적 차원이며 또다른 현실의 진정한 실상을 직시하고 받아들이고 인정하게 되는 초월적 마음을 표현한 것이다.

우매한 중생들, 어리석고 무지한 사람들은 자기자신을 100퍼센트 완전하게 인정하고 존중하며 사랑하는 것과, 자기자신의 모든 것들을 놓아버리는 것과, 자기자신의 모든 마음을 비워버리는 것이, 결국은 같은 것이라는 것을 이해하지 못한다. 또한 자기자신이 이 세상의 온전한 주인이라는 것과 역시 또한 결국은 자기자신이 아무것도 아니라는 것이, 똑같이 초월적인 것임을 이해하지 못하는 것이다.

우매한 중생들, 어리석고 무지한 사람들이 모르는 그것은 감각과 인식의 주체인 자기자신과 감각과 인식의 대상인 주변의 모든 것들에 대한 새로운 인식과 자각이다. 그 새로운 인식과 자각을 통해서, 초연함과 초월성이라는 것과 또다른 의식과 마음을 알게 되는 것이 가능하게 되는 것이다. 우매한 중생들, 어리석고 무지한 사람들이 모르는 초연함과 초월성을 여기에서는 '없다' '아니다'라고 표현하기도 하지만 그것은 오직 자유로운 마음의 특정한 표현일 뿐, 절대적인 것은 아닌 것이다.

न विद्या न अविद्या न विद्याक्षयो न अविद्याक्षयो यावन्

na avidyā na avidyākṣayo yāvan

나 아비드야 나 아비드약샤요 야반

나 = 아니다

아비드야 = 무지, 무명

아비드약샤요 = 지혜의 소멸

야반 = ~까지

17) 지혜도 없고 무지도 없고 지혜의 소멸도 없으며, 어리석
음인 무지의 소멸까지도 없는 것이다.

(無無明 亦無無明盡 乃至 : 무무명 역무무명진 내지)

- 해석 및 주석 -

'지혜도 없고 무지도 없으며, 지혜의 소멸도 없고 무지의 소멸까지
도 없다'는 것은 궁극적 의식의 경지인 '순야타' 즉 '공(空)'함을 표
현하는 것이다. 즉 완전한 초월성을 표현하는 것이다. 초월은 넘어
선다는 것이고, 넘어선다는 것은 완전하게 알고 이해한다는 것이
다. 완전하게 알고 이해하다는 것은 지혜롭다는 것이다. 초월하여
넘어선다는 것은 알고 이해하는 지혜가 생겨나게 됨으로써, 어리석
고 무지하기에 모르는 상태에서의 부정적인 영향인 괴로움과 고통
을 받지 않는다는 것이다.

여기에서는 한 차원 더 나아가고, 넘어서고, 초월하는 의식적 차

원을 표현하고 있는데 알고 이해하는 지혜마저도 초월한다는 것과 그 지혜마저도 초월하였기에, 이미 어리석음의 소멸조차도 초월한 상태가 되었음을 표현하고 있는 것이다.

050

지혜와 어리석음에는 행복과 고통이라는 결과가 있다

마하반야/마하프라갸/위대한 지혜를 증득한 사람이라면 눈으로 보는 감각의 세계를 넘어서고, 마음으로 생각하고 판단하는 의식적 세계를 넘어서고, 초월하여야 한다. 눈으로 보고 판단하는 감각과 의식의 활동에는 긍정적인 측면이 있고 부정적인 측면도 있다. 자기자신에게 주어지는 감각활동을 긍정적으로 인식하면 지혜로운 사람이 되는 것이고, 부정적으로 인식하면 어리석은 사람이 되는 것이다.

인간에게 있어서 지혜란, 자기자신과 다른 사람을 이롭게 하고자 하는 긍정적이고 전체적인 것에 대한 판단이다. 그러나 그와는 반대로 무지와 어리석음이란, 긍정적이고 전체적인 이로움을 알지 못하는 부정적인 판단인 것이다. 지혜로운 사람인 긍정적인 의식을 가진 사람은 자기자신과 다른 사람을 이롭게 하지만, 어리석어서 부정적인 의식을 가진 사람은 자기자신과 다른 사람을 해롭게 하는 것이다.

부정적인 의식인 무지와 어리석음이 크면 클수록 그런 사람은, 다른 많은 사람들에게 고통을 주는 사람이 되기도 한다. 그래서 다수의 사람들은 무지하고 어리석은 사람들을 회피하고 외면한다. 어리석은 사람들은 자신에게 해로운 행동을 하고 더 나아가 다른 사람들을 괴롭히기도 해서 삶을 어렵고 힘들게 만들기 때문이다.

어리석은 사람은 개인적으로는 몸과 마음의 부조화와 불안정으로 질병에 걸리고, 다른 사람들에게는 해를 끼치고 상처를 주는 범죄를 일으키게 된다. 어리석어서 부정적인 의식이 큰 사람일수록 자기자신이 속한 사회에 더 큰 해악을 끼치기도 한다. 어리석고 무지한 사람이 많은 사회일수록 혼란이 큰 사회가 되는 것이다.

지혜로운 마음인 긍정적인 의식이 큰 사람일수록 다른 많은 사람들을 이롭게 하여 인간 사회에서 존경받는 인물이 되기도 한다. 지혜로운 사람의 삶은 건강하고 행복하다. 지혜로운 사람이 많은 사회일수록 건강하고 행복한 사회가 되는 것이다.

지혜로운 사람은 언제나 스스로 기쁘고 행복하다. 더불어 다른 사람들도 지혜로운 사람이 되어서 행복해지도록 돕는다. 그래서 인간 전체의 대다수는 스스로 지혜로운 사람이 되기를 갈망하며 지혜로운 사람을 믿고 따르게 된다. 그렇게 지혜를 추구하게 되는 것은, 그것이 모든 인간에게 바람직하고 유익한 결과가 되기 때문이다. 지혜로운 사람들이 많아지면 좀 더 건강하고 행복한 인간 사회가 되는 것이다.

인간이 아닌 다른 동물을 중생이라고 부르고, 지혜가 없는 무지하고 어리석은 사람도 중생이라고 부른다. 지혜롭지 않은 사람을, 인간이 아닌 다른 동물과 같은 중생이라 칭하는 것이다. 인간의 모습이지만, 지혜를 얻지 못했으므로 중생인 것이다. 지혜롭지 않은 사람은 다 중생이고, 인간은 누구나 중생이 될 수 있다. 무지와 어리석은 존재인 중생이 인간의 모습으로 잘 살아가기는 어려울 것이다. 그것은 중생은 인간 사회에서, 인간으로서의 인격을 지켜 나가기가 불가능하기 때문이다.

051
'공'함의 지혜는 초연함이고 초월적 자유로움이다

인간에게만 주어진 지혜라는 것은 즉각적으로 자기자신과 세상에 대해 '잘 알게 되는 능력'이다. 다른 동물들과 구분되는 인간만의 특성인 '아는 능력'인 의식활동은 인간이 다른 동물과 차이가 있고, 다른 동물과의 차이가 나게 되는 요인이다. 마하반야/마하프라갸/위대한 지혜는, 인간이라는 생명이 추구하는 지혜 중의 최상이며 최고의 지혜이며 인간에게 주어진 더없이 완벽한 의식이며 마음인 것이다.

인간에게만 주어진 지혜 중의 지혜인 마하반야/마하프라갸/위대한 지혜를 증득한 인간을 부처라고 부르고, 인간은 누구나 다 부처가 될 수 있는 것은 당연한 것이다. 인간에게만 주어진 지혜 중의 지혜인, '공'함의 경지에 든 사람은 인간 사회에서의 일상적이고 평범한 수준의 생각과 마음을 초월하는 사람이다. 그런 지혜를 간직한 사람의 초연함과 초월성이란, 평범한 자기자신으로부터의 자유로움이다.

초연함과 초월성이란 자기자신이 속한 인간의 세계와 삶과 죽음의 세계를 넘어서는 또다른 의식의 세계이자 마음인 것이다.

'공'함의 경지에 들어선 사람은 오히려 '지혜'나 '무지' '어리석음'
에 대해서도 초연하기에 '지혜'와 '어리석음'을 구분하여 '지혜'에
매달리거나 집착하지 않고 '어리석음'도 회피하지 않게 된다. 그것
은 정작 무엇이 중요한 것인지 알게 되는 능력, 분별력과 판단력
이 최고조에 이른 의식적 자각으로서 분별력과 판단력마저도 넘어
서고 초월하여, 자유로워진 것이다.

인간에게만 주어진 지혜 중의 지혜인 마하반야/마하프라갸/위
대한 지혜를 증득한 사람은 마땅히 짐승과 인간을 나누지 않으며
'중생'과 '부처'를 분별하여 차별하지 않는다. 마하반야/마하프라
갸/위대한 지혜를 증득한 사람에게는 나누고 분별하는 마음이 모
두 사라지게 되었으므로 지혜도 없고 어리석음도 없으며, 지혜로
워지는 것도 없고, 어리석음이 소멸되는 것도 없게 되는 것이다.
삶과 죽음이라는 경계와 구분이 사라지듯이 '지혜'와 '어리석음'이
라는 이원성도 사라지게 되는 것이다.

오랜 관찰의 결과로 건강하고 행복해진 사람, 인격의 성장과 성
숙을 하게 된 사람은 무지와 무명의 어리석음에서 벗어나서 지혜
로운 사람이 되는 것이다. 마하반야/마하프라갸/위대한 지혜는 그
지혜마저 집착하지 않고 초연하기에 더 크고 새로운 궁극의 의식
수준에 들어서는 것이다. 의식적 차원에서 부정을 극복한 긍정이
되고, 부정도 포함하는 긍정이 되며, 긍정을 넘어선 또다른 긍정이
되는 것이다.

인간에게만 주어진 '지혜'와 중생에게 주어진 '어리석음'이 '존

재한다'라는 '색'이라면 '존재한다'라는 '지혜'와 '어리석음'의 소멸이 곧 존재하지 않는 '공'이다. 그러나 지혜로운 사람에게는 '색'이 다시 '공'이기에 '색'도, '공'도, '지혜'도, '어리석음'도, '소멸'도, 다시 '공'함이 되는 것이다. 모든 것이 '공'하기에 '공'마저도 또한 '공'한 것이다. 이것이 지혜 중의 지혜인 마하반야/마하프라갸/위대한 지혜인 것이다.

न जरामरणं न जरामरणक्षयो

na jarā maraṇam na jarā maraṇa kṣayo

나 자라 마라남 나 자라 마라나 크샤요

나 = 아니다

자라 마라남 = 늙고 죽음

자라 마라나 크샤요 = 늙음과 죽음의 소멸

18) 늙음과 죽음이 없기에 늙음과 죽음의 소멸도 없는 것이다.
　　　(無老死 亦無老死盡 : 무노사 역무노사진)

- 해석 및 주석 -

'늙음과 죽음도 없고 늙음과 죽음의 소멸마저도 없다'라는 것은, 생명이라는 존재의 상대적인 변화에 대한 모든 과정에 대해서 말하는 것이다. 생명이든지, 생명이 아니든지, 그 어떤 무엇이든지 간에 이 세상에서 존재하는 모든 것들 중에 변하지 않는 것은 그 어디에도 단 하나도 없는 것이다. 그 무엇도 변하지 않는 것이 없다는 것만이 진정코 변하지 않는 고정불변의 자연의 법칙이 된다. 그것은 모든 생명들의 본질과 모든 물질들의 변화의 근원에 대하여 말하고 있는 것이다.

모든 자연현상의 근원이 되는 물질들의 절대적인 변화 속에는 상대적인 변화의 영역이 포함되어 있는 것이다. 이것은 수소와 산소가 결합하여 물이 되고, 물이 얼음이 되고, 얼음이 녹아 다시 수증기가 되더라도, 수소와 산소로 결합된 분자는 결코 변하지 않는 것과 같다. 언제나 변하지만 근원적인 변화는 결코 없는 것이다.

생명이든지, 물질이든지 본질적 근원에는 결코 변화가 없으되 생명 스스로가 인식하는 상대적인 영역에서는 결코 변하지 않는 것이 없는 것이다. 그런 의미에서 궁극의 정신적 자각과 수준 높은 의식적 경지에 들어선 사람에게는 늙음과 죽음이 있으되 없는 것이며 진정으로 늙음과 죽음의 소멸조차도 없어야만 되는 것이다.

052
생명은 '대상'과 '자아'를 동시에 인식한다

마하반야/마하프라갸/위대한 지혜를 증득한 사람이라면 늙고 병들고 죽어가는 생·노·병·사로부터 초연하게 될 것이다. 어리석은 중생이나, 지혜롭고 초연한 사람이나, 그 어느 누구일지라도 결국은 소멸되고 사라지게 되지만 지혜로운 사람만이 삶과 죽음의 이원성을 초월해서 생명의 단절이 아닌 영원성을 자각하는 것이다.

과거의 기억 속의 '나'는 현재의 '나'를 만들어 낸 필연적인 운명이다. 기억나지 않는 과거라 할지라도 기억나지 않아서 존재하는 않았던 것과 다를 바 없지만, 그 과거는 현재의 '나'를 만든 필연적 원인인 것이다. 그러나 또한 과거의 기억이 있어야만이, 그 기억 속에서 현재의 나를 인식할 수 있게 되는 것이다. 낮은 단계의 의식적 차원에서의 과거의 기억은 누구에게나 동일한 속도로 전개되는 것이다.

인간으로 태어나 살아오면서 기억나지 않는 과거의 순간들은 많고 많지만 세상이 보이기 시작하고, 자기가 자신이라는 존재에 대해 인식하였던 그 최초의 순간은 결코 잊혀지지 않는다. 어린 시절에 보이는 세상과 자기자신은 동시에 존재하였다. 그 때가 진정으로 자기자신이 존재하고, 세상이 열리는 순간이었기 때문이다.

누구나 세상이 최초로 보이던 그 어린 시절, 그 어느 때에 최초의 '자아'가 있었다고 할 수 있는 것이다. 인간으로 태어난 존재라면 누구나 세상이 보이기 시작했던 최초의 시점은 거의 동일하게 느껴진다. 그 때는 바로 인간의 몸을 갖고 태어나 5년 전후가 지난, 어린아이 시절이 된다. '자아'라는 존재가 인식되는 시점인 것이다.

자기자신과 세상을 인식하고 자각하게 된 인간은, 누구나 자기자신에게 주어진 생명을 이어가면서 기쁨과 슬픔, 쾌락과 고통의 순간을 반복적으로 맞이하고, 몸과 마음으로 세상을 체험하게 된다. 그런 것들이 개인에 따라서 얼마나 차이가 나는 것이며 얼마만큼이나 다를 수 있을까? 어느 누구에게든지, 어떤 환경과 상황에서든지, 기쁨과 슬픔, 쾌락과 고통은 '엎치락 뒤치락' 반복되는 일상일 뿐이다.

젊은 청춘의 시절에는 기쁨과 슬픔, 쾌락과 고통을 강렬하게 느끼게 된다. 그러면서 청춘은 희망적인 상상을 현실에 반영시켜서 앞으로의 삶이 만족스런 상태가 될 것 같은 기대를 건다. 그러나 청춘은 잠시뿐이고 결국은 늙고 병들게 된다. 어리석은 사람일수록 자기자신에게 불리한 상황은 반복적으로 지속이 되고, 고통과 괴로움은 점점 더 커지고, 그것은 벗어나기 어려운 고통스런 운명이 되는 것이다.

괴롭고 고통스런 삶이 중생들의 삶이다. 그러나 조금 더 자각하고 깨우치게 된 지혜로운 사람은 중생이 겪는 괴로움과 고통으로부터 벗어나게 된다. 그러나 그야말로 괴로움과 고통으로부터 벗어나게 되었다지만, 그렇다 하더라도 결국 누구든지 죽음을 맞이하고 소멸하게 된다. 생명으로 태어난 것은 죽고, 또 다시 태어나고, 또 다시 죽는다. 결국 태어나고 죽는 생명활동만이 무한하게 반복되는 것이다.

오랜 명상/바라밀/파라미타의 과정 속에서 관찰과 성찰의 능력이 향상되어서 인격이 성장한 지혜로운 사람이라면 태어남과 죽음이 무한히 반복됨을 알고 깨우쳐서, 삶과 죽음으로부터의 초연함을 얻게 되어 생명의 순환으로부터 자유로워지게 된다. 그러나 어리석고 무지한 사람들은 늙어서 죽는 그 순간까지도 기쁨과 슬픔과 쾌락과 고통이라는 삶의 굴레에 갇혀서, 오직 그 세계에만 머물다 죽게 되는 것이다.

053
삶과 죽음에 대해, 명상하여야 한다

관찰자가 되어 명상/바라밀/파라미타의 과정에 속한 사람은 자기자신이라는 존재, 스스로를 향하여 '삶과 죽음'에 대한 물음을 지속하여야만 한다. 진정한 관찰자이며 성찰자라면 스스로의 가슴속에서 충분한 답이 우러나올 때까지, 그 물음을 놓지 않을 것이다. 그것은 자연스러운 것이다. 관찰과 성찰에 대한 물음과 답의 의미는 모든 사람들에게 같다. 그런 물음과 답은 모두에게 공통적이기 때문이다.

"인간은 왜 태어나는가?" "인간은 왜 태어나서 어떻게 성장하는

가?" "인간은 어떻게 늙고 죽어 가는가?" "늙음과 죽음은 어떤 것인가?" "인간은 왜 고통스런 삶의 과정을 반복하다가 죽어야 하나?" "기쁨과 슬픔, 쾌락과 고통은 왜 생겨나는가?" "쾌락과 고통은 어떤 것인가?" "어리석음과 지혜는 어떤 것인가?" "어리석은 사람은 왜 더 고통스러운가?" "고통에서 벗어나기 위해서는 어떻게 해야 하는가?" "지혜로운 사람의 초연함과 자유는 어떻게 생겨나는가?" "좀 더 지혜로워지기 위해서는 어떤 삶의 방식을 선택해야 하는가?"와 같은 것들이 공통적인 물음이 된다.

누구든지 청춘의 시기에는 자기자신에게 죽음이 다가올 것이라고 생각하지 않는다. 청춘은 호기심 가득한 상태이다. 청춘에게는 탐구하고 알아가야할 것들이 많은 것이다. 청춘은 자기자신과 세상을 탐험하는 감각의 세계에 머물고 있기에, 당장 심각한 죽음의 위기에 처하지 않는 한, 늙음과 죽음에 대해서 조금도 생각하지 않는다. 청춘에게 늙음과 죽음은 자기자신과 아무런 상관이 없는 현상일 뿐이다.

그러나 인간이라면 누구에게도, 청춘의 세월이 지나고 노화가 시작되는 중년의 시기가 되면 늙음과 죽음이 곧 닥쳐올 자기자신의 운명이라는 것을 알게 된다. 그 때에 자기자신과 세상에 대한 인식이 분명하지도 명확하지도 못한 어리석은 중생은 늙음과 죽음을 피하려 발버둥을 치지만, 그럴수록 더 큰 고통을 당하게 된다.

지혜롭고 현명한 사람이라면 나이가 들어갈수록 죽음에 대해서 명상을 하게 될 것이다. 명상이란 자기자신이라는 존재에 대하여 집중하여 깊게 생각하고 자연에 속한 생명현상의 섭리와 이치를 깨닫게 되는 과정을 뜻하는 것이다. 지혜로운 사람이라면 나이를 먹으면 먹게 될수록 죽음을 거부하고 부정해야만 하는 것이 아니라, 죽음의 의미에 대하여 진지한 마음가짐으로 명상을 하여야만 되는 것이다.

어리석은 사람은 그 누구라도 피할 수 없는 생명의 절대적 조건인 죽음을 피하려고 할 뿐 깊게 명상하지 못하는 것이다. 어리석다는 것은 그래서 어리석다는 것이다. 어리석은 사람은 언제나 죽지 않으려고만 하고 생존하기에 급급해 하므로, 죽음이 곧 삶의 완성이 되는 것이고 죽음이 곧 생명의 절대성이 된다는 것을 모른다.

그러나 지혜로운 사람은 이미 삶과 죽음에 대해서 충분히 명상하였기에, 생명현상을 바르게 이해할 수 있는 것이며, 자기자신의 운명을 자각하고 수용하기에, 죽음으로부터 초연하고 자유로운 경지에 머물게 된다. 지혜로운 사람은 자기자신의 죽음이 또다른 삶의 시작임을 알기에, 삶과 죽음으로부터 자유롭게 되는 것이다.

마하반야/마하프라갸/위대한 지혜를 증득하는 과정 속에서, '지혜롭다'거나 '자유롭다'거나 '초연하다'거나 하는 말들은 결국 같은 의미를 가진 언어들이다. '늙음과 죽음은 어떤 것인가?'에 대한 명확한 인식과 이해란 자기자신 스스로를 삶과 죽음의 굴레에서 자유롭게 하는 것이다. 늙음과 죽음으로부터 자유롭다는 것은 늙지 않고 죽지 않는다는 뜻이 아니다. 늙어가는 것과 죽어가는 것으로부터의 초연함인 것이다. 초연함은 늙음과 죽음을 거부하거나 두려워하지 않는 것이다.

न दुःखसमुदयनिरोधमार्गा न ज्ञानं

na duhkha samudaya nirodha margā na jñānam

나 두카 사무다야 니로다 마르가 나 갸남

나 = 아니다

두카 = 고통

사무다야 = 고통의 원인, 끝

니로다 = 소멸, 통제

마르가 = 수행방법, 길

갸남 = 지혜

19) 고통도 없고 고통의 원인도 없으며 고통의 소멸도 없고
　　그것으로 가는 방법도 없으며 그러한 지혜도 없으며
　　(無苦集滅道 : 무고집멸도)

- 해석 및 주석 -

여기에서의 '없다'라는 것은 부정이 아니고 초월을 뜻하는 것이다.
초월은 없다는 부정적인 의미가 아니고 존재의 본질을 충분히 포
함하고 이해할 수 있기에 넘어설 수 있다는 뜻이다. 붓다(Buddha)는
모든 존재를 초월하는 고귀한 인간의 지혜로운 의식의 경지를 보
여 주는 것이다. 그것은 마치 가공되지 않아서 거칠기만 한 돌에서
귀중한 보물의 원석을 골라낼 수 있게 해주는 것과 같은 것이다.
그런 다음 본격적으로 보석을 연마하듯이 귀중한 지혜를 일깨우도
록 도와 주는 것이다.

바닷물이 태양빛을 받아 소금으로 정제되는 것처럼, 붓다는 뛰어난 지혜와 가르침을 통하여 인간 의식의 궁극의 경지를 드러내 보여 주는 것이다. 이것은 궁극의 경지를 제시함을 통하여 전체 인류가 가야할 길을 새로운 긍정의 방향으로 전환하는 것이다. 그것은 탁월한 방법론일 뿐만 아니라, 이미 높은 산의 꼭대기에 도달하게 된 사람이 그곳에 도달하지 못한 사람들에게 높은 산 꼭대기의 환경과 상황에 대해 알려주면서 또한 높은 산 꼭대기에 도달하는 과정에 대해서도 설명하는 것이다.

054
초연함이 곧 '무아'의 경지이다

'무아'의 경지에서는 '고·집·멸·도'에 대해서도 초연해지게 되는 것이다. 이 경전의 시작에서 '지혜에 귀의한다'는 것은 고통과 괴로움으로부터 벗어나서 좀 더 행복하고 자유로운 경지를 향해가겠다는 것을 뜻한다. 그래서 부처의 중요한 가르침은 '고·집·멸·도'이다. '고'는 고통이고 '집'은 고통의 원인이며 '멸'은 고통의 소멸이며 '도'는 고통을 소멸 시키는 수행법, 또는 고통을 소멸 시키는 길을 뜻한다.

전체적인 지혜에 귀의한 관찰자가 명상/바라밀/파라미타의 과정 속에서 위대한 지혜를 증득한 결과인 '텅~' 비어 있는 나를 자각하게 되는 경지, 즉 '무아'의 경지에서는 모든 것을 초월하게 되므로 역시 '고·집·멸·도'마저 초월하게 되는 것이다.

'무아'란 내가 없는 것이기에 당연히 감각도 인식도 없는 것이며, 감각도 인식도 없기에 고통도 없는 것이 된다. 감각도 인식도 없기에 고통의 원인도 없는 것이고 고통의 끝남도 없게 되는 것이다. 고통의 소멸도 없고 고통을 소멸하는 수행법도 없고 길도 없다. 감각도 인식도 없기에 고통을 소멸하는 지혜도 없는 것이다.

이제까지의 가르침에서 중생은 고통과 괴로움 속에 있기에 마하반야/마하프라그/위대한 지혜를 얻으면 고통을 소멸시킬 수 있다고 하였다. 명상/바라밀/파라미타라는 수행의 과정을 통해서 지혜가 깊어지면 고통이 소멸된다고 주장하였다. 그러나 이 구절에서는 이제까지의 가르침과는 달리 모든 것을 부정하는 것처럼 보인다. 그러나 이것은 부정하는 것이 아니다. 궁극의 경지에서는 '고·집·멸·도'를 구하는 마음으로부터도 초연해지고 자유롭게 된 높아진 의식 수준을 표현하는 것이다.

그 이유는, 진정으로 '무아'의 경지에 든 사람이라면 중생의 마음이 사라졌기에 마땅히 '고·집·멸·도'에 대해서도 집착하지 않아야 되고, 초연해야 한다는 의미가 되는 것이다. 매우 건강하고 행복하다면 굳이 건강과 행복을 더 추구할 필요가 없는 것이다. 이것은 긍정을 부정하는 것이 아니라 긍정에 긍정을 더하는 것이다.

위대한 지혜를 증득한 지혜로운 사람에게는 고통과 괴로움이 없어졌으므로, 그것을 없애려는 마음은 없을 것이며 방법 또한 필요가 없게 되는 것이다. 절대적 존재인 '자아'가 스스로를 초월함이 '무아'의 경지라면, 이미 '무아'의 경지에 들어섰기에 '무아'를 추구함에 대해서도 연연하지 않고 초연해졌다는 의미가 되는 것이다.

그 어떤 생명이라도, 생명으로 태어나서 살아있는 동안 생명유지에 필요한 욕구가 충족되지 않으면 고통과 괴로움을 피할 수 없게 된다. 고통과 괴로움은 생명의 본질이다. 생명은 고통 없이 살아갈 수가 없다. 생명에게 고통은 기쁨보다 더 크게 와닿는다. 피하고 싶은 것이 고통이지만, 고통을 이해하지 못하면 삶의 질은 향상되지 않는다. 지혜로운 사람이라면 고통에 대해서 충분하게 잘 알아야만 한다.

고통은 자기자신에게 주어진 생명을 유지해 나가기 위한 것으로 필수적인 신체 보호 장치이다. 신체적 기능 이상으로 고통을 느끼지 못하는 생명은 위험을 감지하거나 대처하지 못하게 되므로 결국은 빠르게 죽음을 맞이하게 된다. 그러므로 신체적인 고통은 불필요한 것이 아니다. 고통은 자기자신에게 주어진 생명을 제대로 보존하고, 유지해 나가기 위한 절대적이고 필수적인 신체 보호 장치가 되는 것이다.

055
고통은 생명의 본질이다

숨을 쉬지 못하게 되면 숨 막히는 극적인 고통이 있다. 목마를 때, 물 한 잔 마시지 못해도 고통스럽다. 음식을 먹지 못해서 배가 고프면 고통스럽다. 잠을 자지 못해도 고통스럽다. 따스한 햇볕을 받지 못해도 고통스럽다. 신체에 조금의 상처만 나도 고통스럽고, 마음의 상처는 신체의 상처보다 더 오래가는 고통이 되기도 한다.

자기자신이 원하는 대로 살지 못하는 아쉬운 마음도, 커다란 고통의 원인이 된다. 자기자신이 속한 사회로부터 사랑받지 못하는 외톨이가 되어도 고통스럽다. 이외에도 더 많은 고통의 원인들은 무수히 많다. 인간이나 동물이나 생명의 존속에 불리한 모든 상황은 그 자체가 고통과 괴로움이다. 특히 고등한 생명체라고 자부하는 복잡한 의식체계를 가진 인간이 당하는 고통과 괴로움이 더 크고 많을 것이다.

인간에게는 마음이라는 것이 있기에, 인간은 생각하는 존재인 것이다. 그것은 인간만의 특성이다. 생각하지 않는다면 인간이 아닐 것이다. 인간의 생각 속에는 시간이 있고, 시간 속에는 과거와 미래가 있고, 실존하지 않는 시간에 포함된 과거와 미래는 어리석은 사람의 생각 속에서, 크나큰 고통과 괴로움이 되기도 한다.

인간에게는 없는 것을 있다고 생각하는 특정한 것이 있는데, 그 대표적인 것은 시간과 공간이다. 인간은 언제나 시간 속에 묻혀서, 과거와 미래를 생각하며 살아간다. 시간 속의 과거와 미래는 인간에게만 적용되는 고통과 괴로움이 되는 것이다.

인간에게는 과거의 수치심이나 미래에 대한 불안감이 있다. 과거와 미래가 실존하는 것이 아닌 것임에도, 마치 실제인 것처럼 느껴지고 현실적인 것이 되기도 하는 것이다. 어리석은 사람들에게 있어서 과거에 겪었던 고통과 미래에 대한 불안감이란, 과거의 아름다운 추억이나 미래에 대한 희망보다 더 크게 작용하는 것이다.

인간에게는 언제나 지금이라는 현재의 시간 이외에도, 과거와 미래라는 비현실적이며 존재하지 않는 시간들이 있다. 인간의 의식체계에 존재하는 과거와 미래에 대한 개념은, 기억과 상상으로 전환되어서 자기자신을 고통스럽게 만들기도 한다. 지금 당장 자기자신에게 유해한 위험이 없을지라도, 기억과 상상만으로도 엄청

난 고통과 괴로움에 시달릴 수가 있는 것이다. 그러나 시간이라는 개념 속에는 과거의 기억을 떠올려서 기쁘고, 미래를 준비하고 대비하는 유익함도 있기도 하다.

지혜가 없는 사람일수록, 과거에 당한 수많은 아픔과 수치심은 기억 속에 남아서 사라지지 않으며, 미래에 대한 불안감은 자기자신의 무능함을 가중시켜서, 자존감은 회복불능의 상태에 빠지기도 한다. 이것은 대다수의 인간이 당하는 특정한 형태의 고통과 괴로움이고, 복잡한 의식체계를 가진 인간의 숙명이기도 한 것이다.

전체적인 지혜에 귀의하여 명상/바라밀/파라미타의 길에 들어선 관찰자는 고통과 괴로움의 원인에 대해서 명확하게 알아야만 하고, 그 고통과 괴로움에 대처해야 한다. 그리고 그 고통과 괴로움에서 벗어나는 방식이나 방법을 터득해야만 하는 것이다. 그런 것이 바로 붓다의 가르침인 '고 · 집 · 멸 · 도'인 것이다. 먼저 고통의 원인을 바르고 제대로 이해해야만이, 고통에서 벗어날 수 있는 것이며, 그렇게 고통에서 벗어나야만이 건강하고 행복하며 만족스러운 삶을 살아갈 수 있는 것이며, 그런 건강과 행복한 삶을 살아가기 위한 노력이 명상/바라밀/파라미타인 것이다.

긍정적이든지 부정적이든지, 인간의 마음은 언제나 반복되고 강화되는 것이다. 생명이이 소멸되지 않고, 생명이 유지되는 동안에는 고통과 괴로움은 언제든지 찾아오는 것이다. 고통과 고로움이 없이 생명이 유지된다는 것은 불가능한 것이다. 그러나 아무리 그렇다 하여도 고통과 괴로움에 대해서 대책 없이 무기력하게 살다 보면, 고통과 괴로움의 악순환은 반복되고, 인생은 더욱더 고통스럽게 되는 것이다.

지혜로운 사람이라고 해서 모든 고통과 괴로움이 완전하게 사라지게 된 것은 아니다. 감각인식으로부터 좀 더 자유롭고, 생각으로부터도 좀 더 자유로워진 지혜로운 사람이라면 지옥같은 심각한 고통으로부터 벗어날 수 있기에, 조금은 덜 고통스럽고 조금은 더 자유롭게 살아가게 된다는 것이다. 반대로 어리석은 사람은 고통을 벗어나지 못하기에, 조금 더 심각하게 괴롭고 고통스럽게 살아가게 된다는 것이다.

지혜로운 사람이라고 해서 고통과 괴로움에서 완전하게 벗어나서 살게 되었다는 것은 아니다. 지혜로운 사람은 감각인식에 대한 뚜렷한 자각이 있기에 고통의 원인을 알고, 고통을 통제하고 소멸시키는 감각적 능력이 향상된 것이다. 지혜로운 사람은 고통을 모면하려고 연연하지 않기에, 더 깊은 고통에 빠지지 않는 것이다.

'무고집멸도'의 의미란 매우 지혜로운 존재가 되어서, 감각인식의 과정과 복잡한 마음의 체계를 이해하는 의식의 정점에 다다르게 되었다는 뜻이다. '고ㆍ집ㆍ멸ㆍ도'에 대한 부정이 아니라, '고ㆍ집ㆍ멸ㆍ도'를 넘어섰기에, '고ㆍ집ㆍ멸ㆍ도'에 대해서도 초연해졌음을 표현하는 것이다. 부정과 거부가 아니라 충분히 포용하고 받아들인 초연한 마음의 표현인 것이다. 고통도, 고통의 원인도, 고통을 벗어남도 넘어섰기에, 고통과 고통의 원인과 고통을 소멸시킬 수 있는 방법들을 내려놓은 것이다.

'무고집멸도'는 고통, 죽음, 소멸 같은 부정적인 마음의 작용을, 모두 인정하고 받아들이고 넘어서게 됨으로써, 부정적인 감각과 인식과정이 마음의 장애가 되지 않게 되었다는 것이다. 결국은 고통을 받아들이고, 고통의 원인을 알고, 고통스런 마음을 넘어섰기에, 궁극적으로는 고통으로부터 자유로운 경지가 되었다는 것이다.

고통을 벗어나려는 어떤 의도적인 행위를 하지 않는다는 것은, 그 고통들에 대한 외면과 회피가 아니라, 이미 고통으로부터 벗어났거나, 그렇지 않다면 그 고통들을 인정하고 수용하는 마음을 갖는 것이다. 그 고통들로부터 벗어나려고 한다면 먼저 좀 더 담대한 용기와 의지로 고통들을 인정하고 수용하면서, 그 고통들을 유발하는 부정적인 감각인식에 대해서 잘 이해하면서 당당하게 대응하면 되는 것이다.

그 어느 누구라도 고통으로부터 벗어나려고 노력하지만, 고통으로부터 벗어난다는 것은 결코 쉬운 것이 아니다. 생명이란 존재가 언제나 고통스러운 것은 부정할 수 없는 사실이다. 생명에게 고통은 영원히 사라지지 않는 것이지만, 그러나 아무리 그렇다고 하여도 전체적인 지혜에 귀의하여 마하반야/마하프라갸/위대한 지혜를 증득한 수행자는 고통으로부터 벗어날 수 있고, 또 그 고통의 벗어남으로부터도 벗어나게 되어서, 초연하고 자유로운 삶을 살아갈 수 있다고 표현하는 것이다.

그것은 오직 뚜렷하고 확고하게 비어 있는 자기자신, 즉 '무아'의 경지를 체득하고, 그 '무아'의 경지에 들어섰기 때문일 것이다.

마하반야/마하프라갸/위대한 지혜를 증득한 사람에게는 '자아'의 본질이란, 오직 '텅~' 비어 있는 '무아'인 것이다.

'무아'란 오직 '텅~' 비어 있는 것이기에, 생겨나거나 소멸되는 여러 가지의 마음들에 대해서 집착하거나 연연해하지 않는 것이다. '무아'의 경지란 감각과 마음으로부터 생겨나는 고통과 괴로움에 좌우되지 않으면서 오직 자비와 헌신을 마음과 행위의 근본으로 삼아 실천하고, 건강하고 행복하며 자유로운 삶을 살아가는 것이다.

न प्राप्तिर्नाभिसमयस्तस्मादप्राप्तित्वात् ।

na prāptir na bhisamayaḥ tasmād prāptitvāt l

나 프라프티르 나 비사마야흐 타스마드 프라프티트바드

나 = 아니다

프라프티흐 = 인식, 증득

비사마야흐 = 목격, 바라봄

타스마드 = 그러므로

프라프티트바드 = 인식 그 자체

20) 인식도 없고 바라보는 것도 없는 것이다.

　　그러므로 인식 그 자체도 없는 것이다.

　　(無智亦無得 以無所得故 : 무지역무득 이무소득고)

- 해석 및 주석 -

중국의 법성스님은 이 절을 인도의 산스크리트어 구절이나 중국 현장스님의 해석과 달리, 무지 무득 역무부득 시고(無智 無得 亦無不 得 是故)라고 하였다. 붓다는 실존하는 고통과 괴로움의 원인이 되는 부정적 '자아'를 완전하게 연소(燃燒)시키기 위해서 가장 극적이고 완벽한 부정(否定)을 의도하였다고도 볼 수 있는 것이다. 반복적인 부정의 강화를 통하여서, 역으로 '자아'의 긍정성을 확장하는 것이다. 부정이 긍정이 되기 위해서는 깊은 마음의 세계를 향하여 계속해서 전진해 들어가야만 하는 것이다. 일견 부정으로 보이는 그 끝은 온전한 긍정의 완성이 되는 것이다.

수행자는 모든 부정의 가능성을 동원하여서 원초적인 고통과 괴로움의 원인이 되고 있는 '자아'의 실체에 대하여, 가능하다면 조금의 찌꺼기도 남기지 않고 완전한 부정의 골짜기의 끝으로 몰고 들어가는 것이다. 그러나 그렇게 부정에 부정을 더하면 부정이 커지고 극대화 되는 것이 아니라, 언젠가는 부정이 사라지게 되는 것이다. 부정에 부정을 더하게 되면 긍정이 되고, 부정과 긍정이 확장되고 깊어지게 되면 결국은 초긍정적인 상태인 부정과 긍정에 대한 초월이 일어나게 되는 것이다.

그래서 인도 전통의 철학의 갈래에서 권위가 있는 '우파니샤드'에서의 수행자들과 '베단타(Vedanta)'에서의 수행자들은 끊임없이 '아니다 아니다'라는 '네티 네티(Neti Neti)'를 반복하면서 부정의 극단까지 파고 들어가려는 전통이 있는 것이다. 부정과 부정을 반복하고 부정과 부정의 강화와 확장을 통해서 부정을 소멸하고 초월하는 '공'함의 경지인 자유로움의 세계에 안착하게 되는 것이다.

056
'자아'가 없으므로, 모든 것이 없는 것이다

'자아'가 없으니 당연하게 '자아'의 '대상'도 없는 것이고, '자아'
와 '대상'이 없으니 역시도 '자아'와 '대상'과의 '관계'도 없는 것
이다. '자아'가 '무아'의 경지에 들어서게 되었다는 것은 자기자신
과 세상에 존재하는 모든 것들을 굳이 구분하여 나누지 않게 되었
다는 것이다. 이 순간에 오로지 엄연하게 존재하고 있는 절대적인
'자아'이며 현실적인 '자아'가 더없이 충만한 상태가 되었기에, 더
없이 충만한 '자아'가 결국 존재하지 않는 비현실적 현상인 더없는
'무아'임을 체득하게 되었다는 것이다.

더없이 완전하고 완벽한 지혜, 마하반야/마하프라갸/위대한 지
혜인 '무아'의 증득은 '자아'가 없기에 '대상'도 없으며, 그에 따라
서 당연하게도 '자아'와 '대상'과의 관계도 없게 되는 것을 확고히
알게 되고 증득하게 되는 것이다. '자아'라고 인식하는 '자아'가 없
으니 '자아'를 '지켜보는' '자아'도 없고, '지켜보는' '자아'도 없으
니 '인식'도 없는 것이고, '자아'와 '인식'이 없으니 '인식 대상'도
없게 되는 것이다.

'색즉시공 공즉시색'이란 '있음'이 곧 '없음'이란 뜻이다. '있음'
은 '자아'이고 '없음'은 '무아'이다. '있음'이 '없음'임을 스스로 깨
닫는다는 것은 '자아'가 '무아'임을 스스로가 절대적으로 확신하게
되는 것이다. 그렇게 되면 모든 것은 '없음'이 된다. '무아'의 경지

에 도달한 사람은 감각적으로 인식되는 감각의 대상들인 세상의 모든 것들로부터 초연하게 되고, 또 그 초연함으로부터도 초연하게 될 수 있는 것이다.

'자아'가 없으므로 '자아'가 목격하고 바라보는 '대상'도 없는 것이다. '자아'도 '대상'도 없으므로 '인식'할 것도 '증득'할 것도 없게 되는 것이다. 인식 대상을 바라보는 인식의 주체인 '자아'가 없기에, 인식되고 증득되는 것 그 자체가 아예 없는 것이다. '무아'의 경지에 들어서서 '없음'과 '텅~ 비어 있음'이라는 마음이 자주 들기 시작하면, '자아'와 '자아'의 작용인 '감각인식'과 그 감각인식의 '대상'들 역시도 '없음'이 되는 것이다. '자아'가 없으니 '인식'도 '바라봄'도 당연히 없는 것이다.

'공'함의 경지란 나와 세상의 모든 것들이 사라지고 소멸된다는 뜻이 아니다. 그것은 나와 세상의 모든 것들이 하나로 합일된다는 것이다. 그렇게 나와 세상의 모든 것들이 하나로 합일되기에, 나누어질 수 있는 것이 없다는 것이다. 진정한 합일이 완성된 경지에서는 '바라봄'도, '인식'도, '증득'도, 그 자체가 없게 되는 것이다.

"산에 오르니 산이 되는구나! 하늘을 보니 하늘이 되는구나! 바람을 맞으니 바람이 되는구나! 물을 마시니 물이 되는구나! 사랑하는 사람과 함께 있으니 더없이 좋구나!" 만일 누군가 이렇게 느낀다면 그는 부처가 된 것이다. 그는 자기자신과 감각적 대상이 하나로 합일된 것이고, 그 합일이란 감각대상을 진정으로 사랑하므로 감각대상과 일치된 경지가 된 것이며, 초월적인 감각인식을 하게 된 것이다.

'공'함의 경지에서는 감각인식의 주체가 되는 '안, 이, 비, 설, 신, 의'와 그 대상인 '색, 성, 향, 미, 촉, 법'은 '없음'이 된다. '공'함의 경지에 들어서게 되면 '감각인식'의 주체가 되는 마음인 '의식'도 없게 되는 것이므로, 당연히 '지혜'도 '어리석음'도 없게 되는 것이다. '공'함의 경지에 들어서게 된다면 '살고 죽음'도 없는 것이기에 당연히 '고통'도 없는 것이고, 고통의 '소멸' 같은 것도 없게 되는 것이다.

'인식과 증득'이 없게 되는 것 역시도, 자기자신이라는 관찰자와 그 관찰자의 바라봄도 없는 것이 되는 것이다. '무아'이기에 '대상'도 대상과의 인식관계도 없게 되는 것이다. 없다는 것은 결코 사라지는 것이 아닌 하나로 통합되었다는 것이다.

전체적인 지혜에 귀의하여 오래도록 명상/바라밀/파라미타의 과정에 머물면서 '고 · 집 · 멸 · 도'의 지혜를 구하고 증득하여 건강하고 행복하며, 선하고 선한 마음으로 순수하고 헌신적인 이타적인 삶을 살아가게 된다면, 자기자신의 생을 초월한 어느 때일지라도, 그 언제인가는 결국 '공'함의 경지에 들어서게 되는 것이다.

'공'함이라는, 의식에 의한 감각인식의 초월이 일어나게 되면 전체적인 지혜를 포함한 최고, 최상의 지혜인 '공'함으로부터도 초연하게 될 수 있게 된다고 할 것이다. '공'함의 경지에 든 관찰자의 마음이란 결국, 인간 세상을 포함한 모든 생명의 세계에서 최상의 가치가 사랑과 자비와 측은지심이라는 마음으로 귀결될 것이다. 궁극의 경지에 도달하게 된 관찰자에게는, 오직 자비와 헌신밖에 남지 않는 것이다.

관찰자는 관찰 대상과 하나로 합일될 수 있기에 좀 더 자유롭게 되는 것이다. 그는 자신의 자유로운 마음을 지켜보고, 인식하고, 증득하여 얻게 되는 것들로부터도 초연하게 되는 것이다. 관찰자가 고통과 괴로움으로부터 벗어나는 지혜를 증득하고 긍정적 인식체계를 확립하여, 인식의 각성이 커지고 지혜가 더욱 깊어지게 되면 결국은 관찰자와 관찰자의 인식과 지혜의 증득도 모두 하나로 합일되는 것이다.

057
'공'의 경지와 선한 마음은, 세대를 거쳐 대대로 전승된다

선하고 선한 마음은 개인을 넘어서, 한 집안의 가풍과 품격이 된다. 인간으로 태어나서 선하고 선한 마음을 간직하려는 굳건한 의지는, 한 세대를 넘어 다음 세대로 이어지고 전해진다. 그 선하고 선한 마음은 '공'함의 경지를 증득하는 지혜가 된다.

지금 당장, 또는 이번 생에서는 '공'함의 경지를 증득하지 못했다고 할지라도 사랑과 자비와 측은지심의 마음을 간직하고, 다른 사람들의 건강과 행복을 진정으로 빌어주고 돕는 사람의 그 후손, 누구인가는 언젠가 결국 '공'함의 경지에 들게 되는 것이며, 결국 커다란 자비와 사랑의 힘으로 중생을 구제할 수 있는 것이다.

그럼으로써 지금 당장의 이번 생에서 '공'함의 경지에 들게 되고, 자유로운 삶을 영위하며 자비와 사랑을 실천하는 사람이라면, 그의 부모와 그 부모의 부모 중에는 모자람 없이 크고 깊은 선한 마음을 간직한 사람이 있었던 것이 되는 것이다.

진정한 '공'함의 경지는 지극한 선함이 바탕이 되어서 이어지게 되는 것이다. 또한 어떤 선하고 순수한 인격을 가진 부모로부터 나고 자라난, 한 집안의 구성원들의 인격적인 특성 역시도 선하고 순수하며, 대체로 비슷한 인격을 갖게 되는 것이다.

진정한 마하반야/마하프라갸/위대한 지혜를 증득한 사람은 평범해 보일 뿐이다. 진정으로 위대한 지혜를 증득한 사람은 결코 특별해 보이거나 별다르게 살아가고 있는 것은 아니다. 진정으로 위대한 지혜를 증득한 사람이라면, 모든 가식과 형식을 초월하였기에 특별함이 아닌 평범하고 소박한 모습으로 살아가게 되는 것이다. 진정으로 위대한 사람은 소박하기에 보통의 사람들과 어울리며 살아가는 것이다.

진정으로 위대한 지혜를 증득한 사람이, 특출나거나 특별해 보이는 것이 결코 아니다. 진정으로 '공'함의 경지에 든 사람의 외모는 평범하게 보일 뿐이다. 눈에 띄는 특징적인 외모를 꾸민 사람이나, 허세스런 언어적 유희에 빠진 사람들은 결코 위대한 지혜를 증득한 것이 아닌 것이다. 그런 사람들은 위대한 지혜의 진정성이 없기에, 실속이 없는 가식적이고 위선적인 허세와 허풍 속에 있는 사람일 것이다.

진정한 마하반야/마하프라갸/위대한 지혜란 결국 아무것도 아닌 것이다. 아무것도 아닌 것만이 오직 위대한 지혜가 되는 것이다. 위대한 지혜인 '공'함의 경지에 들어가게 되면 '위대함'도 '지혜'도 '공'도 없게 되므로, 오직 지금 이 순간이라는 엄연한 현실만 존재하게 되는 것이다. 오직 이 순간만 존재하게 되는 것이다.

진정한 '공'함의 경지는 다시 평범한 현실이 된다. 진정으로 위대한 지혜를 증득한 부처라면 다시 중생이 되야만 하는 것이다. 위대한 지혜를 증득한 결과는 부처와 중생의 구분이 필요없게 되는 것이기에, 다시 중생이 되는 것이 진정한 부처로 남는 것이다. 결국 부처는 다시 중생이 되고, 중생이 다시 부처가 될 수 있는 것이다.

बोधिसत्त्वस्य प्रज्ञापारमितामाश्रित्य विहरतो अचित्तावरणः ।

bodhisattvasya Prjñāpāramitām āśriyta viharatyacittāvaraṇaḥ

보디사뜨바스야 프라갸파라미탐 아스리트야 비하라토아치따바
라나흐|

보디 = 지혜의

사뜨바스야 = 존재의, 선한

프라갸 = 지혜

파라미탐 = 완전한

아스리트야 = 거하다

비하 = ~안에

라티 = 거하다

아치따 = 목적의식이 없는

아바라나흐 = 장애가 없는

21) 보살, 즉 지혜롭고 선한 존재는 초월적인 지혜인 반야바
라밀다에 의지하여 마음에 목적의식과 장애가 없이 머문
다.

(菩提薩埵 依般若波羅蜜多故 心無罣碍 :

보리살타 의반야바라밀다고 심무가애)

- 해석 및 주석 -

보살의 산스크리트어는 '보디 사뜨바(*Bidhi Sattva*)'이다. 보디는 지혜
와 이지를 말하며, 사뜨바는 가장 선하고 밝은 것을 말한다. 즉, 보

디 사뜨바는 지혜로우며 가장 밝고 선하다는 뜻을 지니고 있는 것이다. 이것이 한역으로는 보리살타(菩提薩陀)이며, 줄여서 보살(菩薩)이라고 한다. 보살 중에는 넷으로 나누어지는 가장 위대한 보살이 있는데 지혜를 주는 문수보살(文殊菩薩)과 자비와 사랑으로 중생을 구제하는 관세음보살(觀世音菩薩)이 있으며 올바른 행위를 실현하는 보현보살(普賢菩薩)과 지옥에 있는 죽은 영혼들을 모두 이끌어 올릴 때까지 성불하지 않겠다는 간절한 염원을 가진 원력의 지장보살(地藏菩薩)이 그들인 것이다.

이렇게 넷으로 나누어진 보살의 산스크리트어 이름으로는 각각, 문수보살은 '만주스리(Manjusri)'이고 보현보살은 '사만타바드라(Samantabhadra)'이다. 사람들에게 가장 많이 불려지는 관세음보살은 '아발로키테스바라(Avalokitesvara)'이고 지장보살은 '크시티가르바(Kshitigarbha)'라고 불려지는 것이다.

그 외에도 인간으로 화현하여 가르침을 편 인도의 '나가르주나(Nagarjuna)'인 용수(龍樹)와 '아스바고사(Asvagosha)'인 마명(馬鳴), '데바(Deva)'인 제바(提婆), '아상가(Asanga)'인 무착(無着), '바수반두(Vasubandhu)'인 세친(世親)이 보살의 칭호를 받았으며, 중국의 축법호(竺法護)가 돈황(敦煌)보살로, 도안(道安)이 인수(印手)보살로 칭호를 받았다. 한국에서는 원효(元曉)스님이 보살의 칭호를 받게 되었다.

그러나 이렇게 많은 이름으로 나누어진 보살은 오직 하나의 존재일 뿐이며 그 하나의 존재란 선하고 선하며 밝고 맑은 자비와 헌신을 행하는 존재인 것이다. 그러므로 진정한 보살이란 이름을 달리하여 따로 존재하는 것이 아니라, 선하고 선한 마음으로 자비를 실천하는 사람이 보살이 되는 것이다. 그 어느 누구일지라도 지금 당장 선한 행위를 통해서 고통과 괴로움에 빠진 사람을 돕는다면 보살이 되는 것이다. 다만 그 행위는 당사자가 아닌 다른 사람에게도 피해를 주는 것이 아니어야 하는 것이다. 또한 모든 면에서도 최종적인 긍정성이 확보되어야만 하는 것이다.

한역의 '반야 바라밀다'는 '프라갸 파라미타(Pragya Paramita)'이다. '프라갸(Pragya)'는 지혜이며, '파라미타(Paramita)'는 '초월적, 넘어선다'라는 뜻이다. 즉, '반야 바라밀다'는 '넘어서는 지혜, 초월적인 지혜'를 말하는 것이다. 그것의 진정한 뜻은 마치 우주선이 대기권을 뚫고 우주공간으로 넘어가는 것처럼, '자아'라는 존재가 자기자신과 마중하는 세상의 모든 상대적인 거칠고 제한적인 단계들마저도 넘어서게 된다는 것이다. 그렇게 한계적인 대상들을 넘어서고 초월하게 된다면, 거기에서부터는 모든 고통과 괴로움과 장애가 없어지게 된다는 것이다.

058
보디사뜨바/보살은 초월적인 존재이다

지혜로운 부처가 되는 길은 오직 선하고 선하게 살아가는 것뿐이다. '보디사뜨바/보살'이라는 뜻 자체가 더없이 지혜롭고 선한 존재를 칭하는 것이다. 지혜로운 사람은 선하게 살아가고, 선하게 살아가는 사람은 지혜로운 사람이며 '보디사뜨바/보살'이 되는 것이다. '보디사뜨바/보살'이 곧 부처인 것이다. 지혜롭다는 것은 결국 선하다는 것이기에, 선하게 살아간다면 역시도 결국 지혜로운 사람이 되는 것이다.

'보디사뜨바/보살'은 '공'함의 경지에 들어선 사람이다. '공'함의 경지란 궁극의 선함과 궁극의 지혜가 하나로 합일된 경지인 것이다. 진정한 부처란 궁극적으로 선함과 지혜를 갖춘 사람을 뜻하는 것이다. 선함과 지혜는 둘로 나누어지거나 구분되지 않는다. 궁극의 선함이 곧 지혜이고, 궁극의 지혜가 곧 선한 것이기 때문이다.

궁극적으로 선한 사람은 자기자신이 선하거나 지혜롭다는 생각마저 하지 않기에, 자기자신이 좋은 사람이라고 내세우지도 않는다. 만일 누군가가 자기자신이 선하고 지혜롭다거나 좋은 일을 했다고 나서는 사람이 있다면, 그는 정말 선하거나 지혜로운 사람은 아닐 것이고, 마치 어린아이처럼 인정받고 싶은 사람일 것이다. 진정으로 선하고 지혜로운 사람이라면, 자기자신이 아무것도 아님을 분명히 알기에 자기자신을 남들 앞에 조금도 내세우지 않을 것이다. 그런 사람은 언제나 나약하지 않은 안정적인 마음으로, 그저 겸손하고 묵묵하게 존재하고 있을 것이다.

'공'함의 경지에 들어선 '보디사뜨바/보살'은 지혜롭고 선한 존재이다. 지혜롭고 선한 존재인 '보디사뜨바/보살'은 초월성을 가지고 존재한다. '보디사뜨바/보살'의 초월은 세속적 욕망의 초월이며 이기적 욕망의 초월이다. 그러므로 물질적인 탐욕이 조금이라도 남아 있는 사람이라면 결코 '보디사뜨바/보살'이 될 수가 없는 것이다.

지혜롭고 선한 존재인 '보디사뜨바/보살'은 이미 세속적이고 이기적인 모든 것을 초월하였기에, 특정한 세속적인 야심에 목적을 두지 않으며 물질에 집착하거나 연연하지 않으며 '생·노·병·사'나 '희·노·애·락'과 같은 모든 중생심을 초월하였기에, 당연히 어떠한 마음의 장애도 없이 존재해야만 하는 것이다. 마음의 장애가 없다는 것은 괴로움과 고통을 넘어서서 궁극의 자유로운 경지에 머문다는 것이다.

'공'함의 경지는 일반적인 사고방식이나 심리상태를 초월한 정신의 세계이다. '공'함의 경지에 들어서게 된 사람은 평범한 사람들의 세속적이고 일반적인 사고방식이나 정신상태를 넘어서, 또다른 특별하고 새로운 정신세계에 다다른 것이다.

'공'함의 경지는 인간에게 주어진 의식세계의 궁극의 가능성이다. 일반적인 사고방식이나 심리상태를 초월하는 또다른 정신세계가 '공'함의 경지가 되는 것이다. 인간이 가지고 있는 가치 중에서,

인간을 포함한 생명에 대한 존중과 사랑이 가장 의미 있고 중요한 가치라고 할 수가 있다. '공'함의 경지에 들기 위해서는 언제나 선하게 살아가야함을 강조하는데, '선하다'라는 표현은 존중과 사랑과 헌신을 내포하고 있는 의미인 것이다. 위대한 지혜와 깨달음을 증득하게 되었다는 것, '공'함의 경지에 도달하였다는 것는, 선한 마음 중에 가장 선한 마음이 되었다는 것이다.

그래서 '공'함의 경지에 들기 위해서라면 오래도록 선하게 살아가는 것이 최고이며 최상의 명상/바라밀/파라미타라고 할 수 있는 것이다. '공'함을 체득하기 위해서는 선하게 사는 것보다 중요한 명상/바라밀/파라미타는 이 세상에는 없는 것이다.

궁극의 깨달음을 상징하는 '색즉시공 공즉시색'의 의미를 제대로 이해하고, 더없이 위대하고 지혜로운 존재인 부처가 되기 위해서는 선하게 살아야 한다. 선하고 선하게 살지 않는다면 그 어떠한 명상/바라밀/파라미타도 모두 다 필요가 없는 것이다.

'보디사뜨바/보살'의 경지에 들지 못하는 중생은 언제나 지극히 이기적인 생존의 목적을 가지고 있어서, 언제든지 몸과 마음에 장애가 발생하게 된다. 밝고 맑은 마음을 가진 사람이 지혜로운 사람이고, 그런 사람이 '보디사뜨바/보살'인 것이다. 보살은 선하고 지혜로운 사람이며 초월적인 지혜를 가지고 자유로운 존재가 된다.

059
장애란 마음의 장애이다

마음의 장애가 있는 사람은, 이기적이고 탐욕적이며 어리석고 무지한 사람이다. 이기적인 사람의 모든 행위는 마치 자신의 행복을 위하는 것만 같다. 그러나 정작 자신의 행복을 위하는 것 같은 이기적인 행위는, 도저히 벗어나기 어려운 고통의 굴레를 쓰고 있는 것과 같은 것이다. 굴레를 벗으면 행복하건만, 무지하고 어리석기에 괴로움과 고통의 굴레를 벗지 못하고 그 속에서 머물고 있는 것이다.

이기적이고 어리석은 사람의 정신과 육체는 필연코 장애가 발생하게 되고 건강한 청춘의 시기만 지나도 곧 질병에 걸리게 된다. 또한 이기적인 사람은 언제인가는 사회적 병폐인 범죄도 저지르게 된다. 질병은 개인 한 사람의 고통이고 괴로움이지만 범죄는 사회구성원 전체의 고통이며 괴로움이다. 이기적이고 어리석은 사람이 많은 사회일수록 당연히 더 많은 고통인 질병과 범죄가 발생하게 되는 것이다.

한 개인의 무지와 어리석음이 크면 클수록, 그 개인의 고통과 괴로움도 크고, 그 어리석음과 고통은 사회적 혼란과 고통으로 확산된다. 이기적이고 어리석은 사람이 많을수록, 그 사회는 혼란스럽고 고통스러운 사회가 될 수밖에 없는 것이다.

그와는 반대로 지혜로운 사람은, 이미 이기적인 목적의 생존방식을 초월하였기에 고통과 괴로움인 마음의 장애가 발생하지 않게 된다. 지혜로운 사람의 건강하고 행복한 마음은, 다른 사람들에게도 자연스럽고 순수하게 전해지게 된다. 초월적인 지혜의 경지에 머무는 사람이 많은 사회일수록, 그 사회구성원 전체는 좀 더 건강하고 행복해진다. 이렇듯이 개인과 사회 전체는 긍정적이든 부정적이든, 행복이든 불행이든 서로 간에 뗄래야 뗄 수가 없는 것이고, 영향을 주고 받게 되는 것이다.

그래서 결국, 사회 전체는 불가분의 관계로 나눌 수 없는 하나가 되는 것이다. 개인적인 어느 한 사람만의 행복과 불행은 없는 것이다. 다른 많은 사람들이 불행한데 나만 행복할 수는 없는 것이다. 나만 위대한 지혜를 증득한 부처가 될 수 없는 것이다. 행복과 불행이란 한 사람, 한 사람이 속한 사회 전체의 것이다. 그러므로 '공'함의 경지에 들어선 마음의 장애가 없는 사람이라면, 다른 사람의 장애를 제거해주려고 부단히 노력해야 한다. 그것이 진정한 보디사뜨바/보살의 지혜인 것이다.

지혜롭고 선한 보디사뜨바/보살의 초월성이란 세속적이며 이기적인 목적을 초월하는 것이다. 또한 장애는 이기적인 마음에서 발생하는 괴로움과 고통인 것이기에, 장애의 초월은 괴로움과 고통의 초월이 되는 것이다. 지혜롭고 선한 존재인 보디사뜨바/보살이라면 세속적이고 이기적인 욕망을 넘어서는 초월적인 정신력을 갖고 있기에, 세속적이고 이기적인 목적에서 발생하는 마음의 장애가 없는 것이다.

또한 보디시뜨바/보살은 어리석은 중생들의 마음에서 발생하는 괴로움과 고통의 원인을 알고, 그 괴로움과 고통을 넘어설 수 있도록 도움을 주어야 하는 것이다. 보디사뜨바/보살의 마음인 '측은지심'이란 어리석은 마음에서 발생하는 중생들의 마음속 장애를 극복하도록 도와주는 것이다. 선함과 지혜로 이끌어 주는 것이다.

　진정한 '측은지심'이란 어리석음을 극복할 수 있도록 도와주는 마음인 것이다. '측은지심'이란 마음의 장애를 넘어설 수 있도록 도와주는 것이다. '측은지심'이란 어리석어서 이기적인 사람의 마음속 장애를 제거하기 위해 돕고 노력하는 것이다. 진정한 '측은지심'이란 무지하고 어리석은 사람들에게 지혜를 전해주는 것이다.

चित्तावरणनास्तित्वादत्रस्तो

cittāvaraṇa nāstitvād atrastro

치따바라나 나스티트바다 아트라스토

치따 = 마음, 의식
바라나흐 = 장애
나 = 아니다
스티스바트 = 존재
아트라스토 = 두려움

22) 마음과 의식에 장애가 없으므로 존재의 두려움은 없는 것
이다.

(無罣碍故 無有恐怖 : 무가애고 무유공포)

- 해석 및 주석 -

여기에서 마음 또는 의식에 방해가 되는 것이란 어리석음인
무지이다. 마음에 걸리는 모든 장애의 원인은 어리석고 무지
함이 원인인 것이다. 어리석음인 무지가 없으면 장애가 없음
으로 두려움이 사라지게 되는 것이다. 마음속에 내재된 근원
적인 두려움은 아직 성숙하지 못한 의식과 생각의 한계 때문
에 일어나는 것이다.

'아트라스토'는 이미 예측된 결과와 그로 인해서 미리올 괴로
움을 뜻하는 것이다. 미리 걱정하고 염려하며 괴로워한다는

것은 고착되어 한계가 있는 생각 때문이다. 붓다가 태어나서 처음으로 심각한 괴로움과 고통을 느끼게 된 시점은 인간이 태어나서, 늙고, 병들고, 죽는 한계가 있는 삶을 살게됨을 알았을 때부터일 것이다.

과학적으로 연구된 사실로는 지구에서 인간이라는 존재가 탄생되기까지는 실로 수십억 년의 많은 시간이 걸렸다. 태양에서 떨어져 나온 지구에서 최초의 생명이 탄생하는 과정에는 먼저 수소와 산소가 만나 물이 생기고, 열과 기후의 조화로움 속에서 광물이 만들어졌고, 광물에서 생물로의 변화가 일어났으며, 생물에서 동물로 진화하기까지와, 그리고 그 후로부터도 수많은 진화의 단계를 거쳐서 약 4만 년 전 호모 사피엔스 사피엔스(Homo Sapiens Sapiens)로부터 현생 인류가 탄생하였다.

그렇게 무생물에서 생물로, 생물에서 인간으로의 진화를 거듭하면서 생명에게 주어진 신경조직이 정신과 의식으로 진화하였고, 다른 동물들과는 다르게 인류라는 특별한 동물종의 단계에서 이르러서는 정신과 의식이 폭발적으로 진화하게 되었다.

인류라는 존재는 수만 년의 시간 속에서 정신과 의식에 깃든 자기들만의 능력으로 문화와 철학이라는 사유의 법칙을 성립하고 구축하였으며 그와 함께 '자아'라는 존재를 스스로 자각하기까지는, 실로 오랜 시간과 특정한 과정이 있었던 것이다.

이러한 오랜 시간과 특정한 과정 속에서, 인간이라는 존재는 종교와 철학이라는 정신과 의식을 가지게 되었다. 인간은 종교와 철학의 범주 안에서 인간이 도달할 수 있는 가장 위대하고 최종적인 의식의 단계는 바로 자기자신 스스로의 죽음이라는 한계와 그와 연관된 두려움과 고통을 극복하고 넘어설 수 있다는 것을 자각하게 된 것이다. 인간이 도달할 수 있는 그 위대하고 최종적인 의식의 단계가 두려움과 고통을 넘어서는 명상/바라밀/파라미타의 과정인 것이며 그 과정 속에서 얻게 되는 것이 다름이 아닌 마하반야/마하프라갸/위대한 지혜가 되는 것이다.

060
어리석음과 이기적인 것은 다르지 않고, 같은 것이다

인간으로 태어나서 청소년이 되기 전인 14세 미만의 사람을 어린이라고 부른다. 인간이라는 존재로서 몸과 마음이 아직 충분하게 자라지 않고 성숙하지 않은 나이인 것이다. 아직 인간이 어른이라는 존재로 성장하지 못한 인간이 어린이인 것이다. 아직 성장하지 않은 어린이 그 자체로는 부족한 존재는 아니지만, 충분히 성장한 성인에 비해서는 아직 모든 면에서 부족한 존재라고도 할 수 있는 것이다.

아직 정신적으로나 육체적으로 발달하지 못하고 성장하지 못한 사람을 어린이라고 칭하는 것처럼, 아무리 나이가 많아도 정신과 의식적인 면에서 아직 발달하고 성장하지 못한 사람을 어리석은 사람이라고도 할 수 있을 것이다. 나이가 많아져서 육체적으로는 다 성장한 인간이라고 할지라도, 어른스럽지 못하게 의식과 정신이 성숙하고 성장하지 못한 사람을 어리석은 사람이라고 칭할 수 있게 되는 것이다.

인간은 지혜가 커지고 의식과 정신이 성장하여, 자기자신과 세상에 대해서 알면 알수록 이기적인 사람들이 추구하는 세속적이고 물질적인 욕망과 탐욕이 부질없다는 것도 알게 되는 것이다. 그러므로 진정으로 지혜가 커지고 의식이 성장한 사람이라면 결코 그런 세속적이고 물질적인 욕망과 탐욕을 추구하지 않게 되는 것이다.

이기적이고 탐욕적이라는 것은 다른 사람과 생명에 대해서는 배려할 줄 모르고, 자기자신만의 욕구나 욕망만을 채우려고 한다는 것이다. 이기적이고 탐욕적이라는 것은 자기자신밖에 모른다는 것으로, 아직 지혜가 모자라고 인격이 성장하지 못해서 자기자신만의 욕구와 욕망을 우선시하는 것이다. 또한 인간의 모습과 자연의 섭리와 순리에 대해서는 전혀 알지 못하고 물질적인 탐욕만 크다는 것이다.

이기적이고 탐욕적인 사람의 특징은 인간 사회나 자연계 전체를 보지 못하면서 자기자신의 안위만을 생각하는 것이다. 물질적 축적만이 자기자신의 안위를 지키는 것으로 착각하여 물질적 축적에 골몰하고, 다른 사람들의 고통이나 어려움에 대해서는 외면하거나 전혀 신경을 쓰지 않는 것이다. 이기적인 사람은 물질적 욕망 때문에 자기자신도 행복하지도 못하고, 다른 사람들에게 고통을 주는 것이다.

지혜가 모자라고 인격이 성장하지 못해서 어리석다는 것은 좀더 바르고, 좀 더 넓고, 깊게 세상을 보지 못한다는 것이다. 지혜가 모자라고 인격이 성장하지 못하게 되면 자기자신과 자연의 섭리와 순리에 대해서 알지 못하게 되는 것이다. 인간이란 무지하고 어리석은 만큼 그에 따른 이기적인 욕망도 큰 것이다. 인간이란 무지하고 어리석은 만큼 세속적이고 물질적인 욕망만 크게 드러나게 되는 것이다.

세속적이고 물질적인 욕망이란 그저 부질없고 부질없는 것이다.

세속적이고 물질적인 욕망이 커서 이기적이라는 것은, 그 만큼 나약하여 걱정근심과 두려움이 많고 크다는 것이다. 무지하고 어리석다는 것과 이기적이라는 것은 지혜롭지 못하다는 것이고, 무지하고 어리석고 이기적인 사람의 마음속에는 필연코 그 무지하고 어리석고 이기적인 만큼의 괴로움과 고통인 마음의 장애가 많이 발생한는 것이다.

061
지혜로운 사람은 마음의 장애가 되는 이기적 욕망을 초월한다

마하반야/마하프라갸/위대한 지혜를 증득하였다는 것은 마음의 장애와 두려움을 극복하고 초월하여, 걸림 없는 자유와 행복의 경지에 들어가게 되었다는 것이다. 무지하고 어리석은 이기심에서 생기는 탐욕이 없는 사람, 지혜로운 사람이라면 언제나 어디서나 불굴의 용기를 지니고, 세속적 욕망에 끌리지 않는 초연함이 있다.

지혜로운 사람은 언제나 어디서나 불굴의 용기가 있어서, 마음의 장애가 없으므로 자유롭고 행복한 삶을 살아가게 된다. 지혜로운 사람의 이타적인 사랑과 당당한 용기와 세속적 욕망의 초월은 다르지 않고 같은 것이다. 이타적인 사랑과 당당한 용기와 물질적 욕망의 초월은 수준 높은 인격이며, 높은 의식 수준이 되는 것이다.

불굴의 용기와 위대한 지혜와 욕망의 초월성은 다르지 않고 같은 것이다. 만일 어떤 사람이 세속적 욕망을 버리고, 나약함과 비굴함을 뛰어 넘어서, 인간과 생명에게서 존재하는 모든 두려움을 극복하였다면, 그는 두려움을 극복하는 동시에 더없이 위대한 지혜와 깨달음을 얻은 사람, 부처라고 할 수 있는 사람이 된 것이다.

어리석은 사람의 이기적 욕망이란 만족함을 모르고, 탐하고 집착하는 마음이다. 어떤 그 무엇에라도 탐하고 집착하는 마음이 있다면 수준 낮은 인격과 수준 낮은 의식 상태에 머물러 있는 것이다. 어리석은 사람의 이기적인 욕망이란 자기자신이 스스로를 감당하지 못하고, 만족스러운 삶을 살지 못하는 나약한 마음인 것이다.

어리석은 사람의 이기적 욕망이란 결국 나약함과 비굴함이고, 그러한 나약함과 비굴함 따위가 곧 마음의 장애가 되는 것이다. 어리석은 사람은 마음의 장애로 인해서 나약하고 두려운 상태가 되고, 불행한 삶을 살아갈 수밖에 없게 되는 것이다.

마음의 장애란 마음의 부정적인 요소들이다. '공'함의 경지에 들어서게 되면 모든 것이 '텅~' 비어 있음으로, 당연히 모든 '집착' '탐욕' '나약함' '비굴함' '괴로움' '두려움' 같은 부정적인 마음들이 없어지고, 수준 낮은 의식도 없어지게 되는 것이다.

'공'함의 경지에 든 지혜로운 사람이라면 그냥 존재하는 것만으로도 충분히 만족스럽기에 어떤 것에도 의존하지 않는다. '공'함의 경지에 든 지혜로운 사람이라면 어떤 그 무엇에도 의존하지 않는다. '공'함의 경지에 든 지혜로운 사람이라면 나약함과 두려움에서 비롯되는 마음의 부정적인 요소들이 조금도 남아있지 않는 것이다.

어리석고 이기적인 사람들의 나약함과 두려움이란 자기자신에 대한 불신에서 나오는 것이다. 두려움이 생겨나는 근본적인 이유는 자기자신과 또는 다른 사람을 믿지 못하는 불신 때문이다. 자기자신에 대한 불신이 곧 두려움이며 마음의 장애인 것이다. 인격이 성장하여 지혜로운 존재가 되었을 때에는 평화와 안정성이 확고해지게 되면서 마음의 장애인 이기심과 두려움은 저절로 사라지게 되는 것이다.

어리석고 이기적은 사람은 자기자신과 다른 사람에 대한 믿음이 부족하기 때문에 마음의 불안정성이 커지고 혼란이 가중되는 것이다. 우선은 자기자신이겠지만, 자기자신과 다른 사람을 충분히 믿고 신뢰할 수 있는 마음이 생겨난다면 나약하거나 두려운 마음은 생겨나지 않을 것이다. 불신은 근본적으로 자기자신 스스로가 자기자신을 믿지 못하는 것이다. 어리석음은 곧 자기자신을 믿지 못하는 것이다.

어리석기에 이기적 사람은 언제나 남을 탓하고 세상을 탓하지만, 정작 근본적인 마음의 불안정성은 자기자신 스스로에 대한 불신과 불만으로부터 생겨나는 것이다. 어리석기에 이기적인 사람은 마음의 장애가 크면 클수록, 살아가는 내내 온통 자기자신뿐만 아니라 다른 사람들을 탓하며 살아가는 것이다. 어리석은 사람은 정작 자기자신이 스스로에 대한 불만과 불신이 가득하다는 것을 모르는 것이다.

062

'공'함의 경지에 든 자유로운 사람에게는 두려움이 존재하지 않는다

마하반야/마하프라갸/위대한 지혜란 불멸의 용기와 걸림없는 자유와 궁극의 초연함과 같은 것이다. 마하반야/마하프라갸/위대한 지혜를 증득한 사람이라면 모든 것으로부터 초연하기에, 모든 것으로부터 자유로운 존재가 되는 것이다. 한 치의 두려움도 없는 진정한 용기가 있는 사람이라면 자기자신의 모습이 충분히 만족스럽기에 다른 사람, 그 어느 누구에 대해서도 조금의 불신과 불만도 없는 것이다.

나약함과 두려움에서 비롯되는 불신과 불만 때문에 어리석고 이기적인 마음과 행동이 생겨나게 된다. 그 어리석고 이기적인 마음은 탐욕과 집착, 질병과 범죄로 이어지게 되며 결국은 괴로움과 고통이라는 마음의 장애가 더욱더 커지게 되는 것이다. 그러하기에 근원적인 부정의 마음인 불신과 불만이 곧 나약함과 두려움의 원인이 되는 것이다. 자기자신에 대한 불신과 불만은 결국 자기자신을 병들게 하고, 다른 사람들에 대한 불신과 불만은 범죄를 일으키는 원인이 되는 것이다.

인간 사회의 부정적인 요소인 질병과 범죄의 근원은, 각 개인들에게 잠재되어 있는 불신과 불만인 것이며 그 불신과 불만은 해결되지 못한 두려운 마음의 다른 측면인 것이다. 불신과 불만이 없

는 사람에게는 나약함도 두려움도 없는 것이다.

오래도록 자기자신과 인간과 자연의 섭리에 대하여 명상하고 탐구하여 '공'함의 경지에 들게 되면 더이상 볼 것도, 들을 것도, 생각할 것도, 행동해야할 아무런 이유도 없게 되는 것이다. 더이상의 것이 없기에 자유로운 경지가 되는 것이다.

전해오는 옛말에는 "진정한 깨달음을 얻은 사람이라면 때로는 아무도 없는 숲속에 혼자 머물며, 때로는 시장에 나가서 장사를 하고, 때로는 사람들을 모아 '비어 있는 마음'의 경지를 전하여 준다."고 하였다. 이 말의 뜻은 깨달음을 얻은 어떤 사람은 아무것도 하지를 않고, 또 깨달음을 얻은 어떤 사람은 세속에 머물면서 평범하게 살아가고, 또 깨달음을 얻은 어떤 사람은 다른 사람의 인격의 향상을 위해서 노력한다는 것인데 '공'함의 경지에 든 사람의 자유로운 삶을 표현한 것이다.

오랜 명상/바라밀/파라미타의 과정 속에서 진정한 '공'함의 경지에 들어서 사람, 초연하고 초월적이며 자유로운 마음을 갖게된 사람의 마음속에는 한 치의 두려움도 없기에 티끌만한 장애도 없는 것이고 마음의 장애가 없기에 언제 어디서나 자유롭고, 언제 어디서나 자유롭기에, 그 어떤 두려움도 존재하지 않게 되는 것이다.

오랜 명상/바라밀/파라미타의 과정 속에서 진정한 '공'함의 경지에 들어선 사람, 마하반야/마하프라갸/위대한 지혜를 증득한 사람이라면 단 한 번만 보고도 알아차리게 되는 직관적 판단력이 완벽하기 때문에, 보고 인식하고 판단하는데 있어서 어떠한 장애도 발생하지 않는다. 인식과 판단의 장애가 발생하지 않기 때문에 어떠한 왜곡된 마음도, 어떠한 두려운 마음도 존재하지 않는 것이다. 진정으로 '공'함의 경지에 들어선 사람의 마음속에서, 장애와 두려움은 사라지게 되는 것이다.

विपर्यासातिक्रान्तो निष्ठनिर्वाणः ॥

viparyāsa atikrānto niṣṭhā nirvāṇa prāptaḥ |

비파르야사 티크란토 니쉬타 니르바나 프라프타흐 ||

비파르야사 = 전도된, ~을 뒤바꾸다, 역으로 하다

아티크란토 = 넘어선, 분리된, 끊어진

니쉬타 = 도달하다

니르바나 = 니르바나, 열반

프라프타흐 = 증득하다

23) 전도되고 뒤바뀐 마음을 넘어서 궁극의 열반을 증득한다.

(遠離顚倒夢想 究竟涅槃 : 원리전도몽상 구경열반)

– 해석 및 주석 –

'비파르야사'는 뒤바뀌고 전도된 상태를 뜻하는 말이다. 그러나 '비파르야사'는 인간이 인식하고 지각하는 상대적인 세계에서의 모든 현상들에 대한 최종적인 결과를 나타냄을 뜻하는 것이 되기도 한다. '비파르야사'는 전도되고 뒤바뀌어진 상태로만 알려지기도 하는데 진정한 뜻은 감각적으로 인식되고 보여지는 상태를 넘어서서 물질과 마음의 궁극적인 속성과 본질을 뜻하는 것이 될 수도 있다는 것이다.

이 구절에서의 '니르바나'는 해탈이고 열반이다. 잘못된 생각들인 뒤바뀐 마음을 넘어서는 것이 해탈이고 열반인 것이다. '니르바나'

인 해탈과 열반은 인간 의식의 상위 차원의 의식이며 최종적인 단계를 표현하는 뜻이 되는 것이다. 상위 차원의 의식인 최종적 단계에 다다른 사람이라면 이미 하위 차원의 생각과 마음을 넘어섰기 때문에 상위 차원 의식이 하위 차원의 부정적인 요소들의 영향을 받지 않을 것이다.

하위 차원이든지 상위 차원이든지 인간에게 주어진 의식이라는 마음은 결국 하나로 합일되기에 '비파르야사'라는 뒤바뀌고 전도된 마음이 있어야 그 너머에 '니르나바'라는 해탈과 열반이라는 마음도 있게 되는 것이다. 바탕이 되는 하위 차원의 의식이 없다면 당연히 상위 차원의 의식도 없는 것이다. 의식이라는 궁극의 본질에 대해서 깊게 탐구하다 보면, 진정한 부처라면 중생이 곧 부처임을 자각하듯이 '비파르야사'와 '니르나바'는 결국 하나로 열결되어 연속되는 인간의 마음인 것이다.

붓다가 제시하는 근본적 가르침인 궁극의 경지인 해탈과 열반 상태인 '니르바나'에 도달하기 위해서는 많은 방법들이 있을 것이다. 그런 방법들 중 전통적인 수행법으로는 초지일관 오직 붓다만을 생각하는 염불 명상인 만트라 수행이 있고 모든 행위와 생각을 자각하고자 하는 근본불교의 '위빠사나'가 있으며 존재에 대한 강한 의문과 궁금함을 해결하여 '니르바나'에 들어가려는 화두선 등이 있다. 이것은 붓다의 가르침 이후에 시간과 공간에 따라 다른 각도에서 전해지게 되었다.

063

열반/니르바나에 도달하기 위해서는 뒤바뀐 마음을 바로 잡아야 한다

열반/니르바나에 도달하기 위해서는 뒤바뀌고 잘못된 혼란스러운 마음들을 극복하고 넘어서야 한다. 매우 건강하고 행복한 상태이며, 인간 의식의 궁극적 경지인 열반/니르바나에 도달하기 위해서는 뒤바뀌고 잘못된 마음을 바로잡아야 한다. 뒤바뀌고 잘못된 마음을 바로잡기 위해서는 먼저 그런 마음들을 자각하고 그 마음들을 단박에 끊어버려야 한다. 그러나 그렇게 단박에 끊어버린다는 것은 매우 어려운 일이기에 반복적인 수행을 통해서 뒤바뀌고 잘못된 마음들을 소멸시켜야만 한다.

가장 큰 뒤바뀌고 잘못된 마음이란 자기자신 스스로에 대한 부정적인 생각들이다. 자기자신에 대해서 올바른 판단을 못하는 사람의 부정적인 생각이 뒤바뀐 마음이다. 그래서 뒤바뀌고 잘못된 마음의 첫 번째는 자기 스스로 자신에게 향하고 있는 부정적이고 불편한 인식인 것이다. 보통의 사람들은 남들이 자신을 싫어한다면 매우 불편한 마음을 갖게 된다. 그런데 정작 자기가 자신을 거부하고 싫어하는 것에 대한 괴로움과 고통의 해악에 대해서는 제대로 인지하지 못하고 있는 것이다.

자기가 자신을 싫어한다는 것은 도저히 빠져나올 수 없는 괴로움과 고통의 굴레에 갇혀 있는 것이다. 부정적인 자기인식은 최악의 마음의 장애이고 최악으로 뒤바뀌고 잘못된 마음인 것이다. 자기가 자신을 싫어한다면 얼마나 괴로울 것인가? 인간의 삶에 있어서 가장 큰 괴로움과 고통이란 자기가 자신을 싫어하는 것이다.

자기가 자신을 거부하고 비하하면서 부족하고, 무능하고, 불편한 존재로 생각하는 것이 뒤바뀐 마음이며 부정적인 인식들이다. 부정정인 인식하에서 자기가 자신을 싫어하고, 회피하고, 외면하고, 억압하고, 자책하는 부정적인 감정들이 생겨나게 되는 것이다. 이런 감정들이 언제나 자기자신을 무기력한 존재로 만드는 것이다.

이렇게 자기가 자신을 향해서 부정적으로 인식하고 부정적인 감정으로 대하는 것이야말로 최악의 뒤바뀌고 잘못된 마음이고, 최악인 마음의 장애를 갖고 있는 것이다. 그것은 자기가 자신을 향하여 스스로가 만들어낸 최악의 괴로움과 고통이 되는 것이다. 그것은 최악의 무지이고 어리석음이며 최악의 불행인 것이다.

아무리 주변의 환경이 좋아진다고 하여도, 아무리 주위의 다른 사람들이 자신을 좋아해 준다고 할지라도, 자기가 자신을 싫어한다면 아무런 소용이 없는 것이다. 내가 나를 좋아하지 않는다면 다른 사람도 결코 나를 좋아해 주지 않게 되는 것이다.

자기가 자신을 싫어하는 삶이, 매우 괴롭고 고통스러운 것은 당연한 것이다. 뒤바뀌고 잘못된 마음을 넘어서서 최종적이며 궁극적으로 자기자신의 삶이 건강하고 행복한 상태가 되기 위해서는 주변의 상황과 다른 사람의 시선이 어떻든지, 자기가 자신을 사랑하고 좋아해 주어야만 한다. 그것이 뒤바뀌고 잘못된 마음을 바로 잡는 첫 번째 마음인 것이며 진정한 용기와 사랑의 시작이 되는 것이기 때문이다.

뒤바뀌고 잘못된 마음의 두 번째는 자기자신만을 위하고 다른 사람을 배려하지 않는 이기적인 마음이다. 이기심이 큰 사람은 매사에 늘 다른 사람을 배려하지 않는다. 이기적인 사람을 욕심이 많은 사람이라고도 하는데, 이기심과 욕심은 채우고 채워도 채워지지 않기에 인생의 끝까지 만족스런 마음을 갖지 못하게 되는 것이다.

뒤바뀌고 잘못된 마음은 이기적인 생각들이고, 뒤바뀌고 잘못된 마음은 이기적인 생각에서 비롯된 부정적인 감정들이다. 인격이 성숙하지 못한 어리석은 사람의 뒤바뀌고 잘못된 마음이란 자기자신과의 갈등을 일으키고, 결국은 다른 사람들과의 마찰도 일으키게 되는 것이다. 뒤바뀌고 전도된 마음은, 거부하고 싫어하는 것이다.

이기심에 가득 찬 사람들의 어리석은 마음이란 하나를 갖게 되면 둘과 셋을 바라고, 둘과 셋이 채워지면 열을 원하고, 열을 채우면 백을 원한다. 물질적인 욕심이나 쾌락적 욕망에 끌리다보면 자기자신 스스로는 도저히 만족할 수 없는 지경이 된다. 또한 물질적 욕심과 쾌락적 욕망 같은 것들은, 다른 사람들과의 갈등과 마찰을 내포하고 있기에, 다툼과 싸움이 일어나는 것은 필연적인 결과가 되는 것이다.

세상에 존재하는 물질적인 가치의 소유권은 언제나 누구에게든지 공평하게 주어져야 한다. 특정한 누군가가 유능함을 핑계로 다른 사람들보다 더 많은 것들을 소유하려 든다면 다툼과 싸움은 필연적으로 일어나게 되는 것이다. 인간의 세상에서 누구에게나 평등하게 주어져야 하는 공평함의 가치는 언제나 정당한 것이다. 그러한 공평함을 부정하고, 유능함을 핑계 삼아서 자기자신의 이기적인 욕구와 욕망을 앞세우는 것은 결국 뒤바뀌고 잘못된 어리석은 마음만 드러내는 것일 뿐이다.

어리석기에 이기적 욕망이 큰 사람은 양보와 배려심이 없이 살기 때문에, 다른 사람들에게 비난과 지탄의 대상이 되는 것은 당연한 것이다. 언제까지나 이기적 욕망을 버리지 않는다면 비난과 지탄의 대상이 되기 때문에, 그 비난과 지탄의 대상이 된 사람은 결국 괴로움과 고통 속에서 불행하게 살아갈 수밖에 없는 것이다.

어리석고 이기적인 마음의 소유자로서 물질적 부자가 되려는 사람은 그 어느 누구라도 결코 마하반야/마하프라갸/위대한 지혜를 증득할 수 없으며 진정한 건강도 행복도 체득할 수 없게 되는 것이다. 이기심이 가득 찬 사람이 건강해지고 행복해지는 것은 낙타가 바늘구멍에 들어갈 수 없는 것과 같은 것이다. 이기적이라는 것은 어리석다는 것이기에, 넘어서고 극복해야 할 뒤바뀌고 잘못된 마음인 것이다.

뒤바뀌고 잘못된 마음의 세 번째는 허세와 허풍이 있다. 허세와 허풍은 실속이 없는 것이다. 허세와 허풍이 심한 사람은 그 만큼의 괴로움과 고통을 당하며 살아간다. 무지하고 어리석기에 허세와 허풍을 부리는 것이며 허세와 허풍을 부리는 것은 이미 불행한 것이다. 어리석은 사람들의 허세와 허풍은 겉으로 보기에는 괜찮게 보이기도 한다. 겉으로 들어나는 겉치레밖에 볼 수 없는 중생들에게 허세와 허풍이란 화려해 보이고, 유능해 보이고, 훌륭해 보이고, 행복해 보이기도 한다.

그러나 내면의 세계를 직관하는 마하반야/마하프라갸/위대한 지혜를 증득한 사람이 보기에는 중생들의 허세와 허풍은 부처님 손바닥 안의 원숭이인 손오공의 유치하고 알량한 재주에 불과할 뿐이다. 허세와 허풍은 진정한 실체가 아니다. 허세와 허풍은 지혜가 부족한 중생, 내면의 풍요로움이 충족되지 못한 어리석은 중생들에게 화려하고 행복해 보일 수도 있겠지만 바람 앞의 촛불과 같이 위태로운 것이다.

어리석은 사람의 화려한 외모처럼 겉으로 드러나는 이미지는, 뒤바뀌고 잘못된 마음이 겉으로 드러난 허세와 허풍에 불과한 것이다. 있는 그대로의 순수하고 자연스런 모습인 진정한 실체가 아닌 것이다. 허세와 허풍이란 손오공이 온갖 잡기와 잡술로 부처님을 흉내 내듯이, 실체를 모방하는 허상이며 껍데기일 뿐이다.

어리석은 사람이란 부족하고 모자란 자기자신의 모습을 솔직하게 드러낼 수 없기에 속과는 다른 위선적인 모습을 겉으로 드러내게 된다. 어리석은 사람의 겉으로 드러난 허세와 허풍은 선명하고 뚜렷한 실체가 아니다. 허세와 허풍은 실체가 없고 불분명한 것이기에, 때에 따라서 즉흥적으로 쉽게 변하는 위선과 같은 것이다.

어리석은 사람이 허세스런 외모로 치장하면 치장할수록 뒤바뀐 마음은 더 뒤죽박죽이 되고, 잘못된 마음은 더욱더 엉클어져서 풀어지지 않게 되는 것이다. 겉으로 들어난 유능한 이미지는 자기자신의 나약함을 숨기려는 허세에 불과하므로 결국은 초라해진다. 유능함이라는 허세가 커지게 될수록 진정한 용기는 멀어져만 간다.

허세와 허풍은 실재가 아니고 겉으로 보여지는 위선적인 이미지에 불과한 것이다. 겉으로는 훌륭해 보이는 사람의 진짜 모습은, 이기적 욕망을 감추려고 하였으나 겉으로 드러나는 허세스런 모습에 불과한 것이다. 이기적 욕망이 없는 지혜로운 사람은 내적인 마음의 충족을 더 중시하기에, 자기자신의 모습을 꾸미지 않을 것이며 위선적인 말과 행동으로 표현하는 실속 없는 훌륭함을 내세우지 않는 것이다.

진정한 기쁨과 행복을 체득한 사람이란 실속 없는 웃음과 몸짓으로 자기자신과 다른 사람을 속이지 않는다. 내면의 행복이 충족된 사람이라면 굳이 다른 사람을 향하여 어색한 표정을 짓지 않는다. 내면에서 솟아나는 진정한 기쁨과 행복이란 굳이 말과 행동으로 꾸미지 않고 과하게 표내지 않아도 저절로 드러나기 때문이다.

마하반야/마하프라갸/위대한 지혜를 증득하고서 더할 것 없는 진정한 기쁨이요, 더없는 행복의 세계인 열반/니르바나의 언덕을 넘어서기 위해서는 자기자신에 대한 부정적인 인식을 떨쳐 버리고, 다른 사람을 배려하지 않는 이기심도 떨쳐 버리고, 위선적이고 실체 없는 허상에 불과한 허세와 허풍을 모두 떨쳐 버려야 한다.

부정적인 인식과 이기심과 허세와 허풍이란 뒤바뀌고 잘못된 마음의 대표적인 것들이다. 궁극의 기쁨과 행복이란 오직 위대한 지혜에서만 우러나오게 되는 것이며 위대한 지혜는 곧 불굴의 용기이고, 위대한 지혜는 곧 세속에 머물지 않고 연연해 하지 않는 자유와 초연함인 것이다. 위대한 지혜와 용기와 초연함이란 열반/니르바나의 언덕을 넘어가는 행복의 언덕 위에 피어난 불멸의 정신이고 마음인 것이다.

064
자기 스스로가 마음의 주인이 되어야 한다

가장 큰 기쁨이고 행복인 열반/니르바나의 경지에 들어서기 위해서는 뒤바뀌고 잘못된 마음의 근원인 어리석고 나약한 마음들을 극복하고 넘어서야 한다. 열반/니르바나의 경지는 오랜 명상/바라밀/파라미타의 과정을 통해서 궁극적인 지혜를 증득하는 것이고, 궁극적인 지혜는 자기자신의 비어 있는 몸과 마음을 보는 것이다.

열반/니르바나에 도달하기 위해서는 스스로가 마음의 주인이 되어야 한다. 스스로 지혜로운 사람이 되어야 한다. 스스로의 힘으로 어리석음과 나약함을 넘어서는 지혜로운 사람으로 성장해야 한다. 모든 괴로움과 고통의 원인이 되는 뒤바뀌고 잘못된 마음을 넘어서서, 고차원의 의식인 궁극의 지혜를 증득해야만 하는 것이다.

인간에게는 복잡하고 단계적인 의식의 차원이 있고 마음과 인격의 수준도 단계적으로 존재하는 것이다. 인간의 특성인 복잡하고 단계가 많은 의식과 마음의 실체를 이해하고, 그 복잡다단한 의식과 마음의 주인이 되어야 한다. 그래야만 마음을 이해하는 지혜가 커지게 되고, 무지와 어리석음에서 벗어날 수 있게 되는 것이다.

인간은 하루하루 목숨만을 연명해가는 존재만은 아니다. 인간의 복잡하고 다단한 의식과 마음과 인격은 최상위 차원의 수준으로 진화하고 발전해 나아가야 한다. 그래야만 무지와 어리석음에서 벗어날 수 있게 되는 것이다. 그래야만 건강하고 행복하며 가장 큰 기쁨이고 행복인 열반/니르바나의 경지에 들어가게 되는 것이다.

전통적인 불가의 가르침에서 '삼독'이라는 말이 있다. 이기심에서 생겨나는 해로운 세 가지의 독소를 '탐·진·치'라고 한다. 인간에게 해악을 끼치는 세 가지 독소를 말하는 것이다. 삼독은 외부에서 들어오는 물질이 아니다. 삼독은 어리석고 이기적인 사람의 마음속에서 생겨나는 것이다. 삼독의 근원은 이기심과 어리석음이다.

삼독이라고 하는 세 가지 독소 중에서 '탐'은 탐욕, 욕심, 이기심과 같은 마음이고 '진'은 화내고 분노하는 마음이다. '치'는 무지, 무명으로 어리석음을 뜻하는 것이다. '탐·진·치'라는 세 가지의 잘못된 마음 중에서 근본적 원인이 되는 마음이 어리석은 마음이다. 어리석기에 욕심을 부리고, 어리석기에 화를 내고 분노하는 것이다.

어리석은 마음을 표현하는 마음 중에서 '무지'는 잘 알지 못하는 것이고, '무명'은 마음이 밝지 못하는 것이다. 어리석기에 인생에서 정작 중요한 것이 무엇인지 모르는 것이 '무지'이고, 의기소침하거나 사리판단을 제대로 잘 못하는 것이 '무명'이다. '무지'와 '무명'은 다른 것이 아니고 어리석음을 표현하는 같은 것이다. 이기적인 마음인 '탐욕'도 화내는 마음인 '진노'도 결국은 '무지'와 '무명'처럼 어리석은 마음에서 비롯되는 것이다. 어리석음인 '치'가 '탐'과 '진'의 근원이 되는 것이다.

어리석다는 것은 나약한 것이고, 괴로움과 고통 속에 있다는 것이다. 어리석다는 것은 온전하고 완벽한 인간으로 성장하지 못했다는 것이다. 그러므로 어리석은 사람이란 복잡다단한 마음의 실상을 제대로 알지 못해서, 인격의 부조화를 일으키게 되는 것이다. 어리석은 사람의 생각과 행동은 자기자신을 넘어서 다른 사람들에게도 부정적인 영향을 미쳐서 다른 사람을 괴로움과 고통에 빠뜨리게 되는 것이다.

뒤바뀌고 잘못된 마음인 어리석음을 넘어서고, 지혜로워지기 위해서는 이기적인 탐욕을 버려야 하는 것이고, 화내고 분노하는 마음을 버려야 하는 것이고, 전전긍긍하는 나약함과 비굴함을 버리는 것이다. 지혜로워지기 위해서는 이타심을 키워야 하고 온유함과 배려하는 마음을 키워야 한다. 지혜로워지기 위해서는 언제나 당당한 불굴의 용기로 다른 사람을 위한 사랑과 헌신의 마음을 키워야 하는 것이다.

065
지혜로운 마음은 물질을 넘어서야 하는 것이다

어느 시대, 어느 곳에서나 대다수의 사람들은 물질적인 가치를 생존의 최우선으로 두고 그 물질적인 것들에 매달려서 살아가지만 그 물질적 가치의 중요성이 언제나 자기자신과 다른 사람의 행복을 보장해 주지는 않는다. 인간에게는 물질적인 가치보다 더 중요한 가치인 알고 깨우치는 마음인, 정신적 가치가 주어져 있다.

물질적인 풍요가 꼭 좋은 것만은 아니다. 통제되지 않는 물질적 풍요는 고통의 원인이 되기도 한다. 풍요도 빈곤처럼 고통과 괴로움이 되는 것이다. '의, 식, 주'라는 기본적인 생존의 조건이 충족된다면 물질적으로 풍요로운 사람보다는 정신적으로 풍요로운 사람이 더욱더 건강하고, 더 만족스럽고 행복한 삶을 살아가게 된다.

"배부른 돼지보다는 배고픈 소크라테스가 더 낫다"라는 말이란 물질적인 풍요를 추구하는 것보다는 정신적인 풍요로움을 추구하는 인간이어야 한다는 의미를 표현하는 것이다. 먹을 것만 탐하는 돼지는 어리석은 중생인 것이고, 생각하고 사유하는 인간의 특성을 가진 소크라테스는 지혜로운 사람, 즉 부처라는 뜻인 것이다.

더없이 완전하고 완벽한 인간의 경지라는 열반/니르바나에 도달하기 위해서는 생존을 위한 '의, 식, 주' 외에 더이상의 필요한 것은 없다. 어리석은 사람의 마음인 이기심을 충족하는 조건인 물질적인 부자가 되면 될수록 삶의 균형이 깨지는 불안정성은 더 커지게 되지만, 지혜의 충족인 정신적인 성장이 거듭될수록 더 균형적이고 조화로운 인간, 좀 더 완벽한 인간의 모습이 되어가는 것이기 때문이다.

물질적 충족은 상대적인 것이고 지혜의 성장은 절대적인 것이다. 물질이 없어도 불행하지는 않지만, 지혜가 부족하다면 절대적으로 불행하게 살아가야 하는 것이다. 물질이 많다고 해서 절대적으로 행복한 사람은 없다. 그러나 물질이 없어도 지혜로운 사람이라면 절대적으로 행복한 사람이 된다. 물질이 없어도 행복한 것이다.

괴로움과 고통의 원인이 되는 잘못되고 뒤바뀐 마음을 바로잡는다는 것이란 이기심에서 생겨나는 물질을 추구하는 마음을 넘어서고 초월하는 것이다. 이기심에서 생겨나는 물질을 추구하는 마음을 넘어서야만 위대한 지혜를 증득하는 것이고, 온전하게 기쁘고 행복한 열반/니르바나의 세계를 향하여 나아가는 것이기 때문이다.

인간의 도달할 수 있는 최고, 최상의 경지인 열반/니르바나에 도달한 온전하고 완벽한 사람은 스스로 뒤바뀌고 잘못된 마음을 넘어서, 마하반야/마하프라갸/위대한 지혜를 증득한 사람이다. 그 위대한 지혜란 스스로 홀로 서서 '텅~' 비어 있는 '자아'를 체득하는 것이고, 모든 만물의 비어 있는 실상을 제대로 보게 되는 것이다.

그 어떤 무엇을 더할 수도 없고, 그 어떤 무엇과도 비교할 수도 없고, 그 어떤 무엇으로도 능가할 수도 없는 마하반야/마하프라갸/위대한 지혜라는 것은 오직 '텅~' 비어 있는 마음을 보게 되고 알게 되는 것일 뿐이다. 그 '텅~' 비어 있는 마음을 '색불이공 공불이색' '색즉시공 공즉시색'이라는 구절로 표현하게 되는 것이다.

त्र्यध्वव्यवस्थिताः सर्वबुद्धाः

tryadhva vyavasthitāḥ sarva buddhāḥ

트르야드바 브야바스티타흐 사르바 부따흐

트리 = 세 개의

야드바 = 세계의

브야바 = 살다

스티타흐 = 경험한 것들

사르바 = 전체, 모든 것

부따흐 = 부처님, 붓다들, 지혜들,

24) 삼계에 머물고 계시는 모든 깨달은 부처님들께서는

   (三世諸佛 : 삼세제불)

- 해석 및 주석 -

'트리(Tri)'란 셋을 말하며, '야드바(Yadhva)'는 세계를 말한다. 세 개
의 세계인 트리 야드바, 즉 삼계(三界)는 과거, 현재, 미래의 세계뿐
만이 아니라 물질, 정신, 영혼 등의 모든 세계를 말하는 것이다. 붓
다는 그 세 개의 세계마다 다양한 화신(化身)으로 나타난다는 것이
다. 또한 삼계는 욕계(欲界), 색계(色界), 무색계(無色界)로 나누어 표
현하기도 하는데 욕계는 11천(天), 색계는 18천(天), 무색계는 4천
(天)으로 나누어지며, 모든 세계를 합쳐서 33천(天)의 세계를 말하는
것이다.

욕계의 11천(天)은 산스크리트어로 '카마 로카(*Kama Loka*)'를 말하는 것이며 가장 낮은 수준의 세계를 칭하는 것이다. 그곳은 오감의 욕망으로 가득 찬 세계를 뜻하는 것이며 먼저 지옥(地獄, 니라야 *Niraya*)과 함께 아귀(餓鬼, 티라차나 요니*Tiracana Yoni*), 축생(畜生, 티르안*Tiryan*), 아수라(阿修羅, 아수라 니카야*Asura Nikaya*), 인간(人間, 마누티르얀사*Manusa*) 등의 5가지 세계가 있다. 그 다음으로 사천왕천(四天王天, 차투마하라지카*Catunaharajika*), 도리천(忉利天, 트라이야스트림사*Trayastrimsa*), 야마천(夜摩天, 야마*Yama*), 도솔천(兜率天, 투시타*Tusita*), 화락천(化樂天, 님마나라티*Nimanarati*), 타화자재천(他化自在天, 파라니미타바사바르티*Paranimitavasavarti*)의 6욕천(六欲天)의 세계가 있다고 한다.

색계에는 18천(天)이 있으며 산스크리트어로 '루파 로카(*Rupa Loka*)'라고 한다. 색계는 욕계 위에 있는 세계이며 색계사선(色界四禪)이라고 하여 초선(初禪), 이선(二禪), 삼선(三禪), 사선(四禪)이 행해지는 세계인 것이며 물질적이지만 감각의 욕망을 떠난 세계이다. 중생에서 수행자의 세계로 입문하는 과정이라고 할 수 있겠다.

무색계는 4천(天)이 있으며 산스크리트어로 '아루파 로카(*Arupa Loka*)'라고 한다. 무색계는 물질적인 것이 없어진 순수한 정신만의 세계인데 무념무상의 삼매(三昧)로서 사무색정(四無色定)의 단계가 있다. 그 첫번째가 허공이 끝 없이 펼쳐져 있음을 낱낱이 아는 선정의 세계인 공무변처정(空無邊處定, 아카사난차야타나사마디*Akasanan cayatana Samadhi*)이며 그 다음은 끝없는 허공을 아는 의식이 허공

가득 펼쳐져 있음을 아는 선정인 식무변처정(識無邊處定, 비나얀차야타나 사마디 *Vinayancayatana Samadhi*)이다. 그 다음은 더이상의 인식할 것이 남김없이 사라져서 진정한 무로 돌아간 것인 무소유처정(無所有處定, 아킨찬야타 사마디 *Akincanyata Samadhi*)이며 그 다음은 이미 일체가 소멸되어 버린 상태이지만 미세망념의 작용이 남아 있음을 말하는 비비상처정(非想非非想處定, 니르바산난아산나야타나 사마디 *Nirvasannanasannayatana Samadhi*)인 것이다.

그리고 그 삼계를 넘어서면 도달하게 되는 '니르바나(*Nirvana*)', 즉 열반의 상태인 멸진정(滅盡定) 또는 니로다 사마디(*Niroda Samadhi*)'라고 하는 것이다.

066

지혜로운 마음이란 시간과 공간을 초월하는 마음인 것이다

여기에서 삼세란 과거, 현재, 미래를 뜻하기도 한다. 또는 물질적인 세계, 마음의 세계, 영적인 세계를 뜻하는 것이기도 하다. 그러나 삼세란 단순히 세 개의 세계만을 가리키고 지칭하는 것은 아니다. 삼세의 진정한 의미는 측량하기 어려운 무수히 많은 시간과 공간, 세계를 뜻하는 것이다. 삼세라는 표현은 세 개의 세계를 넘어서는 수많은, 무한함, 영원함과 같은 넓고, 깊고, 큰 세계를 뜻하는 것이다.

이 세상에서 인간이 알고 있는 것 중에서 부정할 수 없는 영원한 것이 있는데, 그것은 시간이다. 이 세상에서 인간이 알고 있는 것 중에서 부정할 수 없는 무한한 것이 있는데, 그것은 공간이다. 그러나 영원하다는 시간과 무한하다는 공간은 본래는 존재하지 않는 것이다. 영원한 시간도 무한한 공간도 존재하지 않는 것이다. 실재로는 존재하는 것이 아니기 때문에, 영원하고 무한하다고 할 수가 있는 것이다.

시간과 공간은 물질이 아니기 때문에, 존재하지 않는 것이다. 시간이 존재하지 않기에, 시간의 개념인 과거, 현재, 미래도 당연히 존재하지 않는 것이다. 실재로 존재하지는 않지만, 인간의 머릿속에서만 존재하는 것이 시공의 개념일 뿐이다. 인간은 실재하지

않는 시간과 공간을 당연하게도 '있다'라고 착각하고 있는 것이다.

인간들은 시간과 공간은 영원하고 무한하다고 생각한다. 그러나 영원하고 무한하다고 생각되는 것은 실존하지 않는 것이다. 실재로 존재하는 것 중에서 영원하고 무한한 것은 없다. 실존한다는 것은 변하는 것이 되고, 변하는 것은 한계가 있다는 것이 된다. 시간과 공간처럼 한계가 없다는 것은, 실로 존재하지 않는 것이다.

시간과 공간은 물질이 아니기 때문에, 감각적으로 볼 수도 만질 수도 없는 것이며, 인간의 관념과 착각 속에서만 존재하고 있는 것이다. 시작이 있으면 끝이 있는 것이므로, 시간과 공간처럼 시작도 없고 끝도 없는 것은 이미 존재하지 않는 것이다. 그러므로 시간과 공간은, 인간의 관념과 착각 속에서만 존재하고 있는 것이다.

엄연하게 실존하고 있는 '자아'인 '있음'의 본성을 바르게 이해하기 위해서는, 진정한 '없음'의 세계인 시간과 공간의 실상에 대해서도 바르게 아는 지혜가 있어야 한다. 오랜 명상/바라밀/파라미타의 과정 속에서 마하반야/마하프라갸/위대한 지혜를 증득한 사람이라면 마땅히 일상적인 시간과 공간의 개념을 초월하여야 한다. 시간과 공간의 진정한 실상을 제대로 알지 못한다면 '자아'의 본성도 알지 못한다.

고정관념은 진정한 실재를 바르게 알지 못하는, 고정된 마음이다. 편협한 생각인 편견이 되기도 하는 고정관념은, 진실을 보지 못하는 뒤바뀐 마음이다. 고정관념인 시간과 공간에 대해 새롭게 인식하고,

일반적인 관념 속에 머무는 시간과 공간의 개념을 넘어서야만, 비로소 시간과 공간 속에 머무는 '자아'의 본성이 바로 보인다.

진정한 초연함과 초월성은, 진정한 실체를 바르게 볼 수 있을 때 가능한 것이다. 비물질적인 진정한 '없음'의 세계인 시간과 공간을 바르게 알지 못하면, 그 속에 속한 물질의 세계인, 자기자신과 세상만물의 실상도 제대로 알 수가 없는 것이다.

비물질적인 시간과 공간에 대한 새로운 자각과 인식이 없다면 일상적 의미의 시간과 공간의 개념은, 뒤바뀌고 잘못된 마음인 고정관념이 되기도 한다. 궁극적으로 비어 있어서 아무것도 존재하지 않는 시간과 공간에 대한 일반적 의미의 관념을 넘어서야만이, 역시 비로소 비어 있는 '자아'의 실상을 바르게 알게되는 것이다.

067
진정한 실재는 지금 한 순간에 존재하는 '자아'일 뿐이다

과거와 미래는 실재가 아니며, 진정한 실재는 오직 지금의 한 순간일 뿐이다. 인간들은 없는 것을 있다고 생각하고 숫자로 나누어 계산하고 예측하고 측정한다. 세 개의 세상이란 과거, 현재, 미래를 뜻하지만 과거와 미래는 실존하는 것이 아니라 회상이고 상상일 뿐이다. 과거는 머릿속에 그려진 희미한 기억의 영상이고, 미래는 과거에 입력된 영상을 조합하여 그려낸 새로운 가상의 영상일 뿐이다. '공'함을 체득한 사람에게 시간은 없는 것이고, 과거도 미래도 실로 존재하지 않는 것이다.

시간이 지나가는 것이 아니다. 오직 '자아'라는 물질이 변하고 있을 뿐이다. '자아'라는 존재가 지금 현재의 한 순간을 자각하든지 못하든지, '자아'라는 존재는 변화와 변화만을 거듭하고 거듭한다. 모든 물질적인 존재들은 변하고 변하며, 모든 생명은 생사를 거듭하고 있을 뿐이다. 나고 죽는 것을 거듭하는 생명이라는 존재들처럼, 세상의 모든 물질들도 변하고 또 변하기만을 거듭하고 있는 것이다. 모든 것이 끊임없이 변하기에, 결국 모든 것이 변한다는 것은 불변의 진리가 되는 것이다.

물질인 '색'이 비물질인 '공'을 인식하고, '있음'이 '없음'을 자각하고 있는 것이다. 실로 존재하지 않는 시간과 공간이기에, 시간과 공간은 언제나 그대로이지만 물질에 속하는 인간의 관념은 언제나 과거를 회상하고 미래를 상상한다. 또한 물질적인 인간의 마음은, 실존하는 주변의 환경적인 상태를 인식하고 자각하게 된다.

시간과 공간이 실재로 존재하는 것이 아니라, 물질인 '자아'가 '텅~' 비어 있는 비물질적인 시간과 공간이라는 세계를 가상하여 인식하고 있는 것이다. 비물질적인 '무'의 세계에 머무는 물질적인 '자아'라는 존재가 스스로가 속한 비물질적인 '무'의 세계를 가상하여 인식하고 자각하고 있는 것이 '시간과 공간'이라는 것이다.

'공'함의 경지에서는 '텅~' 비어 있는 비물질적인 세계인 시간과 공간은 없는 것이기에, 당연히 시간 속에 연결된 과거와 미래도 없는 것이다. 진정한 실재는 지금의 한 순간에 오롯이 존재하고 있는 물질적인 존재인 '자아'일 뿐이다. 그러나 그 '자아' 역시도 한 순간도 멈추지 않고 변하는 것이기에, 고정불변의 진정한 실재라고 할 수 없는 것이다. 지금 이 순간에 오직 '있음'이라고 인식되고 자각되는 엄연한 실재인 물질적인 '자아'마저도, 특정하게 정해진 고정불변의 실재가 아닌 것이다.

고정불변의 '자아'라는 것이 실재로 존재하지 않는 것이기에, 지금 이 순간의 '자아' 역시도 결국은 없는 것이다. '있음'이라고 착각되는 시간과 공간 속에서, 역시 '있음'이라고 착각되는 '자아'가 존재하지만, 진정한 고정불변의 '자아'와 그 어떤 무엇도 존재하지 않는 것이기에, 모든 것은 오직 허공처럼 '텅~' 비어 있는 것이다.

068
과거와 미래라는 시간은 인간에게만 존재하는 것이다

시간과 공간에 대한 관념은, 인간만의 상상과 계산으로 가능한 것이다. 시간과 공간은 인간만의 관념으로만 인식하고 자각할 수밖에 없는 것으로, 고차원적인 의식의 발현이 시작되는 것이라고 할 수도 있겠다. 그러나 그러한 고차원적인 의식의 발현에서 인식하고 자각하는 시간과 공간은 오직 인간에게만 주어진 관념이므로, 인간의 관념 속의 시간과 공간은 기쁨과 슬픔, 쾌락과 고통의 영역이 되기도 한다.

시간과 공간이 기쁨과 슬픔, 쾌락과 고통의 영역이 되기도 한다는 것은, 시간과 공간이라는 관념으로부터의 자유를 체득하지 못한 어리석은 사람들은 언제나 과거와 미래라는 시간 속에 매여서 살아가기 때문이다. 어리석은 사람들의 시간 속에는 기쁨보다는 슬픔이 더 크고, 쾌락보다는 고통이 더 크게 자리 잡고 있기도 하다.

어리석기에 실재하지 않는 시간에 매여서 살아가는 사람들에게는, 지금은 실로 존재하지도 않는 과거의 슬픔도, 과거의 기쁨도, 미래의 기쁨도, 미래의 고통도 시간 속에서 되살아나는 것이다. 시간에 매여서 살아가는 사람들에게 과거의 고통은 현재의 고통이 되기도 하고, 미래의 불안은 현재의 불안이 되기도 하는 것이다.

어리석은 사람들에게는 시간 인식에 대한 자유가 없으므로, 고통스러웠던 과거와 불안한 미래를 떠올리면서, 현재의 자기자신은 괴로워진다. 어리석은 사람은 과거와 미래라는 실존하지 않는 시간 속에서, 뒤바뀌고 잘못된 마음에 매여서 산다.

단순히 생명을 이어가기 위해서, 감각적인 차원에 머무는 다른 동물들은 '자기자신'에 대해서 알고, 이해하고, 깨우치는 능력이 인간 만큼은 없는 것이다. 시간과 공간에 대한 개념은, 동물적인 감각인식을 초월하는 것이다. 시간과 공간의 개념은, 인간을 제외한 어떠한 동물들에게도 존재하지 않는다. 아직까지는 인간 이외의 어떤 동물들에게도 과거와 미래라는 시간과 공간의 개념은 전달되지 않을 것이다.

시간과 공간의 개념이 없다면 동물들이 거울 속에 비춰진 자신의 모습을 알아보지 못하는 것처럼, '자아'의 개념도 생겨날 수가 없을 것이다. 다른 동물들은 '자신'이라는 존재에 대해서 '있다'라거나 '없다'라거나 하는 개념이 존재하지 않을 것이다. 다른 동물들은 스스로에 대한 자각과, 자신의 변화에 대한 이해가 부족하므로, 마땅히 비어 있다는 인식인 '공'함의 개념이 존재하지 않는 것이다. 동물들에게 '자아'의 개념이 존재하지 않는다는 것은, 당연히 시간과 공간의 개념도 없는 것이다.

069
시간과 공간은 존재하는 것이 아니다. '텅~' 비어 있을 뿐이다

시간과 공간은 나누어질 수 없는 것이다. 본래부터 아예 실존하지 않는 것이므로, 당연히 나누어질 수가 없는 것이다. 없는 것이 어떻게 나누어질 수 있겠는가? 실존하지도 않는 시간이 나누어지는 것이 아니라, 인간이 스스로의 관념 속에 존재하는 시간을 나누고 있는 것이다. 없는 것을 있다고 생각하여 구분하고 나누는 것이다. 존재하지도 않는 시간을, 어제와 오늘과 내일로 나누고 분리하고 있는 것이다.

진정한 실재는, 만물의 변화일 뿐이다. 시간은 없는 것이다. 시간이 있어서 흘러가는 것이 아니라, 실존하는 '자아'와 만물이 변하고 있을 뿐이다. 물질이 공간을 이동하는 것이 아니라, 물질이 변하고 있는 것이다. 물질이 공간을 이동하면 시간이 지나가는 것처럼 느껴지지만, 실상은 물질의 상태가 변하는 것일 뿐이다. 물질의 상태가 변하는 것이 공간의 이동이고, 시간이 흘러가는 것으로 착각되는 것이다.

만물의 변화는 계속해서 이어지므로, 결코 과거로 돌아갈 수는 없는 것이다. 이전과 같은 상태로 되돌아간 것 같아도, 그것은 과거로 돌아간 것이 아닌, 새로운 변화일 뿐이다. 실존하는 모든 것에는 현재만 지속되고 있으며, 미래로 향한다고 인식되지만 실재로 미래란 없는 것이다. 진실로 과거도 없고 미래도 없는 것이다. 계속되는 물질의 변화 중에서, 오직 찰나의 지금 이 순간인 현재만 있는 것이다.

오직 찰나의 한 순간인 현재만이 존재한다고 인식되어진다면, 그것이 곧 완벽한 '공'함의 경지에 들어선 것이고 '공'함을 체득한 것이다. 자기자신과 세상의 모든 만물은 끊임없이 변화하며, 고정된 불변의 실체라고 할 만한 것이 없다는 것을 체득하였다면, 그것이 곧 '공'함의 경지에 도달한 것이고 '공'함의 체득인 것이다.

세상에 존재하는 모든 만물이 변화하므로, 지금 현재보다도 덜한 것도 더한 것도, 새로울 것도 없다는 것을 깨달았다면, 그것이 진정한 '공'함의 경지인 것이다. 그리하여 오직 지금의 한 순간만이 절대적인 것이라고 자각하였다면, 곧 '공'함의 경지에 들어선 것이다. 지금 이 한 순간에 대한 절대성의 자각이, 더없고 위없는 완전하고 완벽한 위대한 지혜를 증득한 것이며, 그 자각의 순간에 부처가 된 것이다.

　영원하고 무한한 시간과 공간 속에 존재하고 있는 헤아릴 수
없는 수많은 세계란 오직 한 사람의 머릿속에 존재하는 고정된 관
념일 뿐이다. 만일 어느 누군가가 수많은 세계가 실로 존재하지
않는다는 것을 알게 된다면, 그에게는 마하반야/마하프라갸/위대
한 지혜가 완성된 것이다. 삼세의 모든 과정과 체계와, 그에 따른
모든 경험과 체득이 하나로 인식되고 자각되며, 그러나 그 인식과
자각 또한 존재하지 않는다는 것을 인식하고 자각하게 될 때에는,
더없이 완벽한 '공'함의 세계로 들어가는 것이요, 더없이 위대하고
지혜롭고 자애로운 부처님이 되는 것이다.

प्रज्ञापारमितामाश्रित्य

Prjñāpāramitām āśrityā

프라갸파라미탐 아스리트야

프라갸 = 지혜

파라미탐 = 넘어선, 초월적인

아스리트야 = 거하다

25) 초월적인 지혜인 반야바라밀다에 의지하여

　　(依般若波羅蜜多故 : 의반야바라밀다고)

- 해석 및 주석 -

이 구절의 내용은 모든 세상의 모든 부처님들은 더이상 높은 것이
없는 지혜에 의거하고 계신다는 것이다. 이제까지 존재하고 있었던
모든 부처님들은 지혜 중의 지혜인 '반야바라밀다'에 의거하고 계
신다는 것이다. 지금 이 현실의 세계뿐만 아니라, 이제까지 있었고
앞으로도 존재할 모든 세계의 모든 부처님들은 초월적 지혜에 의
거하고 계시며, 그 초월적인 지혜가 곧 '반야바라밀다'임을 말하는
것이다.

오직 초월적인 지혜인 '반야바라밀다'만을 의지할 것이며, '반야바
라밀다'만이 더이상의 그 무엇도 허용하지 않는 지혜 중의 지혜이
고 절대적인 지혜라는 것이다.

070
부처님들은 초월적인 지혜를 증득하고 그 지혜 속에 머물러 계신다

명상/바라밀/파라미타의 과정을 통해서만이 위대한 지혜가 생겨나게 된다. 명상/바라밀/파라미타의 과정을 거쳐야만 지혜가 커지고 깊어지게 된다. 더없이 위대한 지혜는 명상/바라밀/파라미타의 과정 속에서만이 증득하게 되는 것이다. 가늠할 수 없이 무한하고 영원한 세계와, 이제까지의 모든 세계에서 살아오고 존재하였던 모든 지혜로운 사람들인 모든 부처님들께서는 명상/바라밀/파라미타의 과정 속에서만이 더없이 위대한 지혜를 증득하였고, 그 지혜 속에서만 살아가고 있는 것이다.

그 지혜는 다름이 아니다. 그것은 '자아'와 '만물'의 실상을 정확하게 알고, 이해하며, 파악하는 것이다. 그 지혜의 결론은 '무아' '무상' '무념' '무행'과 같은 '없음'의 개념이 확고해지는 것이다. 명상을 통해서 증득하고자 하는 '반야'라는 지혜는 오직 그것일 뿐이다. 그러나 그렇게 단순해 보이는 '무아'의 지혜를 증득하는 것은 결코 쉬운 일이 아니다. 그 어느 누구라도 그 지혜를 증득하기 위해서는 절대적으로 필요한 특정한 조건인 선한 업(karma)이 형성되어야만 가능한 것이기 때문이다.

진정한 명상/바라밀/파라미타의 근본은 선하고 선하게 사는 것이다. '무아'의 지혜를 증득하기 위해서는 전생과 이생의 오랜 시간

을 선하고 선하게 또 선하게 살아야 한다. 진정한 명상은 보통의 사람들이 알고 있는 것처럼, 눈 감고 가부좌 틀고 꼼짝 없이 앉아있는 것이 아니다. 호흡에 집중하고 호흡을 조절하는 것도 아니다.

진정한 명상/바라밀/파라미타는 겉으로 보여지는 형식적인 것이 결코 아니다. 명상음악이란 잔잔한 소리를 듣고 좋아하는 것도 아니다. '쇠귀에 경읽기'라는 말이 있는 것처럼 뜻도 의미도 모르는 경전을 앵무새처럼 따라 외우는 것도 아니다. 스스로가 본 적도 없고 잘 알지도 못하는 성자라고 칭해지는 인물에게 무조건 절하고 공양을 받치는 것도 아니다. 기복적인 신앙을 가진 사람들이 말하는 '방언'이라고 하는, 알게 되지도 못할 소리의 의미에 대해서 골똘히 생각하는 것도 아니다. 먼저 깨달은 사람의 말씀이라는 것을 듣고, 그것들에게 의지하고 기대는 것도 아니다.

진정한 명상/바라밀/파라미타는 스스로의 가슴속에서 우러나오는 양심의 소리를 듣고 양심에 따라서 살아가는 것이다. 진정한 명상/바라밀/파라미타는 비현실적인 것이 아니다. 그것은 누구라도 이해하고 알 수가 있는, 평범한 도덕적 양심에 기초한 것이기에, 스스로의 양심에 따라 삶의 의미를 결정하며 살아가는 것이다. 진정한 명상/바라밀/파라미타는 자기자신 스스로가 확인할 수 없는 비현실적인, 또다른 존재가 규정한 형식과 방식에 따라서 살아가는 것이 아니다. 오직 스스로의 양심에 따라서 선하게 살아가는 삶만이, 곧 진정한 명상/바라밀/파라미타인 것이다.

명상/바라밀/파라미타는 특이하거나 비범해 보이는 것이 아니고, 평범해 보이는 일상 중의 한 부분이 되어야 한다. 위대한 지혜를 증득하는 좀 더 유익한 명상/바라밀/파라미타는 평범한 일상들의 많은 부분을 선한 업을 쌓아가기 위해 노력하는 것이다. 다른 사람을 위하는 선한 업을 쌓아가면, 기쁨과 행복과 지혜를 쌓아가는 것이고, 자신만을 위해서 물질을 쌓아 가면 어리석음과 고통을 쌓아놓는 것이다.

궁극의 기쁨과 행복과 위대한 지혜라는 것은 자연스럽고 평범한 일상을 벗어나서 엉뚱하게 만들어진 형식적인 프로그램에서 나오는 것이 아니다. 궁극의 기쁨과 행복과 위대한 지혜가 깃든 '무아'의 경지란 사랑하는 마음, 자비로운 마음, 헌신의 실천이라는 순수하고 선한 마음에서만이 만들어지는 것이고 증득되는 것이다.

궁극의 기쁨이고 행복이며 위대한 지혜인 '무아'의 경지에 들어서기 위해서는, 다른 사람들과 모든 존재를 선하고 선한 마음으로 대해야만 하는 것이다. 이기적인 욕망 따위는 걷어치우고, 만물만사를 오직 선하고 선하게 대하는 것이다. 그렇게만 살아간다면, 이번 생이 아닐지라도 필연코 '무아'의 경지에 들어서게 되는 것이다.

'무아'에 대한 체득이란 특정한 유전적 형질이 조상으로부터 대물림되어 이어져 내려오듯이, 선하고 선한 업보의 오래된 계승이 전제되어야 하는 것이고 또한 현생을 살아가는 한 개인은 오래도록 선함을 유지하면서, 자연스럽게 자기자신에 대해서 성찰하는 노력을 지속해야 하는 것이다. 그렇게 선하게 사는 것만이, 진정한 명상/바라밀/파라미타이며 초월적인 지혜에 거하고 머무는 것이 되기 때문이다.

071
초월적인 지혜란 존재하지 않는 것이다

그러나 또 다시 이해하기 어려운 언어적인 표현일지라도, 모든 것은 역시 '공'한 것이므로, 초월적인 지혜란 본래부터 아예 존재하지 않는 것이다. 그러하기에 더없이 완벽한 지혜를 터득한 사람에게는 '공'함의 경지도 이미 존재하지 않는 것이다. 존재하는 모든 것들이란 있으되 없는 것이기에 '색즉시공'이요, 없으되 있는 것이기에 '공즉시색'이다. 그러므로 더없이 위대한 지혜란 애초부터 없는 것이 된다.

위대한 지혜를 증득하는 것을 '마하 프라갸'라고 하며 그러한 상태로 변화되는 과정을 '프라갸 파라미타'라고 하는 것이다. 그러나 모든 것이 '무상'하기 때문에 위대한 지혜도, 지혜로 가는 과정도 없는 것이다. 물질인 '있음'이 비물질인 '없음'이기에, '있음'을 '없음'이라고 자각하는 '있음'도, 결국은 '없음'이 되는 것이다.

실로 엄연하게 존재한다는 것이란 비물질인 '없음'이 근원이므로, 근원을 알 수가 없는 '자아'가 체험하는 모든 것은 역시 '공'한 것이다. '공'함을 체득하든지 못하든지 간에 역시 '자아'를 비롯한 모든 것은 '공'한 것이 분명한 것이다. 그 어느 누구인가 자기자신이라는 '자아'를 비롯한 모든 것들이 '공'한 것임을 체득하였다는 것은, 스스로 완벽한 존재가 되어서 절대적인 행복의 경지에 다다른 것이고, 위대한 부처가 된 것이다. 그러나 다시 절대적인 행복도 위대한 부처도 '공'한 것이다.

아쉽게도 인간으로 태어나서 '공'함을 체득하지 못하게 되면 괴로움과 고통 속을 헤매는 어리석은 중생일 뿐이다. 그러나 아무리 그렇다 하여도 위대하게 지혜로운 부처이거나 어리석은 중생이거나, 모든 것은 변하고, 사라지고, 비워지는 것이기에 결국은 모든 것이 '공'한 것이다. 그러므로 결국 지혜로운 부처도, 어리석은 중생도, 위대한 지혜도, 무지한 어리석음도 아예 존재하지 않는 '공'한 것이 되는 것이다.

अनुत्तरां सम्यक्संबोधिमभिसंबुद्धाः ॥

anuttarām samyaksambodhim abhisambuddhāḥ ||

아누따람 삼약삼보딤 아비삼부따흐||

아누따람 = 능가할 수 없는

삼 = 회귀

야크 = 집중

보딤 = 지혜

아비 = 모두

부따흐 = 깨달음, 붓다

26) 능가할 수 없는 것으로 돌아가고 집중한다. 깨달음으로
돌아간다

　(得阿耨多羅三藐三菩提 : 득아뇩다라삼먁삼보리)

- 해석 및 주석 -

'아누따람(*Anuttarām*)'이란 그 이상 능가할 수 없는 것이라는 뜻이
며 '삼'이란 회귀하고 돌아간다는 뜻이고 '보딤'은 지혜이며 '야크'
는 '집중한다'는 뜻이다. '부따흐'는 깨달음과 깨달은 존재인 부처
를 뜻하는 것이다. 그러므로 '아뇩다라삼먁삼보리'인 '아누따라삼약
삼부따(*Anuttarāsamyaksambuddha*)'는 '가장 높은 집중과 지혜로 회귀
하여 깨달은 부처가 된다'는 뜻이 되는 것이다.

'자아회귀'란 자기자신에게로 돌아간다는 뜻이다. 자기자신을 향한

집중은 절대적인 것이다. 절대적인 것이란 '그 무엇으로도 대신할 수 없다'는 것을 뜻하는 것이다. 그 무엇으로도 능가할 수 없는 부처가 되기 위해서 자기자신에게 회귀하여 돌아가는 것이 절대적인 것이라는 뜻이다. 자기자신에게 완벽하게 집중하기 위해서 자기자신으로 돌아가는 것만이 절대적인 것이고, 그로 인해서 자기자신은 그 무엇으로도 능가할 수 없는 완벽한 존재인 깨달음을 증득한 부처가 된다는 것이다.

072
능가할 수 없는 집중과 지혜와 깨달음은 '공'함의 체득이 다

오랜 명상/바라밀/파라미타의 과정을 지켜 나가는 관찰자에게 는 어느 날, 어느 순간에 문득, 자기자신이 아무것도 아니라는 생 각이 든다. 오래된 관찰자가 어느 순간에 '공'함의 경지에 다다르 게 되면 '무아'에 대한 확신이 자기자신의 가슴속에서 저절로 우러 나오게 되는 것이다. 그 순간에 자기자신의 가슴속에서 우러나오 는 '무아'라는 확신보다도 더이상의 완전하고 완벽한 것은 존재하 지 않는다.

그러한 확신이 드는 순간이 '무아' '무상'의 경지에 들어가는 순 간이며 '공'함의 체득인 것이다. 또한 '무아'를 체득함으로써, 모든 것들이 '무상'한 것임을 확신하는 것이다. 관찰자에게는 더이상의 그 무엇도, 이러한 '비어 있음'을 능가할 만한 것이 없을 것이라는 확고한 마음이 생겨나게 되면, 완전하고 완벽하게 충족한 마음이 생겨나고 불안정하고 혼란스러운 세상의 모든 것들은 멈추어진다. 충족의 마음과 세상이 멈추어지는 것은 관찰자의 오랜 명상/바라 밀/파라미타의 과정의 결과이다.

충족의 마음이 확고해지고 세상 모든 것들의 혼란스러움이 멈 추게 되면 그 때는 불완전했던 인간의 복잡다단한 마음이 완전하 고 완벽해진 것이다. 불안정하고 복잡다단한 의식이 더이상 나아

갈 방향도 목적도 사라진 경지이다. 충족의 마음과 세상이 멈추어
진 것, 그것은 인간이라는 존재가 성장과 발전의 끝에 도달한 것
이다. 드디어 진화의 끝에 다다르게 된 것이고 완벽한 존재인 부
처가 되는 것이다.

　모든 것이 멈추어진, '공'함의 경지란 모든 인간들이 가져야할
더없이 좋은 마음이다. '공'함의 경지란 더없이 좋고 완벽한 궁극
적인 체험이요. 기쁨의 상태이며 희열의 극치인 것이다. '공'함의
경지에 들어선 관찰자의 몸과 마음은 완전한 건강성을 확보하고,
완벽한 자유로움을 경험하며, 불굴의 용기와 의지가 생겨나게 되
고, 더없는 만족스러움을 느끼고, 희열의 극치라는 지복의 경지를
체험하게 되는 것이다.

　진정으로 '공'함의 경지에 들어간 관찰자는 모든 존재들의 불안
정성을 뛰어넘어서, 뚜렷하고 확고해진 새로운 눈과 새로운 마음
으로, 모든 존재의 완전성과 완벽함을 보게 되고 체득하게 된다.
그에게는 모든 존재들 중에 완벽하지 않은 존재는 없는 것이다.
그러므로 모든 존재들의 불완전성을 극복하고 넘어서는 '공'함의
경지보다 더 나은 경지는 없는 것이다. '공'함의 경지보다 더 위대
한 경지는 없는 것이다. 그러므로 '공'함을 체득한 사람을 능가할
더이상의 그 어떤 존재도 없는 것이다.

　이제 그러한 '공'함을 체득한 관찰자에게는, 더이상 궁금한 것도
없으며, 더이상 의존해야할 그 어떤 대상도 필요치 않으며, 더이
상의 추구해야할 그 무엇도 존재하지 않으며, 생존을 위해서는 더

많은 것이 필요치 않기에 계산하거나 궁리하지 않는 것이다. 또한 더이상 알아야할 그 무엇도 존재하지 않기에 책을 보지도 않을 것이며, 궁금한 것도 존재하지 않기에, 바깥 세상을 기웃거리지도 않는 것이다.

'공'함의 경지에 들어선 관찰자에게는, 중생들이 추구하는 더이상의 그 무엇도, 해야할 그 어떤 일도, 성취해야할 그 어떤 목적이 없어졌기에 마음의 부담이 사라진 자유로운 경지에 머물게 된다. 관찰자의 마음은 더없이 평온하고 순수해지고, 그 평온하고 순수해진 마음속에서 단 하나의 새로운 마음만이 생겨나서 커지게 된다. 그 마음이란 더없이 선하고 선한 마음인 '측은지심'이고 '대자비심'인 것이다.

오랜 명상/바라밀/파라미타의 과정을 지나가는 관찰자에게는 어느 날인가, 어느 때인가 문득, 자기자신의 머리가 맑아지고, 눈이 밝아져서 세상에 존재하는 모든 사물들이 선명하게 보이면서, 흐리고 궂은 날에도 세상이 또렷해 지고 밝고 맑게 보이게 되는 순간이 있다. '안, 이, 비, 설, 신'이라는 다섯 가지 감각이 새롭게 열리게 되는 것이다. 물 한 잔을 마셔도 더없이 좋고, 길가에 피어 있는 작은 꽃 한 송이가 더없이 소중하고 아름답게 보인다. 모든 것에 감사하는 마음도 생겨나게 된다.

그 때, 관찰자의 가슴속 깊은 곳에서 벅찬 기쁨과 감동이 솟아오른다. 이제껏 없었던 감당하기 어려울 만큼의 강렬한 기운이 전기적인 파장으로 변하여 온몸을 휘감아 돌기도 한다. 얼굴에는 미소가 생겨나고, 발걸음은 날아갈 것처럼 가벼워진다. 마음은 자유롭기에, 더없이 평화롭고, 몸은 활력과 생동감을 느끼게 되는 것이다.

073
'공'함의 경지에 도달하는 것은 완벽함을 체득하는 것이다

그렇게 온 몸의 감각들이 새롭게 열리게 되면서, 관찰자는 엄청난 기쁨과 희열감을 온몸으로 느끼게 되는 것이다. 또한 그런 기쁨과 희열감과 함께, 극적으로 평온한 마음과 좀 더 당당한 용기와 굳센 의지도 더욱 견고해진다. 자기자신이 모든 면에서 더할나위 없이 완전하고 완벽한 존재라는 것을 체득하게 되는 것이다.

살아 숨쉬는 모든 순간이 더없이 좋고 완벽하다는 체험을 스스로 하게 된다면, 그는 스스로 완전하고 완벽한 경지에 들어서게 된 것이다. 그 때에 관찰자는 최상의 가능성이며 새로운 마음인 고차원적인 의식 수준에 들어선 것이다. 그는 자기자신뿐만 아니라 세상의 모든 것들이 조금의 부족함도 없는, 완전하고 완벽한것임을 확고하게 알게 된다. 새로운 몸과 마음으로, 새로운 세상을보게 되는 것이다.

이렇게 새로운 감각과 새로운 마음이 되어서 도달한 경지가 곧'공'함의 경지이다. '공'함의 경지는 중생들이 만족해하는 마음이아니다. '공'함의 경지는 이기적이고 소심한 마음이 아니다. '공'함의 경지는 상대적인 차원에서의 비교우위에 따르는 유치한 기쁨과 만족이 아니다. 자기자신보다 더 어렵고 힘들게 살아가는 사람과 비교하면서, 다행이라고 생각하는 만족이 아닌 것이다. '공'함의 경지는 생존의 욕구와 욕망의 결핍과 모자람을 채우고 보상받는 차원에서 오는 기쁨과 만족이 아닌 것이다. '공'함의 경지는 일체의 모든 불안정성을 넘어서는 완벽한 경지인 것이다.

'공'함의 경지란 생명의 위기에서 가까스로 벗어난 안도하는 마음이 아니다. 다른 사람과의 경쟁에서 이겨낸 마음에 생겨나는 그런 유치한 기쁨과 만족도 아니다. '공'함의 경지는 당당하게 홀로 서지 못하고 '창조주'라든가, '신'이라든가 하는 허상이며 가상의 존재를 마음에 품고 그런 존재에게 기대서, 우쭐대고 허세부리는 그런 유치한 만족은 더욱 아니다. 그런 기쁨, 만족, 안도는 어리석은 중생들의 것이다. '공'함의 체득은 그런 유치한 기쁨과 만족과 안도와는 차원이 다른 것이다.

'공'함의 체득이란 무지하고 어리석은 중생들이 추구하는 욕구와 욕망을 넘어선 것이다. '공'함의 체득은 자기자신과 세상에 존재하는 모든 것들의 절대적이고 완벽함에 대한 체득이다. '공'함의 체득으로 인해서 자기자신이 '절대 자아'인 것과 모든 존재가 '절대적 존재'임에 확신하는 것이야말로, 그 무엇으로도 능가할 수 없는 더없이 위대한 지혜인 것이다. 모든 존재들에 대한 절대성의 체득은 일시적인 것과 한계적인 것을 초월한 것이며, 더이상의 것이 없는 궁극적이고 영원한 것이다.

어떤 한 사람의 삶이 시작된 이래에, 그는 늘 언제나 더없이 선하고 선한 마음을 가지고 살아가고 있었다. 그는 언제나 거짓이 없었으며, 정직하고 순수하였고, 생각과 행동에 꾸밈이 없고, 조급함이 없었으며, 여유가 있고 한가하였다. 그는 물질적 욕망에 구속되지 않았으며, 세속적 형식과 유행에 끌리지 않는 삶을 살게 되었다. 중생들이 결코 알아보지 못하는, 그는 스스로 완전하고 완벽한 존재인 것이다.

이기적 욕망에 가득 찬 중생들이 알아보지 못하는 더없이 선하고 선한 사람인, 그는 자기자신이 속한 사회에 대한 공의로운 헌신에 가치를 두었으며, 그 가치를 실현하고자 자기자신에게 주어진 능력 만큼 최선을 다하였다. 또한 그는 나약한 자기자신을 극복하고자 한결 같이 노력하였고, 그 어떤 불의도 용납하지 않았다.

만일 어느 누군가가, 이와 같이 언제나 한결 같고 변함 없는 굳은 의지를 가지고, 흔들림 없이 오래도록 선하고 선하게 살아가는 삶의 방식을 선택하고 유지하였다면 그는 필연코, 언젠가는 더없이 완전하고 완벽한 지혜인 '공'함의 경지를 체득하게 되는 것이다. 오직 선하고 선하게 살아가는 사람만이 부처가 되는 것이다.

074
오래된 관찰자는 집중과 지혜와 깨달음으로 돌아가게 된다

진리와 정의를 향한 열정이 벅차게 용솟음치던 청춘의 뜨거운 가슴이 점차 안정되어 가던 그 어느 날에, 진리만을 추구하던 순수한 열정을 지녔던 청춘이 지나가는 나이 40세 즈음의 그 어느 날에, 살아있음이 죽음과 조금도 다르지 않다는 확신에 찬 가슴의 울림이 있던 그 어느 날에, 자기자신 외에는 더이상의 그 무엇도 존재하지 않는다는 확신에 찬 마음이 가슴속 깊은 곳에서부터 우러나오던 그 어느 날에, 이 세상에서 존재하는 모든 것들에 대한 모든 궁금함이 모두 사라지던 그 어느 날에, 선하고 선하게 살아가던 관찰자는 비로소 완벽해지는 것이다.

모든 감각과 마음이 열리던 그 어느 날에, 모든 것은 변하고 또 변하는 것이므로 고정불변의 그 무엇도 존재하지는 않는다고 생각되던 그 어느 날에, 그 어느 곳에서도 더이상의 새로운 무엇도 존재하지 않는다는 것을 확신하게 되던 그 어느 날에, 관찰자는 비로소 '텅~' 비어 있는 자기자신을 보고 더없이 완벽해지는 것이다.

관찰자에게는 오랜 탐구와 관찰의 결과로, 이제는 더이상의 아무런 궁금증이 생겨나지 않게 되는 그 어느 때가 있다. 관찰자에게는 중생들의 생존에 필요한 도구와 그들의 생존 방식들이 구차하게 느껴지고, 그런 것들이 조금도 필요 없어지게 되었던, 그 어느 날이 있다. 중생들의 삶의 방식이 편협해 보이는, 그 어느 때가 있는 것이다. 그 때에 관찰자는 더없이 완벽한 '공'함을 체득하게 되는 것이다.

오래된 관찰자에게 무소유의 삶의 방식이 자연스러워지고, 물질적 이해관계로 얽히었던 세속적인 가치가 완전히 사라지게 되는 그 때가 있다. 관찰자에게 더 바라볼 것도 없고, 더이상의 그 무엇도 필요치 않고, 더이상 가야할 길도 없어지는 그 때가 있다. 관찰자에게 그 때가 곧 궁극의 경지에 도달하는 순간이다. 관찰자는 그 순간에 진실로 비어 있는 자기자신을 보게 되는 '공'함의 경지에 드는 것이다.

관찰자에게는 더없이 편안한 마음으로 다른 사람들을 바라보게 되는 그 때가 있다. 관찰자에게는 생존의 불편함이 사라지게 되는 그 어느 때가 있다. 관찰자에게는 자기자신 스스로를 위해서 더이상의 아무것도 바랄 것이 없어지는 그 때가 있다. 관찰자에게는 자기자신의 마음속에 아무것도 없다는 확신이 들게 되는 그 때가 있다. 관찰자는 비로소 '텅~' 비어 있는 자신의 마음이 보이는 그 때가 있다.

관찰자에게는 그렇게 '텅~' 비어 있는 마음이 보이는 그 때가 곧 '공'함의 경지에 도달한 순간이다. 그 때는 관찰자에게는 더이상의 그 무엇도 필요치 않은 순간이 되는 것이며 그 무엇으로도 능가할 수 없는 집중과 지혜와 깨달음의 순간이 되는 것이다. 위대한 지혜, 위대한 깨달음의 순간을 맞이한 관찰자는 언제라도 스스로가 원할 때에 더없이 완벽한 집중과 지혜와 깨달음의 순간으로 돌아가게 되는 것이다.

075
능가할 수 없는 지혜는 영원성을 체득하는 것이다

그 무엇으로도 능가할 수 없는 지혜인 '공'함의 체득은 상대적이고, 일시적이며, 한계적인 세계를 벗어난 '절대자아'의 경지이다. '절대자아'는 '절대무아'와 같은 것이고, '절대자아'는 일시적이고 한계성을 벗어나 영원성을 체득하게 되는 것이다. 영원성을 체득한다는 것은, 자기자신이 곧 세상의 모든 것임을 알게 되는 것이다.

자기자신이 세상의 모든 것이라는 것은, 세상의 모든 존재들이 곧 자기자신이라는 것이다. 자기자신이 곧 세상의 모든 것이라는 것을 알게 되고 깨달아서, 그것을 인정하고 받아들이게 되는 것이다. 자기자신이 곧 세상의 모든 것이라는 것을 알게 된다는 것은, 자기자신이 일시적이고 한계가 있는 존재가 아니라 영원한 존재라는 것을 알게 되는 것이다. 자기자신 스스로의 영원성을 체득하는 것이다.

영원성의 체득이란 '절대자아'가 곧 '우주'임을 아는 것이다. 영원성을 체득하게 된 사람이라면 결코 삶과 죽음을 나누고 분리하지 않게 되는 것이다. 영원성의 체득이란 삶의 끝이 죽음이라는 고정된 마음의 틀을 벗어나게 되는 것이다. 영원성의 체득이란 물질들의 연속되는 변화와 생명들의 삶과 죽음은 영원히 반복됨을 아는 것이다. 영원성의 체득이란 '자아'는 살아있으되, 살아있음에만 머무는 것도 아니며, 지금의 자기자신이란 존재가 죽어도 죽은 것이 아니라는 것을 알게 되는 것이다.

영원성의 체득이란, '자아'라는 삶의 실상이 사라지게 되는 죽음이라는 것조차도, 존재함이 사라지거나 끝나버리는 것이 아님을 깨닫게 되는 것이다. 한시적인 삶과 죽음을 넘어서는 것, 그것이 곧 현재에만 머무르지 않는 '무상'의 경지이며, 한계적이고 일시적이고 단절된 마음의 상태를 벗어나서 영원성을 체득하게 되는 것이다.

영원성의 체득이란, 건강하고 행복하게 살아있으되 생존에만 집착하지 않는 지혜이다. 영원성의 체득이란 살아있으되 죽음을 인정하고 받아들이는 지혜이다. 영원성의 체득이란 살아있으되 삶과 죽음을 분리하지 않는 지혜이다. 영원성의 체득은 살아있으되, 죽은 것처럼 살아있는 지혜이다. 영원성의 체득이란 살아있으되 죽음을 체험하는 지혜이다. 영원성의 체득이란 태어나기 이전으로 돌아가는 지혜이다.

영원성의 체득이란, 죽음이라는 것은 태어나기 이전으로 되돌아가는 것임을 깨닫는 지혜이다. 영원성의 체득은 언제인가는, '자아'라는 존재가 생명의 순환을 마치고, 죽음에 이르게 되었을 때에 또 다시 살아있는 자기자신을 보게 되는 지혜인 것이다. 영원성의 체득은 자신이 죽지 않고 영원히 산다거나, 자신이 죽어서 영원히 사라짐이 아니라, 또다른 모습으로 변해간다는 것을 알게 되는 지혜인 것이다.

더없이 좋고 만족스러운 상태인 '공'함의 경지란, 이제 스스로는 더이상의 부족함과 모자람이 조금도 없는 마음이 되는 것이다. '공'하다는 것은 더이상의 그 무엇도 추구해야할 것이 없는, 더없이 완전하고 완벽함을 체득하여서 더없이 건강하고, 더없이 기쁘고, 더없이 행복하고, 더없이 만족스러워진 마음을 표현하는 것이다.

인간이라는 생명은 숨쉬고, 먹고 마시고, 잠을 자고, 운동하고, 일을 하고, 사랑을 하고, 인간 사회에서의 자기다움의 역할과 재능을 인정받아야 건강하게 살아갈 수 있는 존재이다. 그러한 인간의 모습 중에서, 더이상의 능가할 것이 없을 만큼의 완전하고 완벽하게 충족되고 자유로운 경지가 곧, '공'함의 경지인 것이다.

능가할 수 없는 지혜인 '공'함의 경지란 삶과 죽음이라는 단절되고 분리되는 한계성을 초월하여, 모든 존재와 모든 생명들의 무한함과 영원성을 체득하는 것이다. 그것은 일반적인 감각인식을 넘어서는 마음이며, 수준 높은 고차원의 의식이 형성되는 마음인 것이다. 그것은 괴로움과 고통이라는 뒤바뀌고 잘못된 마음의 장애를 뛰어 넘어서, 더없이 기쁘고 충만하며, 지극히 건강하고 행복한 경지로 되돌아가는 인간만의 특별한 마음이며 고차원의 의식이며 위대한 정신의 발현이 되는 것이다.

तस्माज्ज्ञातव्यम्।

tasmāj jñātavyam

타스마즈 갸타브얌|

타스마즈 = 그러므로
갸타 = 마땅히, ~할 수 있는가?
브얌 = 알다

27) 그러므로 알아야 한다.

　　(故知 : 고지)

- 해석 및 주석 -

'그러므로 마땅히 알아야 한다' '그러므로 마땅히 할 수 있는가'라
는 구절은 깨달음을 얻고서 부처가 되기 위해서는 반드시 알아야
할 것임을 강조하는 것이다. 깨달음을 증득하기 위해서는 절대적으
로 필요한 것임을 확실하게 강조하는 것이다.

깨닫는다는 것은 자기자신을 제외한 다른 누군가에게 배우는 것도
얻게 되는 것도 아니다. 깨닫는다는 것은 오직 자기자신 스스로에
게 주어진 운명이 되어야하고, 그 운명의 길을 가고자 하는 사람에
게는 오직 확고한 의지만이 필요한 것이다.

확고한 의지란, 자기자신에게 집중하기 위해서, 다시금 자기자신에
게 돌아갈 수 있는 의지를 말하는 것이다. 여기에서 '그러므로 마

땅히 할 수 있어야 하는 것'과 '그러므로 마땅히 알아야한다는 것'은 더없이 확고한 의지를 말하는 것이다. 자기자신에게로 돌아가서 더이상의 것이 없는 절대적인 지혜인 반야바라밀다에 의거하는 삶을 살아가겠다는 확고한 의지가 분명하고 뚜렷하게 있어야 한다는 것이다.

076
그러므로 위대한 지혜를 증득하려면, 분명하고 확고하게 알아야 한다

더없이 고귀하고 위대한 지혜란, 오랜 명상/바라밀/파라미타의 과정 속에서 체득할 수 있는 것이다. 그 어떤 무엇에 대해서도 더이상의 궁금한 것이 없게 되었을 때, 깨달음을 얻었다고 말하는 것이다. 그 깨달음이란 스스로가 더이상의 그 무엇도 궁금하지도 않고, 필요하지도 않은 정신적인 수준에 도달하게 되는 경지인 것이다.

그 깨달음이란 피상적으로 알게 되는, 외부로부터 들어오는 지식이나 정보의 입력이 결코 아니다. 그 깨달음이란 자기자신의 가슴 속에서 우러나오는 궁극의 지혜인 것이다. 깨달음이란 자기자신인 '자아'의 실상에 대해서나, 자기자신을 둘러싸고 있는 환경과 세상에 대하여, 분명하고 확고해진 마음의 수준을 뜻하는 것이다.

전체적인 지혜에 귀의한다는 것은, 인간이란 생명이 존재함에 있어서 절대적으로 필요한 조건이 무엇인지 알고자 하는 것이다. 또한 인간으로서 누리고 영위해야 할 완전한 기쁨과 행복, 완벽한 모습을 실현하고자 하는 열망이 담겨져 있는 것이다.

여기에서 강조하고 있는 '그러므로 알아야 한다.'는 것은, 마하반야/마하프라갸/위대한 지혜의 증득인 '공'함의 경지를 들어선 사람이라면 당연하게 알아야 한다는 것이거나, 지혜를 증득하고자

하는 사람이라면 마땅히 알아야할 것이라는 것이다.

"더없이, 능가할 수 없는"이라는 것은, 그 무엇으로도 이 깨달음을 대신할 수 있는 것이 없는 것임을 확신하는 것이다, "더없이, 능가할 수 없는"이라는 것은, 깨달음이란 절대적인 것이기 때문에, 더없이 완전하고 완벽한 것임을 강조하는 것이다.

'그러므로 알아야 한다'는 것이란 인간이라면 생존의 의미에 대해서 분명하고 확고하게 알아야 하는 것이다. 인간이라면 생명과 인간으로 태어난 이상, 생존의 의미를 제대로 알고 이해하고 깨우쳐야 하는 것이다. 생존의 의미를 제대로 알고 깨우치기 위해서는 '공'함의 지혜를 증득해야 한다는 것이다. 그러므로 꼭 알아야 하는 것이다. 생존의 의미를 깨우치기 위해서는 분명하고 확고하게 알아야만 하는 것이다.

'그러므로 알아야 한다'는 것이란 인간이라면 '자아'라는 것이 '오직 비어 있음'을 분명하고 확고하게 알아야 한다는 것이다. 위대한 지혜를 증득할 사람이라면 '자아'가 비어 있는 실재임을 깨우쳐야만 하는 것이다. 그래야만 더없이 완전하고 완벽한 존재가 될 수 있음도 알게 되는 것이다. 그래야만 결국 위대한 부처가 되는 것이다.

'그러므로 알아야 한다'는 것이란 인간이라면 '최상의 지혜'가 무엇인지 분명하고 확고하게 알아야 한다는 것이다. 인간에게는 더없이 궁극적이고, 최종적이며, 그 무엇으로도 능가할 수 없는 위대한 지혜이며 최상의 지혜는 바로 '공'함의 체득이라는 것을 분명하고 확고하게 알아야 한다는 것이다. 그래야만 부처가 된다는 것이다.

'그러므로 알아야 한다'라는 것이란 인간이라면 '완전한 건강과 행복'이 어떻게 이루어지는지 분명하고 확고하게 알아야 한다는 것이다. 인간의 생을 살아가면서, 그 무엇으로도 능가할 수 없는 완전한 건강과 행복함 속에서 살아가기 위해서는, '공'함의 지혜를 증득해야 한다는 것을 분명하고 확고하게 알아야만 된다는 것이다.

'그러므로 알아야 한다'라는 것이란 인간이라면 '지복의 경지'에 도달하기 위해서는 어떠한 삶을 살아가야 하는지에 대해서 분명하고 확고하게 알아야 한다는 것이다. 궁극적이고 능가할 수 없는 최상의 기쁨과 희열인 지복의 경지에 들기 위해서는, '공'함의 지혜를 증득해야 한다는 것을 분명하고 확고하게 알아야만 한다는 것이다.

'그러므로 알아야 한다'라는 것이란 인간이라면 '막힘없는 자유'에 대해서 분명하고 확고하게 알아야 한다는 것이다. 더없이 궁극적이고 그 무엇으로도 능가할 수 없는 존재로 살기 위해서는 모든 두려움과 공포를 극복해야 한다는 것이다. 언제 어디서나 당당한 용기와 의지를 가슴에 품고 막힘 없는 자유를 누리는 삶을 살아가기 위해서는 '공'함의 지혜를 증득해야함을 분명하고 확고하게 알아야만 한다는 것이다.

'그러므로 알아야 한다'라는 것이란 인간이라면 '왜곡된 마음의 상태'에 대해 분명하고 확고하게 알아야 한다는 것이다. 무릇 마음의 고통과 질병의 고통이란 영양의 결핍에서 오는 것뿐만이 아니라, 자비와 사랑의 부족함 속에서 마음이 제대로 성장하지 못해 생겨나는 것이다. 자비와 사랑을 받지 못하면 뒤바뀌고 비뚤어진 왜곡된 사람이 되는 것임을 알아야 한다. 그렇게 왜곡된 사람이 행복해지기 위해서는 오직 자비와 사랑만이 필요한 것임을 분명하고 확고하게 알아야만 한다는 것이다.

'그러므로 알아야 한다'라는 것이란 인간이라면 '왜곡된 마음을 바로잡음'에 대해서 분명하고 확고하게 알아야 한다는 것이다. 그렇게 뒤바뀌고 비뚤어진 왜곡된 마음이 곧, 마음의 장애가 되는 것이다, 왜곡된 마음, 마음의 장애는 자비와 사랑이 부족한 것으로부터 발생되는 것이다. 그 어느 누구에게라도 발생되는 것이다. 마음의 장애를 뛰어넘을 수 있는 것은, 오직 자비와 사랑이 충분하게 채워지는 것뿐이다.

'그러므로 알아야 한다'라는 것이란 인간이라면 '자비와 사랑'에 대해서 분명하고 확고하게 알아야 한다는 것이다. 오직 '공'함의 지혜 속에서만이 참된 자비와 사랑이 있는 것이다. 그 어느 누구라도 기쁘고 행복해지기 위해서는 쓰고 써도 다함없는 자비와 사랑이 넘쳐나야 하는 것이고, 쓰고 써도 다함없이 넘쳐나는 자비와 사랑은 '공'함의 지혜 속에서만 나오는 것임을 분명하고 확고하게 알아야 하는 것이다.

'그러므로 알아야 한다'라는 것이란 인간이라면 '고통의 의미'를 분명하고 확고하게 알아야 한다는 것이다. 모든 생명들과 인간들에게 주어지는 모든 고통은 마땅히 거부하거나 피할 수 없는 것이지만, 그런 고통들이 끝까지 고통스러운 것만은 아니며 그 고통 속에서 또다른 의미의 기쁨과 행복을 찾아낼 수 있다는 것을 분명하고 확고하게 알아야 한다. 또한 그 많은 고통들을 줄일 수 있는 존재가 되려면 '공'함의 지혜를 증득해야 한다는 것을 분명하고 확고하게 알아야만 한다는 것이다.

'그러므로 알아야 한다'라는 것이란 인간이라면 '고통을 벗어남'에 대해서 분명하고 확고하게 알아야 한다는 것이다. 온갖 괴로움과 고통으로 가득찬 생명들의 세계에서 모든 고통을 피할 수는 없는 것이지만, 지혜로운 사람은 무척이나 괴로운 고통들로부터 충분히 벗어날 수가 있는 것이다. 또한 또다른 생명들을 고통들에서 벗어날 수 있도록 도와주는 역할을 충실하게 할 수 있는 사람이 되기 위해서는, '공'함의 지혜를 증득해야 한다는 것을 분명하고 확고하게 알아야만 한다는 것이다.

'그러므로 알아야 한다'라는 것이란 인간이라면 '자비와 헌신'에 대해서 분명하고 확고하게 알아야 한다는 것이다. 더없이 궁극적이고 능가할 수 없는 기쁨과 행복이 가득 찬 사람으로 성장하기 위해서와, 또다른 생명과 사람들이 건강하고 행복해지도록 돕는 사람이 되고, 자비와 사랑과 헌신을 실천하는 사람이 되기 위해서는, '공'함의 지혜를 증득해야 한다는 것을 분명하고 확고하게 알아야만 한다는 것이다.

'그러므로 알아야 한다'라는 것이란 인간이라면 '조화로운 삶의 경지'에 대해서 분명하고 확고하게 알아야 한다는 것이다. '공'함의 지혜를 증득한다는 것은 자기자신이 기쁘고 행복해지는 것뿐만 아니라, 모든 생명들과 사람들에 대한 '측은지심'과 '대자비심'과 헌신의 실천이 가능하게 됨을 알아야 하는 것이다. '공'함의 지혜를 증득하게 된다는 것은 내면의 평화를 얻은 자기자신뿐만 아니라, 평화로운 세상을 구현하는 데 도움이 된다는 것을 분명하고 확고하게 알아야만 한다는 것이다.

प्रज्ञापारमिता महामन्त्रो महाविद्यामन्त्रो ज
Prjñāpāramitā mahā mantro mahā vidyā mantro
프라갸파리마타 마하 만트로 마하 비드야 만트로

프라갸 = 지혜
파라미타 = 완전한
마하 = 위대한
만트라 = 진언
비드야 = 지혜, 지식

28) 반야바라밀다는 위대한 만트라이며, 반야바라밀다는 위대
    한 진언이며, 크게 신령스러운 진언이며, 프라갸 파라미타
    는 위대한 진언이고 위대한 지혜의 진언이다
    (般若波羅蜜多 是大神呪 是大明呪 : 반야바라밀다 시대신주 시
    대명주)

- 해석 및 주석 -
스스로 더없이 완벽한 깨달음을 증득하여 위대한 지혜를 간직한
부처님께서는 완벽하고 위대한 지혜를 '프라갸 파라미타(*Prjñā Para
mita*)'라고 언어적으로 표현하시였는데 그 뜻과 의미는 '완전하고
초월적인 지혜'라는 것이 된다. 그렇게 '완전하고 초월적인 지혜'라
는 뜻과 의미가 담긴 '프라갸 파라미타'라는 말은 결국 '위대한 진
언'이 되는 것이며 '위대한 지식'이 될 수밖에 없음을 표현하신 것
이다.

'프라갸 파라미타'는 지혜가 깊어지고 깊어져서 결국 지혜가 완성됨을 뜻한다. 지혜가 완성된 사람은 완전하고 완벽한 존재가 되는 것이다. 그러하기에 더없이 완전한 지혜로 건너가는 '프라갸 파라미타'는 가장 성스럽고 위대한 진언인 '마하만트라(Mahamantra)'가 될 수밖에 없는 것이며, 또한 가장 위대한 지식임을 표현하는 진언인 '마하비드야 만트라(Mahavidya Mantra)'가 되는 것이다.

스스로의 명상/바라밀/파라미타의 과정 속에서 결국 절대적으로 완성된 지혜인 깨달음을 얻게 된 붓다는 간절한 마음으로 중생을 구제하고자 노력하게 되었다. 중생을 구제하려고 노력하는 것은 모든 붓다들의 사명이다. 붓다들의 위대함은 바로 이렇게 완성된 위대한 지혜를 통해서 중생들을 구제하고자 노력하는 것이다. 그러나 그렇게 완성된 지혜을 얻는 것이 모든 중생에게 당장 가능한 것은 아닐 것이다.

다만 그렇게 모든 중생들이 붓다들의 가르침을 당장 받아들이고 이해할 수는 없을지라도, 붓다들은 인류에게 더없이 건강하고 행복한 삶의 방향성을 제시하고 있는 것이다. 모든 아름다움은 어둠 속에 빛나는 작은 불빛에서 시작되는 것처럼 이 경전에 등장하는 부처님은 인류의 역사 속에서 전통적으로 계승되어 내려오는 진리탐구에 대하여 결과론적인 희망을 제시하게 된 것이며 또한 비전(祕傳)으로 내려오는 진리탐구에 대한 방법들을 모든 대중에게 가르쳐주려고 시도하였던 것이다.

077

진언이란 진정한 실재를 언어적으로 표현하는 것이다

진언이란 진실과 진리를 상징하는 언어이다. 진언이란 진실과 진리를 뜻하는 의미의 언어이다. 진언이란 왜곡되지 않은 진실과 진리에 대해서 있는 그대로 상징하는 언어인 것이다. 왜곡되지 않은 진실과 진리라는 것은 인간에게 건강하고 행복한 생존을 위한 유익한 의미의 진실과 진리를 말하는 것이다. 인간의 건강과 행복을 위해 표현될 수 있는 참된 의미의 언어를 간직한 진언이라고 하는 것이다.

여기에서의 '프라갸 파라미타'란 오래도록 진행되어온 명상의 과정 속에서 증득된 결과인, 그 무엇으로도 능가할 수 없는 '완전한 지혜'를 뜻하는 것이다. '프라갸 파라미타'에는 인간이라는 생명이 진화의 끝에 다다라서, 더이상의 그 무엇도 필요가 없어진 완전하고 완벽하게 충족된 마음이 담겨져 있는 것이다. 그 마음은 그 무엇으로도 능가할 수 없는 '완전한 지혜'를 간직한 위대한 마음이 되는 것이다.

'프라갸 파라미타'란 인간의 지혜 중에서 더이상의 것이 없는, 완전하고 완벽한 지혜, 최고의 지혜, 최상의 지혜, 완성된 지혜를 표현한 것이다. 그 지혜는 '텅~' 비어 있는 자기자신과 모든 존재들의 본질을 정확히 파악하는 '공'함의 지혜이다. 그 지혜는 오랜 명상/바라밀/파라미타의 과정 속에서만이 증득할 수가 있는 것이다.

인간들 중에서 더없이 완전하고 완벽한 인간, 최고의 인간이며 최상의 인간이란 모든 존재의 본질이 '텅~' 비어 있음을 체득한 인간이 되는 것이다. '텅~' 비어 있음의 체득은 '무아'의 체득이며 '무아'의 체득이 곧 '무상'의 지혜를 증득하는 것이다.

인간의 마음 중에서 더없이 완전하고 완벽한 최고차원의 마음은, '텅~' 비어 있는 자기자신을 제대로 보게 되는 '공'함을 체득하는 마음인 것이다. 진정으로 '공'함을 체득한 마음은 모든 마음의 중심에서 결코 흔들리지 않는 견고함을 지니고 있는 것이며, 인간이 가진 모든 마음 전체를 자각하여 이끌어 가는 마음인 것이다.

인간의 마음 중에서 더없이 완전하고 완벽한 최고 차원의 마음은, 건강과 행복을 위한 목적성을 가지고 또다른 하위 차원의 마음들을 이끌어 간다. 그러므로 최고 차원의 마음인 '공'함을 체득하지 못했다면 아무리 열심히 살아간다고 하여도 결국은 목적이 없는 인생이 될 수밖에 없는 것이다. 그러므로 지혜가 부족하여 완벽하지 못한 인생의 목적은 당연히 완벽하지 못한 목적이 되므로, 분명하고 뚜렷하게 가야할 길을 모르는 것과 같은 것이다. 완전한 지혜이며 최고 차원의 마음인 '공'함의 체득은 마음 전체의 중심이 되기에 '공'함을 체득한 사람의 마음 전체는 언제나 바르고 견고하게 균형이 잡혀 있으며 건강하고 행복한 마음이 되는 것이다.

인간의 마음 중에서 더없이 완전하고 완벽한 최고 차원의 마음은, 비어 있는 자기자신을 제대로 보게 되는 '공'함을 체득하는 마음인 것이다. 자기자신뿐만 아니라 모든 물질과 모든 생명과 모든 인간들마저도 '공'의 세계에 머물러 있다는 것을 확실하게 알게 되는 사람은, 결국 모든 것이 아무것도 아니라는 것을 아는 것이기에 세속에 머무르는 동안에 그 어떤 티끌만한 이기적 욕망도 갖지 않게 되는 것이다.

결국 모든 것이 아무것도 아니라는 것을 알게된 그런 사람이란 세상에 존재하는 모든 것들 역시도 결국 '공'한 것임을 알고 있기에, 어리석은 중생들의 괴롭고 고통스러운 욕망의 세계를 관조하면서, 중생들을 위해서 사랑과 자비를 통해서 헌신하게 되는 것이다. 그런 헌신의 올바른 뜻은 '중생' 스스로가 자기자신에 대해서 합리적으로 인식하도록 돕는 것이다. 그런 사람의 진정한 헌신이란 중생들로 하여금, 어찌할 수 없는 고통을 바르게 인식하고 자각할 수 있도록 도와주는 것이다.

이기적 욕망이 조금도 없기 때문에, 자기자신을 위해서는 조금의 할 일도 없는 사람, 언제나 어디서나 마음의 평안이 유지되는 사람, 언제나 어디서나 몸과 마음이 한가하고 여유로운 사람, 언제나 어디서나 관조와 인식과 자각을 바르게 하는 그런 사람은 분명하게도 '공'함의 체득이 깊고 확고해진 사람인 것이다. 그러므로 '공'함의 지혜를 증득한 사람의 표현인 '색즉시공 공즉시색, 공즉시색 색즉시공'은 완전하고 완벽한 지혜의 소리가 되는 것이며 진실되고 진실된 언어가 되는 것이다.

078
진언은 생생한 실재가 되어야 한다

완전한 지혜를 증득한 사람에게 진언은 언제나 어디서나 진정한 실재가 되어야만 한다. '색즉시공 공즉시색, 공즉시색 색즉시공'이라는 소리와 언어적 표현은 상징일 뿐이지만, 그 언어적인 상징인 진언이 언제나 어디서나 진정한 실재가 되기 위해서는, 모든 존재의 본질과 실상이 바르게 파악되어야만 하는 것이다. 모든 존재의 본질과 실상이 파악되지 않았다면, 진언일 망정 의미가 없는 것이 되는 것이다.

'무아'의 경지란 존재의 본질과 실상을 제대로 파악한 인간의 마음인 것이며, 최고이며 최상의 마음인 것이다. 인간이 알 수 있고, 체험할 수 있고, 느낄 수 있는 최고 차원의 경지란 '무아'의 경지일 뿐이다. 모든 존재들의 본질과 실상이 '무상'한 것이기에 오직 '무아'의 경지만이 존재의 실상을 제대로 파악한 것이 되는 것이다.

인간의 모습 중에서 더없이 완전하고 완벽한 인간의 모습은, 몸과 마음이 '텅~' 비어 있는 것임을 분명하고 확고하게 인식하고 자각하고 있는 것이다. 인간의 마음 중에 최고이며 최상의 마음은 '텅~' 비어 있는 마음인 것이며 그 비어 있는 마음은 모든 마음 전체를 견고하고 확고하게 안정시키고, 지켜나가고 있은 마음인 것이다.

'무아'의 경지란 위대한 지혜라고 일컫는 '공'함을 깨닫는 것이다. '무아'의 경지란 '텅~' 비어 있는 자기자신의 본질과 실상을 제대로 파악하는 것이다. '색즉시공 공즉시색'이라는 그 소리와 언어는 상징이지만, 그 소리와 언어가 실재가 되기 위해서는 생명과 인간의 모습을 바르고 정확히 이해하면서, 점점 더 깊은 명상/바라밀/파라미타의 과정 속으로 들어가서 자유로움과 한가함을 체득해야만 하는 것이다.

그렇게 깊은 명상/바라밀/파라미타의 세계로 들어가면 갈수록, 자유로움과 한가함은 더욱 깊어지게 되는 것이며, 깊고 깊은 명상/바라밀/파라미타의 과정 속에서만이 자기자신에게 주어진 감각적 인식과 그 인식작용을 통해서 오래도록 형성된 수많은 마음들의 본질과 존재들의 실상을 바르게 이해할 수가 있게 되는 것이다.

전체적인 지혜에 귀의한 관찰자라면 깊은 명상/바라밀/파라미타의 세계로 들어가면 갈수록 자기자신에게 주어진 감각인식과 그 인식들을 통해서 형성된 수많은 마음들의 본질과 존재들의 실상을 바르게 이해할 수 있어야만 하는 것이다. 그래야만이 진실과 진리를 표현하는 언어적 상징인 진언이, 참된 실재가 될 수 있는 것이다.

모든 존재들의 본질과 실상을 바르게 파악한다는 것은, 전체적인 관점에서는 시간과 공간, 물질과 생명의 모습을 정확하게 이해하고 파악해야 한다는 것이다. 또한 존재들의 본질과 실상을 정확하게 파악함과 동시에, 점점 더 깊은 명상/바라밀/파라미타의 과정으로 들어가서 자유로움과 한가함의 경지에 머물러야만 하는 것이다.

온전한 명상/바라밀/파라미타의 세계에 들어가기 위해서는 언제나 한결같은 자기자신의 모습을 인정하고 받아들이며 수용하고 존중하면서, 다른 생명들과 사람들에게도 언제나 선하고 선한 마음으로 그들을 인정하고 존중하는 태도를 지녀야 하는 것이다. 그래야만 언어적 상징인 진언이 참된 실재가 될 수가 있는 것이다.

자기자신뿐만 아니라 모든 물질과 모든 생명이 '공'의 세계에 머물러 있다는 것을 분명하게 아는 사람이라면 세속에 머무르는 동안에, 그 어떤 티끌 만큼의 작은 이기적 욕망마저도 결국 아무것도 아니라는 것을 알기에, 괴롭고 고통스런 욕망의 세계를 관조하면서 어리석은 중생들을 위해서 헌신할 수밖에 없게 되는 것이다.

그런 사람이라면 고통스러워하는 중생들이 그 고통을 바르게 인식할 수 있도록 도와주게 될 것이다. 그런 사람은 분명하고 확고하게 '공'의 경지에 들어서게 된 것이다. 그러므로 인간에게는 '색즉시공 공즉시색'이란 더없이 완전하고 완벽한 지혜의 소리요 언어가 된다. 더없이 위대한 표현은 '색즉시공 공즉시색'이 되는 것이다.

자기자신과 다른 사람과 다른 생명들을 인정하고 받아들이지 않는 부정적인 마음속에는 안정과 평화가 없음으로 '마하반야바라밀' '프라갸파라미타'라는 주문을 아무리 소리 내어 외우고 잊지 않는다고 하여도, 의미가 없는 외침이 되는 것이므로 결국은 '마하프라갸'의 지혜를 증득하기에는 아직 부족함이 많다고 할 것이다.

자기자신을 싫어하고 다른 생명과 사람들을 싫어하는 부정적인 마음이 조금이라도 남아 있다면 '마하반야바라밀' '프라갸파라미타'는 의미 있는 진언으로 존재하지 않는다. 부정적인 마음속에는 이미 진실이란 존재하지 않는 것이기 때문이다.

진언은 오래도록 진행되고 확인된 긍정적인 마음의 실체를 표현하는 것이기 때문에, 부정적인 마음에서 나오는 소리는 결코 진언이 아니다. 진언은 실재가 아닌 상징일 뿐이다. 거부하고 싫어하는 부정적인 마음으로는 그 어떤 진언도 실재가 될 수 없게 된다. 부정적인 마음으로는 위대한 지혜를 증득할 수도 없는 것이다.

자기자신뿐만 아니라 다른 생명과 다른 사람을 부정하는 마음에는 안정과 평화가 없으므로 '마하반야바라밀' '프라갸파라미타'라는 주문은 이미 상징성을 잃어버린 의미 없는 소리에 불과한 것이다. 그러므로 상징이 진언이 되고, 진언이 실재가 되기 위해서는 선하고 선한 마음으로 모든 존재들을 사랑하고 존중하여야 한다.

결국 '공'함의 체득이란 자기자신과 다른 생명과 다른 사람을 이롭게 하고자 하는 선하고 선한 의지로만이 체득할 수 있는 것이다. '공'함의 체득은 세상의 모든 존재들에 대해서 바르게 인식하고, 바르게 대하고, 바르게 행동하는 것이다. '마하반야바라밀' '프라갸파라미타'는 진언이며 상징일 뿐이다. 진언이 참된 의미의 실재가 되기 위해서는 선하고 선한 의지와 더불어서 실천행이 있어야만 하는 것이다.

'마하반야바라밀' '마하프라갸'의 실천행이 부족하게 된다면 당연히 언어적 의미의 '마하반야바라밀' '프라갸파라미타'는 의미 없는 언어가 되는 것이다. 실천행이 없는 언어와 주문의 외침만으로는, 결코 더없이 완전한 지혜를 증득함이란 불가능한 것이 되고, 더없이 완벽한 인간의 경지에 도달할 수도 없게 되는 것이다.

더없이 완벽한 인간, 궁극의 경지에 도달한 인간이 되기 위해서는 '마하반야바라밀' '프라갸파라미타'의 의미를 제대로 알고 깨닫는 것 외에는 더이상의 아무것도 없는 것이다. 인간이 인식하고 의식하고 알고 깨달을 수 있는 모든 지혜와 모든 지식 중에서 더없이 완전하고 완벽하며, 더없이 위대한 '공'함의 지혜를 능가할 그 어떤 무엇도 존재하지 않는 것이다. 그런 궁극의 경지인 마음의 끝에 다다름에 대해서 '모든 것은 텅~ 비어 있다.' '모든 것은 공한 것이다.'라고 표현하는 것이다.

그러한 '공'함의 경지를 체득하는 과정을 '프라갸 파라미타'라 하며 '프라갸파라미타'는 언어적으로 표현되는 상징인 것이다. '프라갸파라미타'는 상징일 뿐이다. '프라갸파라미타' 그것은 언어적 상징일 뿐이지만, 그러나 그렇게 상징일 뿐이라도 그것은 인간 내면의 실체적 진실을 표현하는 것이기에 부족함은 없는 것이다.

अनुत्तरमन्त्रो असमसममन्त्रः

anuttra mantro asamasama mantrah

아누따라 만트로 아사마사마 만트라흐

아누따라 = 능가할 수 없는

만트라 = 진언

아사마 = 같지 않은

사마 = 같은, 평등한

만트라흐 = 진언

29) 그 무엇으로도 능가할 수 없는 만트라이고 진언이다.

　　그것과 동등한 것이 없는 만트라이며 진언이다.

　　(是無上呪 是無等等呪 : 시무상주 시무등등주)

- 해석 및 주석 -

여기에서의 '아누따라(*anuttra*)'는 '그 무엇으로도 능가할 수 없는 최고'라는 뜻이며 '아사마사마(*asamasama*)'를 해석하면 '사마(*sama*)'는 '같은'이고 '아사마(*asama*)'는 '같지 않은'으로 해석되기 때문에 '아사마사마'는 '그것과 같은 것, 비교할 만한 것이 없다'라는 것이 된다. 즉, '프라갸 파라미타'는 '그 무엇도 능가할 수 없는 것'이고, '그 어떤 것과도 비교될 수 없는 진언'이라고 말하고 있는 것이다.

'프라갸 파라미타'의 절대성을 계속해서 강조하고 있는 것이다. 진언이란 어떤 의미가 내포된 상징과 같은 언어적 표현이다. 이렇게 어떤 의미가 내포된 상징적 언어를 계속해서 강조하는 이유는 이 세상에서 가장 위대한 것, 인간에게 주어진 최고차원의 의식이라는 것이 결국은 '공'한 것임을 강조하고 있는 것이다.

079

가르침의 완성과 끝에는 상징적인 표현이 있다

오랜 명상/바라밀/파라미타의 과정 속에서 증득되는 '마하반야
바라밀' '프라갸파라미타'의 결론으로 표현되는 '색즉시공 공즉시
색'은 위 없고, 더없는, 더는 능가할 것이 없는 참된 소리이고 언어
이며 상징이다. 그 상징의 진정한 의미는 '공'이며 '공'은 모든 존재
의 온전한 실체이고, 최종적이며 궁극의 상태를 표현한 것이다.

전체적인 지혜에 귀의한 관찰자에게는 '색즉시공 공즉시색'의 참
된 의미를 깨닫게 되는 것이야말로, 더없이 완전한 지혜, 더없이 위
대한 지혜가 완성된 것이다. 또한 전체적인 지혜에 귀의하여 부처
의 길을 가고자 결심한 관찰자에게 이보다 중요한 가르침이 없으므
로 '색즉시공 공즉시색'이야말로 궁극의 가르침이 되는 것이다.

모든 가르침의 완성과 끝에는, 의미가 내포된 상징적인 소리와
언어와 형상이 있다. 가르침은 물질이 아니기에, 감각인식으로 알
수 있는 것이 아니다. 가르침은 의식이고 마음이기 때문에 마음과
마음으로 전해질 수밖에 없는 것이다. 마음으로만 전해질 수 있는
것을 표현하기 위해서 상징적인 소리와 언어와 형상을 활용하여
표현한 것이다. 그러나 진언은 실재가 아닌, 실재를 상징하는 언어
일 뿐이다.

마음의 모습과 마음의 의미를 감각기관인 눈으로 보고, 귀로 들

을 수는 없다. 그래서 마음의 모습과 의미를 직접적으로 표현할 수 없기에 소리, 언어, 형상을 통해서 간접적으로 표현할 수밖에 없게 되는 것이다. 그런 간접적인 표현이 실재가 될 수 있는 것은 아니지만, 그런 상징을 통해서만이 표현할 수밖에 없는 것이다. 그러므로 어떤 진실된 마음일지라도, 그 마음을 표현함에 있어서 활용되는 상징적인 소리와 언어, 그림이나 형상은 결코 실재가 아님을 분명하게 알아야 하는 것이다.

'공염불을 외운다.'라는 표현은 '공'의 의미를 되새긴다는 의미도 있을 수 있겠지만 정작 의미도 모르면서 헛되게 중얼거린다는 뜻도 있을 것이다. 뜻과 의미도 모르면서 언어적 상징과 형상적 상징에 대한 무조건적인 추종과 맹신은 지혜롭지 못한 사람의 몫이다. 그러한 무조건적인 추종과 맹신은 자기자신의 인격적 성숙과 성장에 방해가 되는 것은 물론이고 다른 사람에게도 해악을 끼치기도 하는 것이다.

만일 누군가가, 그런 상징적 표현 속에 들어있는 최종적인 가르침의 진실을 바르게 이해하지 못한다면 진실과 실재는 당연히 왜곡될 수밖에 없는 것이다. 그런 왜곡이 무수하게 일어나게 된다면 마음은 지혜를 얻어서 안정되는 것이 아니라 오히려 혼란스러운 상태에 빠지게 될 것이다. 그러므로 지혜로운 사람이 되고자 한다면 그런 상징적인 표현들에 담긴 의미를 제대로 알고 잘 이해해야 하는 것이다.

080
진언은 '무아'를 체득한 사람의 가슴속에 간직되어 있는 것이다

오랜 명상/바라밀/파라미타의 과정을 통해서, 전체적인 지혜를 증득하는 것이 곧 진언의 참뜻을 체득하는 것이고 그래야만이 진언은 실재가 되게 되는 것이다. '무아'의 경지를 체득하고 난 후에 '색즉시공 공즉시색'이라고 표현한 진언을 능가할 수 있는 것이 없는 것이고, 대등할 만한 것이 없는 의미의 언어가 되는 것이다.

평범한 보통의 사람들이 일반적으로 생각하거나 또는 불교적인 가르침을 중요하게 여기며 살아가는 사람들은 '열반'과 '극락'이 죽음과 연관되어 있다고 생각하지만, '열반'과 '극락'은 꼭 죽어서 가는 곳만이 아니다. 그런 일반적인 생각과는 다르게 지극히 개인적이고 주관적인 생각이겠지만 '열반'과 '극락'에 들어간다고 하는 것은, 오래도록 명상/바라밀/파라미타의 과정에 머무는 관찰자가 물질적인 '자아'를 비물질적인 '무아'로 체득하게 되는 것이 곧 '열반'과 '극락'의 경지에 들어가는 것이다.

가득하게 채워져 있는 물질인 '자아'가 '텅~' 비워져 있는 비물질인 '무아'임을 체득하는 것이 '열반'이고 '극락'의 경지를 체득하는 것이다. 마음이 '텅~' 비워지므로 인해서 마음속의 번뇌와 고뇌가 사라지고, 번뇌와 고뇌가 사라짐으로 인해서 마음속의 괴로움과 고통을 넘어서게 되는 것이 '열반'인 것이며, 마음속에 번뇌와 고뇌인 근심과 걱정이 사라지게 되므로, 자연스럽게 몸으로는 지극히 편안함과 안락함을 체험하게 되는 경지, 인간이라는 존재가 느낄 수 있는 몸과 마음의 가장 좋은 상태이며 가장 이상적인 경지를 체득함을 '극락'이라고 표현할 수 있는 것이다.

가득하게 채워져 있는 물질인 '자아'가 '텅~' 비워져 있는 비물질인 '무아'임을 체득하게 됨으로써 마음속의 장애인 번뇌와 고뇌가 사라지게 되고, 그에 따라서 육체적인 괴로움과 고통마저도 초월하게 되는 경지가 '열반'과 '극락'이 되는 것이다. 그렇게 가장 건강하고 행복한 상태에 도달함을 뜻하는 '열반'과 '극락'이란, 인간이 표현할 수 있는 최상의 상태이며 더없이 좋은 극적인 경지가 되는 것이다.

'극락'은 극적으로 행복한 경지이다. 너무나 좋아서 더 이상의 좋음이 없는 경지이며 가장 행복한 경지를 '극락'이라고 표현할 수 있는 것이다. 그러므로 당연하게도 '극락'에 들어갔다고 한다면 그것은 '무아'의 경지에 들어갔다고 하는 것과 같은 것이 되는 것이다. '극락'은 죽어서 가는 곳이 아니다. '극락'은 '무아'의 경지에 들어서는 것이다. '무아'의 경지에 들지 않고는 '극락'의 경지에도 들지 못하는 것이다. '극락'은 더없이 좋은 경지에 들어간 것이고 '무아'는 실재하는 자기 자신이 실재하지 않는다는 것을 체득하는 경지인 것인데, '극락'과 '무아'는 같은 경지인 것이다.

'무아'의 올바른 뜻이란 물질적인 자기 자신이 존재하지 않는다는 것이 아니다. 물질적으로 엄연하게 존재하지만, 실재하지 않는 것처럼 느껴지기도 한다는 뜻인 것이다. '무아'의 진정한 뜻은 자기 자신이 없다거나 사라지게 되었다는 것이 아니라, 세상에 존재하는 모든 만물이 모두 '자아'라고 느껴지므로, 지금 이 곳의 어떤 특정한 공간과 시간 중에 존재하는 몸과 마음만이 '자아'라고만 생각되는 것이 아니라는 것이다. 진정으로 '무아'가 체득된 경지란 이제껏 인식된 '자아'라는 존재가 기억에서 없어지고 사라진 것이 아니라, 세상에 존재하지 않는 비물질인 '공'과 존재하는 '색'이라는 모든 물질들이 곧 '자아'라고 느끼고 인식하는 경지인 것이다.

진정한 '무아'의 경지란 존재하지 않는 비물적인 시간과 공간, 그리고 그 시간과 공간 속에 존재하는 모든 물질들이 하나의 '자아'로 통합되어서, 받아들여지고 인식되고 있는 경지인 것이다. 이러한 최종적이고 궁극적인 자각과 깨달음을 '색즉시공 공즉시색'이라 표현하였으니, 이 언어는 실존하는 자기 자신에 대한 자각과 최상의 의식 수준에 도달하게 된 의미인 '깨달음'의 상징으로 진언이 되는 것이다.

그러나 아무리 그렇다고 할지라도, 더는 견줄 만한 것이 없는 참된 의미의 언어이며 평등한 수준에 있을 만한 것이 없는 언어인 '색즉시공 공즉시색'은 완전하고 완벽한 지혜를 터득한 사람이 표현하는 '지혜의 상징'이 되는 것일 뿐이다. 그러므로 그 언어 자체만으로는 완전하고 위대한 지혜라고 할 수 있는 것은 아닌 것이다.

그러므로 누구나 '색즉시공 공즉시색'이라는 진언을 외우고 기억한다고 해서, 실재로 지혜가 완전하게 완성되는 것도 아니며, 완벽하게 지혜로운 사람이 되는 것은 더더욱 아닌 것이다. 중요한 것은 진언을 외우고 기억하는 것이 아닌 '텅~' 비어 있는 '무아'의 의미를 자기 스스로의 힘으로 자각하고 깨달아야만 하는 것이다.

सर्वदुःखप्रशामनः सत्यममिथ्यत्वात्।

sarva duḥkha praśamanaḥ satyam amithyatāt

사르바 두카 프라사마나흐 사트얌 아미트야트바트|

사르바 = 전체, 모든

두카 = 고통

프라사마나흐 = 완전히 끝나다

사트얌 = 진리

아미트야트바트 = 헛됨이 없다

30) 전체의 모든 고통을을 완전히 끝내고, 거짓됨이 없기 때
문에 진실하다.

(能除一切苦 眞實不虛 : 능제일체고 진실불허)

- 해석 및 주석 -

엄연하게 존재하는 고통은 부정할 수 없는 것이다. 그러나 결코 벗
어날 수 없는 것만도 아니다. 고통은 엄연하게 존재하기에 그 사
실을 부정할 수는 있는 것은 아니지만, 그 고통을 넘어서고 초월
할 수 있음을 제시하고 있는 것이다. 그러므로 고통을 넘어서고 초
월하는 것, 고통을 끝낼 수 있음 또한 진정한 진리임을 주장하고
있는 것이다. '사르바 두카 프라사마나(*sarva duḥkha praśamana*)'는 모
든 괴로움과 고통이 완전히 끝났다는 말이다. 그리고 그것은 진리
이기에 헛되지 않다는 것이다. '사트얌 아미트야트바트(*satyam am-
ithyatāt*)' 즉 진리는 거짓이나 헛됨이 없기 때문에 진실하다는 것이

다. 고통이 끝날 수 있음이 헛되지 않는 진리라는 것이다.

더없이 완벽한 초월적인 지혜를 얻게 된다는 것은, 모든 고통과 괴로움에서 벗어나서 자유로운 삶을 살아가게 된다는 뜻이 된다. '무아'의 경지에 들어서게 되어서, 자기자신이 아무것도 아니라는 것에 대한 확신이 생겨나게 된다면 모든 고통과 괴로움이 끝나는 것은 당연한 것이며 그것은 역시 온전한 진리가 되고, 그 무엇과도 비교되거나 바꿀 수 없는 것이기에 조금의 헛됨도 없는 진실이 되는 것이다.

081

어리석은 이기심은 '지옥'이고, 지혜로운 이타심은 '극락' 이다

명상/바라밀/파라미타의 과정에서만이, 더없는 위대한 지혜가 완성되는 것이며 오직 명상/바라밀/파라미타만이 '열반'과 '극락' 으로 건너가는 과정이 되는 것이다. 여기에서 '열반'과 '극락'으로 건너간다라는 것은 언어적인 표현방식으로는 비현실적인 표현이 될 수도 있다. 왜냐하면 열반과 극락은 외부에 있는 것이 아니기 때문이다. 열반과 극락은 오직 자기자신 안에 있는 것이다. 열반과 극락에 간다는 것의 실재는 자기자신이 매우 건강하고 행복한 상 태로 변하여 간다는 것이다.

이기적인 욕망을 버리고, 오직 선하고 선한 삶을 살아가는 것이 가장 중요한 명상/바라밀/파라미타이다. 이기적인 욕망을 갖고 있 는 것은 어리석은 것이다. 이기심을 버리고 선한 삶을 살지 않는 다면 '열반'과 '극락'의 경지에 들어가는 것은 불가능한 것이다. 선 하고 선한 삶을 살아가는 것을 대신할 수 있는 것은 없다. '열반' 과 '극락'으로 건너가기 위해서 절대적으로 필요한 것은 오직 선하 게 살아가는 것이다.

한 사람이 '열반'과 '극락'의 경지에 도달하기 위해서는, 더없이 중요한 명상/바라밀/파라미타의 과정 속에서 수십 년을 머물러야 하기도 하며 또는 몇 세대를 거쳐서 이어가야 한다. 명상/바라밀/

파라미타의 과정은 오직 선하고 선하게 살아가는 것이며 그것은 결국 관찰자가 자기 자신만의 생존욕구를 초월하여서, 다른 사람들의 건강과 행복을 위해 실천하는 자비와 사랑이며 이타적인 헌신이 되는 것이다.

명상/바라밀/파라미타는 결국 선하고 선하게 살아가는 것을 빼면 아무것도 아닌 것이 된다. 선하고 선하게 살아가는 것, 그 자체가 충분한 명상/바라밀/파라미타인 것이다. 선하게 살아간다고 하는 것은, 자기 자신과 다른 사람들을 사랑하고 이롭게 하는 것이다. 자기 자신과 다른 사람들을 이롭게 하는 의지와 행동, 그 자체가 이미 괴로움을 벗어나기 시작하는 것이며 '극락'과 '열반'의 길에 들어서는 것이다.

괴로움과 고통의 세계를 '지옥'이라고 부른다. 지옥은 죽어서 가는 곳이 아니다. 지금 당장 괴롭고 고통스럽다면 그것은 이미 지옥에 와 있는 것이다. 괴로움과 고통의 주된 원인은 다른 것이 아니다. 그것은 자기가 자신을 인정하지 않고 싫어하는 마음이며 또한 다른 사람도 부정하고 싫어하는 마음이라고 할 수 있다. 어리석고 이기적인 마음이 있기에, 자기자신과 다른 사람을 부정하고 싫어하는 것이다. 인정하지 않고 부정하고 싫어하는 마음이 곧 괴로움과 고통의 원인이 되는 것이다.

자기가 자신을 싫어하는 것이야말로 가장 어리석은 것이며 근원적인 괴로움과 고통의 시작인 것이다. 또한 자기자신을 싫어하는 자기부정을 넘어서 다른 사람들을 부정하기 시작하면 그 괴로움과 고통은 더욱 커져만 간다. 자기자신을 부정하는 것이 우울증이고 우울증이 심해지면 결국 자살하게 되는 것이며 다른 사람을 부정하는 것은 외톨이가 되거나 사회적 범죄를 저지르는 범죄자가 되는 것이다.

일반적인 생각으로는 사회적 법규를 위반하지 않았다면 범죄가 아니라고 하겠지만 그렇다고 해서, 자기 자신과 다른 사람을 부정하는 마음이 괴로움과 고통의 원인이 되지 않고, 범죄자가 되지 않는 것은 아니다. 이기적인 마음으로 양심이 없는 것 자체가, 이미 사회의 안정성을 해치는 것이기 때문에 이미 자기자신과 다른 사람에게 괴로움과 고통의 원인으로 존재하고 있는 것이다. 어리석음 속에 이기심이 있는 것이며 어리석음과 이기심이 극적으로 커진 상태가 '지옥'이 되는 것이다.

자기자신과 다른 사람들과 세상의 모든 존재들에 대하여, 긍정적인 마음으로 사랑하고 존중하고 배려하게 된다면 그 후에 곧 최고이며 최상의 경지인 '공'함의 의미를 스스로 깨닫게 되는 것이다. 지극한 사랑과 존중과 배려는 '공'함의 체득을 앞당기게 하는 것이며 동시에 '열반'과 '극락'의 체득을 앞당기도록 하는 것이다.

오래도록 명상/바라밀/파라미타의 과정 속에 머무는 사람만이 괴로움과 고통에서 벗어날 수 있는 위대한 지혜를 증득하게 된다. 명상/바라밀/파라미타의 진정한 가치는 괴로움과 고통에서 벗어나는 것이다. 생명으로 주어진 모든 존재들은 괴로움과 고통을 피해갈 수 없다. 그 어느 누구라도 어떤 생명이라도 예외는 없다. 생명이라면 살아있는 동안에는 괴로움과 고통을 직면하게 된다. 그 누구더라도 살아가기 위해서는 언제나 어디서나 특정한 괴로움과 고통을 감수해야만 하는 것이다.

그러나 오랜 명상/바라밀/파라미타의 과정 속에서, 위대한 지혜를 증득한 사람은 괴로움과 고통의 의미를 새롭게 인식하고 자각하였기에, 괴로움과 고통의 어려움으로부터 벗어날 수 있게 되는 것이다. '공'함을 체득하게 되면 이제까지의 괴로움과 고통으로부터 자유롭게 되는데, 그것은 괴로움과 고통의 의미를 바르게 이해함과 동시에 괴로움과 고통의 원인이 되는 감각인식으로부터도 자유롭게 되기 때문이다. 또한 자연의 섭리와 생명의 현상에 대해서 잘 알고 있기에 불필요한 괴로움과 고통에 빠지지 않는다. 그러므로 '공'함과 '무아'와 '비어 있음'을 체득을 하게 된 사람이 더없는 위대한 지혜를 증득한 사람인 것이다. 그런 사람은 괴로움과 고통으로부터 벗어날 수 있는 마음인 '공'함의 경지에 들어서 자유롭게 된 것이다.

082
오직 선한 마음만이, 괴로움과 고통을 끝내는 절대적인 조건이 된다

이타적인 마음으로 선하고 선하게 살아가는 삶을 선택한 사람은, 언젠가는 결국 괴로움과 고통으로부터 벗어날 수 있는 시간을 확보하게 된다. 선하게 살아간다는 것은 자기 자신의 모습을 있는

그대로 인정하고 받아들이는 것이며 다른 사람들의 모습들도 있는 그대로 인정하고 존중하는 것이다. 그것밖에는 없는 것이다.

선하게 살아가는 사람은 결코 자기 자신의 생존이나 쾌락만을 위하여 이기적인 행위를 하지 않는다. 선하다는 것은 다른 사람을 배척하고 억압하는 것이 아니다. 또한 자기자신만을 위하여 물질적인 이득을 취하는 것에 목적을 두는 삶을 사는 것도 아니다. 선하다는 것은 자기자신과 사회구성원 모두의 건강과 행복을 위해서 헌신하는 마음으로 자기자신에게 주어진 역할과 사명을 다하며 살아가는 것이다.

선하지 않다는 것은, 자기자신의 이기적인 욕구와 욕망만을 채우려고 다른 사람들과 다른 생명들을 부정하고 배척하는 것이다. 그렇게 되면 당연히 다른 사람들과 대치하고 마찰과 갈등이 일어나며 결국 다른 사람들과의 다툼과 분쟁이 일어나게 된다. 그 다툼과 분쟁은 반복되고 커져서 더 큰 괴로움과 고통이 유발된다.

그러므로 이기심과 물질적 탐욕이 큰 사람들은 결국 '지옥'으로 갈 수밖에 없게 되는 것이다. 그들은 자기들의 이기심과 물질적인 탐욕은 차마 버릴 수 없으므로 '예수'나 '석가'나 '알라'를 찾으며 위안을 얻으려고 하고, 쉽게 '지옥'을 회피하려고 잔꾀를 부리기도 한다. 그러나 모든 행위에는 결과가 있는 것이므로 행위에 따른 결과가 '지옥'이라면 그 어느 누구라도, 그 무엇으로라도 어쩔 수 없는 것이다.

오래전에 살았던 '예수' '석가' '알라'가 나쁜 사람들은 아니다. 그들은 선함을 상징하는 존재들일 뿐이다. 다만 그들에게 의지하면서 이기적으로 살아가는 사람에게는 뒤바뀐 현실만이 존재할 것이다. 물론 그들을 믿고 의지한다고 해서 모두 이기적인 것은 아니다. 그 중에서는 조금은 선한 사람들도 있을 수도 있기 때문이다.

과거의 기록 속에 존재하는 '예수' '석가' '알라'는 지금 이 순간 존재하고 있는 사람에게는 결코 아무것도 아닌 것이다. 아무리 선함을 상징하는 그들이라 해도, 그들은 역사에 기록된 인물들일 뿐인 것이다. 실재로 그들은 지금 이 순간에 현존하는 사람에게는 아무것도 아닌 것이다. 아무것도 아닌 그들이기에 '신'이라 불린다 하여도 어느 누구의 행위와 결과를 결정하지도 못하며 보상하지도 못하는 것이다.

진정으로 이타적인 마음로 선하고 선한 삶을 살아가는 사람이라면 '예수' '석가' '알라'를 믿고 의지하지 않아도 티끌만큼의 두려움도 없을 것이다. 또한 그들을 믿고 의지하는 마음이 없어도, 하늘을 우러러 한줌의 부끄러움도 없기에 당연히 '지옥'에 가는 두려움도 존재하지 않을 것이다. 스스로의 의지로써 이타적인 삶을 살아가는 선하고 선한 사람이 진정한 세상의 주인인 것이며 그런 사람이라면 '예수' '석가' '알라'에게 자신의 행위에 대한 결과를 보상해 달라고 하지는 않을 것이다.

그 어느 누구든지, 어리석고 이기심이 큰 사람과 함께 살아가게 된다는 것은 매우 힘든 괴로움과 고통을 안고 있는 것과 같은 것이다. 어리석기에 이기적인 욕구와 욕망이 큰 사람들 간에는 다툼과 분쟁이 언제든지 수시로 발생하게 되고 그 다툼과 분쟁으로 인해서 서로에게 치유하기 어려운 마음의 상처를 남기게 되는 것이다.

어리석은 마음인 이기심 때문에 발생하는 다툼과 분쟁, 그 다툼과 분쟁으로 생겨난 괴로움과 고통은 사라지지 않는다. 그 다툼과 분쟁으로 생겨난 치유하기 어려운 마음의 상처는 살아있는 동안 지속되는 괴로움과 고통으로 남게 되는 것이다. 또한 그 치유하기 어려운 마음의 상처는 결국 육체적인 질병으로 이어지게 된다. 그러므로 극단적인 괴로움과 고통이라 표현하는 '지옥'은 죽어서 가는 곳이 아니다. 극단적인 괴로움과 고통의 표현인 '지옥'은 현실의 세계에서 살아서 가는 곳이다.

그 '지옥'의 시작은 어리석은 마음인 이기심으로부터 시작되는 것이다. 그 누구라도 이기심이 많은 사람이라면 결국 극단적인 괴로움과 고통의 세계인 지옥으로 가게 되는 것은 어쩔 수 없는 것이다. 지옥으로 가게 되는 것은, 결국 자기 자신의 행위에 대한 결과일 뿐이다. 어리석은 마음인 이기심도 채우면서, 그 반대편에 있는 지혜롭고 행복한 마음의 결과인 '극락'에 이르고자 하는 것은 불가능한 것이다.

옛날에 살았던 선한 사람의 상징일 뿐인 '예수' '석가' '알라'는 극락과 지옥으로 가는 것에 조금도 관여하지 않는다. 그들은 이미 세상에 존재하지도 않기에 관여할 수도 없는 것이고, 살아있어서 별다른 재주가 있다고 하여도 다른 사람의 몸과 마음에 관여할 수는 없는 것이다. 아무리 선한 사람이라 하여도 다른 사람의 몸과 마음은 어찌할 수 없는 것이다. 그 어느 누구든지, 자기 자신의 몸과 마음은 스스로 책임지는 것이기에, 이기심과 탐욕 때문에 지옥에 가는 것은 당연한 것이다.

진정한 '무아'의 경지에 든 사람, 지혜로운 사람은 아무것도 갖지 않더라도 스스로 이미 충분히 만족스럽고 행복하기에, 자기자신의 욕구와 욕망을 내려놓게 되는 것이다. 진정으로 '무아'의 경지에 든 사람의 마음에는 생존을 위한 최소한의 욕구 외에는 결단코 조금의 이기적 욕구도 남아있지 않는 것이다. 불필요한 요소들과 불안정한 마음이 사라진 사람들만이 극락으로 가는 출발점에 서게 된 것이다.

또한 진정으로 '무아'의 경지에 든 사람이라면 자연스럽게 자기자신을 넘어서서 다른 사람들의 인격적 성장과 발달에도 관심을 갖게 되는 것이다. 진정으로 '무아'의 경지에 든 사람은 다른 사람들의 기본적인 욕구의 충족을 충분히 이해하고, 그들의 인격적 성장과 자아실현을 돕는 것을 통해서 스스로의 자존감을 확인하는 것이다. 진정으로 '무아'의 경지에 든 사람이라면 다른 사람들의 인격적 성장과 자아실현에 목적을 두고, 그것을 통해서 그들이 기쁨과 행복을 얻도록 돕는 것이다.

진정으로 '무아'의 경지에 든 지혜로운 사람의 마음은, 존재하는 생명들의 실상을 있는 그대로 인정하고 존중하는 것이다. 진정으로 '무아'의 경지에 들게 된 사람은, 다른 사람과 다른 생명들의 기본적인 욕구들을 충분히 이해하고 공감하는 것이다.

그리고 그 사람들의 기본적인 욕구의 충족과 함께 그들의 인격이 성장하고 발달해 가도록 돕는 것이다. 그것은 진정한 소통이 되는 것이고, 작은 의미의 자기자신을 넘어서서 좀 더 큰 사람이 되는 것이고, 다른 사람들과 하나가 되는 것이다. 자기자신의 욕구에만 머무르는 소인배가 아니라, 큰 인물, 큰 사람이 되는 것이다.

모든 존재들의 실상을 있는 그대로 인정하고 존중하며 배려하는 것이 참된 것이며 진리이기에, 존중과 배려하는 마음에는 조금의 헛됨도 없는 것이다. 존중과 배려라는 선하고 선한 마음만이, 모든 중생들이 괴로움과 고통으로부터 완전하게 벗어나게 하는 것이고, 모든 괴로움과 고통을 완전하게 끝내는 것이다. 선하고 선한 마음으로 모든 괴로움과 고통을 끝내는 것이 곧, 더없이 위대한 지혜를 증득한 사람이 해야할 일이다. 그것만이 진정한 명상/바라밀/파라미타의 완성이 되는 것이다.

प्रज्ञापारमितायामुो मन्त्रः । तद्यथा

Prjñāpāramitāyā mukto mantraḥ | tad yathā

프라갸파라미타야 묵토 만트라흐| 타드 야타

프라갸 = 지혜

파라미타 = 넘어선, 완전한

묵타 = 위대한

만트라흐 = 진언

타드 = 그것

야타 = 이것

31) 완전하게 넘어선 지혜, 위대한 진언, 그것은 이것이다

  (故說 般若波羅蜜多呪 卽說呪曰 :

   고설 반야바라밀다주 즉설주왈)

- 해석 및 주석 -

반야심경의 원음은 '프라갸 파라미타 흐리다야 수트라'이다. '프라갸 파라미타 흐리다야 수트라'는 함축적이다. '프라갸 파라미타 수트라'의 내용은 간결하게 구성되어 있다. '프라갸 파라미타 수트라'에서 깨달음을 얻기 위한 수행의 방식과 그 내용에 대한 설명이 구체적으로 제시되지는 않았지만, 인류의 지혜 중의 지혜라고 하는 '깨달음'이라는 수준 높은 인간 의식이 압축적으로 담겨져 있는 것이다.

이 구절은 완전하게 넘어선 초월적인 지혜이자, 그 완전하고 초월
적인 지혜를 표현하는 진언이 있음을 선포하는 것이다. '파라미타
프라갸(*pāramitāprjñā*)' 즉, 반야바라밀다는 위대한 만트라/진언임을
선포하는 것이다. 이렇게 위대한 만트라/진언을 선포하기 위해서
붓다는 수많은 내용들과 가르침을 설하셨고 그 내용들과 가르침들
을 여기에서 다시금 강조하고 있는 것이다. 완전하게 넘어선 초월
적인 지혜에 대한 진언을 다시금 분명하고 확고하게 확인하고 결
정하고 있는 것이다.

083

'색즉시공 공즉시색'은 완전하고 완벽함을 상징하는 언어적 표현이다

'색불이공 공불이색' '색즉시공 공즉시색'은 주도적이고 자율적이며 주체적인 인식능력을 확보하고, 스스로가 완전하고 완벽한 존재임을 깨달은 사람의 외침인 것이다. 또한 세상에 존재하는 모든 것들 역시도, 조금의 부족함도 모자람도 없는 완전하고 완벽한 것들임을 깨달은 사람의 더없이 위대한 언어적 상징인 것이다. '색즉시공 공즉시색'은 그 깨달음에 대한 상징적이고 언어적인 표현이고 선언인 것이다.

더없이 완전하고 완벽하다는 것은, 지금 현재의 것만으로도 충분하기에 더 이상의 어떤 것도 필요치 않는 경지이다. 그 경지는 어리석음을 넘어선 지혜로운 경지이다. 만일 누군가가 '인생은 미완성'이라든지 '완벽한 사람은 없다'는 말을 자주 하거나 주장을 하게 된다면 그런 사람은 대중 앞에서 진리를 가르치기에는 턱 없이 부족하고 어리석은 사람인 것이다. 그런 사람은 자기자신의 완전함과 완벽함을 체득하지 못해서, 다른 생명이나 사람들도 부족하고 모자라다고 생각하는 것이다.

그렇게 어리석은 사람은, 자기자신과 다른 모든 존재들의 완전성을 체득하지 못해서, 몸과 마음이 나약하고 질병에 걸리며 괴롭고 고통스럽게 살아가고 있는 경우가 허다한 것이다. 스스로 자기자신에 대한 확신도 없고, 그렇게 자기자신과 다른 모든 존재들의 완전성을 체득하지 못한 사람의 주장들은 아무리 좋은 뜻이 있다고 할지라도, 더없이 지혜롭고 선함을 바르고 굳세게 세우지는 못하는 것이다.

전체적인 지혜에 귀의한 관찰자는 그 어느 누군가의 훌륭한 제자가 아닌, 스스로 훌륭한 사람이 되어야만 하는 것이다. 그래야만 '색불이공 공불이색' '색즉시공 공즉시색'을 외칠 수 있는 것이고, 완전하고 완벽하게 각성하고, 완전하고 완벽하게 완성된 존재가 되는 것이다. 오직 홀로 선 사람만이 진정한 부처가 되는 것이다.

'색불이공 공불이색' '색즉시공 공즉시색'이란 더없이 지혜로운 사람의 외침인 것이다. '색불이공 공불이색' '색즉시공 공즉시색'이란 더없이 위대한 경지를 표현하는 상징적인 언어인 것이다. '색불이공 공불이색' '색즉시공 공즉시색'이란 오직 스스로 굳건하게 홀로 서서, 선하고 선하게 살아가는 사람만의 당당한 외침인 것이다.

'색불이공 공불이색' '색즉시공 공즉시색'이란 그 어떤 무엇으로도 능가할 수 없는 언어적 표현이다. '색불이공 공불이색' '색즉시공 공즉시색'이란 더없이 위대하고 완벽한 지혜를 상징하는 참된 언어인 것이다. '색'이 즉 '공'이라는 것은 '있음'이 즉, '없음'이라는 것이며 '자아'가 곧 '무아'라는 것이다. 물질이 곧 비물질이라는 것이며 '실재가 곧 실재가 아닌 것이 되는 것이며' 살아있다는 것이 곧 살아있다는 것이 아닌 것이며 '형상으로 보이는 것이 형상이 아니라는 것이며' 나 자신이 곧 나 자신이 아니라는 것이다. 그

것이 진정한 초월이며 부처의 경지에 도달한 것이다.

'색불이공 공불이색' '색즉시공 공즉시색'이라는 진리의 언어를 이해하기 위해서는, 스스로가 그 무엇으로도 능가할 수 없는, 더없이 위대하고, 완전하며 완벽한 존재임을 체득해야 한다. 그러기 위해서는 오래도록 명상/바라밀/파라미타의 과정을 거쳐야 한다. 또한 오래도록 선하고 선한 마음가짐으로 자비와 사랑과 헌신을 실천하고 자기자신에게 주어진 역할과 사명을 다함에 있어서 충실한 시간을 가져야 한다. 그래야만이 위대한 지혜를 깨달아 간직한 부처의 경지에 들어서게 되는 것이다.

'색불이공 공불이색' '색즉시공 공즉시색'이라는 진리의 언어를 이해하기 위해서는, 일시적이고 한계적인 자기자신의 욕망을 잘 알고 이해하고 넘어서야 하는 것이다. 어리석은 중생의 마음에서 발생하는 일시적이고 한계적인 욕구와 욕망으로부터 초연해져야 하는 것이다. 일시적이고 한계가 있는 욕구와 욕망 때문에 생겨나는 불편하고 부정적인 모든 요소들을 극복하고 초월하여서, 더없이 완전하고 완벽하게 지혜로운 사람이 돼야 하는 것이다. 그래야만 부처의 경지에 들어서게 되는 것이다.

'색불이공 공불이색' '색즉시공 공즉시색'이라는 진리의 언어를 이해하기 위해서는, 한 줌의 궁금증과 의혹도 없어야만 하는 것이며 한 줌의 아쉬움도 미련도 없는 사람이 되어야만 하는 것이다. 무지와 어리석음이 걷히고, 불확실한 의혹과 의심과 아쉬움과 궁금증이라는 불확실성이 모두 사라져야만 하는 것이다. 모든 의혹과 궁금증도 사라지고, 티끌만한 마음의 장애도 생기지 않는 사람이어야만 하는 것이다. 그렇게 더없이 완전하고 완벽하게 지혜로운 사람이 되어야만 부처가 되는 것이다.

'색불이공 공불이색' '색즉시공 공즉시색'이라는 진리의 언어를 이해하기 위해서는, 일시적이고 한계적인 욕구와 욕망 때문에 발생하는 모든 문제들이 해결되어야만 하는 것이다. 일시적이고 한계적인 욕구와 욕망 때문에 생겨나서, 해결되지 못하고 극복하지 못한 모든 문제들을 넘어서야 하는 것이다. 자기 자신에게 주어진 문제들을 해결하지 못하는 어리석음을 넘어서야만 하는 것이다. 무지하고 어리석음으로 인해서 해결되지 않는 문제들을 넘어선, 더없이 완전하고 완벽하게 지혜로운 사람이 되어야 하는 것이다. 그래야만 위대한 지혜를 증득한 부처가 되는 것이다.

'색불이공 공불이색' '색즉시공 공즉시색'이라는 진리의 언어를 이해하기 위해서는, 자유롭고 한가한 사람이 되어야 한다. 몸과 마음에 여유와 한가함을 간직한 사람만이 부처가 되는 것이다. 일시적이고 한계가 있는 욕구와 욕망 때문에 생겨나는 모든 괴로움과 고통이 소멸되고, 더없이 자유롭고 한가함을 체득한 사람이 되어야만 '색불이공 공불이색' '색즉시공 공즉시색'이라는 진리의 언어를 제대로 이해할 수 있다. 그렇게 한가하고 여유롭고 자유로운 사람이 될 때만이 '색불이공 공불이색' '색즉시공 공즉시색'이라는 위대하고 완전한 언어의 참뜻을 알 수가 있는 것이다.

'있음'이 '없음'과 다르지 않다. '없음'도 '있음'과 다르지 않다.

'있음'이 곧 '없음'이고 '없음'이 곧 '있음'이다. 몸과 마음의 상태이며 작용인 '느낌' '생각' '인식' '인상' '현상' '의식' '알음알이' 등도 역시 그와 같이 있기도 하고 없기도 한 것이기 때문에 결국은 없는 것이며 '공'한 것이 되는 것이다. '색불이공 공불이색' '색즉시공 공즉시색' '수·상·행·식 역부여시'는 더없이 완전하고 완벽한 진언이며, 위대한 진언은 바로 이것뿐이다. 이것은 긍극의 경지에 도달한 부처님들의 외침인 것이다.

गते गते पारगते पारसंगते बोधि स्वाहा ॥

gate gate pāragate pārasamgate bodhi svāhā ॥

가테 가테 파라가테 파라삼가테 보디 스바하 ॥

가테 = 넘어, 간다

파라 = 완전히, 초월적인

파라삼 = 완전하게, 초월적인

보디 = 깨달음, 지혜

스바하 = 영원하다, 귀의하다, ~이 있다, 존재하다

32) 가자! 가자! 저 넘어! 완전히 저 너머로! 깨달음이여! 영
   원하라!

   (揭帝揭帝 波羅揭帝 波羅僧揭帝 菩提娑婆訶 :
   아제아제 바라아제 바라승아제 모지 사바하)

- 해석 및 주석 -

이 구절은 '프라갸 파라미타 수트라'의 마지막 만트라/진언이다. 만
트라/진언은 절대적 진리를 표현하는 절대언어가 되는 것이다. 산
스크리트 원어로는 "가테 가테 파라가테 파라삼 가테 보디 스바하
(*Gate gate pāragate pārasamgate bodhi svāhā*)"이며, 그 어떤 무엇으로도 능
가할 수 없는 지혜이며 더이상의 능가할 수 있는 경지가 존재하지
않는다는 의미가 담겨져 있는 만트라/진언이라는 뜻이다.

의미와 뜻이 있는 '만트라/진언'은 의미가 있는 말씀인 '수트라/경

전'과 같으나, 이 구절의 만트라/진언은 단순하고 순수한 만트라/진언으로 알려져 있다. 이 경전의 이전 구절들에서 표현한 철학적인 의미의 '진리를 향한다'는 뜻을 내포하고 있으며 이 만트라/진언은 최종적이며 핵심적인 가르침에서 벗어나지 않고, 오직 깨달음을 향해서 굳은 의지로 수행할 수 있도록 상징적인 방편과 기준을 정해 주는 것이다.

마지막 구절에서 '스바하'라는 언어적 표현을 통해서, 그 무엇으로도 능가할 수 없는 고귀한 인간 의식의 수준 높은 깨달음으로 귀의한다는 것을 강조하는 것이고, 그 고귀한 깨달음이 바로 여기에 있는 것을 강조하는 것이다. 그 고귀한 깨달음은 인류의 의식 속에 존재하고 있는 것이며, 지혜로운 사람이란 그 깨달음 속에 거하고 있는 사람인 것이며, 우리 인류의 의식 속에 깃들어 있는 그 무엇으로도 능가할 수 없는 절대적이고 고귀한 깨달음은 영원하다는 것을 강조하고 있는 것이다.

084
오래된 선한 마음은 깨달음의 경지에 도달한다

오래된 선함을 간직한 관찰자에게는 필연적으로 존재하는 마음이 있다. 그 마음은 더없이 위대한 지혜를 증득하고자 하는 절실하고 간절한 마음이다. 관찰자에게 그 마음이 지속되는 한, 언젠가는 결국 더없이 위대한 지혜를 증득하게 될 것이다. 결국 언젠가는 완전하고 완벽한 깨달음의 경지에 도달하게 될 것이다. 그것은 매우 자연스럽고 당연한 것이다. 그것은 선하게 살아감의 당연한 결과인 것이다.

"더없이 위대한 지혜를 증득하고, 최고이며 최상의 깨달음으로 가야 한다!"
"이기적이고 물질적인 욕구와 욕망을 초월하는 '무아'의 경지로 넘어 가자!"

"더없이 위대한 지혜를 증득하고, 최고이며 최상의 깨달음으로 가야 한다!"
"어리석은 욕구와 욕망이 자연스럽게 해소가 되는 '무아'의 경지에 도달하자!"

"더없이 위대한 지혜를 증득하고, 최고이며 최상의 깨달음으로 가야 한다!"
"자기자신의 실체를 바르게 이해하여, 마음의 장애와 고통을 극복해

가자!"

"더없이 위대한 지혜를 증득하고, 최고이며 최상의 깨달음을 얻어야
한다!"
"자아를 구성하는 모든 감각인식적 요소들이 균형과 조화를 이루는
경지가 되자!"

"더없이 위대한 지혜를 증득하고, 최고이며 최상의 깨달음으로 넘어
서 가자!"
"하위적인 욕구와 욕망을 초월하여, 자유로운 삶을 살아가는 경지가
되자!"

"더없이 위대한 지혜를 증득하고, 최고이며 최상의 깨달음으로 나아
가자!"
"자기자신에게 주어진 모든 것들이, 완전하고 완벽하여 모자람이 없
음을 알자!"

"더없이 위대한 지혜를 증득하고, 최고이며 최상의 깨달음으로 얻어
야 한다."
"생명에 대한 측은지심으로, 자비와 헌신의 실행이 멈춰지지 않는
존재가 되자!"

"더없이 위대한 지혜를 증득하여, 최고이며 최상의 깨달음으로 나가
야 한다!"
"자신의 한계를 넘어서서, 다른 사람들의 고통을 제거하는 존재가

되어야 한다!"

더없이 위대한 지혜를 증득하여서 최고이며 최상의 깨달음을
얻은 사람은, 다른 사람과 자기자신을 나누지 않기에 당연히 서로
를 차별하지도 않는다. 자기자신과 다른 사람에 대한 구분이 없기
에, 더없이 위대한 지혜를 증득한 사람, 최고이며 최상의 깨달음을
얻은 사람이란 다른 사람의 기쁨과 행복이 자신의 기쁨과 행복과
다르지 않음을 아는 사람이다. 그런 사람만이 오직 진정한 부처가
되는 것이다.

더없이 위대한 지혜를 증득하여서 최고이며 최상의 깨달음을
얻은 사람은, 이기적이고 물질적인 욕구와 욕망이 사라지게 된다.
생존에 대한 기본적인 욕구인 의, 식, 주를 제외한 욕구인 물질적
인 부에 대한 욕구, 불필요한 쾌락적인 욕구, 재능과 명예에 대한
욕구, 사회적 권력에 대한 욕구와 욕망에 집착하지 않게 되는 것
이다.

더없이 위대한 지혜를 증득하여서 최고이며 최상의 깨달음을
얻은 사람은, 자기자신의 가슴속 깊은 곳으로부터 우러나오는 존
재의 근원에 대한 만족과 충족감을 느끼게 된다. 그런 존재의 근
원에 대한 만족과 충족감은 스스로가 더없이 완전하고 완벽한 존
재임을 스스로 체득하게 한다. 또한 동시에 더없이 기쁘고 행복한
경지인 지복의 경지와 더없이 한가롭고 자유로운 체험을 하게 되
는 것이다.

더없이 위대한 지혜를 증득하여서 최고이며 최상의 깨달음을 얻은 사람은, 자기자신의 가슴속 깊은 곳으로부터 우러나오는 존재의 근원에 대한 만족과 충족감이 다른 사람들에게도 전해지는데, 그것이 곧 측은지심이며 자비와 헌신인 것이다.

'지옥'에는 기쁨과 행복이 없는 것처럼 어리석음과 이기심에 가득 찬 사람에게는, 자비심과 헌신이 존재하지 않는다. 자기자신의 내면으로부터 우러나오는 '자아'에 대한 충족감이 없다면 측은지심과 자비와 사랑과 헌신도 존재할 수가 없는 것이다.

더없이 위대한 지혜를 증득하여서 최고이며 최상의 깨달음을 얻은 사람은, 작은 존재인 자기자신을 넘어서게 된다. 그는 자신뿐이라는 한계적인 인식을 넘어서서 인간 사회 전체를 인식하며 인간 사회의 구성원으로서 자신에게 주어진 역할을 이해하고, 그 역할을 실행할 수 있는 재능과 능력을 충분히 발휘하게 되는 것이다.

더없이 위대한 지혜를 증득하여서 최고이며 최상의 깨달음을 얻은 사람은, 자기자신이 속한 인간 사회에서의 역할을 수행함에 있어서, 다른 사람에 대한 사랑과 자비의 실천이 모자람이 없게 되므로 결국은 사회 구성원들로부터의 사랑과 존경을 받게 되는 것이다. 그러므로 그런 사람은 완전하고 완벽한 인생이 되는 것이다.

그러므로 완전하고 완벽한 인생이 되기 위해서 "가자! 가자! 깨달음의 언덕을 넘어서 가자! 지혜의 언덕을 넘어서 가자! 더없이 완전하고 완벽한 지혜, 위대한 지혜를 얻어야만 한다!"라고 말하는 것이다. 더없는 것이란 완전하고 완벽하게 충족된 경지를 뜻하는 것이다. 더없는 충족감을 느끼면 부처의 경지에 도달한 것이다.

그러므로 인간으로 태어나서, 더없는 만족스러운 삶을 살아가고자 하는 사람이라면 궁극의 지혜인 깨달음을 얻어야만 하는 것이다. 인간으로 태어나서 생각이 있고, 마음이 있는 사람이라면 더없이 완전하고 완벽한 지혜를 증득하고, 최고이며 최상의 깨달음을 얻기 위해서 전체적인 지혜에 귀의해야만 하는 것이다. 전체적인 지혜에 귀의하고 관찰자가 되어서 명상/바라밀/파라미타의 과정에 들어가는 것이야말로 한 번뿐이고 절대적인 인생에서 절대적으로 귀중한 가치가 되는 것이다.

इति प्रज्ञापारमिताहृदयं समाप्तम् ॥

iti Prjñāpāramitā hṛdayam samāptam ॥

이티 프라갸파라미타 흐리다얌 사마프탐||

이티 = 그러므로

프라갸 = 지혜

파라미타 = 완전한

흐리다얌 = 가슴

사마프탐 = 같은, 완성되다.

33) 이로써 완전한 지혜의 경전이 완성되었다.

– 해석 및 주석 –

이 구절은 '프라갸 파라미타 수트라'가 완성되었음을 선포하는 마지막 구절이다. 어떤 그 무엇으로도 능가할 수 없는 더없이 고귀한 인간 의식에 대한 설명과 표현은 끝이 났다. 끝은 완성이자 새로운 시작이 된다. 더없이 고귀한 깨달음을 얻은 사람은 스스로 더없이 고귀한 지혜를 완성하였으니 부처가 되었고, 그 부처는 또다른 중생에게 도움을 주는 스승의 길로 들어서는 시작점에 서게 되는 것이다.

부처가 된 사람이어야만 진정한 스승이 될 수 있는 것이다. 자기자신 스스로를 해결하지도 극복하지도 못하고, 어디엔가 있었을 훌륭한 스승에 의지하고 있는 사람, 아직까지도 수행에 대한 확고함이 없어서 불안정성으로 인해서 생겨나는 고통과 괴로움을 짊어진 채로는 결코 스승이 되지 못한다. 아직도 수행에 대한 확고함이 없어서 스스로 홀로서지 못하였으며, 그래서 또한 아직도 지혜가 부족한 사람은 다른 사람들에게 스승으로서의 역할을 제대로 할 수가 없는 것이다. 만일 누군가 스스로 더없이 완벽한 지혜를 증득하지 못하였으면서, 다른 사람을 구제하겠다고 나서게 된다면 그는 자기 자신의 대상과 함께 축생과 아귀의 세계인 고통의 수렁에 빠진 채 허우적 거리다가, 한 번뿐인 귀중한 인생을 마치게 될 것이다.

진정한 스승이 되고자 하는 사람이라면, 스스로 더없이 완전한 지혜를 완성하기 위해서 자기자신에게 돌아가야만 한다. 더없이 완전한 지혜를 증득한 후에는 스승이 되어서 또다른 중생들이 자기자신과 조금도 다르지 않음을 알고, 중생들에게 닥친 괴로움과 고통으로부터 벗어날 수 있는 지혜를 증득할 수 있도록 최선을 다하여 노력하고 헌신해야만 하는 것이다. 그것이 곧 더없이 위대한 지혜를 증득한 부처의 대자대비의 길이며, 더없이 위대한 지혜가 깃든 경전이 완성되는 것이다.

085

열반과 해탈은 '나'의 것이다

열반과 해탈의 사전적인 의미로는, 마음속의 번뇌와 고뇌가 소멸되고 중생들의 세계인 속세의 속박이나 굴레의 얽매임에서 벗어나서 근심과 걱정이 없는 편안한 경지에 도달함을 뜻하고 있다. 오랜 명상/바라밀/파라미타의 과정 속에서 위대한 지혜를 증득한 사람이 되어서, 최고의 직관력과 최상의 판단력으로 건강하고 행복한 삶을 선택할 수 있다면, 그것은 고통과 괴로움의 바다를 건넌 것이고 열반과 해탈의 경지에 도달한 것이다.

오랜 명상/바라밀/파라미타의 과정 속에서 '자아'가 곧 '무아'임을 깨닫게 되어서, 그에 따르는 더없는 기쁨과 자유를 체득하고서, 늙고 죽음에 초연하게 될 뿐만 아니라, 삶에서 주어지는 모든 것들을 있는 그대로 받아들일 수 있다면, 그것이 곧 열반이고 해탈의 경지에 도달하게 되는 것이다. 열반과 해탈은 멀고 먼곳에 있는 것이 아니며, 열반과 해탈은 남의 것이 아니다. 열반과 해탈은 석가모니라 불리는 사람의 것도 아니며, 그를 믿고 따른다는 사람들만의 것도 아니다. 열반과 해탈은 오직 '자아'가 '무아'임을 체득한 사람만의 것이 되는 것이다.

해탈과 열반은 오직 '나'만의 것이다. 언제나 '나'에게 주어진 가능성이다. 내 스스로가 더없이 지혜로운 사람이 되어서 '무아'의 경지를 체험하게 될 때, 내 스스로가 자율적이고 독립적이고 주체적인 사람이 될 때, 내 스스로가 고정불변의 존재가 아님을 스스로 확인하게 될 때가 해탈과 열반에 들어서게 되는 순간인 것이다.

열반과 해탈의 순간은 지금의 이 한순간에 느껴지는 것들 외에는 더 이상의 것들이 없다는 것을 알게 될 때인 것이다. 오직 지금 이 찰라의 한순간만이 삶의 모든 것임을 알게 될 때가 해탈과 열반의 순간인 것이며 그리하여 그 찰라의 순간에 모든 것은 멈추어지게 되고 '나'와 세상의 모든 것들이 분리될 수 없는 하나임을 분명하게 알게 될 때, 그 때가 바로 해탈의 순간이고 열반의 순간이 되는 것이다.

열반과 해탈의 순간에는 모든 것이 하나로 느껴지기에 어리석음과 지혜로움의 구분마저 사라지게 되고, 살아있음과 죽음이 다르지 않음을 알게 되는 것이다. 그 때에는 '나'라고 인식되던 나만이 결코 내가 아님을 알게 되는 것이며 '나'라고 하는 것이야말로 이 세상 그 어디에도 존재하지 않는다는 것을 알게 되는 것이다. 그 때가 바로 진정한 열반과 해탈의 경지에 들게 되는 것이다. 해탈과 열반은 죽어서 도달하는 것도 아니며 열반과 해탈은 서로 다른 것이 아닌, 같은 의미인 것이다.

'나'는 없는 것이다. 내가 없기에, 따라서 더없이 완전하고 완벽한 위대한 지혜라는 것도 당연히 없는 것이다. 그러므로 오직 '없다'라는 것만이 완전하고 완벽한 지혜가 되는 것이다. 내가 없음을 확인하게 된 것이야말로 진정으로 완벽하고 위대한 지혜를 얻게 되는 것이다. 내가 없음이 확인되는 순간에 나는 더없는 깨달음을

얻게 되는 것이다. 내가 없음이 확인되는 순간에 나는 완전하고
완벽하게 되는 것이다. 내가 없음이 확인되는 순간에라야만이 나
는 비로소 진정한 자유를 얻은 것이며, 진정한 해탈의 경지에 도
달한 것이며, 진정한 열반의 경지에 도달하는 것이다.

086
고 · 집 · 멸 · 도 – 고통으로부터 벗어나다

고 · 집 · 멸 · 도는 불법의 전통에서 오래된 가르침이다. 인간은
누구나 생존하기 위해서 언제나 고통에 직면해 있다. 삶은 그저
고통의 바다이다. '고 · 집 · 멸 · 도'는 고통과 고통의 원인과 고통
의 사라짐과 고통을 없애는 방법에 대해서 말하는 것이다.

오래도록 전통적으로 계승되는 인류의 지혜란, 근본적인 의미로
는 인류의 갈 길을 제시하는 데 틀림도 없고 부족함도 없겠으나,
지나간 시대와 현시대는 시대적인 상황이 많이 다를 뿐만이 아니
라, 지역적인 단절과 문화와 언어적 차이가 있기에, 소통과 이해
의 어려움이 많을 수가 있는 것이다. 그러나 또한 인류에게 주어
진 지혜라는 것이 시대와 지역적인 상황을 막론하고 누구든지 알
기 어려운 것이라면, 그것은 보편적인 지혜도 아닐 것이며, 더 더
욱 위대한 지혜도 아닐 것이다.

오래된 지혜에 대해서는 이해하는 것이 쉬운 일은 아니다. 인간
들의 마음으로 전해지고 공감되어서 면면이 이어지고 있는 위대한

지혜라는 것은 시대적인 차이와 문화적인 차이 때문에 언어적인 해석과 뜻풀이의 노력만으로는 이해하기가 쉽지는 않을 것이다. 직관력이 뛰어나지 않으면 옛날 언어로 표현된 의미들을 이해할 수가 없을 것이다. 오래전에 제시된 옛날의 지혜를 현대적인 언어로 설명하는 것이야말로, 제목과 주제만 같을 뿐, 구체적인 설명은 모두 다 다를 수도 있다. 그러나 현대적 해석이 옛것과 다르게 보인다고 하여도 결코 지혜가 부족한 것은 아니다.

시대가 지날수록 인간은 점점 더 진화하며 지혜로워지는 것이 당연하기 때문에, 옛날에 제시된 주제를 현대인들이 더 구체적으로 잘 이해하고 설명할 수도 있는 것이다. 위대한 지혜를 증득한 사람에게는 시대를 초월한 '삼세제불'의 의미가 확고하므로, 현대적인 언어로 이해하고 설명하는 것이야말로, 영원한 시간과 모든 세상을 상징하는 '삼세제불'인 모든 시대에 존재하는 모든 부처님의 가르침인 것이다.

지금부터의 내용은 괴로움과 고통을 해결하는 방법으로써 오래된 '고·집·멸·도'라는 주제를, 현대적인 의미의 '건강한 자기인식과 건강한 생활습관'으로 설명하였다. 이것은 현대를 살아가는 사람들의 생각이고 인식이다. 이것은 건강하고 행복한 삶을 살아가는 사람들의 모습을 통해서 증명된 것으로서, 역시 건강하고 행복한 삶을 살아가고자 하는 사람들에게 도움이 되는 데에도 조금의 부족함도 없는 것이다. 이것은 현대적인 연구로 증명되고 결론되어진 지혜롭고 의로운 사람들의 선택인 것이며, 온 세상에 가득한 진리이며 시대를 초월한 부처님들의 가르침인 것이다.

087
깨끗한 자연환경 – 자연을 사랑하다

오염되지 않은 자연환경에서 사는 것이 건강에 좋다는 것은, 누구든지 다 아는 사실이다. 소음과 매연이 가득한 도시에서 사는 것보다 물 좋고, 공기 좋은 시골생활이 좋다는 것은 누구라도 잘 아는 사실이다. 어쩔 수 없이 도시에 살아야한다면 가급적 소음과 매연이 없는 친환경적인 공간에서 살아감을 선택해야 하는 것이다.

소음이 없는 조용한 환경 속에서 살아가야 하는 이유란 소음은 스트레스를 유발하는 요소이고 그에 따라서 질병에 걸리기 때문이다. 시끄럽고 끊이지 않는 불규칙적인 도시의 소음은 사람들의 수면을 방해하고 정신상태의 불안정을 유발하는 등, 일상의 모든 면에서 해로움을 끼치게 된다. 건강하고 행복한 삶을 살아가기 위해서 지혜로운 사람이라면 조금이라도 더 조용한 곳에 머물러야 한다. 또한 조금이라도 더 소음이 없는 조용한 인간 사회가 될 수 있도록 노력해야만 하는 것이다.

또한 맑은 공기를 마셔야 기본적인 건강이 유지된다. 오염된 도시의 나쁜 공기는 폐질환 등을 유발하고, 면역력의 결핍을 일으켜서 생명을 유지하는 데 절대적으로 필요한 능력들을 저하시킨다. 오염된 나쁜 공기야말로 인간과 다른 생명들의 생존에 가장 위협적인 요소가 된다. 오염된 나쁜 공기를 마시는 것은, 어리석은 사람들이 피워대는 백해무익한 담배 연기를 흡입하는 것과 다를 바가 없게 되는 것이다.

모든 인간과 모든 생명들에게 한 순간이라도 공기가 주어지지 않는다면 그 어떤 생명일지라도 역시 한 순간도 존속하지 못할 것이다. 인간과 생명들에게 공기는 정말 가장 중요한 자연적인 환경이다. 공기의 질에 대한 것은 개인에게 한정된 문제만이 결코 아닌 것이다. 공기의 질은 한사람의 개인이 속한 인간 사회와 그 인간 사회가 속한 인류 전체의 문제가 된다. 아쉽게도 인류문명의 절대 조건이 되는 풍족한 에너지 사용이 공기의 질을 결정하는 문제로 대두되었다. 모든 인류는 친환경적인 에너지를 사용하여 공기가 깨끗한 세상을 만들어야만 하는 것이다.

풍족한 세상에서 절제하지 못하는 과도한 에너지 사용이야말로, 인간의 탐욕에 가득 찬 이기심을 채우는 것과 같은 것이다. 지혜로운 사람이 되기 위해서 이기심을 버려야 하듯이 깨끗한 공기를 지키기 위해서는 과도한 에너지 사용을 줄여야 한다. 과도한 에너지 사용에 있어서 작게는 개인적으로 노력해야 하지만 이것은 국가와 인류 전체가 크게 신경 쓰고 정성을 쏟아야 하는 매우 중요한 문제가 되는 것이다.

자연적인 환경을 파괴하는 과도한 에너지 사용은, 언제인가는 필히 인류의 생존을 위협하는 자연재해로 돌아오게 될 것이다. 인류는 아직까지도 스스로의 생존을 위협하는 자연재해의 심각함을 느끼지 못할 수도 있지만, 자연의 법칙에는 필히 원인에 따르는 결과가 있기에 오염된 환경에도 원인에 따르는 결과가 있을 것이다.

과도한 에너지 사용을 하는 현대사회의 물질문명은 인간의 탐욕에 의해 만들어진 것이고, 인간의 과도한 에너지 사용은 다른 많은 생명들과 인간 스스로의 삶의 터전인 자연환경을 파괴하고 있는 것이다. 과도하게 에너지를 사용하는 사람들은 일단 보이는 음식은 무조건 먹고부터 보는 개, 돼지보다 더 어리석고 위험하기도 하다. 음식만 탐하는 동물들은 제 스스로를 벗어난 환경을 파괴하지는 않지만, 인간들의 과도한 탐욕은 제 스스로를 벗어나 자신들이 속한 자연환경을 파괴한다.

식탐이 우선인 동물이나 에너지에 대한 탐욕이 가득한 인간이나 별다른 차이가 없이 어리석은 것이지만, 인간의 탐욕은 인간들과 생명들이 속한 자연환경마저도 파괴하는 것이다. 지혜로운 사람은 식탐을 버리듯이, 지혜로운 사람이라면 당연히 과도한 에너지 사용을 절제해야 한다. 무분별한 과도한 에너지 사용이 공기의 질을 나쁘게 하는 주요 원인이다. 물질적인 풍요가 좋은 것만은 아니다. 물질적인 풍요가 쓰레기가 넘쳐나는 세상을 만들 듯이, 과도한 에너지 사용은 맑고 푸른 하늘을 숨쉬기 어려운, 어둡고 답답한 하늘로 만든다. 그 결과는 괴로움과 고통이다.

088
건강한 생활습관 – 건강한 신체를 만든다

진정으로 건강하고 행복한 사람이 되기 위해서는 몇 가지의 절대조건이 필요하다. 그리고 그 절대조건이 생활 속의 습관이 되어야 한다. 절대적인 조건이란, 그것을 대신할 수 있는 것이 없는 것이다. 건강한 삶을 살기 위해서 꼭 필요한 조건이라는 뜻이다. 만일 누군가가 절대조건과 절대적이지 않은 조건을 잘 구분하고, 건강한 생활습관을 잘 지켜나가고 있다면 그는 이미 위대한 지혜를 증득한 것이다.

건강하고 행복한 사람으로 살아야할 절대조건은, 역시나 예외 없이 누구에게나 동일하게 적용된다. 절대조건은 적정한 온도와 햇볕, 밝고 맑은 공기와 물, 가공되지 않은 유익한 자연의 음식, 적정한 수면공간과 수면시간, 적당한 운동과 활동이 있다. 또한 다른 사람과 함께하는 어울림과 놀이, 감정적 교류와 소통, 사랑이 있다.

위와 같은 몇 가지 절대조건 중에 하나의 결핍이라도 발생하게 되면, 누구든지 건강하고 행복한 삶을 살아갈 수 없게 되는 것이다. 춥거나 더운 곳에 있으면 질병에 걸리고, 오염된 공기와 물을 마셔도 질병에 걸린다. 현대인들이 먹는 가공된 음식은 수많은 질병을 유발한다. 대표적으로 나쁜 공기와 나쁜 음식에는 담배와 술이 있다. 술과 담배는 수많은 질병을 100% 유발하므로 꼭 피해야만 하는 것이다.

잠을 잘 자야한다. 쾌적한 공간에서 청소년은 하루에 8시간, 성인은 6시간의 잠을 자지 못하면 머리 아픈 신경증을 비롯해서 역시 수많은 질병에 시달리게 된다. 어린 시절이나 어른이 되어서도 운동하지 않는 사람들도 여러 가지 질병에 시달리게 된다. 또한 사랑받지도 못하고 사랑하지도 못하는 사람들은 우울증 같은 신경증적 질병으로부터 시작해서 자살까지 시도하는 괴로움과 고통, 질병에 시달리게 된다.

건강한 생활습관은 오직 자기자신 스스로만이 지켜나가야 하고 해결해야할 개인적인 문제이다. 그 어느 누군가가 대신하여 잠을 자 줄 수도 없는 것이고, 운동도 대신해 줄 수 없는 것이며 당연히 사랑도 남들이 대신해 줄 수는 없는 것이다. 모자란 잠과 운동과 사랑은 돈으로 살 수도 없는 것이고 빌릴 수도 없는 것이다. 또한 그것들을 대신할 수 있는 것이란, 그 어떤 것도 이 세상에는 아예 존재하지 않는다. 그러므로 건강에 필요한 생활습관은 절대적으로 지켜야만 하는 것이다.

089
지혜로운 관찰자 — 인간다운 인간이 되어야 한다

자기자신과 세상에 존재하는 모든 것들에 대하여 직관적 판단 력을 갖춘 사람이, 더없이 완전하고 완벽하며 위대한 사람이다. 건 강한 삶을 살아가기 위한 절대조건과 건강한 생활습관에 대해서 직관적으로 판단한다면, 지혜로운 사람인 것이다.

인간만의 특성은, 어떤 사실에 대해서 '잘 아는' 것이다. 인간만 의 특성인 '잘 아는' 것이 곧 지혜인 것이다. 특히 인간에 대해서 잘 아는 사람이라면 좀 더 인간다운 인간, 수준 높은 인간, 좀 더 지혜로운 인간이 되는 것이다. 건강한 생활습관은 역시 지혜로운 사람의 판단이고 실천이다. 지혜로운 사람은 어떤 무엇에 대해서, 외부에서 들어온 정보에 따른 이해보다는 즉각 판단하는 직관력이 뛰어난 것이다.

건강하고 행복한 삶을 살기에 필요한 절대적인 조건에 대해서 잘 아는 사람은, 수준 높고 지혜로운 사람이다. 반대로 그런 절대적인 것과 절대적이지 않은 것을 잘 구분하지 못하는 사람은, 무지하고 어리석은 사람이다. 무지하고 어리석은 사람은, 결국 잘못된 판단으로 건강하게 살아가지 못할 가능성이 크다고 할 수 있을 것이다.

좀 더 인간다운 인간, 건강하고 행복한 인간으로 살아가고자 한다면, 지혜로운 관찰자가 되어야 한다. 인간은 자기자신과 자기자신이 속한 세상에 대하여, 바르게 잘 알아야 건강하고 행복하게 살아갈 수 있는 것이다. 인간만의 특성인 '잘 안다'는 것은, 성찰과 탐구로 이해되고 얻게 되는 결과의 의미를 갖는 것이다. 성찰과 탐구는, 관찰자가 자기자신과 자기자신이 속한 세상을 관찰하는 것이다.

성찰과 탐구는, '보자마자 즉각적으로 잘 아는' 능력인 직관적 판단력을 키워나가는 것이다. 성찰은 직관적 판단력을 향상시킨다. 탐구는 객관적 판단력을 향상시킨다. 성찰은 자기자신이 어떤 존재인지에 대한 관찰인 것이다. 성찰은 자기자신을 되돌아 살펴보는 것이다. 성찰은 자기자신을 되돌아봄으로써 '자아'의 본질을 관찰하는 과정이다. 성찰은 자기자신의 마음의 소리를 듣는 것이기도 하다.

자기자신이 속한 세상을 잘 아는 것이, 곧 자기자신에 대하여 잘 아는 것이다. 탐구는 외부의 세계로 주의를 돌려서 세상을 관찰하는 것이다. 탐구는 좀 더 세세하게 자기자신과 세상과의 관계를 이해하기 위한 것이다. 탐구는 판단력을 향상시킨다. 성찰과 탐구가 균형과 조화를 이루면 좀 더 지혜로운 관찰자가 될 것이다.

그 어느 누구든지 자기자신만의 인생을 살아가야 한다. 건강에 좋고, 나쁨의 구분을 남들에게 의지에서 살아갈 수는 없는 것이다. 자기자신 스스로 알고 깨우치고 판단해야만 하는 것이다. 또한 건강하고 행복한 삶에 관련하여 일상에서 일어나는 수많은 일들을 일일이 연구하고 분석하여 알아내기에는 현실적으로 불가능하고, 불충분한 면들이 많은 것이다. 그러므로 직관력을 키워나가야만 하는 것이다.

그래서 보자마자 즉각적으로 판단하는, 스스로의 능력인 직관력이 필요한 것이다. 직관력이 곧 더없이 위대한 지혜인 것이다. 지혜인 직관력이 없는 어리석은 사람의 심사숙고의 결론은, 오히려 유익한 선택이 아니라 무익한 선택이 될 가능성이 많다. 건강한 삶을 선택하기 위해서 직관적 판단능력을 향상시켜야만 하는 것이다.

어떤 사람이 괴로움을 잊고자 담배를 피워 물었다면, 그는 어리석은 선택을 한 것이다. 또한 괴로움을 잊고자 술을 마신다 해도, 역시 어리석은 선택을 하게 된 것이다. 두 가지가 해로운 것은 자명한데, 그것을 알면서도 자기자신에게 해로움을 선택했기 때문이다. 담배와 술은 매우 좋지 않은 어리석은 습관이다. 오랜 명상/바라밀/파라미타의 과정에 머무는 지혜로운 사람은 술, 담배를 선택하지 않을 것이다.

보자마자 즉각적으로 아는 능력인, 직관력이 부족한 사람은 건강하고 행복한 삶을 살아가기 위해서 무엇이 중요한지도 모르기에, 언제든 다른 사람들에게 속을 가능성이 많다. 어리석기에 직관력이 부족한 사람은, 자기자신의 건강과 행복을 엉뚱한 것에서 찾으려고 한다. 어리석은 사람은 지혜로운 사람이 선택하여 실천하는 건강한 생활습관보다는, 아무런 노력을 하지 않고도 얻을 수 있다는 것을 찾는다. 어리석게도 몸에 좋다는 식품과 보약 같은 것으로 건강해 지려고 하는 것이다. 그러나 그 어떤 식품이나 보약도 잠, 운동, 사랑, 지혜를 대신할 수는 없는 것이다.

직관적 판단력이 부족하여 건강한 생활습관을 실천하지는 않으면서 물질적인 것만으로 쉽게 건강을 얻으려 한다면, 결국은 남들에게 속게 될 것이다. 남들에게 속는다는 것은 어리석어서 올바른 판단을 하지 못한다는 것이다. 또한 어리석은 사람은 노력하고 고생한 만큼의 기쁨과 행복을 얻는 것이 아니라, 고생한 것보다 더 억울하고 참담한 피해를 당하기도 한다. 건강을 위해서 몸에 좋은 식품과 보약을 먹었으되, 부작용과 후유증이 발생하고 도리어 질병에 걸리는 사람도 많은 것이다.

잘 산다는 것의 의미를 제대로 알지 못하는 어리석은 사람들은 건강한 생활습관은 외면하면서, 사회적 지위와 체면을 유지하려고 애쓰고 노력하기도 한다. 그러나 그렇게 애쓰고 노력하여 얻게 된 사회적 지위와 체면의 결과란 정작 자기자신에게는 해로운 경우도 있고, 치유하기 힘든 질병이 생기는 원인이 되기도 하는 것이다.

잘 산다는 의미를 제대로 이해하지 못하기에, 건강한 생활습관에 대해서는 미처 알지 못하고 온갖 험한 고생을 하면서 물질만을 축적하는 사람들도 많은 것이다. 또한 그렇게 고생하고 또 고생하면서 모아 놓은 재산을, 자기자신을 위해 단 한 푼도 유익하게 써 보지도 못하고 하루아침에 죽는 사람도 있는데, 그렇게 고단한 삶만을 살아가다가 허무하게 죽게된다면 그것보다 어리석은 인생도 없는 것이다.

다시는 돌아올 수 없는 한 번뿐인 인생에서, 더없이 위대한 사람이 되기 위해서는, 더없이 지혜로운 사람이 되기 위해서는, 더없이 건강하고 행복한 사람으로 살아가기 위해서는, 전체적인 지혜에 귀의하는 관찰자가 되어야만 하는 것이다. 전체적인 지혜에 귀의하여 관찰의 능력이 향상되어야만이 그 어떤 무엇일지라도 보자마자 즉시, 좋고 나쁨을 구분할 줄 아는 직관적 판단력도 향상되기 때문이다.

090
건강한 자기인식 - 나는 무엇인가?

인간의 건강과 행복을 결정하는 마지막 관문은 '자아정체성의 확립'이라는 것이며 '자기인식의 과정'이라고도 하는 것이다. 아무리 인생이 고통의 연속이라고 할지라도, 자아정체성이 굳건하게 확립된 사람, 자기인식이 분명하고 뚜렷한 사람이라면 조금의 부족함도 없이 건강하고 행복한 삶을 살게 되는 능력을 갖게 되는 것이다.

더없는 위대한 지혜를 증득하는 것도, '공'함이나 '비어 있음'을 체득하는 것도, '천상천하 유아독존'을 외치는 것도, '자기자신이 곧 하늘임을 선포하는 것'도, 자기자신이 곧 '신'이라고 외치는 것도 최종적으로는 굳건하게 자아정체성이 확립되는 것이며 분명하고 뚜렷하게 자기자신에 대한 인식을 최종적으로 결정하는 것이다.

건강하고 행복하게 사는 사람은, '건강한 자기인식'을 하므로 건강하게 살게 되는 것이다. 인간이라면, 그 어느 누구라도 건강하고 행복한 삶을 살기 위해서는, 최종적으로 '자아정체성의 확립'과 '자기인식'보다 중요한 것은 존재하지 않는 것이다.

인간 중에는, 자기자신이 왜 불행한지도 모르는 사람들이 많다. 불행한 사람들은, 자신이 불행한 것은 가난하기 때문이고, 재능이 부족하여 무능하기 때문이고, 부모를 잘못 만났기 때문이고 공부를 못하기 때문이며, 얼굴이 못 생겼기 때문이라는 등의 이런저런 많은 이유와 핑계를 갖다 붙인다. 일견 맞는 말 같기도 하지만, 그러나 실재로는 그렇지 않다. 만약 그렇다면 가난한 사람, 무능한 사람, 부모덕이 없는 사람, 공부를 못하는 사람, 얼굴이 못난 사람은 다 불행해야만 하는 것이다.

그러나 그렇지는 않다는 것은, 아무리 가난한 사람도, 아무리 무능한 사람도, 아무리 부모덕을 못 본 사람도, 아무리 공부를 못하는 사람도, 아무리 얼굴이 못 난 사람도, '자기인식'이 뚜렷하고 '자아정체성이 확립'된 사람은 행복한 것이다. 겉으로 드러나는 모습만이 진정한 행복의 조건이 아닌 것이다. 행복은 오직 자기자신의 마음속에만 있는 것이다. '자기인식'도 '자기정체성의 확립'도 결국은 마음인 것이다. 건강과 행복은 마음에 있는 것이다. 마음만 좋다면 행복하게 살 수 있는 것이다.

자아정체성의 확립은 인격 수준이 높아지는 것이다. 인간은 인격이 높아져야만 건강하고 행복하게 살아갈 수 있다. 그러기 위해서는 스스로에게 '나는 무엇인가'에 대한 질문을 하고, 그에 따른 답도 스스로 내려야 한다. 내가 아닌 그 어느 누구라도 '나는 무엇인가'에 대한 답을 내려줄 수는 없는 것이다. 음식을 스스로 먹고 소화시켜야 생명이 유지되는 것처럼, 그런 질문은 스스로 하고 스스로 답을 찾아야만, 건강하고 행복하게 살 수 있는 것이다. 부모나 스승은 그저 기다려 줄 뿐이다.

자기자신이, 궁극적으로 어떤 존재인지에 대하여 확고해지게 되면, 자아정체성이 확립되는 것이다. 자아정체성의 확립되고 난 후에는, 인간 사회에서 어떤 역할을 하며, 어떻게 살아가야할 것인가에 대해 생각해 보아야 한다. 그런 생각은 청소년기를 지나면서 구체화 되고, 점차 나이를 먹어가면서 늦어도 불혹의 나이 40세 이전에는 사회구성원으로서의 역할에 따른 삶의 방식이 확정되어야만 하는 것이다.

나이 40세가 넘었음에도 '나는 누구인가?'에 대한 답을 스스로 묻지도 못하고 결론도 내리지 못했다면 자아정체성이 확립되지 못한 사람이 된다. 그런 사람은 자기자신이 어떤 존재인지에 대한 확신이 없으므로, 어쩔 수 없이 목적도 목표도 없는 인생이 된다. 자아정체성이 확고하지 않은 사람은, 자기자신이 원하는 것이 없게 되고, 크든지 작든지 기쁜 마음으로 성취하고 싶은 목표도 설정되지 않는다.

인생에서의 최종적인 목적과 목표가 설정되지 않으면, 목적과 목표를 이루기 위해 필요한 재능도 향상되지 않는다. 목적과 목표가 설정되지 않는 사람은, 그 어떤 무엇을 하더라도 자기자신에게 주어진 사명이 아니기에 최선을 다하지 못하게 된다. 최선을 다하지 못하면 어쩔 수 없이 언제나 무능하고 무기력한 사람이 된다. 또한 매사에 흥미와 보람을 느끼지 못하므로, 자존감이 상실되고 자신감을 잃게 된다.

091
자아정체성이 확립되면, 자존감과 자신감이 높아진다

청소년기를 거치면서 자아정체성이 확립되지 못한 사람은, 자존 감과 자신감이 없게 된다. 자존감과 자신감이 없다는 것은, 그야말 로 자기자신이 없다는 것과 같은 것이므로 결국 자기자신다운 삶 을 살지 못한다는 것이다. 그런 사람은 남들에 의해 자기자신의 존재를 규정 당하고, 남들에 의해서 일상적인 삶도 강요당하게 되 고 억압을 받기도 한다. 자아정체성이 확립되지 못해서 자존감과 자신감이 없는 사람은 어리숙해 보이기 때문에, 다른 사람들에게 무시되고 이용되는 것이다.

자아정체성이 확고하게 정립된 사람은, 자기자신만의 사고방식 이 굳건하여 자유롭고 행복한 삶을 살아가게 된다. 그러나 반대로 성년이 되어서도 자아정체성이 굳건하게 확립되지 못한 사람은, 마치 동물들이 사람들에게 끌려다니듯이, 교활하고 이기적인 사람 들에게 자유와 행복을 빼앗기고 끌려 다니게 되는 것이다.

어리석어서 자아정체성이 확립되지 못한 사람은, 자기자신만의 주관이나 가치관 또는 철학이 없는 것이다. 그런 사람은 결국 다 른 사람의 주장이나 가치관을 제대로 판단할 수도 없는 것이기에, 자기자신에게 좋고 나쁨과 유리함과 불리함도 제대로 구분하지 못 하게 된다. 그러므로 결국 다른 사람의 엉터리 주장에도 쉽게 현 혹되어서, 교활하고 이기적인 나쁜 사람들에게 속을 수밖에 없는 것이다.

어리석어서 자아정체성이 확립되지 못한 사람은, 스스로 판단하고 결정하고 책임질 수 있는 자율성과 독립성이 없는 것이고 자기 자신만의 주관도 뚜렷하지 않기 때문에 남들이 하는 것을 따라하고 흉내 내며 살아가게 된다. 그렇게 어리석은 사람들은 그 어떤 행위나 삶의 방식에 대한 좋고 나쁨과 유익함과 해로움에 대한 분별력도 없으니 남들이 하는 짓을 따라하면서 사회적 유행에 휩쓸리고 끌려 다닌다.

어리석어서 자아정체성이 확립되지 못한 사람은, 스스로 자기자신의 인생에서 주인으로 살아가지 못한다. 그런 사람들은 인생을 살면서 자기자신만의 뚜렷한 기준이 없으니 남들을 정해 놓은 기준을 따르고, 자신감이 없으니 남들의 눈치를 보고, 자존감이 낮으니 남들을 의식하기에 언제나 불안정하고 혼란스러운 마음상태인 것이다. 자아정체성이 확립되지 못하면, 진정한 자존감과 자신감의 없는 것이다.

자아정체성이 형성되지 못한 사람은, 아무리 재능이 뛰어나고 유명하더라도 결국은 어리석은 것이다. 보통사람들이 훌륭한 삶이라고 생각하는, 사회적으로 알려져서 유명한 사람일지라도 자아정체성이 확고하지 않으면, 인격 수준은 낮은 것이다. 인격 수준이 낮은 사람이 교활하다면, 자기자신의 이기심 충족을 위해서 자기보다 더 어리석은 사람들을 선동하고 이용하는 것이고, 언제든지 속이려 들기도 한다.

그런 교활한 사람은, 자기자신보다 어리석은 사람들이 쉽게 잘 속는다는 것을 알고 있다. 그러나 실은 교활해서 속이려는 사람이나 더 어리석어서 속는 사람이나, 모두 똑같이 어리석은 것은 마찬가지인 것이다. 둘 다 어리석기에 속이고 속는 것이다. 자아정체성이 확고하게 정립된 사람은, 어떤 명분이나 무엇을 핑계로 삼아 남들을 속이지 않으며 자기자신만의 억측을 주장하지도 강요하지도 않는 것이다.

　　만일 사회적으로 유명한 누군가가 인간의 건강과 행복, 성장과 진화에 대해서 어떤 특정한 사실만을 주장한다면, 그는 자아정체성이 확립되지 않은 사람이고, 어리석은 사람이다. 특정한 법률과 철학과 종교란, 개인이 살아가는 수단과 목적이 될 수 있을 뿐, 최종적으로 수준 높은 건강과 행복과는 아무런 관련이 없는 것이다.

　　자아정체성이 형성되지 못한 사람은, 일반적인 교육과정인 법학과 철학, 종교와 심리학이라는 측면에서도 희생을 강요당하기도 한다. 지혜로운 사람의 양심과 이기적인 사람의 전문성은 다른 것이다. 어리석기에 양심이 없는 사람들은, 자기자신이 갖고 있는 전문적 지식으로 자기자신들의 이기심만을 채우고 있는 것이다.

　　법을 연구하고 가르치는 대학교수나 법을 활용해서 자기자신의 역할을 하는 법조인들이 모두 양심이 있는 것은 아니다. 또한 병을 고치는 의사와 의료인들이라고 해서 꼭 건강한 사람이라고 할 수도 없는 것이다. 법조인이든 의료인이든 양심이 없는 사람과 건강하지 못한 사람은, 당연히 자아정체성이 확립되지 못한 것이다.

마찬가지로, 종교인들이라 해서 모두가 양심이 있고, 선한 마음을 가진 것도 아니다. 진정으로 선하고 선한 사람은 의로운 행위를 누군가에 의지하고 기대어서 실행하지 않는다. 스스로의 의지가 아닌 남이 시켜서 하는 선한 일이라면 그것은 이미 선한 것이 아닐 것이다. 그것은 일종의 거래가 되는 것이다. 다른 존재로부터 어떤 보상을 받으려는 목적으로 착한 일을 한다면, 그것은 오직 거래일 뿐이다.

어떤 보상을 받으려는 목적으로 선한 일을 한다면, 그것은 진정으로 선한 행위가 아닐 것이다. 자아정체성이 확립되지 못한 사람은, 스스로의 자존감과 자신감이 부족하기에, 성직자의 탈을 쓴 교활하고 이기적인 나쁜 사람들에게 이용당하고 억압당하고 물질도 모두 빼앗겨서 결국은 불행해진다. 그렇게 어리석은 사람은 결국 자기자신의 삶을 남에게 내맡긴다. 남에게 자기자신의 삶을 내맡기는 것보다 어리석은 것이 또 있을까? 어리석기에 남에게 삶을 내맡기는 사람은 스스로 홀로서지 못했기에 자존감이 매우 낮으며 자아정체성이 제대로 형성되지 못한 것이다.

철학과 심리학도 마찬가지다. 자아정체성이 뚜렷하게 확립되지 못한 대학교수는 이제껏 주워들은 현실성이 부족한 의미 없는 말들만을 앵무새처럼 반복하고, 자기자신만의 전공이나 학문분야만이 유일한 진리인 것처럼 학생들에게 강요하기도 한다. 자아정체성이 확립되어서 진정으로 지혜롭고 자유로운 사람이라면, 그렇게 자기자신만이 알고 있다는 유치하고 편협한 학문만을 주장하지는 않을 것이다. 자아정체성이 확립되어서, 자기자신이 곧 자기자신이 아니라는 것을 아는 자유로운 사람이라면 자기자신이 알고 있는 모든 지식도 아무것도 아님을 아는 것이다.

자아정체성이 확립된 자존감이 높은 사람은 자기자신만의 학문을 강요하지 않는다. 그러나 그와는 반대로 자기정체성이 확립되지 못한 사람은, '어떤 철학자와 어떤 심리학자가 ~이렇게 생각하고, ~이렇게 연구하여 ~이렇게 주장했다.'라는 정도로 설명하면 되는 것을, 마치 모든 진리의 중심이 자기자신만의 학문인 것처럼 학생에게 강요하기도 하는 것이다. 그런 사람은, 스스로에 대해 자존감과 자신감이 부족하고, 다른 것에 대해서는 알 수도 없기에 끝까지 억지를 부리게 되는 것이다.

자아정체성이 확립되지 않은 어리석은 사람은, 세속의 법과 학문, 종교와 철학과 심리학에 대단한 의미를 둔다. 그런 사람은, 예수와 석가가 자기자신보다 더 높고 위대한 존재이기에, 자기자신은 언제나 못난 존재일 뿐이라고 생각하는 것이다. 자기자신을 가르치는 사람은 당연히 자기자신보다는 잘난 사람이 되는 것이다.

자아정체성이 확고한 사람은 자존감과 자신감이 높아져서 세속의 법률, 종교, 철학을 뛰어 넘는다. 그 누구에게라도 법률, 학문, 종교, 철학은 진정한 자기자신이 아닌 것이다. 법은 내가 아니며, 종교도 내가 아니며, 심리학도 내가 아니다. 예수도 석가도 공자도 내가 아닌 것이다. 그런 것들은 다만 참고할 만한 것일 뿐이다.

진정한 자아정체성의 확립은, '나'를 알고 깨닫는 것이다. 남과 같은 내가 아니라, 남을 따라하는 내가 아니라, 남에게 기대는 내가 아니라, 남을 추종하는 내가 아니라, 그 무엇으로도 대신할 수 없는, 오직 절대적인 '나'를 알고 깨닫는 것이다. 이 세상이 없으면 내가 존재할 수 없는 것이기도 하지만, 이 세상 역시도 내가 없다면 존재하지 않으니, 내가 없다면 그 어떤 무엇도 존재할 수 없다는 것을 깨닫는 것이다. 내가 없다면, 당연하게도 이 세상도, 이 세상의 아무것도 없는 것이다.

내가 없다면 예수도, 석가도, 공자도, 종교도, 철학도 없는 것이다. 모든 것은 나의 인식에 의해서 존재하는 것뿐이므로 '나'는 내 인생에서의 주인공임이 절대적인 것이다. 나는 남들의 들러리나 서는 주변인이 아닌 것이다. 내가 '나'의 인생에서 주인공인 것처럼, 다른 사람도 그의 인생에서는 그가 주인공인 것이다. '나'만 주인공이고 남은 주인공이 아닌 것이 아니라, 남도 그의 인생에서는 주인공인 것이다.

그러므로 인간으로 존재하는 개인 각자는 모두 이 세상의 주인공이 되는 것이다. 그 어느 누구일지라도 자기자신만의 인생에서 확실한 주인공이 되는 것이다. 그것은 틀림없는 사실이다. 그것은 상대적인 세계를 떠나고 초월하여, 절대적인 세계를 분명하게 인식하는 것이다. 그런 굳건한 자기인식을 바탕으로, 개인 각자는 상대적인 비교우위의 세계를 떠나서, 자기자신만의 삶을 살아가야 하는 것이다.

진정으로 지혜로운 사람이라면, 자기자신을 포함한 모든 존재가 절대적으로 평등한 세계에 있음을 알고, 깨우쳐야 하는 것이다. 지혜로운 사람이라면, 자기자신을 포함한 모든 생명과 모든 존재들이 한 치의 우열도 없는 것이고, 모든 존재들은 각각의 모습 그대로, 조금의 부족함도 없다는 것을 알고 깨우쳐야만 하는 것이다.

진정한 건강과 행복은 자기인식이 뚜렷하여 굳건하고 확고하게 자아정체성이 완성된 사람들에게 자연스럽게 주어지는 것이다. 자아정체성이 확립되지 않아서 자존감과 자신감이 부족하기에, 다른 어떤 그 무엇에라도 의존하거나 기대하는 사람이라면 당연히 자기자신에게 돌아올 건강과 행복은 아예 존재할 수가 없는 것이다.

진정으로 지혜로운 사람이라면 모든 생명과 모든 존재가 각각의 모습 그대로, 조금의 부족함도 없이 충분한 존재들임을 알게 될 것이다. 자기자신을 포함한 모든 존재가 절대적으로 평등함을 알고 깨우쳐서, 자존감과 자신감이 높아진 사람이라면 세속적인 법률, 종교, 철학, 학문을 초월해야 하는 것이다. 자기자신의 인생에서 자기자신만이 주인공이라는 것을 알고 깨우친 사람이라면, 조금의 망설임과 주저함도 없이 세속적인 성공과 실패 따위와 예수, 석가, 공자 따위를 초월해야만 하는 것이다. 그래야만 오직 자기자신만의 특별한 인생을 살아갈 수 있는 것이다.

092
물질적인 부자는, 절대적으로 건강하지도 행복하지도 못하게 된다

물질적인 부자가 되고자 하는 사람은 결국은 건강하지도 행복하지도 못한 삶을 살게 된다. 그것은 절대적인 사실이다. 진리는 거짓되지 않고 헛됨이 없기에, 부정적인 마음을 소유한 사람은 부정적인 인생을 살게 되고, 긍정적인 마음을 소유한 사람은 긍정적인 인생을 살게 되는 것이다. 그렇기 때문에 물질적인 부를 추구하기보다는 마음을 잘 다스려서 부정을 없애고, 긍정을 강화하면 건강하고 행복한 삶을 살 수 있게 되는 것이다. 또한 행복의 절대조건인 마음을 떠나서, 통제하기 어려운 물질 중심적이고, 물질 우선적인 삶을 산다면 행복해지기 어렵게 되는 것이다. 물질은 자신이 아니기에, 자기 마음대로 통제될 수 있는 것이 아니기 때문이다.

진리는 거짓됨이 없고 헛됨이 없기에, 진리 앞에 선 사람은 결국은 건강하고 행복한 삶을 살아가게 된다. 직관적 판단력이 뛰어난 지혜로운 사람은, 자신의 마음을 통제하고 조절할 줄 알기에, 스스로 건강하고 행복한 마음을 선택하고, 건강하고 행복한 삶의 방식을 선택한다. 더없이 지혜로운 사람은, 완전하고 완벽한 사람은, 건강하고 행복한 사람은 물질을 소유할 필요가 없는 것이다. 지혜로운 사람이라면, 물질적인 부자가 되겠다는 사람을 어리석고, 가엾고, 불쌍한 사람이라 여길 것이다.

물질적인 부자가 되고자 하는 마음에는 진리가 존재하지 않기에 헛된 것이고, 헛된 것을 추구하기에 결국 고통과 괴로움의 상태에 빠져들게 되는 것이다. 물질적인 부자가 되고자 하는 이기적인 사람의 몸과 마음에는 진리가 없기에, 그런 사람의 인생에는 수많은 괴로움과 고통이 뒤따르게 되는 것이다. 그런 사람에게 물질은 언제나 부족할 뿐이고, 그에 따라서 스스로는 언제나 부족하고 무능하다고 생각하기에, 물질을 많이 소유하든지 못하든지 간에, 자기자신 스스로가 언제나 부족해 보이는 것은 어쩔 수 없는 것이다. 물질이 언제나 부족해 보이는 것은, 물질의 양은 언제나 상대성이 있으며 한정된 것이기 때문이다. 물질적인 탐욕과 이기심이 많은 사람에게 물질이 언제나 부족하기에, 결국은 행복해질 수가 없는 것이다.

물질적인 부자가 되고자 하는 이기적인 사람들이 생각하기에, 스스로 잘 산다는 것이란, 다른 사람보다 더 많은 물질을 소유하는 것이라고 생각하는 것이다. 그렇기 때문에 그들은 언제나 더 많은 물질을 소유하려고 집착하고 애를 쓰지만, 그러나 물질은 자기자신의 마음대로 통제할 수 있는 것이 아니기에, 결코 소유하려하고 집착하는 만큼 채워질 수가 없는 것이다. 그런 사람의 마음에는 언제나 고통과 괴로움만 가득 차게 되는 것이다. 결국 이기적인 마음이란 어리석은 마음일 뿐이다.

자기자신 밖에서 존재하는 물질이란, 실재로는 자기자신의 본질과는 아무런 관련이 없는 것이다. 외부에 존재하는 물질이란, 자기자신의 건강과 행복하고는 아무런 연관이 없는 것이다. 물질의 필요성은, 두말할 필요도 없이 생존에 필요한 최소한 만큼인 것이다. 물질은 과하면 모자람과 같은 것이다. 생존에 절대적으로 필요한 영양의 결핍도 질병이 유발되지만 영양의 과잉도 질병을 유발하는 것이다. 그렇기 때문에 물질은 언제나 생존에 필요한 만큼만 적당하게 있으면 되는 것이다.

물질적인 이기심과 탐욕은, 결코 자기자신의 건강과 행복함을 보장하지 못하는 것이다. 어리석기에 이기심과 탐욕이 많은 사람은, 물질이 적당해야만 하는 사실을 전혀 모르는 것이다. 물질적 탐욕이 많고 이기적인 사람은, 자기자신이 어떤 존재인지 모른다. 이기적이고 탐욕이 많은 사람은, 자아정체성이 형성되지 않은 것이다.

물질의 축적에 애를 쓴다면, 자기자신의 건강과 행복은 주어지지 않는다. 세상의 올바르고 절대적인 이치란, 모든 사람들이 대등한 존재이므로 자기자신만을 위해서 욕심을 부리는 사람에게는 정당한 당위성과 명분이 인정되지 않는다. 인간의 사회에서 당위성과 명분을 인정받지 못하는 사람에게, 비난과 성토의 화살이 돌아가는 것은 뻔한 것이다. 비난과 성토의 대상이 되는 사람에게는 충분한 기쁨과 만족감이 생겨나지 않는다. 다른 사람들로부터 비난과 성토의 대상이 되는 사람이 오직 물질을 위해서 걱정한다면, 더 더욱 기쁨과 만족이 생겨날 리가 없는 것이다.

093
자아정체성이 확립되면, 자기자신이 원하는 삶을 살아가게 된다

인간은 누구라도 인간 사회에서의 자기자신만의 역할이 있다. 인간은 누구라도 자기자신이 속한 인간 사회에서 주어진 역할과 사명이 있으며 그 역할과 사명은 곧 인간 사회의 구성원으로서의 주어진 책무인 것이다. 또한 그 역할과 사명은 개인의 꿈과 희망이 되는 것이고, 꿈과 희망의 성취란 다시 되돌아 주어진 역할과 사명을 완수하는 것이다. 자기자신이 속한 인간 사회에서 꿈과 희망을 성취함과 동시에 주어진 역할과 사명의 완수만이, 자기자신이 원하는 진실된 삶을 살게 되는 것이다. 그런 진실된 삶이란 다른 사람을 위해서도 헌신하며 살아가게 되는 것이다.

인간 사회에서 자기자신에게 주어진 역할과 사명을 제대로 수행하는 것은, 물질 위주의 삶을 살아가는 이기적이고 탐욕스런 마음과는 조금의 관계도 없는 것이다. 인간이란 존재에게 진정한 기쁨과 만족은 물질적인 탐욕에서 나오는 것이 아니라, 자기자신에게 주어진 사회적 역할과 사명의 완수에서 나오는 것이기 때문이다.

한 인간이 품게 되는 꿈과 희망과 소망은 자기자신이라는 개인만을 위한 것이 결코 아니다. 한 인간이 품게되는 꿈과 희망과 소망은 자기자신이 속한 인간 사회의 안녕과 번영을 위한 것이다. 인간 사회 전체의 안녕과 번영을 위하는 그런 꿈과 희망과 소망만이 진정

코 실현 가능한 아름다운 꿈과 희망과 소망이 되는 것이다.

인간 사회의 모든 개인은 커다란 전체 사회에 속한 일부분이므로, 전체 속의 개인 각자는 자기자신이 맡은 역할을 제대로 수행하게 될 때, 가장 큰 기쁨과 행복과 만족을 얻게 되는 것이다. 그렇게 얻게 되는 참된 기쁨과 행복과 만족감은 자기가 맡은 역할을 기쁜 마음으로 수행하고, 자신이 속한 사회에 기여하는 선하고 선한 마음에서 생겨나는 것이다. 이타적인 선한 마음이 궁극의 기쁨이고 만족인 것이다.

인간 사회의 구성원으로서 자기자신에게 주어진 역할과 사명을 다하는 것은, 자기다운 삶을 살아가는 것이다. 자신에게 주어진 역할과 사명을 기쁘게 받아들이고 그것을 완수한다는 것은, 자기자신의 가치를 스스로 높이는 것이고 사회의 구성원들로부터도 인정받는 사람이 되는 것이다. 자기가 원하는 것과, 자신에게 주어진 역할과 사명을 완수하고, 스스로 설정한 목적을 달성하며 목표에 도달하는 것을 '자아실현'이라고 한다. 자기가 원하는 자신의 모습을 스스로가 실현해 가는 것이다.

결국 자아정체성이 확립된 사람만이 자기자신이 원하는 삶을 살아가게 되는 것이다. '자아실현'은 개인이 원하는 삶을 구현하는 것이다. 자아정체성이 확립된 사람은 자기자신이 원하는 삶을 영위하는 '자아실현'의 경지에 도달하게 되는 것이다.

자아정체성이 확립된 사람만이 자기자신이 원하는 목적을 위해서 올바른 목표를 세우고, 그 목적을 실현하고 목표에 도달하려는 최선의 노력을 다하게 되는 것이다. 자아정체성이 확립된 사람만이 자신의 역할과 사명에 관련된 재능을 향상하여 자아실현을 위해서 노력하고, 결국은 자아실현의 경지에 도달하게 되는 것이다.

자아정체성이 확립된 사람이 이루고자 하는 꿈과 희망과 소망은 개인만의 것이 아니다. 또한 목적과 목표도 결코 자기자신이라는 한정된 개인의 이익을 위한 것만이 결코 아니어야 한다. 자아정체성이 확립된 사람의 자아실현을 위한 꿈과 희망과 소망과 목적과 목표란 자기자신이 속한 사회구성원 모두의 것이 되고, 사회구성원 모두가 건강하고 행복한 삶을 살아가는 데 도움이 되어야만 하는 것이다.

094
자아정체성이 확립된 사람은, 온전하게 자기자신을 사랑하게 된다

자아정체성이 확립된 사람은, 먼저 자기가 자신을 온전히 사랑하게 되는 것이다. 자기자신에 대한 사랑이 부족하다면 자아정체성은 확립되지 않는다. 그러나 아쉽게도 많은 사람들은 자기가 자신을 싫어하는 부정적인 생각에 빠져있다. 자기가 자신을 인정하지 못하고 싫어하는 마음으로는 결코 자아정체성이 확립되지 않는다.

또한 자아정체성을 형성해야 하는 청소년의 시기에 사랑을 받

지 못하였고, 자기자신에 대해 충분히 생각하지 못하였다면 자아
정체성이 확립되지 않는다. 그렇게 되면 어쩔 수 없이 자기부정의
상태에 빠지게 된다. 자기자신이 존재하는 긍정적인 의미를 깨우
치지 못하고 자기가 자기를 싫어하는 지경에 빠지게 되는 것이다.

자기가 자신을 싫어하게 되는 이유는 여러 가지가 있겠지만 근
본적으로는 개인이 속한 사회적인 요인이 크다는 것이다. 전반적
으로는 개인이 속한 사회구성원 전체의 인격 수준에 따라서 개인
각자의 인격 수준도 영향을 받을 수밖에 없는 것이다.

안타깝게도 부정은 부정을 낳게 되는 것이다. 사랑과 존중이 부
족한 사회에서는 서로가 서로를 싫어하게 하고 자기가 자신을 싫어
하도록 만드는 것이다. 오래도록 부모나 주변 사람들로부터 외면당
하고, 억압당하며 살아온 사람에게서 긍정적인 자기인식과 선한 마
음을 기대한다는 것은 현실적으로 어려운 문제가 되는 것이다.

지나친 물질 위주의 사회, 지나치게 경쟁을 중시하는 사회에서는
인간 존중의 기본적인 도리가 지켜지지 않기 때문에 자기자신을 존
중하고 사랑하는 인간 중심의 사회적 가치가 상실되어 있다. 물질
위주의 사회, 경쟁 위주의 사회에서는 자기자신을 사랑하지도 못하
고 다른 사람을 존중하지도 않는 사회적 분위기가 되는 것이다.

그런 존중이 없는 사회에서는 자기자신과 다른 사람을 싫어하
는 부정적 강요가 많아지게 되는 것이다. 경쟁 위주의 사회에서는
물질을 얻기에 필요한 능력, 외모, 학력, 배경 등을 중시하기 때문

에 물질과 관계없는 사랑과 존중이라는 가치가 상실되며 그런 사랑과 존중이라는 가치의 상실은 자기부정의 원인이 되는 것이다.

자기 스스로가 자신을 좋아하지 않는 사람은 결코 행복하고 만족스러운 삶을 살아갈 수가 없는 것이다. 다른 사람들이 자신을 싫어해도 기분이 좋지 않거늘, 자기가 자신을 싫어하는데, 어떻게 행복하고 만족스러운 삶이 될 수 있을 것인가?

자아정체성이 확립되지 않은 사람은 자기가 자신을 싫어하는 자기부정이라는 모순에 빠지게 된다. 자기부정에 빠진 사람은 자기자신의 무능함을 탓하며 자기자신을 부정하지만 실제로는 그런 것이 아니다. 자기가 자신을 싫어하는 이유는 물질을 얻기에 필요한 능력, 외모, 학력, 배경이 없어서가 아니다. 자기부정이라는 모순에 빠지게 되는 실제적인 이유는 자아정체성이 확립이 되지 않았기 때문인 것이다. 사회적인 분위기와 현상에 편승하여 대다수의 사람들은, 자기가 자신을 온전하게 사랑하지 못한다. 그러나 그런 것들을 넘어서고 극복하여 자아정체성을 확립하게 되면 자기자신을 있는 그대로 온전하게 존중하고 사랑하게 될 수 있는 것이다.

최종적으로 자아정체성이 확립되어서, 자기자신을 굳세게 지켜나갈 수 있는 사람은 궁극의 기쁨이고 희열의 극치라는 지복의 경지에 다다른다. 자아정체성이 확고해진 사람이라야만 마음의 평안을 누리고, 궁극의 기쁨이고 희열의 극치라는 지복의 경지에 다다를 수가 있는 것이다. 그 경지는 모든 중생들의 괴로움과 고통, 인간적인 번민과 고뇌로부터 벗어나는 기쁨이며 궁극의 자유로움을 체험하는 것이다.

095
자아정체성의 확립은, 도전/성취/극기/극복의 의미를 알게 해준다

자아정체성이 확립된 사람에게 주어지는 현실적인 결과는 성취자가 되는 것이다. 여기에서 성취란 단순히 개인적인 욕구의 충족이 아니라, 좀 더 크고 넓은 의미에서의 인간 사회에 도움이 되는 성취를 말하는 것이다. 좀 더 넓은 의미에서의 성취란 개인의 삶의 영역이 크고 넓게 확장되는 것으로, 성취자가 된 사람의 개인적인 삶이 다른 사람들의 인격향상과 건강과 행복에도 긍정적인 영향을 미치는 것이다.

자아정체성이 확립된 사람은 자기자신이 속한 사회에서 존경받는 사람이 된다. 그런 사람은, 자기자신 이외의 다른 사람들에게 지속적으로 유익하고 본받을 만한 언행을 보임으로써, 충분히 존경받는 사람으로서의 삶을 살아가게 되는 것이다. 진정한 성취자가 된다는 것이란 자기자신의 충분하고 만족스러운 삶을 넘어서서, 다른 사람들의 삶에도 긍정적이고 유익한 영향을 끼치는 것을 말하는 것이다.

진정한 성취자란, "모든 것을 다 이루었다."라고 표현할 수 있을 정도의 충분하게 만족스러운 삶을 말하는 것이다. 자아정체성이 확고해진 사람이라면 자기가 자신을 온전히 사랑하고 존중하면서, 자기자신을 사랑하고 존중함과 같이 다른 사람을 온전하게 사랑하고 존중하는 것이고 개인적인 꿈과 희망과 성취를 넘어서서 사회 구성원 전체의 꿈과 희망과 성취의 가능성을 보여주는 삶을 살아가는 것이다. 그런 사람은 결국 다른 사람들에게 꿈과 희망과 성취를 증명하기도 하는 것이다.

자아정체성을 확립하고 자아실현의 경지에 도달하는 사람, 결국 충분하게 만족스러운 삶을 살아가는 성취자가 되려면 먼저 사랑과 자비가 가득한 사람이 되어야만 하는 것이다. 충분하게 만족스러운 삶을 살아가는 성취자가 되려면 자기자신에게 주어진 모든 것을, 있는 그대로 받아들이고 존중해야 하는 것이며 그와 같이 다른 사람들의 모든 것들에 대해서도 있는 그대로 사랑하고 존중해야만 하는 것이다.

조금의 이기심이나 부정적인 마음으로 그 무엇이든지 싫어하거나 부정하고 있다면 결코 진정한 성취자가 될 수는 없는 것이다. 만족스러운 삶을 살아가는 진정한 성취자가 되려 한다면 사랑과 존중과 자비의 마음이 바탕이 되어 자기자신의 건강과 행복한 삶을 유지해가면서 다른 사람의 건강과 행복을 위해 헌신해야 하는 것이다. 진정한 성취자가 되기 위한 그런 삶은, 조금도 부족하지 않는 삶이 되는 것이다.

진정으로 만족스러운 삶을 살아가는 성취자가 되려 한다면 다른 사람들의 건강과 행복한 삶을 위해서 살아가는 사람이 되어야만 하는 것이다. 자기자신에게 주어진 역할과 사명을 완수하기 위해서 오랜 시간 동안에 최선의 노력을 다할 때 자기자신은 그 역할에 필요한 특별한 재능을 획득하게 된다. 그 획득된 재능의 향상으로 인해서 자기자신은 사회적으로 더욱 가치 있고 귀중한 사람이 되는 것이다.

또한 진정으로 만족스러운 삶을 살아가는 성취자가 되기 위해서 노력하는 사람은, 오랜 시간에 걸쳐 다른 사람들을 위해 헌신하는 동안에 소요되는 시간과 노력 속에서, 자기자신에게 주어진 능력과 한계를 제대로 알게 되는 것이다. 자기자신의 능력과 한계를 제대로 알게 된다는 것은 자기자신을 좀 더 잘 알게 되는 것이고, 그런 것들을 통해서 더욱 겸손해지게 되고, 인격 수준도 높아지게 되는 것이다.

그리하여 진정으로 만족스러운 삶을 살아가는 성취자가 되려면 굳건하게 자아정체성이 확립된 사람이 되어야만 하는 것이다. 그런 사람이 되어야만 자기자신의 꿈과 희망과 소망과, 원하는 삶의 방식과 가치관과, 노력해서 얻고 획득해야할 모든 것들에 대해서 바르게 알게 되는 것이다. 진정한 성취자가 될 사람이라면 궁극적이고 최종적인 목적과 목표는 결국 자기자신이라는 작은 개인을 넘어서서, 인간 사회 구성원 모두인 다른 사람들의 건강과 행복을 위한 것임을 알아야 하는 것이다.

진정으로 자아정체성이 확립된 사람이라면 자기자신을 넘어서서 인간 사회 전체를 생각하게 된다. 진정으로 자아정체성이 확립된 사람에게, 자기자신이란 '자신'이라는 개인만이 아니라 자기자신이 속한 인간 사회 전체 구성원 모두가 되는 것이다. 결국에는 다른 사람들 모두가 곧 자기자신이 되는 것이다. 자기자신이라는 한정된 존재를 넘어서서, 인간 전체를 알고 이해하는 좀 더 큰 인물이 되는 것이다.

이렇게 스스로 큰 인물이 된 사람에게는 소심한 사람들의 개인적인 이기심과, 물질적인 탐욕과, 자기자신만을 위한 개인의 재능과 재주를 뽐내는 것들이 결코 중요하게 생각되지 않을 것이다. 인간 사회 전체를 생각할 줄 아는 큰 인물이 된 사람은 소심한 사람들의 이기적인 욕망을 넘어서, 그들을 가엾게 여기게 되는 것이다.

진정으로 자아정체성이 확립된 사람은 다른 사람들의 건강과 행복을 위해 노력하면서 자기자신의 능력과 한계를 정확하게 알게 된다. 부모로부터 물려받은 자기자신의 정신적 가치와 성품, 신체적인 능력에 대해서 확실하게 알게 되는 것이다. 이제껏 살아오면서 느끼고, 깨닫고, 얻게 되는 자기의 정신적인 면과 자신의 육체적인 면들에 대해서도 좀 더 섬세하게 느낄 수 있고, 확고하게 알게 되는 것이다.

그렇게 자기자신에 대해서 알게 되면 될수록, 만족스러운 삶을 살아가는 성취자가 된다. 자기자신이 해야 하는 일들을 정확히 알게 되고 좀 더 적절하고 유능하게 자신이 맡은 일들을 제대로 수행할 수 있는 능력을 갖게 되는 것이다. 만족스러운 성취자가 될 사람에게는 주어진 능력이 충분하기에, 조금의 부족함도 느끼지 않게 되는 것이며 일상의 많은 부분에서 자유로운 경지에 도달하게 되는 것이다.

자기자신의 정신력과 신체적인 능력의 향상에 필요한 극기와 극복이란 성취자에게는 절대적으로 필요한 덕목이 된다. 자아정체성이 확립된 사람은 다른 사람을 위한 크고, 넓고, 깊은 사랑과 헌신적 의미가 있는 노력으로 말미암아서 자기자신의 내면으로부터의 진정한 용기가 생겨나게 된다. 그 용기는 도전과 성취를 향한 용기이며 사랑과 헌신의 의미가 가득한 불멸의 용기이며 불굴의 용기인 것이다.

그 불멸의 용기이자 불굴의 용기란 자기자신의 내면으로부터 끊임없이 솟아나는 것이며 그 용기는 자기자신의 정신적, 육체적 한계에 끊임없이 도전하게 하고, 도전을 극복하고 넘어서게 한다. 또한 한계에 도전하고 넘어서는 극기와 극복의 의미를 제대로 알게 해주는 것이다. 그런 극기와 극복의 과정을 통해서 성취자가 되는 사람이란 성취 과정과 결과인 사랑과 헌신의 의미를 더욱 잘 알게 되는 것이다.

096
자아정체성이 확립되면 무소유를 실천하고, 한가하고 자유롭다

언제나 건강한 사람, 언제나 기쁘고 행복한 사람, 언제나 만족스러운 삶을 살아가는 성취자가 되려면 굳건한 자아정체성이 확립되어야만 한다. 굳건한 자아정체성이 확립되면 물질적인 부를 추구할 필요성을 느끼게 되지 않는다. 진정으로 자아정체성이 확립된 사람에게 돈은 없어도 되는 것이다. 돈이란 실제로는 존재하는 것이 아니다. 돈은 사람들이 물질적 가치를 정해 놓은, 가정에 불과한 것이다.

옛날 사람들에게 돈이란 조개껍데기였다고도 하고 근대에 이르러서는 돈은 물질의 상징과도 같은 황금이 되었다. 그러다가 돈은 종이에 적혀진 숫자가 되었다. 돈은 종이에 적혀진 물질적 가치를 증명하는 증명서이며 그 증명의 원칙은 물질적 가치를 종이에 숫자로 표기하는 것이다. 숫자는 사람들의 머릿속에 존재하는 개념일 뿐 실존하는 것은 아니다. 돈이 많다는 것은 인간 사회에서 정해 놓은 물질적 가치를 증명하는 숫자 1의 뒤에다 0이 얼마나 더 많이 쓰여 있느냐에 불과한 것이다.

대다수의 많은 사람들이 돈을 중요시하지만 돈이 많다고 하여 건강하고 행복하게 사는 것은 아니다. 돈이 건강과 행복을 보장하는 것은 결코 아니다. 진정으로 건강하고 행복한 사람이라면 돈이 많아서 건강하고 행복하다고 말하지 않을 것이다. 진정으로 건강하고 행복한 사람이라면 돈이 없어도 건강하고 행복하다고 할 것이다. 실제로 돈이 많은 사람 중에 건강하고 행복한 사람보다는 돈이 없어도 건강하고 행복한 사람이 더 많을 것이다. 돈은 건강과 행복의 절대조건이 될 수가 없는 것이다. 다만 자아정체성이 확립되지 않아서 진정한 행복을 모르는 사람들은 스스로 행복해질 수가 없기에, 돈이 많아야만 건강하고 행복할 것이라고 착각하는 것이다.

스스로 건강하고 행복하게 살 수가 없는 사람들에게, 만일 어떤 기회와 행운이 있어서 많은 돈을 갖게 된다면 그 많은 돈을 다 쓰고 난 후에야, 그 많은 돈들이 결코 건강과 행복을 보장하는 것이 아니라는 것을 알게 될 수 있을 것이다. 물론 어리석은 사람들은 언제까지나 돈으로부터 자유롭지 못할 것이다. 어리석은 사람들은 돈이 없어서 불행하다고 생각하지만 실제로는 돈이 없어서 불행한 것이 아니라, 지혜가 부족하여 불행한 것이며 사랑과 자비가 부족해서 불행한 것뿐이다.

불행한 사람들은 돈이 없어서 불행한 것이 아니라, 자기가 자신을 사랑할 수 있는 용기가 없어서 불행한 것이다. 자기가 자신을 사랑하지 못하고 다른 사람도 사랑하지 못해서 불행한 것이다. 다른 사람에게 사랑받지 못해서 불행한 것이다. 돈이 없어서 불행한 것이 아니라, 자기가 자신을 위한 노력을 제대로 해보지 못해서 불행한 것이다. 자기자신이 스스로 어떤 삶을 살아야할지 몰라서 불행한 것이다. 자기자신에게 주어진 운명을 이해하지 못하고 받아들이지 못하기에 불행한 것이다.

지혜롭기에 인격의 수준이 높아진 사람의 인생에서는 돈은 우선시 되지 않는다. 지혜롭기에 자아정체성이 확립된 사람의 인생에서는 돈은 결코 중요한 것이 아니다. 돈보다 중요한 것은 인간의 도리를 행하는 것이다. 돈보다 중요한 것은 지혜로워지는 것이며 사랑과 자비를 실천하는 것이다. 자기가 자신을 사랑하고 존중하는 데 있어서, 진정코 돈은 한 푼이 없어도 되는 것이다. 돈은 한 푼도 필요가 없는 것이다. 역시 다른 사람을 위해 헌신함에 있어서 돈이 꼭 필요한 것만은 결코 아니다.

현실을 바르게 인식하는 지혜로운 사람에게는 돈이란 실존하는 것이 아니다. 돈은 가상의 개념이고 허상이기 때문이다. 그러나 언제나 늘 불만족스러운 삶을 살아가는 사람들 중에는 돈이 절대적으로 필요한 것이라고 말하는 사람들이 있다. 또는 건강하고 행복하게 살기 위해서는, 어느 정도의 돈은 꼭 있어야 한다고 말하는 사람들도 있다. 그런 사람들은 결코 행복한 사람이 아니다. 그런 사람들은 자기자신과 다른 사람들을 있는 그대로 존중하고 사랑할 수 없기에 그런 말을 하는 것이다.

건강하고 행복한 삶을 살아가는 데 있어서 필요한 것이란 오직 지혜가 커지고 깊어진 마음뿐이다. 건강과 행복은 오직 마음에 의해서만 가능한 것이다. 그러므로 마음만이 건강과 행복을 위한 절대적인 조건이 되는 것이다. 건강하고 행복한 삶을 살아가기 위해서 돈이 필요하다고 말하는 사람들은, 돈이 사랑과 자비를 대신하고 건강과 행복을 대신하는 것이 아님을 모르기 때문에 그런 말을 하고 있는 것이다. 불행한 삶을 살아갈 수밖에 없는 그런 사람들은 인격의 수준이 낮고, 자아정체성이 확립되지 못한 사람이다. 결국 지혜롭지 못하고 어리석은 사람들인 것이다.

자아정체성이 확립된 사람이란 건강과 행복의 절대적인 조건이 무엇인지 알기에 돈과 물질을 굳이 소유하려 들지 않는다. 만일 누군가가 돈과 물질을 추구하는 조금의 이기적 탐심이라도 남아 있다면 그는 아직까지는 자아정체성이 확립되지 않은 사람인 것이며 지혜롭지 못한 사람이며, 용기 있는 사람이 아닌 것이다. 아직까지도 물질적 부의 상징인 돈을 추구한다면 자존감이 높은 사람이 아닌 것이다.

아직까지도 물질적인 부를 상징하는 돈을 추구하는 이기적인 탐심이 조금이라도 남아있는 사람이라면 그는 건강하지 않은 사람이며 행복하지 않은 사람인 것이다. 자아정체성이 확립된 사람이라면 자기자신의 삶을 영위해 나가기 위해서는 지혜롭고 선한 마음이 필요한 것일 뿐이며 돈이란 것이 꼭 필요한 것이 아님을 잘 알고 있을 것이다. 진정으로 자아정체성이 확립된 사람이라면 돈이란 삶의 본질과는 아무런 연관이 없음을 아는 것이다. 결국 돈은 있어도 되고 없어도 되는 것이다.

자아정체성이 확립된 사람이란 물질적인 부를 추구하지 않기에 몸과 마음이 바쁘지 않다. 자아정체성이 확립된 사람은 언제나 한가롭고 자유롭게 살아간다. 그 어떤 무엇인가에도 매여있지 않는다는 뜻이다. 자아정체성이 확립된 사람이란 자기자신에게 주어진 일들이 아무리 많고, 자기자신의 사명을 완수하기 위해서 해결해야할 문제들이 많다고 하더라도 심각한 걱정과 근심스러운 마음을 일으키지 않는다. 근심걱정이 없다는 것은 건강하고 행복한 삶이 무엇인지 잘 알기 때문이다.

자아정체성이 확립된 사람이란 건강하고 행복해지기 위해서 정작 중요한 것이 무엇인지 잘 알기에 불필요한 정신적, 육체적인 낭비와 헛수고를 하지 않을 것이다. 그래서 자아정체성이 확립된 사람에게는 한가함과 자유로움이 있는 것이다. 아직도 몸과 마음이 한가함과 자유로움의 경지에 이르지 못한 사람은 마하반야/마하프라갸/위대한 지혜를 증득하지 못한 것이며 자아정체성도 확립하지 못한 것이다.

몸과 마음의 한가함과 자유로움이 쉽게 얻어지는 것은 결코 아니다. 한가함과 자유로움은 도전과 극복을 넘어서야만 얻게 되는 것이다. 젊은 시절에 진리를 갈망하던 마음으로 치열하게 도전하고 노력하며 도전과 노력을 통해서 얻게 되는 극기, 도전의 과제들을 극복하고 난 뒤에 얻게 되는 성취감, 그렇게 얻게 된 성취감 속에서 우러나오는 것, 그것이 곧 몸과 마음의 한가함이며 자유로움인 것이다.

자아정체성이 확립된 사람에게서 사랑과 헌신은 언제까지나 지속되는 것이다. 한가함과 자유로움은 사랑과 헌신으로부터 나오는 것이다. 진정한 사랑과 헌신은 더없는 기쁨이고 행복이기에, 조금의 조급함이나 전전긍긍하는 근심걱정이 생겨나지 않게 되는 것이다. 만족스럽고 행복한 삶을 살아가는 성취자의 자비로운 마음에서 우러나오는 사랑과 헌신의 실천에서 풍요롭고 한가하고 자유로움은 당연한 것이다.

마음이 한가하고 자유롭지 못하면 결코 부처의 경지에 이르지 못한다. 병들고 나약한 사람과 다른 사람을 괴롭히는 이기적인 사람을 부처라고 부를 수는 없는 것이다. 그들은 괴로움과 고통에 빠진 중생들일 뿐이다. 정직하고 공의로워서 옳고 그름을 판단할 수 있는 사람, 건강하고 행복한 사람이라야만 부처가 될 가능성이 있는 것이다. 모든 부처들은 일상의 많은 부분에서 건강함과 행복함이 있다. 또한 그 이상의 특별한 것이 있는데 그것은 여유롭고 한가한 사람으로 보이는 것이다.

'여유롭다'는 것이 물질을 상징하는 돈이나 시간이 많다는 뜻은 아니다. '여유롭다'는 것은 어느 곳에서나, 어느 때에나 몸과 마음이 한가하고 자유롭다는 뜻이다. 한가함과 자유로움은 자아정체성이 확고한 사람의 진정한 용기에서 자연스럽게 우러나오는 것이다. 자아정체성이 확고한 모든 부처는 일상의 모든 면에서 여유롭고 한가하고 자유롭다. 모든 부처의 공통적인 특성은 위대한 지혜를 간직하고 있는 것이며 그 지혜 중의 하나가 불굴의 용기에서 나오는 한가함과 자유로움인 것이다.

중생들에게는 위대한 지혜도, 불굴의 용기도, 여유로움과 한가함도, 자유로움도, 건강과 행복도 주어지지 않는 것이다. 중생의 상태에 머무는 어리석은 사람들의 나약함과 자기부정에는 긍정의 유익함이 없는 것이다. 물질적인 부를 추구하는 이기적이고 탐욕이 가득한 중생에게는 한가함과 자유로움이 없는 것이다. 한가함과 자유로움은 중생이 갖지 못한 것이다. 만일 어떤 사람에게서 조급함이나 전전긍긍하는 마음이 조금도 남아있지 않게 되었다면 그는 곧 부처가 될 수 있을 것이다.

'텅~' 비어 있는 마음을 보고 '무아'의 경지에 들어선 사람, 더 이상 능가할 것이 없는 것이 '공'함이라는 확신을 하게된 사람, 가슴속 깊은 곳으로부터 불굴의 용기와 불멸의 용기가 우러나와 사랑과 자비를 실천하는 사람, 물질적 이기심이 사라져서 아무것도 가진 것이 없더라도 언제나 마음이 풍요로운 사람, 언제나 한가함과 자유로움을 가진 사람이라면 그가 곧 위대한 지혜를 간직한 부처님인 것이다.

돈은 한 푼도 없으며, 물질적으로도 아무것도 가진 것이 없어도, 풍요로울 수 있는 마음의 한가함과 자유로움은 쉽게 얻을 수 있는 것은 아니다. 마음의 풍요로움인 한가함과 자유로움은 도전과 성취, 극기와 극복, 사랑과 헌신을 실천하고 오래도록 선하고 선한 마음으로 '무아'의 경지에 도달한 사람에게서만 나오는 것이다. 한가함과 자유로움은 위대한 지혜인 '무아' 경지에 도달한 부처님의 모습인 것이다.

097
자아정체성의 확립은, 진정으로 마음을 비우는 것이다

궁극의 경지, 완전한 지혜, 완벽한 인간의 절대적 조건은 같은 것이다. 인간 모두에게 자아정체성의 확립과 전체적인 지혜의 완결은 같은 것이다. 전체적인 지혜의 완결은 오직 마음을 비우는 것뿐이다. 진정한 명상/바라밀/파라미타는 마음을 비우는 과정인 것이다. 마음을 비우는 것만이 더없는 최고, 최상의 지혜인 것이다.

'색즉시공 공즉시색'의 결론은, '텅~'비워져 있는 마음을 보게 되었다는 것이다. 그러므로 마음을 비우는 것만이, 궁극적으로 위대한 지혜의 완성이 되는 것이고 최종적으로 인격의 성장과 진화가 완결되고 끝나게 되는 것이다. 인간의 세계에서는 존재하는 모든 것으로부터 초연해진 사람이 가장 위대한 사람이 되는 것이다. 궁극적으로는 자기자신의 마음을 비운 사람만이 가장 고귀한 사람이 되는 것이다.

마하반야/마하프라갸/위대한 지혜인 '공'함의 의미를 제대로 아는 사람이란 마음을 비우지 않을 수는 없는 것이다. 진정한 '공'함의 경지에 든 사람이라면 마음이 비워질 수밖에 없는 것이다. 그러나 겉으로는 부처의 제자라고 표방하면서도 아직까지도 전전긍긍하고 소심한 언행으로 자기자신의 마음을 비우지 못한 모습을 보인다면 마하반야/마하프라갸/위대한 지혜를 증득하지 못한 사람이 되는 것이다.

어리석음에서 생겨나는 물질적인 탐욕, 유명해지려는 욕구, 자기자신만을 위하는 이기심, 무엇인가에 의존하는 나약함, 인생에서 정작 무엇이 중요한지 모르는 어리숙함이 존재한다면 아직도 마음을 비우지 못한 중생인 것이다. 그러나 반대로 관찰자로서 오랜 명상/바라밀/파라미타의 과정 속에서 직관적 판단력이 향상되었고 독립성과 자율성이 확고해졌으며 사랑과 헌신의 실천을 지속하면서 일상의 많은 시간들을 한가함과 자유로움을 지속하는 사람은 마음을 비운 부처가 되는 것이다.

아직까지도 이기심과 탐욕이 있는 사람이라면 자기자신에 대해서 바르게 볼 수도 없고 바르게 이해하고 판단할 수도 없는 것이다. 그러므로 이기심과 탐욕이 있는 사람은 능가할 수가 없고 더없이 위대한 지혜인 직관적 판단력이 생기지 않는다. 이기심과 탐욕이 사라진 사람, 결국 마음을 비운 사람이라야만 직관적 판단력이 바르게 작동하는 것이다. 세상은 마음을 비운 사람에게만 바르게 보이는 것이다.

　이기심과 탐욕을 버리고 마음을 비워야만이 인간세상을 살아가면서 자기자신에게 정작 무엇이 중요한지를 알게 되는 지혜가 생겨나는 것이다. 이기심과 탐욕을 버리고 마음을 비워야만 공평하고 정의로운 사람이 되는 것이다. 고귀하고 위대한 사람만의 특성인 진정한 무소유, 진정한 사랑, 진정한 헌신은 마음을 비우고서야만 가능하게 되는 것이다. 인간세상에서 지혜롭고 선한 사람인 부처가 되고자 한다면 진정한 사랑과 헌신을 실천하기 위해서 부정적인 마음들을 비워야만 되는 것이다.

　마음을 비운다는 것은 부정적인 마음을 비우는 것뿐만 아니라, 긍정적이고 바람직한 마음조차도 애써 추구하지 않는 것이다. 그렇게 부정과 긍정의 마음을 모두 비우는 것만이 완전한 존재, 완벽한 인간이 되는 것이다. 모든 마음을 비우는 것만이 최고의 명상/바라밀/파라미타가 되는 것이며 위대한 지혜를 갖게 되는 것이다. 모든 마음을 비워야만이 최상의 정신적 각성의 경지에 도달하는 것이며 오직 마음을 비우는 것만이 최상이며 완전하고 완벽한 삶을 살아갈 수가 있게 되는 것이다.

생명에서 동물로, 동물에서 인간으로, 인간에서 부처로 진화해 가는 과정이 뇌신경의 변화인 정신적 각성인 것이다. 인간에게 주어진 궁극의 경지, 그 어떤 무엇으로도 능가할 수 없는 최고, 최상의 정신적 각성이 이루어진 사람을 부처라고 부르는 것이다. 인간이 부처가 되는 과정이란 스스로 인식하는 전체의 모든 것, 보여지는 모든 것을 이해하는 능력을 넘어, 마음을 비우게 될 때에야 가능하게 되는 것이다.

모든 마음을 비우게 될 때 마음이 맑아지게 되고 인간세상의 모든 불합리한 것들이 바로 보이게 되고 모든 괴로움과 고통의 원인이 되는 이기심과 어리석음이 사라지게 되는 것이다. 모든 마음을 비우는 사람에게는 자기자신에게 주어진 모든 정신활동을 통합하고, 조절하고, 통제하고, 관리하는 지혜와 능력이 생기게 되는 것이다. 비워진 마음으로, 마음을 통제하고 조절하게 될 때에라야 비로소 진정으로 자기다운 자기, 진정으로 자신다운 자신, 진정으로 인간다운 인간이 되는 것이다.

모든 마음을 비우게 되면 자기자신만의 생존을 넘어서 인간 전체와 모든 생명들의 생존에 가장 유리하고 유익한 것이 무엇인지를 잘 알게 된다. 마음을 비우게 되면 객관적 관찰 능력이 향상되고 직관적 판단력도 향상되어 일상에서의 많은 부분에서 자기자신에게 유리하고 유익한 선택을 할 수 있게 된다. 또한 자기자신이라는 개인의 차원을 넘어서서 자기자신이 속한 사회구성원 전체에게도 바람직하고 긍정적인 영향을 끼치게 된다. 모든 면에서 이로운 선택을 할 수가 있는 것이다.

그러나 그와는 반대로 마음을 비우지 못한 사람들이란 객관적 관찰능력과 직관적 판단력의 결핍과 결여로 항상 자기자신에게 불리하고 해로운 선택을 하게 된다. 자기자신에게 불리한 연속적인 어리석은 선택의 결과란 결국 불행한 인생을 살아가는 것이다. 어리석은 사람의 불행한 선택의 결과란 그와 관련된 사람들에게도 부정적인 영향을 크게 끼치게 되며 그 부정적인 영향은 사회 전반에도 미치게 된다.

모든 마음을 비우게 되면 건강하고 행복한 삶이 무엇인지에 대해서, 스스로 잘 알게 된다. 어떻게 하면 건강하고 행복한 삶을 살 수 있게 되는지에 대해서 스스로 잘 알게 되는 것이다. 마음을 비우게 되면 건강과 행복에 필요한 절대적인 조건들에 대해서, 남에게 의존하지 않고 잘 알게 되는 것이다. 또한 마음을 비우게 되면 건강과 행복의 절대적인 조건들을 다른 사람들에게도 전달하게 된다. 그런 절대적인 조건들은 다른 사람에게도 바람직하고 긍정적인 영향을 끼치게 되는 것이다.

마음을 비우지 못하면 건강하고 행복한 삶이 무엇인지 모르게 된다. 마음을 비우지 못한 사람일수록 건강과 행복의 절대조건이 무엇인지 모르기에, 자기자신의 삶을 남에게 의존하게 되는데 어리석은 사람들은 판단력이 부족하기에 지혜로운 사람을 알아보지 못하고, 자기자신과 똑같이 마음을 비우지 못한 어리석은 사람에게 의존하게 된다. 어리석은 사람이 어리석은 사람에게 의존하게 되므로 결국은 서로가 서로를 속이게 되는 것이고 그에 따른 부작용으로 불행 속에서 헤어나지 못하게 되는 것이다. 마음을 비우지 못한 사람은 결국 불행한 인생이 되는 것이다.

098

마음을 빠르게 비울수록, 자아정체성도 빠르게 확립된다

선하고 선한 마음을 갖고 태어난 사람은 이른 나이에도 마음을 비우게 된다. 선하다는 것 자체가 마음을 비워서, 이기적인 욕심이 없다는 것이기도 하다. 이른 나이에, 일찍이 마음을 비울수록 자아정체성이 빠르게 확립된다. 그 만큼 더 빠르게 지혜로워지는 것이고 건강하고 행복한 삶이 더 오래도록 유지되는 것이다. 그러므로 건강하고 행복한 삶을 살다간 사람들의 후손들, 마음을 비운 사람의 후손들도 결국은 매우 건강하고 행복하게 살게 된다. 그것은 미신도 아니고 우연도 아니다.

마음을 비웠기에 선하고, 선하기에 건강하고 행복한 것이다. 그리고 또한 건강하고 행복한 사람들의 후손들이 대를 잇는 것, 그것은 과학적으로도 증명된 유전적 법칙이며 인과응보의 결과인 자연스러운 현상일 뿐이다. 지혜는 지혜를 낳게 되고 선함은 선함을 낳는 것은 당연한 자연의 법칙이고 순리일 뿐, 억측이 아니다.

오래도록 지속된 명상/바라밀/파라미타의 과정 속에서 선하고 선하게 살아갔던 사람들의 후손 중에서 고귀하고 위대한 지혜를 간직한 인물이 탄생하게 된다. 마음을 비우고 또 비워서 무욕의 삶을 실천하고, 인간 사회의 법과 규칙이 필요 없을 정도로 선한 마음을 지니고 살아온 사람들의 후손들 중에서, 언제인가는 특별하게 위대한 사람이 탄생하게 된다. 그 사람은 언제나 흔들리지 않는 마음의 평온함, 만물만사를 있는 그대로 받아들이는 순수함, 만물만사에 대한 공평함과 정의로움, 그 공평하고 정의로움을 지켜내는 불굴의 용기와 불멸의 힘을 갖고 있는 것이다.

그 사람은 만물만사에 대하여서, 즉각적으로 옳고 그름을 판단할 수 있는 직관적 판단력이 있다. 그 사람은 다른 사람의 아픔을 치유하고 건강과 행복한 삶이 되도록 도와주려는 마음이 있다. 그 사람은 더없이 위대한 지혜의 본질을 파악하고 중생들이 괴로움과 고통에서 벗어날 수 있도록 이끌어 주는 마음을 지니고 태어나게 된다. 그 사람은 고귀하고 위대한 스승의 길을 가게 되는 것이다. 오랜 세월에 걸쳐서, 오래된 선업이 쌓이고 또 쌓여지게 되면 결국은 인간 사회 전반에 걸쳐서 긍정적이고 유익한 영향을 끼치는 고귀하고 위대한 스승이 탄생하게 되는 것이다.

자아정체성이 굳건하게 확립된 사람이라면 평범하게 보이는 일상 중에도 마음은 쉽게 비워지고, 삶은 모든 면에서 균형을 유지하게 된다. 그런 사람은 죽음에 대해서도 초연한 마음이 된다. 진정한 자아의 정체는 '공'하게 비어 있는 것이므로 마음을 비우는 것은 당연한 것이고 삶과 죽음으로부터의 초연함 역시도 당연한 것이다. 만일 누군가 자아정체성이 확립되었는데 마음을 비우지 못했고 삶과 죽음으로부터 초연해 하지 못한다면, 그것은 진정으로 자아정체성이 확립된 것이 아닐 것이다.

만약 누군가가 아직도 죽음으로부터도 초연해지지 않았다면 그런 수준의 자기인식이란 진정한 자아정체성의 확립이라고는 할 수가 없는 것이다. 그런 자기인식은 눈으로만 볼 수 있는 거울을 보고서 지금 현재에 겉으로만 드러난 자신의 모습만을 확인하는 수준의 의식적인 차원에 머무르고 있는 것이다. 그런 의식 수준은 삶과 죽음에 이르는 인생의 전 과정을 알고 깨우친 것이 아니다. 그런 의식 수준은 자기자신의 본능적인 욕구에 따라서 무의식적으로 무엇을 할 것인가를 정하는 수준인 것이며 자기자신의 욕구와 욕망에 따른 직업이나 역할에 대해서 인식하는 수준에 머문 것이다. 자기자신이 좋아하는 일을 찾게 되는 정도의 의식 수준인 것이다.

그런 자기인식은 아직 최고차원의 의식 수준은 아니다. 그런 차원의 의식 수준은 겉으로 드러나는 개성적인 자기자신의 모습을 피상적으로 확인하는 의식 수준인 것이다. 그 정도의 의식 수준은 아직은 완벽하게 성숙한 최고차원의 의식 수준은 아닌 것이다. 진정한 자아정체성의 확립은 자기자신의 겉모습이 아닌, 자기자신의 내면의 세계를 정확하게 보게 되는 것이다. 자기자신의 모든 것을 인식하고 자각하는 것이다. 겉모습만 본 사람은 겉모습에만 치중하게 된다. 자기자신의 마음이 '공'함과 '비어 있음'을 알고 깨우치지 못했다면 아쉽게도 아직은 어리석은 것이다.

099
불변의 진리란, 모든 것은 변한다는 것이다

진정으로 지혜롭고 선한 사람의 특징이란 두려운 마음이 조금도 없다는 것이다. 그와는 반대로 어리석고 이기적인 사람의 특징이란 두려운 마음이 크다는 것이다. 어리석고 이기적인 사람은 현실을 외면하고 부정한다. 자기자신의 생명이 소진되는 것을 두려워하는 마음으로, 세상에 존재하는 모든 것들이 다 변한다는 사실을 외면하고 왜곡해서는 안 되는 것이다. 자기자신을 비롯한 세상의 모든 것들이 다 변한다는 것은 피할 수도 없는 것이고 부정할 수도 없는 불변의 진리인 것이다.

세상의 모든 것은 다 변하는 것이기에, 세상의 모든 것이 변한다는 것이 불변의 진리가 되는 것이다. 모든 것이 다 변하는 것이기에, 진정한 실재는 그 무엇도 존재하지 않는다는 것이다. 그것만이 불변의 진리이다. 진정한 실재는 만물은 오직 변하는 것일 뿐이다. 모든 것이 다 변하는 것이기에, 존재하는 모든 것은 다 한시적인 것이고 일시적인 것이다. 존재하는 모든 것은 결국 다 한계가 있는 것이다. 모든 것이 다 일시적이고 한계가 있는 것이기에, 모든 것은 오직 무상할 뿐이다.

모든 것이 변하기에 모든 것은 무상한 것이고, 모든 것이 무상하기에 변하지 않는 실체와 영원한 것이란, 단 하나의 그 어떤 무엇도 존재하지 않는 것이다. 어리석고 이기적인 사람들이 생각하는 자기자신의 이기심이 채워지는 영원한 천국과 오직 괴로움과 고통의 연속인 지옥이란 단연코 존재하지 않는 것이다. 천국과 지옥은 어리석은 사람들의 상상이며 허상일 뿐이다. 현실의 괴로움과 고통을 회피하고 모면하기 위해서 술, 담배, 마약에 빠져들 듯이, 돌파구 없는 현실을 감당하지 못하고 미래에 대한 허구적인 상상이 천국인 것이며 두려움의 상상이 지옥인 것이다.

불변하는 영원한 진리이며 엄연한 현실이란 자기자신과 존재하는 모든 만물은 변한다는 것뿐이다. 존재하는 물질인 모든 만물이 변하는 것이기에, 그와는 반대로 오직 변하지도 않고 영원한 것이 있는데 그것은 곧 존재하지 않는 것인 '공' '무' '없음' '비어 있음'이라는 것이다. 그러므로 영원한 진리이며 엄연한 현실인 '공' '무' '비어 있음'을 떠나서 다른 것으로부터 진리를 찾으려 한다면 그것은 자기자신을 부정하는 것이고, 진정한 현실을 부정하는 것이고, 어리석은 것이 되는 것이다.

만일 어느 누군가가 아직도 자기자신의 늙고 죽음을 부정하고 외면한다면 그것은 헛되고 헛된 것이며 어리석고 어리석은 것이다. 늙고 죽음을 부정해야 한다면 늙고 죽음의 원인이 되는 태어남을 먼저 부정해야 되는 것이다. 태어남을 부정한다면 존재 그 자체는 이미 사라지게 되는 것이다. 태어남은 인정하고 받아들이면서 늙고 죽음을 부정하고 회피할 수는 없는 것이다. 태어난 존재는 그 어느 누구라도 늙고 죽음을 피할 수는 없는 것이다. 어떤 믿음과 행위로 인해서 자신의 육체가 죽은 뒤에 다시 살아나게 되고 영원히 살게된다는 생각은 매우 어리석은 것이다.

진정으로 영원히 산다는 것이란 비물질적인 영원한 시간과 공간 속에서 물질적인 존재들인 생명들이 언제나 생겨나게 되고, 또한 인간들의 후손들이 계속해서 태어난다는 것을 알게 되는 것이다. '태어남과 죽음'이 영원히 반복되고 있음을 정확하게 인식하고 자각하게 되었다면 그것이야말로 영원히 살게됨을 아는 것이다. 영원히 산다는 것은 자기자신이라는 존재가 죽지 않는 것이 아니라 새롭게 태어나는 후손들의 모습에서 자기자신의 생명이 이어진다는 것을 깨닫는 것이다. 자기자신의 늙고 죽음을 부정하면서 엄연한 자연의 섭리와 생명현상의 현실을 피하고 외면한다고 해서, 진리와 현실은 뒤바뀌지 않는 것이다. 그 어느 누구라도, 그 무엇으로도 '태어남과 죽음'이라는 불멸의 진리와 진정한 현실을 외면할 수는 없다. 그 누구라도, 그 무엇으로도 모든 존재가 변하는 '무상'함을 막을 수는 없는 것이다.

　영원한 진리, 불멸의 진리란 이 세상의 모든 것은 변한다는 것이기에, 지금 이 순간에 존재하는 자기자신도 변한다는 것이다. 불멸의 진리는 모든 것이 변하는 것이기에, 지금 이 순간에 존재하는 자기자신이 불멸의 존재가 되는 것이고, 절대적인 모든 것이 되는 것이다. 모든 것이 다 변하는 것이 불멸의 진리이기에, 지금 이 순간에 존재하는 자기자신도 변하는 것이므로, 결국 아무것도 아닌 것이다. 모든 것이 다 변하는 것이 불멸의 진리이기에, 변하는 것은 실로 아무것도 없는 것이다.

　모든 것이 다 변하는 것이야말로 영원하고도 불멸의 진리이기에, 모든 것이 다 변한다는 그 영원하고도 불멸의 진리만은 오직 변함이 없는 것이다. 그러므로 다시 그 변함 없는 영원하고도 불변의 진리 앞에서, 세상의 모든 것들은 다 조금도 변하지 않는 것이고 언제나 영원히 그대로인 것이다. 모든 것이 다 변하는 것이 불변의 진리이기에, 영원히 변하든지 영원히 변하지 않든지 결국은 영원한 것이다.

그러므로 모든 것은 다 변하는 것이고, 모든 것이 다 영원한 것이며, 모든 것이 다 불변의 진리이기에, '자아'라는 특성을 가진 나 자신에게 절대적인 것은 오직 지금의 이 순간뿐인 것이다. 그러나 그러므로 결국은 영원한 불변의 진리이며 절대적인 나 자신과 지금의 이 순간도 역시 아무것도 아닌 것이다. 모든 것이 변한다는 것이 영원한 것이며 불멸의 진리이기에, 그 영원히 변하는 불변의 진리와 모든 것은 아무것도 아닌 것이며, 모든 것은 오직 비어 있는 것일 뿐이다. 모든 것들이 다 변하고, 모든 것이 다 비어 있으므로 결국, 이 경전의 내용도 다 비어 있는 것이다.

100
이 경전의 진정한 완성은 '자비'와 '헌신'의 실천이다.

그리하여 비어 있는 이 경전의 의미에 대해서 탐구해 볼 수는 있겠으나 이 경전에 기대하고 의지하는 것 또한 어리석은 것이다. 이 경전의 진정한 완성이란 이 경전을 읽어본 사람이 홀로 서는 것이다. 오직 홀로 서야만 하는 것이다. 스스로 홀로 서지 못하고 '예수' '석가모니' '알라'라는 존재들이나 어떤 종교나 경전이나 또 어떤 그 무엇이나 다른 것들에 의지하고, 기대하고, 바라고, 구하는 것은 자기가 자신을 외면하고, 왜곡하고, 회피하는 것이다. 그것은 자기자신에게 주어진 고귀함과 위대함과 진정한 현실을 부정하는 것이다. 그것은 결코 진정한 진리가 아니다.

진정한 마하반야, 위대한 지혜가 깃든 이 경전의 완성이란 외부로 향하는 산란하고 이기적이고 어리석은 마음을 모두 치워 버리고 오직 자기자신에게 돌아가서, 오직 자기자신에게 집중하고, 오직 자기자신을 있는 그대로 바르게 보는 것이다. 오직 자기자신에게 돌아가서, 자기자신의 비어 있는 마음, 비어 있는 자기자신의 실체를 있는 그대로, 바르게 보는 것이다. 홀로 서서, 비어 있는 자기자신의 마음을 바로 보는 것이 이 경전의 완성인 것이며 이 경전의 완성이야말로 인생에서의 더없는 가장 큰 깨달음이며 가장 큰 지혜이며 가장 중요한 의미가 되는 것이다.

이 경전의 바른 뜻을 이해하고 깨우치면 매우 좋겠다. 그러나 이 경전 역시도 아무것도 아니므로 이 경전에 집착하는 것 또한 옳지 않은 것이 된다. 무엇보다도 언제나 자기자신이 그 어떤 무엇보다 먼저고 우선이며 삶의 주인공임을 잊지 말아야 한다. 그것이 '천상천하 유아독존'이라는 의미이다. '천상천하 유아독존'은 독립적이고 주체적이며 자율적인 인간의 본연의 모습을 상징하는 진언인 것이다.

'천상천하 유아독존'은 이천년 전에 살았던 그 어떤 한 사람, 그 어느 누구만의 외침이 아니다. 특정한 한 사람만이 외칠 수 있는 상징적인 진언이 아닌 것이다. '천상천하 유아독존'은 지금 당장의 평범한 현실을 살아가면서 '공'함을 체득하고, 마음이 '텅~' 비워졌기에, 오히려 다시 조금의 부족함도 없이 충만하게 채워진 마음으로, 생생하게 이 세상을 체험하고 있는 어떤 한 사람의 본 모습인 것이다. '천상천하 유아독존'의 의미를 제대로 알아야만 이 경전의 내용을 바르게 아는 것이다. 또한 '천상천하 유아독존'의 의미를 알아야만 이 경전의 내용이 완성이 되는 것이다.

이 경전의 내용은 어려운 것이 아니다. 인간이라면 누구라도 쉽게 알 수 있는 내용인 것이다. 이 경전을 이해하지 못하는 이유는 생명이 가지고 있는 죽음이라는 근원적인 두려움 때문이다. 죽음이라는 현실을 외면하고 회피하려는 마음 때문이다. 그것은 당면한 현실이 두려워 눈을 감아서 앞을 보지 못하는 것과 같은 것이다. 두려움을 떨치고서 자기자신에게 주어진 현실을 바로 보려고 눈을 뜨게 된다면 이 경전의 의미를 바로 알 수 있는 것이다. 진정한 현실이 바로 보이는 것이다.

이 경전은 엄연하게 주어진 현실을 부정하는 헛된 믿음이 아니다. 이 경전은 오직 진실된 것이다. 이 경전은 생명으로 태어난 인간에게 현실의 괴로움과 고통을 잠시나마 잊게 하려는 달콤한 속삭임도 미봉책도 아닌 것이고, 거짓을 진실로 위장한 속임수도 아니다. 이 경전은 오로지 존재하는 모든 만물의 진정한 실체와 현실을 있는 그대로 표현한 것뿐이다. 이 경전은 인간이라는 생명의 모습을 있는 그대로, 완전하고 완벽하게 표현한 것이다. 이 경전에서 나오는 '색불이공 공불이색'이라는 구절은 모든 만물과 모든 생명과 모든 인간의 모습을 상징하는 언어적 표현일 뿐이다. 그러므로 그것을 떠나서, 그 무엇도 진리라고 할 수는 없는 것이다.

이 경전은 하루아침에 어떤 한 사람이나 특정한 집단에 의해서 지어진 것이 아니다. 이 경전이 어느 누군가에 의해 지어진 것이라거나 완성된 것이라는 것이 결코 아니다. 이 경전은 그 누군가에 의해 지어진 것이 아니라 기록된 것 일뿐이다. 누군가에 의해 완성된 것이 아니라 기록된 것일 뿐이다. 영원하고도 불변의 진리란 그 어느 누군가에 의해서 완성될 수 없는 것이며 오직 기록될 뿐이며 또한 기록되지 않는다 하여도 엄연하게 존재하기에 진리인 것이다. 만일 그 누군가가 이 경전을 지었다고 한다면 그것은 왜곡된 것이며 어리석은 사람의 믿음일 뿐이다. 불멸의 진리는 누군가에 의해 지어지는 것이 아니다. 그냥 그대로 존재하는 것이다.

이 경전은 무한한 시간 속에 존재했던 수많은 인간들의 고귀하고 위대한 정신이 내린 공통적인 지혜인 것이며 궁극의 결론인 것이다. 이 경전의 진정한 완성을 위해서는 언제나 자기를 되돌아보고, 자신의 모습을 바로 보아야 한다. 자기자신을 바로 보는 것이 세상을 바로 보는 것이다. 누군가는 눈이 어두워서 자기자신을 바로 볼 수 없을지도 모른다. 끝까지 심혈을 기울여 자기자신을 탐구하였으나 비어 있는 존재로 보이지 않을 수도 있을 것이다. 그러나 그렇다 하여도 실망할 필요는 없다. 잘 보이지 않는다면 보이지 않는다는 것을 인정하면 되는 것이다. 보이지 않는다는 것을 인정하게 된다면 그 후에는 바로 볼 수 있게 되는 것이다.

자기자신이 비어 있는 존재임을 증득한 사람의 마지막 할 일은 오직 선한 마음으로 이타적인 삶을 살아가는 것이다. 이 경전의 완성은 오직 그것뿐이다. 위대한 삶의 완성은 그것밖에는 없는 것이다. 결론이 같으면 과정도 같은 것이기에 비어 있는 존재임을 체득하지 못한 사람이라도 선하고 선한 마음으로 자기자신에게 주어진 삶을 살아간다면 그것은 '공'함을 체득함과 조금도 다름이 없는 것이다.

　진정한 '공'함의 체득은 '자비'와 '헌신'의 실천이라는 결과로 나타나게 된다. '자비'와 '헌신'의 실천이 없다면 '공'함은 말 그대로 '공'하고 무의미한 것이 된다. 인간의 세계에서는 '공'함의 체득 못지않게 '자비'와 '헌신'의 실천이 중요한 것이다. '공'함을 체득하지 못했다 하더라도 '자비'와 '헌신'을 실천한다면 '공'함을 체득한 것과 조금의 다름도 없는 것이다. 진정으로 '공'함을 체득한 사람이라면 '자비'와 '헌신'을 실천하는 것만이 자기자신에게 주어진 운명이고 숙명이 되는 것이다.

　만일 그 어느 누군가가, 스스로 '공'함을 체득하고 무상함을 느끼게 되었는데 인간의 사회에서 아무것도 하지 않겠다고 한다면 그는 진정으로 '공'함을 체득한 것은 아니다. 자포자기나 허망한 마음을 느꼈을 뿐이다. 진정한 '공'함의 체득은 무기력한 것이 아니다. 진정한 '공'함의 체득은 살아있음에 대한 생생한 기쁨이고 더이상 바랄 것이 없는 만족스러움인 것이다. 진정한 '공'함을 체득한 뒤에는 자기자신을 비롯한 중생들을 향하여 '대자대비'의 마음이 생겨나는 것은 당연한 것이다.

진정으로 '공'함을 체득하고 '무아'의 경지에 도달한 사람이라면 다른 사람과 다른 생명에 대한 애틋한 마음인 '측은지심'이 가슴속 깊은 곳에서 저절로 우러나오게 될 것이다. '공'함을 체득하고 '무아'의 경지에 도달한 사람에게서 모든 생명에 대한 애틋한 마음이 생겨나지 않는다면 그것은 진정으로 '공'함을 체득한 것이 아닐 것이다. 진정으로 '공'함을 체득하고 '무아'의 경지에 들어선 사람이라면 필연적으로 '측은지심'이 생겨나게 되는 것이다. 또한 그렇게 '측은지심'이 생겨난 사람이라면 불멸의 용기와 불굴의 의지로 언제나 자비와 헌신을 실천하게 되는 것이다.

　　진정으로 '공'함을 체득하고 '무아'의 경지에 도달한 사람이라면 어쩔 수 없이 생명으로 태어나서 생존의 고통을 느끼면서 생을 살아가는 모든 생명들에게 한없는 측은지심의 마음이 생겨나게 되는 것이다. 진정으로 '공'함을 체득하고 '무아'의 경지에 도달한 사람이라면 생존하기 힘들고 어려운 현실 속에서 괴로움과 고통 속에서 살아가는 모든 사람들에게 오직 자비와 사랑의 마음으로 대할 것이고 조금이나마 그들의 괴로움과 고통을 덜어주려는 헌신적인 노력을 실천하게 되는 것이다.

　　이 경전의 완성이란 문장과 내용이 다 쓰여진 것을 뜻하는 것이 아니다. 이 경전의 완성이란 몇 문장의 글로 기록됨을 마친 것이 아니다. 이 경전의 완성이란 옛사람들이 기록한 인도라는 나라의 고전어인 산스크리트 원문을 제대로 해석하는 것만이 결코 아니다. 이 경전의 진정한 완성이란 모든 구절 구절에 담긴 내용의 의미를 제대로 이해하고 나서, 오직 '측은지심'이라는 대자대비의 마음으로써 자기자신과 다른 모든 생명들을 위하여 자비와 사랑을 실천하는 것뿐이다.

이 경전의 완성이란 옛사람들이 기록한 글들을 해석하고 풀이하는 것으로 끝나는 것이 아니다. 그런 것이야말로 부질없는 '알음알이'에 불과한 것이다. 자비와 사랑을 실천하지 않는 '알음알이'는 실체가 없는 껍데기에 불과한 것이다. 실체가 없는 '알음알이'는 피상적인 것이다. '알음알이'만으로 위대의 지혜를 증득했다고는 할 수 없는 것이다. '알음알이'만으로는 열반과 해탈의 경지에 도달할 수 없는 것이다.

또한 이 경전의 완성이란 '공불이색 색즉시공'을 골수에 사무치도록 골백번 외우고 중얼거리는 것도 아니다. 이 경전의 완성은 오직 자비와 사랑을 실천하는 것뿐이다. 자비와 사랑의 실천이 없다면 이 경전의 진정한 의미를 제대로 알고 깨우치지 못한 것이다. 자비와 사랑의 실천이 없는 주문은 의미가 없는 것이다. 알고 깨우침이 없어서 의미도 모르고 실천행이 없는 외침이야말로 부질없는 것이 되는 것이다. 이 경전의 진정한 완성은 자비와 사랑을 실천해야 됨을 알고 깨우치게 되는 것이다. 그래야 더없이 고귀하고 위대한 지혜가 완성되는 것이고 부처가 되는 것이다.

이 경전의 완성이란 오직 '자비'와 '헌신'밖에는 더이상의 그 무엇도 없음을 분명히 아는 것이다. 이 경전의 완성은 오직 이타적인 마음으로 다른 사람들을 위해서 '자비'와 '헌신'을 실천하는 것이다. 이 경전의 진정한 완성은 자기자신의 모습을 있는 그대로 받아들이는 것이다. 이 경전의 완성은 존재하는 모든 사람과 모든 생명들과 모든 자연환경을 있는 그대로 사랑하고 존중하는 것이다. 이 경전의 진정한 완성은 자비와 사랑의 마음으로 한 평생을 두려움 없이 살아가는 것이다. 진정한 사랑이 있는 사람, 진정한 자비심이 있어서 타인을 위해 헌신할 수 있는 사람이라면 그 어떤 무엇도 두려워하지 않는 불굴의 용기를 지니고 있을 것이다.

이 경전의 진정한 완성이란 어리석은 중생의 마음을 단박에 치워버리는 것이다. 중생의 어리석음과 나약함에서 생겨나는 이기적 욕망과 탐욕과 분노를 단숨에 모두 비워버리고 치워버리는 불굴의 용기를 지니는 것이다. 이 경전의 진정한 완성은 그 어떤 두려움, 그 어떤 공포에도 굴하지 않고 오직 선하고 선한 마음을 쌓고 쌓아가는 것이다. 이 경전의 진정한 완성은 선하고 선한 마음을 지켜나가는 불굴의 용기와 불멸의 의지가 굳건하고 견고하고 확고해지는 것이다. 오직 그렇게 되는 것만이 진정한 '마하 프라갸 파라미타 흐리다야 수트라'가 완성되는 것이다.

101
이 경전의 진정한 완성은, 궁극의 절대적인 깨달음이다

이 경전의 진정한 완성이란 더이상 가야할 곳도 필요도 없는 궁극의 경지에 도달하는 절대적인 깨달음이다. 진정한 깨달음이란 오직 지금의 이 순간만이 절대적인 것임을 알게 되는 것이다. 진정한 깨달음은 오직 지금 이 순간에 존재하고 있는 자기자신을 바로 보는 것이다. 진정한 깨달음은 오직 지금의 현실만을 있는 그대로 바로 보고, 바로 알고 받아들이는 것이다. 진정한 깨달음은 그 무엇도 필요치 않기에 홀로 설 수 있는 용기를 지닌 사람만이 가능한 것이다. 진정한 깨달음은 나약함에서 비롯되는 잘못된 생각에 사로잡힌 사람들에게는 불가능한 것이다. 진정한 깨달음이란 그 어떤 두려움과 공포도 없기에 '있음'도, '없음'도, '과거'도, '미래'도, '살아있음'도, '죽음'도, 모든 것이 다 아무것도 아님을 확신하는 것이다.

진정한 깨달음을 얻은 사람이란 그 어떤 무엇에도 기대거나 의지하지 않는다. 스스로 홀로 서지 못한 사람은 언제나 불행하게 살아간다. 스스로 홀로 서지 못한 사람은 무엇인가에 의해서 불행을 잠시 잊었다고 할지라도 결국은 다시 불행하게 살아갈 수밖에 없는 것이다. 아직 홀로 서지 못한 사람은 스스로의 삶을 주도적으로 이끌어 갈 수 없기에, 다른 존재나 다른 사람에 기대어 살아가려고 하게 된다. 그러나 아쉽게도 다른 존재나 다른 사람들이 자기자신의 기대를 충족시켜 줄 수 없는 것은 자명한 것이다. 그러므로 아직 홀로 서지 못하고 인격 수준이 낮은 사람들은 충족되지 못한 마음이 있어서 남에게 기대기도 하고, 자기자신을 탓하고, 남을 탓하고, 세상을 탓하는 부정적인 마음에 갇혀서 살아가게 되는 것이다.

진정한 깨달음을 얻은 사람이란 자기자신의 마음에 대해서 잘 아는 사람이다. 인간에게는 건강과 행복을 위해 주어진 조건 중에서, 마지막으로 가장 중요한 것은 자기자신의 마음에 대해서 잘 아는 것이다. 어리석은 사람들은 자기자신의 겉모습을 중시하지만, 건강하고 행복하게 살아가기 위해서는 자기자신의 겉모습이 어떠한지가 중요한 것이 아니라, 자기자신의 마음이 어떠한지가 더 중요한 것이다. 겉으로 드러난 모습과는 무관하게도 자기자신의 마음에 의해서, 자기자신의 건강도 행복도 결정되는 것이다. 건강과 행복을 위해서 중요한 것은 겉으로 드러난 자기자신의 모습이 어떠한지가 중요한 것이 아니라, 자기가 자신과의 관계에 있어서 자기자신 스스로를 진정으로 존중하고 사랑할 수 있어야 하는 것이다.

또한 건강과 행복을 위해서 중요한 것은, 다른 사람들과의 관계에 있어서도 '남'들이 '나'를 어떻게 대하는지가 중요한 것이 아니라, '내'가 '남'들을 얼마나 사랑할 수 있는지가 더 중요한 것이다. 이 세상이 어떻든지, 세상을 탓하는 것이 아니라 내가 세상을 얼마나 사랑할 수 있는 것인지가 더욱 중요한 관건이 되는 것이다. 어리석은 사람들은 자기자신의 겉모습에 의해서 건강과 행복과 만족스러운 삶이 결정된다고 생각하지만, 진정한 건강과 행복과 만족스러운 삶을 살아갈 수 있는 것은 겉으로 드러난 껍데기에 의해 결정되는 것이 아니라, 자기자신의 마음속 깊은 곳에 있는 진정한 용기인 사랑과 자비라는 알맹이에 의해서 결정되는 것이다.

겉으로 드러나는 것은 실재가 아닌 껍데기일 뿐이다. 겉모습이 건강과 행복과 만족스러운 삶을 결정하는 것은 아니다. 진정한 건강과 행복의 만족스런 삶의 요건이 되는 것은 겉으로 드러난 모습이 아니라, 내면에 존재하는 자기자신만의 마음이며 자기자신만의 인격 수준인 것이다. 인간은 누구라도 인격 수준이 높아져야만 건강하고 행복하고 만족스러운 삶을 살아갈 수 있는 것이다. 건강과 행복과 만족스런 삶을 살아가기 위해서 중요한 것은 겉모습이 결코 아니다. 어리석은 사람들이 중시하는 겉모습은 외모일 수도 있지만 물질적인 빈부의 수준이나 학력이나 직업과 같은 사회적 위치 등, 자기자신이 속한 사회적 배경일 수도 있는 것이다.

진정한 깨달음을 얻고서, 건강과 행복과 만족스러운 삶을 살아가는 사람이란 자기자신에 대한 성찰의 결과로 인격 수준이 높아진 사람이다. 진정한 깨달음을 얻고서, 자기자신에 대한 집중력이 높아져서 자기자신에 대한 통제와 조절이 잘 이루어지는 언제나 최고이며 최상의 경지에 머무는 사람인 것이다. 그런 사람은 그 누구에게나, 그 무엇에도 매이지도 끌려 다니지도 않는 것이고 자기 주도적으로 자신의 인생을 살아가는 사람인 것이며 언제나 스스로 홀로 서서 자율적이고 독립적으로 인생을 살아가는 자존감이 극적으로 높아진 사람인 것이다. 그런 사람들은 겉으로 드러나는 겉모습을 중시하지 않는다. 그런 사람들에게 있어서 진정한 자존감이란 겉모습에 있는 것이 아니라, 오직 마음속에 있음을 잘 알고 있는 것이다.

진정한 깨달음의 마음에서 우러나오는 '색즉시공 공즉시색'이란 외침에서의, 진정한 '공'이란 아무것도 없는 것이다. 진정으로 아무것도 없다면 '공'이란 말도 없는 것이고 '색'이란 말도 없는 것이며 '없다'는 것마저 없는 것이 되는 것이다. 진정한 '공'이란 '나' 자신이 태어나기 이전의 상태인 것이다. 최초의 기억이 나를 인식하게 하였지만 그 최초의 기억이 있기 이전에는 아무것도 없었기 때문에 굳이 '공'이란 무엇인가라고 표현하자면 최초의 기억 이전을 생각해 볼 수 있는 것이다. 태어나기 이전, 최초의 기억 이전의 상태만이 진정한 '공'이 무엇인지를 가늠하게 할 수 있는 것이다. '나' 자신이 태어나기 이전에는 정말로 아무것도 없었던 것이다.

또한 진정한 깨달음의 마음에서 우러나오는 '색즉시공 공즉시색'이란 외침에서의, 지금 '공'이라고 가늠하는 것조차 진정한 '공'은 아닌 것이다. 왜냐하면 진정한 '공'이란 무엇일까? 하고 생각하는 '나' 자신이 이미 존재하고 있기 때문이다. 내가 있다면 그것은 이미 '공'은 아닌 것이다. 진정한 '공'은 오직 태어나기 이전의 상태인 것이며 살아있는 모든 것들을 초월하는 것이다. 살아있는 모든 것들을 다 초월하는 것이 '공'이기에, '죽음'이라는 것도 역시 '삶'이라는 것에 대해서도 초월적인 것이라고 할 수가 있는 것이다. 여기에서의 초월은 '나' 자신에 대한 초월인 것이다.

허공은 아무것도 없는 것 같지만 실제로는 '있음'으로 가득한 것이다. 허공은 진정한 '공'은 아니다. 눈으로 보이는 허공에 아무것도 없는 것 같지만, 낮에는 푸른빛이 가득하고 밤에는 어둠이 가득하기에 진정한 '공'의 상태가 아니다. 또한 푸른빛과 어둠을 보고 인식하고 있는 내가 있기에 허공은 진정한 '공'이 아닌 것이다. 진정한 '공'이란 공간도 아니며, 푸른 하늘의 빛도 아니며, 어둠이라는 물질도 아니며, 푸른 하늘과 어두운 공간을 바라보며 인식하고 생각하는 '나' 자신도 아닌 것이다. 진정한 '공'이란 인간이 생각할 수 있는 최종적이고 궁극적인 생각의 끝이다. 그 생각의 끝은, 그 어떤 생각마저도 생각할 필요가 없음을 깨닫게 되는 것이다.

　진정한 깨달음의 마음에서 우러나오는 '색즉시공 공즉시색'이란 외침에서의, '공'의 세계는 인간이 알 수 있는 모든 것들이 존재하지 않기에, 벗어나는 것도 없고 속해 있는 것도 없는 것이 된다. 인간의 눈으로 볼 수 있는 아름답게 빛나는 별들의 세계 너머에, 인간이 알지 못하는 또다른 새로운 세계가 있는 것이 아니다. 우리 인간의 손바닥 만큼의 공간이나, 인간의 눈으로도 볼 수 없을 정도로 먼 수십억 광년의 끝없이 먼 거리의 공간일지라도, 실제로는 두 공간의 크기는 같은 것이며 늘어나는 것도 줄어드는 것도 없는 것이다. 공간은 크거나 작거나, 가깝거나 멀거나 오직 인간의 감각작용의 가늠이고 생각일 뿐, 진정한 '공'은 아닌 것이다.

　진정한 깨달음을 얻은 사람에게는, 물질적인 존재인 만물이 가득 차 있는 끝없이 드넓은 우주 공간은 실제로는 실재하는 것이 아니다. 아직 진정한 깨달음을 얻지 못한 사람들은 없는 것을 '비어 있다'라고 생각하는 것이다. '없음'은 없는 것일 뿐인데 '없음'이라는 것을 '없는 것이 있다'라고 생각하고 있는 것이다. 공간과 마찬가지로 시간도 실제로는 실재하는 것이 아니다. 시간이란 존재할 수 없는 것이며 시간이 없기에 과거도 현재도 미래도 없는 것이다. 가깝고 멀다는 것이 인간만의 생각이듯이 과거도 현재도 미래도 인간만의 생각일 뿐, 실제로는 존재하지 않는 것이다. '없음'을 '있음'으로 가정하고, 시간이라는 이름을 붙여 놓고서, 있다고 가정한 후, 둘로 셋으로 나누어 놓은 것이 시간과 공간이기에, 시간과 공간이란 실제로 존재하는 것이 아닌 것이다. 시간과 공간은 없는 것이며 시간과 공간이라는 것이 '있다'라고 생각하는 인간이 있는 것이다. 실제로는 시간도 공간도 없는 것이다.

진정한 깨달음의 마음에서 우러나오는 '색즉시공 공즉시색'이란 외침을 외칠 수 있는 사람에게는 공간과 시간이란 없는 것이기에, 공간과 시간에 따라서, 태어나고 죽는 것 또한 없는 것이 되는 것이다. 태어나고 죽는 것이 없다는 것은 죽음 이후에 갈 수 있는 새로운 세계란 것들도 역시 존재하는 것이 아니라는 것이다. 지금의 몸이 죽어서 가게된다는 그런 새로운 세계가 있다고 하는 사람들이 있지만, 그들의 죽음에 대한 체험이란 아직도 숨이 끊어지지 않았던 시점의 체험일 뿐이기에, 죽은 사람이 다시 살아서 죽음 후의 세계를 말한다고 한다면 그것은 죽지 않았을 때의 체험일 뿐이다. 죽음의 세계는 살아있는 사람들이 알 수 있는 것이 아니기에 살아있는 사람에게는 결코 증명될 수가 없는 것이다. 죽음 이후의 세계를 체험적으로 말하거나 믿고 있는 사람이라면 어릴적 동화 속의 인물을 실제로 믿는 것처럼 어리고 나약한 사람에 불과할 뿐이다. 죽음 이후란 결코 증명되지 않은 것이며 또한 증명이 된다한들, 그것은 겨우 태어나기 이전에 '자아'란 것이 도대체 아무것으로도 존재할 수 없었던 세계임을 짐작할 수 있을 뿐이다. 마치 살아있음과 같이 오감이 작동하는 내가 존재한다는 죽음 이후의 세계란 결국 망상에 불과한 것이다.

그 어떤 무엇일지라도 시작이 없다면 끝도 없는 것이기에, 생명으로 태어나기 이전의 상태를 모른다면 당연히 죽음 이후의 상태도 모르게 되는 것이 당연한 것이다. 그러므로 진정한 깨달음의 마음에서 우러나오는 '색즉시공 공즉시색'이란 외침을 외칠 수 있는 사람에게는, 애시당초 과거와 미래란 아예 존재하지 않는 것이며 지금 현재라는 이 순간에 존재하고 있는 '나' 자신마저도 결국 아무것도 아닌 것이다. 지금의 '나' 자신마저도 아무것도 아니거늘 죽음 이후의 세계란 더욱더 아무것도 아닌 것이다. 죽음 이후에 또다른 세계를 추구하거나 주장하게 된다면 그것은 망상에 불과한 것이며 죽음 이후의 세계가 있다고 하여도, 태어나기 이전의 '공'의 상태에 견줄 수 있을 만한 것은 결코 아닌 것이다. 그러므로 굳이 가장 중요한 것을 찾는다면 태어나기 이전의 '공'이거나, 지금 이 순간인 '색'인 것이다.

진정한 깨달음을 얻어서 '공'함의 경지에 든 사람이란 아득하게 멀리 보이는 끝없는 우주, 아름답게 빛나는 별들의 세계 너머에 존재하는 또다른 세계를 궁금해 하지는 않을 것이다. 진정한 깨달음을 얻어서 '공'함의 경지에 든 사람이라면 지금이라는 이 순간을 지나서 죽음 이후에 존재한다는 또다른 세계를 결코 갈망하지 않을 것이다. 진정한 깨달음을 얻어서 '공'함의 경지에 든 더없이 지혜로운 사람이라면 속세의 중생들이 동경하는 죽어서 가는 세계인 '천국에 이르는 것'도 '극락왕생'도 어리석은 중생들의 기대와 희망일 뿐 아무것도 아니라는 것을 알기에, 허상이며 망상의 세계인 또다른 세계를 추구하지 않을 것이다. 진정한 깨달음을 얻은 사람은 오직 이 순간의 자기자신만을 오롯이 지켜보며 집중하고 있을 것이다.

진정한 깨달음의 마음에서 우러나오는 '색즉시공 공즉시색'이란 외침을 외칠 수 있는 사람이란 산다는 것은 이미 삶이 아니며 죽음이라는 것도 이미 죽음이 아닌 것을 알기에 초월적인 의미 또한 알고 있는 것이다. 더없이 고귀하고 위대한 지혜를 증득한 부처가 되어서 영원히 산다는 것은, 후손들의 삶이 이어짐을 통해서 자기자신이라는 존재와 똑같은 몸과 마음을 가진 존재들이 영원토록 생명을 이어간다는 것을 알게 되는 것이다. 또한 영원히 산다는 것은, 명상을 통해서 얻어진 직관력으로 아득히 먼 옛날부터 오래도록 살아서 생명을 이어온 선조들의 모습을 자기자신 안에서 발견해 내는 것이다. 그리하여 영원히 산다는 것은, 지금 이 몸과 마음을 가진 한 생명이 영원히 죽지 않고 살아간다는 것이 아니라, 지금의 이 몸과 마음이 이전에 존재하였던 선조들의 몸과 마음과 조금도 다르지 않다는 것을 아는 것이며, 후손들의 몸과 마음 역시도 지금의 이 몸과 마음과 조금도 다르지 않음을 아는 것이다. 그런 자각만이 영원한 삶에 대해서 진정으로 알게 되는 것이다.

진정한 깨달음의 마음에서 우러나오는 '색즉시공 공즉시색'이란 외침을 외칠 수 있는 사람에게, 영원히 산다는 것은 모든 생명 전체가 하나임을 알게 되는 것이다. 영원히 산다는 것은 태초부터 지금까지 생명으로 태어나서 살아가는 모든 생명들 모두가, 각각 다르게 보일지라도 결국은 조금도 다르지 않음을 알고 확신하는 것이다. 영원히 산다는 것은, 자기자신이라는 개체적 생명과 다른 생명들이 분리될 수 없는 하나로 연결되어 조금도 다르지 않음을 확신하게 되는 것이다. 영원히 산다는 것은, 모든 생명들의 삶과 인간들의 삶이, 지구라는 동일한 환경 안에서 별다르지 않게 존재하고 있음을 알게 되는 것이다. 영원히 산다는 것은, 자기자신이라는 개체적 존재가 죽음으로 변화되지 않는 것이 아니라, 생명들이 태어나고 죽는 과정이야말로 영원성이 있음을 알게 되는 것이다. 영원히 산다는 것은, 자기자신이라는 존재는 죽음으로 변화되지만, 또다른 후손들이 태어나고 그 생명들의 이어짐 속에서, 생명의 본질 속에 영원성이 있음을 자각하고 깨닫게 되는 것이다.

102
이 경전의 진정한 완성은 홀로 서는 것이다

이 경전의 진정한 완성이란 이 경전을 읽고 난 사람이 스스로 독립적인 의지를 가지고 홀로 서는 것이다. 오직 홀로 서는 것이다. 홀로 서는 것이 '천상천하 유아독존'이며 진정한 부처가 되는 것이다. 홀로 선다는 것은 자기자신 스스로가 홀로 존재하고 있음을 알고 자각하는 것이다. 그 무엇인가에 기대거나 남에게 의존하여 생명을 유지해 간다는 생각을 넘어서, 오직 스스로의 주체적 의지로 삶을 살아간다는 것을 확고히 아는 것이다. 그것은 마치 하늘의 태양처럼, 자기자신이라는 존재가 아무것에도 의지하지 않고 있음을 자기 스스로 증득하고 깨닫게 되는 것이다.

홀로 서라! 그대여!

스승은 떠났다. 스승은 떠났다.
그대의 진정한 스승은 떠나게 되었다.

스승은 떠났다. 그대여…… 홀로 서라!
홀로 서라! 그대여! 비어 있는 마음을 보게 될 것이니……

홀로 서서…… 그대여! 비우고 또 비워라!
비우려고 하는 마음조차도 사라질 때까지……

스승은 떠났다. 그대여!
오직 홀로 서서…… 그대여! 마음을 비워라!

비우려는 마음조차 사라져 버렸다면…… 그대여!
그대는, 능가할 그 무엇도 없는 더없이 위대한 지혜를
스스로 증득하고 깨닫게 된 것이다.

그대가 오직 홀로 서서, 그대의 마음을 비웠다면……
그대는 그 어떤 무엇으로라도 능가하지 못하는 존재,
더없는 완전하고 완벽한 존재로, 거듭 새로워진 것이다.

스승은 떠났다. 스승은 떠나갔어도……
그대여! 그대가 홀로 서서……
마음속에 존재하는, 모든 것들을 다 비워버렸다면……
그대는 이미 생사를 초월하게 되었나니……

그대에게는 오직 '대 자유'뿐이다.
그대에게는 오직 '대 자비'뿐이다.

스승은 떠났다.
그대여! 스승은 떠나갔어도……
홀로 서라! 그대여! 홀로 서라! 그대여!

홀로 서라! 그대여! 비어 있는 마음을 보게 될 것이니……!

그대여! 살아계시는가? 스승은 떠났다!

그대여~! 살아계시는가? 스승은 떠났다!
스승은 떠나갔어도, 그대가 다시 스승이 되었나니,
언제나 그대 자신이, 자신의 스승이며,
후손들의 스승임을 결코 잊어서는 안 된다.

그대여~! 그대여~! 살아계시는가? 스승은 떠났다!

그대여! 그대여! 사랑하는 그대여!
스승은 떠나갔어도 그대가 다시 스승이 되었나니,
언제나 태양처럼 찬란하게 빛나고, 언제나 푸른 하늘처럼 끝없이
넓고, 언제나 티없이 맑고 고와라!
언제나 자유로운 바람처럼 대지를 휘감아 돌고, 언제나 물이 되고,
비가 되어 대지를 촉촉이 적셔라!"

그대여! 그대여! 살아계시는가? 스승은 떠났다!

그대여! 사랑하는 그대여! 스승은 떠나갔어도
그대가 스승이 되었나니, 생명이고, 인간으로 태어나서 외칠 수 있
는 단 하나의 외침은 이것뿐이다.
사랑한다! 사랑한다! 너를 사랑했다! 언제나 사랑하고 또 사랑했다

는 것이다!

그대여~! 그대여~! 살아계시는가? 스승은 떠났다!
그대여! 사랑하는 그대여! 스승은 떠나갔어도 그대가 다시 스승이
되었나니,

그대가 머무는 자연은 그대의 근원이다.
언제나 태양처럼, 언제나 하늘처럼, 언제나 바람처럼, 언제나 비처
럼, 충만하게 사랑하고 또 사랑하여라!
그것이 더없는 위대하고 고귀한 생명, 인간 본연의 모습인 것이다!

그대여~! 그대여~! 살아계시는가? 스승은 떠났다!

그대여! 사랑하는 그대여! 스승은 떠나갔어도……
그대가 다시 스승이 되었나니, 사랑하는 그대여! 세상의 모든 것들
을 사랑하고 또 사랑하여라!

103
이 글은 주관적인 견해일 뿐이다.

이 글은 어느 한 사람의 주관적인 견해일 뿐이다. 또다른 사람들의 각기 다른 견해들도 주관적인 것이다. 이 글을 읽고 판단하는 것도 역시 주관적인 것이다. 주관적 견해란 그 어느 누구인가 자기자신만의 생각이나 모습을 있는 그대로 표현한 것이다. 주관적인 견해를 객관적으로 증명할 필요는 없는 것이다. 주관적 견해이든지, 객관적 증명이든지 간에 진리는 거짓이 없기에 헛됨이 없는 것이기 때문이다.

진정으로 깨달음을 얻게된 지혜로운 사람이라면 결코 아무런 말도 하지 않을 것이다. 진정한 깨달음을 얻게 된 사람이라면 진정한 초월과 진정한 침묵의 의미를 제대로 알게 될 것이다. 그러므로 만약 그 어느 누군가가 진리에 대해서 이런저런 말들을 많이 하게 된다면 그런 사람은 진정코 어리석은 사람인 것이며, 그는 스스로 어리석은 줄도 모르는 부끄러운 사람이 되는 것이다. 다시 말하건대 만약 그 어느 누군가가 이런저런 말을 많이 하게 된다면 스스로 부끄러운 존재임을 알지 못하는 어리석은 중생일 뿐이다. 저자는 확실히 어리석은 중생이다. 어리석은 중생이기에 이런저런 말을 하고 글을 썼다. 그러나 어리석은 중생의 길에서도 빛나는 빛, 아름다운 지혜, 부처의 길은 훤히 보인다. 중생이 곧 부처가 되기 때문이다.